面向新工科普通高等教育系列教材

信 息 分 析

第2版

主　编　文庭孝（中南大学）
副主编　杨思洛（武汉大学）
　　　　刘　莉（中南大学）
参　编　李忠民（中南大学）
　　　　张　蕊（杭州电子科技大学）
　　　　周永红（湘潭大学）
　　　　罗贤春（吉首大学）

机械工业出版社

本书按照基础知识、基本流程、分析方法、应用领域和辅助工具的编写思路，分为 9 章，即信息分析基础、数据分析、大数据分析、信息分析流程、信息分析定性方法、信息分析半定量方法、信息分析定量方法、信息分析应用和计算机辅助信息分析，全面、系统地介绍了信息分析的核心内容。各章根据教学需要采用导入案例、导入问题、关键知识点、本章小结和本章习题的内容组织方式，并补充了拓展阅读材料。

本书适合作为高等院校信息管理类各专业的教材或教学参考书，也可供信息管理部门以及其他相关行业的管理者、决策者、信息人员、研究与开发人员、市场营销人员等参考阅读。

本书配有教学 PPT、教学大纲等教学资源，获取方式见本书封底。

图书在版编目（CIP）数据

信息分析 / 文庭孝主编. --2 版. --北京：机械工业出版社，2025.6. --（面向新工科普通高等教育系列教材）. -- ISBN 978-7-111-77460-0

Ⅰ．G202

中国国家版本馆 CIP 数据核字第 2025SY3254 号

机械工业出版社（北京市百万庄大街 22 号　邮政编码 100037）
策划编辑：李馨馨　　　　　责任编辑：李馨馨　赵晓峰
责任校对：曹若菲　陈　越　责任印制：张　博
北京建宏印刷有限公司印刷
2025 年 6 月第 2 版第 1 次印刷
184mm×260mm・20 印张・586 千字
标准书号：ISBN 978-7-111-77460-0
定价：79.00 元

电话服务　　　　　　　　　　　网络服务
客服电话：010-88361066　　　　机 工 官 网：www.cmpbook.com
　　　　　010-88379833　　　　机 工 官 博：weibo.com/cmp1952
　　　　　010-68326294　　　　金 书 网：www.golden-book.com
封底无防伪标均为盗版　　　　机工教育服务网：www.cmpedu.com

前　言

信息分析首先产生于科技领域，是科技、经济和信息工作发展到一定阶段的产物。第二次世界大战后，现代科学技术进入"大"科学时代，服务于科学研究和科技管理的独立的科技信息机构诞生，信息分析从此成为一种专门的社会职业。20世纪中期以来，现代信息技术迅猛发展，特别是20世纪70年代以后，计算机与远程通信技术紧密结合，为现代信息服务业的发展提供了必要的技术条件，将信息服务推进到网络化、数字化时代。与此同时，整个世界也呈现出科技、经济、社会一体化发展的趋势，因此信息分析开始从科技领域向其他行业领域广泛渗透。

当今社会是一个信息过剩而又渴求信息的时代，人类对信息的生产能力已大幅超过了人类对信息的处理、组织、分析和吸收能力，人们越来越关注如何从浩如烟海的信息源中迅速而准确地获取所需要的信息，并对其进行加工、分析和利用，为管理和决策服务，大数据时代的到来更是改变了传统的信息分析方式。因此，对信息进行系统整理、加工和分析，从而产生有价值的分析成果，并为人们提供有针对性和个性化的信息服务，是解决人类信息危机的重要途径。

随着社会信息化进程的加快，信息已成为人类科技活动、经济活动、社会活动的重要战略资源，信息分析已经成为一种社会职业，围绕信息分析也已经形成一个庞大的产业。信息分析通过科学的方法将信息转化为有价值的知识、情报，为管理和决策服务，是一项创造性的智力劳动，也是信息资源开发利用的重要环节。同时，随着科技、经济和社会的快速发展以及市场竞争的日趋激烈，社会对信息分析人才产生了广泛的需求，并且逐渐产生了新兴的职业——信息分析师、数据分析师、数据科学家。因此，信息分析人员必须具备相应的知识基础、科学的分析技能和特定的分析能力，才能胜任信息分析工作，满足社会对信息分析人员的基本要求。

在信息分析快速发展的近几十年的时间，国内外学者在信息分析理论、方法和应用研究方面进行了大量有益的探索，积累了丰富的研究成果，出版了一系列著作、教材，为信息分析工作奠定了坚实的理论基础，也推动了信息分析科学的健康发展。例如，我国先后出版的有代表性的信息分析相关教材有《信息分析方法》（卢泰宏，1993）、《信息分析与决策》（秦铁辉等，2001）、《信息分析基础、方法及应用》（朱庆华，2004）、《信息分析导论》（孙振誉等，2007）、《信息分析》（卢小宾，2008）、《信息分析》（沙勇忠、牛春华等，2009）、《信息分析方法与应用》（王伟军，2010）、《信息分析》（查先进，2011）、《信息分析理论与实践》（卢小宾、郭亚军，2013）、《信息分析概论》（卢小宾，2014）、《信息分析与预测》（江三宝、毛振鹏，2008）等。随着科技、经济和社会的发展，信息分析的内外环境在不断发生变化，对信息分析提出了新挑战和新要求。但目前已出版的信息分析相关著作和教材大多出版较早，难以反映大数据、人工智能等新技术背景下信息分析出现的变化和问题。

本书正是在借鉴上述研究成果的基础上，结合长期以来的教学经验和项目研究实践编写而成的。因为信息分析是一项实践性、应用性和创造性很强的工作，因此本书旨在面向信息分析实践，重点介绍信息分析方法、工具和应用，强调信息意识、信息分析方法和信息分析能力的培养。又因为目前大多数信息分析教材都强调系统、全面，兼具学术、精深的特点，因此本书在编写过程中尽量结合教学实践和学生需求，体现精简、可读、实用的原则。

全书共分9章，修订版还是按照基础知识—基本流程—分析方法—应用领域—辅助工具的整体编写思路，每章采用导入案例—导入问题—关键知识点—本章小结—本章习题的内容组织方式。各章都配有相应的案例和拓展阅读材料，重点介绍了信息分析方法和信息分析软件应用实例，便于教师课堂教学和学生自主学习，易于激发学生的学习兴趣。同时，各章还增加了课程思政教育的相关内容，将思政教育融入教材建设和课堂教学，加强对学生的思想政治教育。

本书为中南大学开放式精品示范课堂"信息分析与预测"项目的建设成果。全书由中南大学文庭孝教授组织编写大纲，负责总体规划、组织协调和最后统稿。各章具体编写分工如下：

第1章信息分析基础，中南大学，文庭孝教授。

第2章数据分析，中南大学，文庭孝教授。

第3章大数据分析，中南大学，文庭孝教授。

第4章信息分析流程，湘潭大学，周永红教授。

第5章信息分析定性方法，吉首大学，罗贤春教授。

第6章信息分析半定量方法，中南大学，李忠民副教授。

第7章信息分析定量方法，中南大学，刘莉副教授。

第8章信息分析应用，杭州电子科技大学，张蕊副教授。

第9章计算机辅助信息分析，武汉大学，杨思洛副教授。

在本书编写过程中，参考了大量的相关文献，在出版过程中，机械工业出版社的各位编辑付出了辛勤的劳动，在此表示衷心的感谢！信息分析是一个不断发展的领域，还有许多问题需要深入探索，加之编者水平有限，书中不当之处在所难免，恳请信息分析领域的专家、学者批评指正，也请广大读者提出宝贵的意见，以便今后进一步改进和完善。

文庭孝

于中南大学

目 录

前言
第1章 信息分析基础 ················ 1
1.1 信息分析的内涵 ················ 1
1.1.1 信息分析的概念 ············ 1
1.1.2 信息分析的特点 ············ 4
1.1.3 信息分析的类型 ············ 5
1.1.4 信息分析的原理 ············ 6
1.1.5 信息分析的内容 ············ 7
1.2 信息分析的产生和发展 ········ 7
1.2.1 信息分析的产生过程 ········ 7
1.2.2 信息分析的发展概况 ········ 8
1.2.3 信息分析面临的机遇和挑战 ···· 10
1.2.4 信息分析的发展趋势 ········ 10
1.3 信息分析的功能和作用 ········ 11
1.3.1 信息分析的功能 ············ 11
1.3.2 信息分析的作用 ············ 11
1.4 信息分析的方法与应用 ········ 12
1.4.1 信息分析的方法 ············ 12
1.4.2 信息分析的应用 ············ 15
1.5 信息分析的人员素质要求和相关职业 ···· 18
1.5.1 信息分析人员的素质要求 ···· 18
1.5.2 信息分析人员的理想素质结构 ···· 19
1.5.3 信息分析的相关职业 ········ 20
本章小结 ···························· 22
本章习题 ···························· 23
第2章 数据分析 ···················· 24
2.1 数据分析的概念 ················ 24
2.1.1 数据及其理解 ·············· 24
2.1.2 数据分析的概念 ············ 26
2.2 数据分析的分类与作用 ········ 27
2.2.1 数据分析的分类 ············ 27
2.2.2 数据分析的功能与作用 ······ 28
2.3 数据分析的步骤 ················ 29
2.4 数据分析的工具 ················ 30
2.5 数据分析的模式与内容 ········ 32
2.5.1 数据分析的4W模式与内容 ···· 32
2.5.2 数据分析的5W1H模式与内容 ···· 33
2.6 数据分析的岗位及素质要求 ···· 34
2.6.1 数据分析的岗位 ············ 34
2.6.2 数据分析师的素质要求 ······ 34
本章小结 ···························· 36
本章习题 ···························· 36
第3章 大数据分析 ·················· 37
3.1 大数据分析的对象 ·············· 38
3.1.1 大数据的概念 ·············· 38
3.1.2 大数据的特征 ·············· 39
3.1.3 大数据的类型 ·············· 40
3.2 大数据分析的理解 ·············· 40
3.2.1 大数据分析的概念 ·········· 40
3.2.2 大数据分析的思维模式 ······ 41
3.2.3 大数据分析的三大理念 ······ 41
3.2.4 大数据分析的基础 ·········· 41
3.3 大数据分析的技术 ·············· 41
3.3.1 大数据分析的技术分类 ······ 41
3.3.2 大数据分析的关键技术 ······ 42
3.4 大数据分析的流程 ·············· 42
3.5 大数据分析面临的问题与挑战 ···· 43
3.6 大数据分析的发展方向 ········ 44
本章小结 ···························· 45
本章习题 ···························· 46
第4章 信息分析流程 ················ 47
4.1 信息分析选题与规划 ············ 47
4.1.1 课题选择 ·················· 47
4.1.2 课题规划 ·················· 50
4.2 信息收集、整理与评价 ········ 51
4.2.1 信息源 ···················· 51
4.2.2 信息收集 ·················· 53
4.2.3 信息整理 ·················· 57
4.2.4 信息评价 ·················· 57
4.3 信息分析产品的制作与评价 ···· 60
4.3.1 信息分析产品的类型 ········ 60
4.3.2 信息分析产品的制作 ········ 61

4.3.3 信息分析产品的评价 …………… 63
4.4 信息分析的基本步骤 …………… 64
本章小结 …………………………… 66
本章习题 …………………………… 67

第5章 信息分析定性方法 …………… 68
5.1 逻辑思维法 ………………………… 69
　5.1.1 分类与比较 ………………… 69
　5.1.2 分析与综合 ………………… 73
　5.1.3 归纳与演绎 ………………… 76
　5.1.4 类比与想象 ………………… 81
5.2 专家调查法 ………………………… 83
　5.2.1 专家调查法的应用范围 …… 83
　5.2.2 头脑风暴法 ………………… 83
　5.2.3 哥顿法 ……………………… 86
　5.2.4 缺点列举法 ………………… 87
　5.2.5 希望列举法 ………………… 88
5.3 社会调查法 ………………………… 88
　5.3.1 现场调查法 ………………… 89
　5.3.2 问卷调查法 ………………… 90
　5.3.3 抽样调查法 ………………… 92
　5.3.4 文献调查法 ………………… 94
　5.3.5 网络调查法 ………………… 95
本章小结 …………………………… 96
本章习题 …………………………… 97

第6章 信息分析半定量方法 …………… 98
6.1 层次分析法 ………………………… 99
　6.1.1 层次分析法的产生与发展 … 99
　6.1.2 层次分析法的概念与特点 … 99
　6.1.3 层次分析法的基本原理 …… 100
　6.1.4 层次分析法的实施流程 …… 101
　6.1.5 层次分析法的主要应用 …… 106
6.2 德尔菲法 …………………………… 108
　6.2.1 德尔菲法的产生与发展 …… 108
　6.2.2 德尔菲法的概念与特点 …… 108
　6.2.3 德尔菲法的实施流程 ……… 109
　6.2.4 德尔菲法的关键问题 ……… 110
　6.2.5 德尔菲法的主要应用 ……… 115
6.3 内容分析法 ………………………… 117
　6.3.1 内容分析法的产生与发展 … 117
　6.3.2 内容分析法的概念、特点与类型 … 117
　6.3.3 内容分析法的程序与步骤 … 118
　6.3.4 内容分析法的分析模式 …… 120
　6.3.5 内容分析法的主要应用 …… 124

本章小结 …………………………… 125
本章习题 …………………………… 126

第7章 信息分析定量方法 …………… 127
7.1 多元分析法 ………………………… 127
　7.1.1 回归分析法 ………………… 127
　7.1.2 聚类分析法 ………………… 149
7.2 时间序列分析法 …………………… 162
　7.2.1 时间序列分析概述 ………… 162
　7.2.2 移动平均法 ………………… 163
　7.2.3 指数平滑法 ………………… 167
　7.2.4 生长曲线法 ………………… 170
7.3 信息计量学方法 …………………… 178
　7.3.1 信息计量学方法概述 ……… 178
　7.3.2 信息计量学的方法基础 …… 179
　7.3.3 信息计量学方法的主要应用 … 193
　7.3.4 信息计量学方法的应用实例 … 195
本章小结 …………………………… 201
本章习题 …………………………… 201

第8章 信息分析应用 …………………… 202
8.1 竞争情报分析 ……………………… 202
　8.1.1 竞争情报的概念与特点 …… 202
　8.1.2 竞争情报分析的产生与发展 … 204
　8.1.3 竞争情报分析的内容 ……… 205
　8.1.4 竞争情报分析的方法 ……… 206
　8.1.5 竞争情报系统 ……………… 215
8.2 专利信息分析 ……………………… 218
　8.2.1 专利、专利文献与专利信息 … 219
　8.2.2 专利信息分析的概念与作用 … 223
　8.2.3 专利信息分析的主要方法 … 224
　8.2.4 专利信息分析的主要工具 … 225
　8.2.5 专利信息分析的主要应用 … 228
8.3 市场信息分析 ……………………… 228
　8.3.1 市场信息分析的内涵 ……… 228
　8.3.2 市场信息分析的内容 ……… 228
　8.3.3 市场信息分析的方法 ……… 229
8.4 科技信息分析 ……………………… 236
　8.4.1 科技信息分析的内涵 ……… 236
　8.4.2 科技信息分析的内容 ……… 237
　8.4.3 科技信息分析的方法 ……… 241
　8.4.4 科技信息分析的应用 ……… 243
本章小结 …………………………… 245
本章习题 …………………………… 245

第9章 计算机辅助信息分析 …………… 247

9.1 计算机辅助信息分析概述 ·········· 248
　9.1.1 计算机辅助信息分析的社会背景 ···· 248
　9.1.2 计算机辅助信息分析的发展历程 ···· 248
　9.1.3 计算机辅助信息分析的主要技术 ···· 249
9.2 计算机辅助信息分析的工具
　　 介绍 ··· 252
　9.2.1 统计分析工具 ···························· 252
　9.2.2 文献信息分析工具 ······················ 255
　9.2.3 信息可视化分析工具 ··················· 257
9.3 计算机辅助信息分析工具的
　　 应用 ··· 271
　9.3.1 统计分析工具应用 ······················ 271
　9.3.2 文献计量分析工具应用 ··············· 280
　9.3.3 可视化分析工具应用 ··················· 283
9.4 计算机辅助信息分析综合应用 ···· 297
　9.4.1 数据获取 ··································· 297
　9.4.2 工具选择 ··································· 297
　9.4.3 工具应用 ··································· 297
本章小结 ··· 309
本章习题 ··· 309
参考文献 ·· 310

第 1 章 信息分析基础

【导入案例】

美国记者利用信息分析提前获知苏联领导人去世

1984年初,美国《华盛顿邮报》驻莫斯科首席记者杜德尔发回给报社一则爆炸性新闻:苏联领导人尤里·安德罗波夫去世了。这则震惊世界的重要新闻抢在了世界各大国驻苏情报组织的前面,就连美国中央情报局、美国驻苏大使馆和国务院领导人在核实《华盛顿邮报》这则拟发的新闻时,都对其真实性表示怀疑,这则头条新闻只好移到第28版的一个不为人注意的角落里。然而,第二天,苏联的讣告就证实了杜德尔的新闻稿。这位记者是怎样得到这个信息的呢?他就是使用了综合信息分析推理方法。杜德尔分析了七个方面的信息:

1)安德罗波夫有173天没有在公开场合露面,近几天还不时传出他身体状况不佳的消息。
2)苏联国防部长暂缓出访。
3)安德罗波夫之子被从瑞典召回。
4)这天晚上的电视节目不加说明地将原来安排的瑞典"阿巴"流行音乐改为严肃的古典音乐。
5)苏共新上任的高级官员耶戈尔·利加乔夫有一次在向全国发表电视讲话时,破天荒地省略了苏联高级官员在电视讲话前必须向安德罗波夫转达问候的习惯。
6)他驱车通过苏参谋部大楼与国防大楼时,发现几百扇窗户都异常地亮着灯,而且大楼附近增加了卫兵和巡逻队。
7)他的一位通知苏联高级官员活动内情的朋友没有能如期与他通电话。

杜德尔把这一系列现象联系起来综合分析,并与1982年11月勃列日涅夫逝世前的情况进行了比较分析,发现有许多惊人的相似之处,于是他得出了结论:安德罗波夫已于星期四这一天去世。

【导入问题】
1. 美国记者杜德尔是如何进行信息分析的?
2. 美国记者杜德尔经过信息分析得出的结论有何影响?

【关键知识点】
1. 掌握信息分析的概念、特点、类型、原理和内容。
2. 了解国内外信息分析的产生和发展过程、挑战与发展趋势。
3. 理解信息分析的主要功能和作用。
4. 掌握信息分析的主要方法和应用领域。
5. 了解信息分析的人员素质要求和相关职业。

中国成就

随着社会信息化进程的加快,信息已成为人类科技活动、经济活动、社会活动的重要战略资源,信息分析师已经成为一种社会职业,围绕信息分析也已经形成一个庞大的产业。作为资源和财富,信息需要经过收集、加工、存储、组织、分析、提供等过程,才能最终实现其价值。

1.1 信息分析的内涵

1.1.1 信息分析的概念

在知识经济和数字信息时代,科学技术知识、先进管理经验、各种调查结果与统计数据、金融财经信息、市场供求信息等正在被大量生产并得到广泛利用，数据、信息、知识正日益替代物质、能源和资本，成为社会经济发展最重要的资源，大大提高了社会的生产力。

1. 信息

信息是分析的对象和客体。"信息"一词在英文、法文、德文、西班牙文中均是"information"，日文中为"情报"，我国台湾地区称之为"资讯"，我国古代使用"消息"一词。作为科学术语，信息一词最早出现在哈特莱（R.V.Hartley）于 1928 年撰写的《信息传输》一文中。20 世纪 40 年代，信息论的奠基人香农（C.E.Shannon）给出了信息的明确定义，此后许多研究者从各自的研究领域出发，给出了不同的定义。具有代表意义的表述如下：

香农认为，"信息是用来消除随机不确定性的东西"，这一定义被人们看作经典性定义并加以引用。

控制论创始人维纳（Norbert Wiener）认为，"信息是人们在适应外部世界，并使这种适应反作用于外部世界的过程中，同外部世界进行互相交换的内容和名称"，也被作为经典性定义加以引用。他还指出，"信息就是信息，既不是物质，也不是能量。"这一论断将信息与物质、能量并列为社会发展的三大要素。

经济管理学家认为，"信息是提供决策的有效数据"。

哲学家认为，"从本体论角度来看，信息是事物的运动状态和变化方式；从认识论角度来看，信息是事物的运动状态和变化方式在人头脑中的反映"。

2. 信息链

信息分析基于对信息的理解，目前对信息的理解以信息链（Information Chain）为基础。

1）信息链 1：事实→符号→数据→信息→知识→情报（智慧或智能）。信息链 1 是从信息的形态出发构建的，它们之间是递进转化和递进层次关系。它们是信息分析的对象和信息分析产品的存在形态。举例来说，"上海通用汽车降价了 10%"是原始事实和数据，用文字和数字表示，属于语法信息。而"上海通用汽车降价后，同档次汽车将比我们的汽车便宜 8%"就是信息，它把至少两个方面的事实、数据和资料集中联系在了一起，让我们看到了一幅有关认识对象的更大的景象。而"上海通用汽车降价后，如果我们汽车的价格不降低 7%，那么通用的市场占有率将会增加 3%，从而超过我们的市场占有率"就是情报，信息通过分析和加工，其中暗含了"我们可能也需要降价"的建议或方案，并且可能会对主体的行为（选择、判断、决策等）产生影响。

2）信息链 2：信息源→信息收集→信息整理→信息分析→信息产品→信息利用。信息链 2 是从信息工作的过程和流程出发构建的，它们之间是过程转化关系。整个信息链 2 的各个环节都围绕"信息分析"展开，信息源是信息分析的素材来源，信息收集和整理是信息分析的准备工作，信息产品是信息分析的成果，信息利用是信息分析工作的价值实现和最终目的。

3. 信息分析

（1）信息分析的称谓

在不同的学科领域、不同的时期和不同的场合，信息分析有不同的名称或叫法，如经济领域称为"经济分析""经济预测""市场分析""商业分析"等，科技领域称为"情报分析""情报研究""情报调研""技术跟踪""技术预见"等，社会学领域称为"社会调查""舆情分析""未来研究"等，计算机领域称为"数据处理""数据分析""数据挖掘""知识发现"等，在图书情报领域称为"情报研究""信息分析与预测""统计分析""计量分析""定量分析"等。

（2）信息分析的概念

由于信息分析的应用领域不同，加上研究者的学科背景不同，因而对信息分析概念的理解也各不相同。具有代表性的定义如下。

1）信息分析是分析人员根据用户的特定信息需求，利用各种分析方法和工具，对搜集到的零散的原始数据和信息进行识别、鉴定、筛选、浓缩等加工整理及系统深入的分析和研究，挖掘出隐藏于信息、数据中的规律、情报和知识，并且通过系统地分析研究得到针对性、预测性、科学性、综合性及可用性的结论，以供用户决策使用。简而言之，就是通过针对性的信息搜集，经过深入的分析研究，挖掘隐藏于信息中的情报，从而为决策服务。信息分析一般可以从广义和狭义两个层面来理解。广义的信息分析是指在搜集和占有信息、数据的基础上进行整理、排序、筛选、组织、存储、加工、分析和研究，发现新知识和情报的过程。狭义的信息分析是指信息分析的各个环节，包括信息整理、排序、筛选、组织、存储、加工、分析和研究等。（王伟军，2010）

2）信息分析是指以社会用户的特定需求为依托，以定性和定量研究方法为手段，通过对社会信息的收集、整理、鉴别、评价、分析、综合等系列化加工过程，形成新的、增值的信息产品，最终为不同层次的科学决策服务的一项具有科研性质的智能活动。（朱庆华，2004）

3）信息分析是将大量离散、无序、质量不一的信息进行搜集、选择、加工和组织，形成增值的信息产品，最终为不同层次的科学决策服务的一项科研活动。通过系统化的方法将信息转化为情报、知识和谋略，并应用于人类的各项活动和决策中，比如用于解决实际问题，推演事物发展变化规律，或预测事物未来发展变化情况、企业的危机预警等，涉及的范围包括世界范围发展水平趋势信息分析、技术经济信息分析、市场信息分析、产品信息分析、管理信息分析、战略信息分析、危机信息分析等。（江三宝，2012）

4）信息分析是根据用户的特定需求，对大量纷繁无序的信息进行有针对性的选择、分析、综合、预测，为用户提供系统的、准确的、及时的大流量知识与信息的智能活动。（卢小宾，2014）

5）信息分析是情报研究范围的扩展和社会信息化发展的结果，是针对特定的需求，对信息进行深度分析与加工，提供有用的信息和情报。（沙勇忠，2009）

6）信息分析是一种典型的信息深加工处理和情报提炼活动，其基本任务是运用科学的理论、方法和手段，在对大量甚至海量（通常是零散且杂乱无章）的信息进行搜集、加工整理和评价的基础上，透过由各种关系织构而成的错综复杂的表面现象，把握其内容本质，提炼出有价值的情报，为管理、决策等活动服务。（查先进，2011）

7）信息分析是通过系统化过程将信息转化为知识、情报和谋略的一类科学活动的统称。从数据挖掘、市场调查、竞争情报到软科学研究，形成了一条很宽的研究谱带。鉴于情报兼具信息、情报、智能、谋略和能力的含义，因此从内涵上看，信息分析的本质是信息（Information）的情报（Inteligence）化。这也是我们将信息分析和情报研究看作同义词的依据。（包昌火等，2006）

（3）对信息分析的理解

1）从构成要素来理解信息分析。信息分析由一系列要素构成，这些要素是理解信息分析的基础：

① 从成因来看，信息分析的产生是由于存在社会需求。
② 从方法来看，信息分析广泛采用情报学和软科学研究方法。
③ 从过程来看，信息分析都需要经过一系列相对程序化的环节。
④ 从成果来看，信息分析会形成新的增值的信息产品。
⑤ 从目的来看，信息分析是为不同层次的科学决策服务的。

2）从演变过程来理解信息分析。信息分析是从科技情报演变而来的，这一进化过程主要表现为三个方面。一是信息分析的内容从最初的科技信息扩展到包括政治信息、科技信息、经济信息、军事信息、文化信息和社会信息等在内的全面信息分析。二是信息分析的对象从最初的文献信息扩展到包括文献信息和非文献信息在内的各类信息，并且社会调查、数据挖掘、隐性知识等方面的开发得到加强。三是信息分析的范围和应用领域已经大大超出了情报学的范畴，广泛进入了经济、管理、计算机、军事、公共政策等领域，扩展至国民经济和社会各行各业，成为信息咨询和信息服务业的重要组成部分。

3）从本质来理解信息分析。信息分析的本质是将信息转化为情报的智力活动。信息是情报的素材、原料和载体，情报是信息的激活、升华和产品，情报是对信息的解读、判断和分析。信息分析是对各种相关信息的深度加工，是一种深层次或高层次的信息服务，是一项具有研究性质的智能活动。信息分析通常与科学研究、软科学研究、咨询服务、竞争情报分析等密不可分。

4）国外对信息分析的理解。信息分析在各国有不同的提法。在日本，信息分析一般被称作"情报调查"或"情报分析"。其中，情报调查主要是面向专门领域进行信息搜集、管理、分析、评价和提供，如科学技术领域的代理检索、技术动向调查等；情报分析主要是指信息的搜集、选择、存储、评价、分析、综合、提供等。在美国，从事信息分析工作的机构通常称为"信息分析中心"，是为了搜集、选择、存储、检索、评价、分析、综合一个明确规定的专门领域或者与特定任务相适应的大量信息而特别建立的正式组织机构，其核心职能是以最可靠、及时、有效的方式为同行和管理人员编撰、归纳、整理、重组、显示适合的信息或数据。此外还有苏联的信息分析与综合、情报分析（Information Analysis）、情报研究（Information Research）、情报调研（Information Investigation）、联合国向发展中国家推广的信息浓缩（Information Consolidation）、欧美国家工商企业中广泛存在的工商情报（Business Intelligence），以及近些年兴起的数据分析（Data Analysis）、信息经纪（Information Brokerage）、数据处理（Data Processing）、技术跟踪（Technology Tracking）、技术监测（Technology Monitoring）、技术预见（Technology Foresight）等。

5）我国对信息分析的理解。我国对信息分析的理解源于情报研究。在我国，信息分析又称情报研究、情报分析、情报分析研究、信息研究、信息分析与预测等。20世纪90年代起，随着"信息"一词日益被人们所接受，"信息分析"的使用范围日益广泛。另外，从国际上来看，迄今为止，国外还找不到一个与我国情报研究含义完全对等的解释和术语。在1992年9月15日第8次全国科技情报工作会议上，国家科委（中华人民共和国国家科学技术委员会简称"国家科委"）宣布将"科技情报"改为"科技信息"，为了适应社会发展趋势，便于国际交流和合作，信息分析一词逐渐取代情报分析、情报研究。

1.1.2 信息分析的特点

信息分析在长期的发展过程中积累了自身的一些特点，可以加深我们对信息分析的理解。一般认为，信息分析具有以下特点。

1）智能性与创造性。信息分析人员常常会面对新问题、新情况，需要在全面收集有关信息的基础上，经过创造性的智力劳动，提出对有关问题的正确认识和看法，发现事物的规律，为人们的认识和实践活动提供有创见性的、具有一定价值的指导意见。

2）系统性和综合性。当代社会经济发展受多种自然因素和社会因素的影响与制约，且各因素间相互联系、相互影响，关系复杂，只有系统性和综合性的分析研究才能准确地对其进行认识和把握。

3）针对性与灵活性。信息分析总是针对某一特定问题或对象、针对用户的特定需求围绕某一特定目标展开。信息分析可以根据实际情况、研究内容和研究目标等的变化进行调整，具有多种选择。

4）科学性和实用性。信息分析遵循严格的程序，普遍使用严谨、规范的研究方法和现代信息技术及工具，因而呈现出明显的科学性。同时，信息分析满足用户特定需求，解决实际问题，又体现出实用性。

5）连续性和累积性。信息分析总是在对事物进行长期跟踪，并且在积累大量原始数据和信息的基础上对事物的发展趋势进行分析与预测，体现出明显的连续性和累积性。

6）预测性和近似性。信息分析是在事件发生之前对其未来状态的预计和推测，或者对已发生事件的未知状态的估计和推断。这些预（估）计和推测（断）尽管有科学的依据、科学的态度和科学的方法作为基础，但毕竟是简约化后对事物发展变化实际情报的一种近似反映。由于受到各种不断变化的因素的影响,与实际情况相比,信息分析结果往往会出现一些偏差,只是一个近似值。

1.1.3 信息分析的类型

由于信息分析涉及社会的方方面面,采用各种各样的研究方法,因此根据不同的划分标准,可以将信息分析划分成各种不同的类型。

1. 按信息来源划分

根据所分析的原始信息的来源、类别或领域,可以将信息分析分为不同的种类,如政治信息分析、科技信息分析、经济信息分析、军事信息分析、社会信息分析、人物信息分析和综合信息分析等。需要注意的是,由于客观事物之间存在着普遍联系,一项信息分析任务不可能纯粹由某一方面的信息构成,必然会涉及其他相关信息,因此,在进行具体的信息分析任务时,需要综合考虑所有相关领域的信息。

2. 按研究内容划分

根据研究内容的不同,可以把信息分析分为跟踪型信息分析、比较型信息分析、预测型信息分析和评价型信息分析四类。

1) 跟踪型信息分析是指通过长期跟踪研究特定对象而不断获取和更新基础数据和资料,是一项持续性的工作。跟踪型信息分析可分为技术跟踪信息分析和政策跟踪信息分析两大类。这种类型的信息分析可以掌握各个领域的最新发展趋势,及时了解新动向、新发展。

2) 比较型信息分析是指通过比较两个或两个以上的事物,找出它们之间的异同,从而发现问题或规律,提出疑问或假设,最后制订解决方案。比较型信息分析是信息分析中最常见的类型,它的主要作用是揭示事物的水平和差距、认识事物的发展过程和规律、判断事物的优劣和真伪。比较既可以是定性的,也可以是定量的,还可以是定性与定量相结合的。

3) 预测型信息分析是指利用已经掌握的情况、知识和手段,预先判断事物的未来或未知状况。预测型信息分析涉及的范围非常广泛,大到为国家宏观战略决策进行长期预测,小到为企业经营活动提供短期的市场预测。预测型信息分析的工作方法大致上可以分为定量预测和定性预测两大类。回归分析、时间序列分析、投入产出分析等方法,可以对不同产业部门的产值、利润、就业人数、出口贸易等进行定量预测。对于政策性强、时间跨度长、定量数据缺乏的预测问题,则更多地依靠专家的直觉和经验进行定性预测。

4) 评价型信息分析是指通过详细、仔细地研究和评价,确定对象的意义、价值或状态。评价的过程一般包括:设定前提条件,分析评价对象,选定评价项目,确定评价函数,计算评价值,进行综合评价。评价的方法也很多,有定性评价方法、定量评价方法和综合评价方法。进行评价时要注意选择合适的变量和评价指标,还要注意评价对象的可比性。

3. 按信息分析方法划分

按照所采用的分析方法不同,可以将信息分析分为定性分析、定量分析和半定量分析三类。

1) 定性分析。定性分析是指根据社会现象或事物所具有的属性和矛盾变化,从事物的内在性来研究事物的一种方法或角度。定性分析方法一般不涉及变量关系,主要依靠人的逻辑思维来分析问题。进行定性分析,要依据一定的理论与经验,直接抓住事物特征的主要方面,将同质性在数量上的差异暂时略去。定性分析具有探索性、诊断性和预测性等特点,它并不追求精确的结论,而只是了解问题之所在,摸清情况,得出感性认识。常用的定性分析方法有分类法、比较法、分析法、综合法、归纳法、演绎法、类比法、想象法、头脑风暴法等。

2) 定量分析。定量分析,也称为计量分析或统计分析,一般是为了对研究对象的总体得出统计结果而进行的,它强调对数据的分析。在定量分析中,信息都是用某种数字来表示的。通过建立数学模型来表达数据的内涵,揭示事物的本质和发展趋势。常用的定量分析方法有回归分析法、时间序列分析法、聚类分析法、信息计量法等。

3）半定量分析。半定量分析是指既包含定性分析又包含定量分析的综合分析方法。在半定量分析中，定性分析把握信息分析问题的中心和方向，侧重于宏观描述；定量分析为信息分析提供数量依据，侧重于微观分析。常用的半定量定分析方法有层次分析法、德尔菲法、内容分析法和交叉影响分析法等。

1.1.4 信息分析的原理

1. 信息分析的对象

信息分析的对象主要有两大类：一类是数值信息，主要指原始数据及衍生数据（即结构化的二维数据），目的是通过定量分析方法从数据中发现信息、知识、情报、智慧、规律；另一类是非数值信息（半结构化或非结构化信息），主要指事物及其现象，目的是通过定性分析方法从现象中发现事物的本质、属性、特征、规律、联系。

2. 信息分析的层次

信息分析工作可以分为两个层次：一是数据、信息的搜集和整理。信息分析的对象主要是反映事物或现象属性、特征、本质的原始数据、信息及其衍生数据、信息。而原始数据、信息是零散的、杂乱无章的，需要经过搜集整理、加工处理后才能变成衍生数据和信息，如数据库、知识库等。因此，信息分析的首要任务是搜集、鉴别、整理原始数据、信息，使其成为可利用的衍生数据和信息。二是数据、信息的挖掘和分析。原始数据及其衍生数据、信息中隐含着大量的规律和关联，只有采用科学的分析方法和程序，利用现代信息技术，对其进行深度挖掘和分析，才能发现其中潜藏的规律、关联和价值，并加以有效利用。

3. 信息分析的基础

信息分析主要以事物、现象、数据、信息的属性、特征、本质、规律、关联等为依据展开定性和定量分析，以期发现新知识。因此，信息分析以事物、现象、数据、信息之间存在的因果关系或相关关系为基础。关系是指事物之间因为时间、秩序、结构、运动等产生的联系，包括时间、空间、发生和发展逻辑（包括流程，如工业流程、业务流程等；规律，如生命体的生老病死、自然运动规律等）。事物、现象、数据、信息之间的关系十分复杂且多种多样，但都可归为不确定性关系和确定性关系两种，不确定性关系主要是相关关系，是定性分析的基础，确定性关系主要是数量关系，是定量分析的基础。

马克思主义唯物辩证法告诉我们，世界是普遍联系的，没有独立存在的现象和事物。小世界现象（六度分离理论）和社会网络分析法告诉我们，人与人之间也是普遍联系的，通过各种关系形成社会网络。同时，任何事物总是在一定的时间和空间中发生和发展的，具有明显的继承性和发展性（扬弃），表现出一定的逻辑关系。事物、现象、数据、信息之间普遍存在的各种关系是进行信息分析的基本依据，尽管有些关系是直接、显著的，容易发现，而有些关系是间接、隐含的，难以发现。这些关系可能因为时间形成因果关系，是归纳、演绎等信息分析方法的基础；可能因为某一特征形成相似关系，是类比、想象、联想等信息分析方法的基础；可能因为空间形成结构关系，是系统、综合等信息分析的基础；可能因为逻辑形成逻辑关系，是分类、比较等信息分析方法的基础；可能因为数据形成数量关系，是统计学、数学等信息分析方法的基础。

4. 信息分析的模式

长期以来，信息分析主要遵循三大基本理念，即样本与总体分析、定性与定量（函数与相关）分析、趋势外推分析，形成了一套思维模式，在"小数据"分析时代发挥了异常重要的作用。

1）样本与总体分析。信息分析以数据、信息和现象为对象，一般是从全体或总体中选择部分样本进行分析。

2）定性与定量分析。以相关关系为基础，采用定性方法分析样本的本质、规律、特征、属性、联系；以因果关系为基础，采用数学和统计学模型定量描述或拟合样本的特征、规律和联系。

样本间的定量关系通常不是严格的函数关系,而是近似的函数关系,需要用函数关系近似地描述相关关系,这样必然会存在误差,因此需要对样本间的函数关系进行各种检验,控制误差。

3)趋势外推分析。以定性和定量分析得到的样本的本质、规律、特征、属性、联系等为基础进行趋势外推,扩大到全体或总体,并进行总体预测或估计。

1.1.5 信息分析的内容

信息分析的内容蕴含在信息分析的目标和任务之中。信息分析的目标和任务可以归纳为以下几个方面。

1)从混沌中挖掘有用信息。亦即从混沌的信息中萃取有用信息,从海量、庞杂的信息中发现和提炼出有针对性的、对解决问题有用的信息,是信息分析首要的目标和任务。曾任美国参议院情报特别委员会主席和总统对外情报顾问委员会顾问的民主党领袖舒尔斯基(A.N.Shulsky)从军事情报角度指出:"情报分析是指把收集来的信息碎片转化为决策和军事指挥者可以使用的形式。"

2)从表象中发现潜在和隐含的关联。如何从现象中发现本质、从一般的表层信息中寻找出隐蔽的或深层的有用信息,揭示信息的结构和规律,是信息分析追求的广义目标和任务。在军事、政治、科技、经济和商业竞争中,这一目标和任务尤其具有价值和吸引力。事实上,大量的机密信息都存在于公开传播的各种文献信息中,美国前总统杜鲁门就说过:"美国有95%的机密情报刊载在报纸和其他定期刊物上。"信息分析中的内容分析、聚类分析、数据挖掘、知识发现等方法和技术可以帮助信息分析人员实现这一目标和任务。

3)从过去和现在的信息中推演出未来信息,即趋势外推和趋势预测。预测是信息分析的一项抽象的工作目标和任务,信息分析通常也称为信息分析与预测。

4)从部分信息推知总体特征。即从点滴、不完整或不充分的局部信息得知整体的状态和特征。我国著名科学家钱学森曾指出:"情报分析的重要性在于如何从点滴的材料进行分析研究,能对全貌猜个八九不离十,假如有全貌的东西,就不太需要情报研究人员。"

5)运用相关信息评价事物状态、性能和效果。运用相关信息对事物的状态、性能和效果进行评价是信息分析的一项常见的工作目标和任务。评价是管理和决策领域的一项基础性工作,信息分析需要综合运用各种评价方法来实现这一工作。

1.2 信息分析的产生和发展

1.2.1 信息分析的产生过程

信息分析首先产生于科技领域,是科技、经济和信息工作发展到一定阶段的产物,是提高科技劳动效率和促进科技管理科学化的必然要求。从15世纪资本主义萌芽到19世纪70年代,这一时期常被称为近代科学技术时期。其科学研究以分散的个体自由研究为主要特征,虽然各个研究者自发形成了一些学术团体,创办了一些学术期刊,但是总体上科学信息的传播交流基本上都是自发进行的,科学信息工作还只是科学研究工作的微不足道的组成部分。

从19世纪70年代到第二次世界大战前夕,这一时期被称为现代科学技术发展的前期。随着科学技术的发展,学科分支增加,研究课题复杂,使得科学研究趋向于有组织的集体研究。同时文献数量迅速增加,研究人员开始感觉到资料收集的困难,使得文摘刊物应运而生。自1830年德国《药学文摘》创刊到1940年美国《数学评论》的问世,从事科技信息的整理加工和编写报道等二次文献的出版机构纷纷成立,以提供文献检索服务为主题的涵盖各知识门类的检索期刊体系已经确立,信息分析工作进入萌芽时期。

第二次世界大战之后,现代科学技术进入飞速发展时期,即所谓"大"科学时代。独立服务于科学研究和科技管理的科技信息机构开始登场。科技信息工作机构的一个重要任务就是将众多分散重复的文种、载体、文献整理加工，并且对其内容进行深入分析、综合、评价和预测，这一工作的出现具有划时代的意义，表明了科技信息工作进入了一个新的阶段，也表明了信息分析工作从此产生。

20世纪中期以来，信息技术迅猛发展，从根本上改变了传统信息服务的技术手段。特别是20世纪70年代以后，计算机与远程通信技术密切结合，为现代化信息服务业务的开展创造了必要的技术条件，将信息服务推进到网络化、数字化时代。同时，整个世界呈现出科技、经济、社会一体化发展趋势，因此信息分析开始从科技领域向其他领域渗透。

为了满足社会各阶层多样化的信息需求，除科技信息外，技术经济信息、市场信息、社会信息、政治军事信息等都开始成为信息分析的对象。在这些全方位的信息分析领域，研究者不断形成和完善各种新的分析方法，深化信息分析内涵，增加分析结果的准确性，使得信息分析成果的质量得到极大的提高。这样一来，作为信息服务业的一个重要分支，信息分析才真正诞生了。

1.2.2 信息分析的发展概况

1. 国外发展概况

在国外，信息分析是信息服务业的重要组成部分，特别是咨询服务业，通常由一些专业性的机构和团体完成，包括政府及各部门的决策附属机构、信息服务机构、咨询服务机构、科学研究机构、行业协会、社会团体等。各国的信息分析在发展过程中因社会环境的差异，形成了各具特色的信息分析体系。下面以美国和日本为例说明。

（1）美国的信息分析

美国的信息分析始于软科学研究机构，主要分为五种类型。一是信息分析中心，主要任务是由专家就某一问题及时写出评价性的、分析性的综述。二是思想库或智库，主要是为统治集团在各个领域进行调查研究，出谋划策，并为美国政府培训、储备和输送人才。思想库是一种稳定的、相对独立的政策研究机构，其研究人员运用科学的研究方法对广泛的政策问题进行跨学科研究。美国思想库的信息分析在世界上享有盛誉，主要是因为它们具有良好的信息环境、高素质的研究人员、靠近决策层以及独立自主的地位，如兰德公司、斯坦福国际咨询研究所、布鲁金斯学会、巴特尔纪念研究所等。三是咨询机构，其产品形式包括研究报告、专利数据库、可行性报告、工程分析与技术支持等，主要靠有效的市场调研和高质量的信息服务盈利。四是联邦信息机构，隶属于国务院。五是企业信息机构，即公司或企业的信息分析中心。

【拓展阅读材料1】美国兰德公司的预测神话

从发展阶段来看，20世纪80年代中期以前，美国的信息分析主要侧重于政治情报研究，主要标志是美国中央情报局及其所开展的一系列工作，对美国的政府决策者产生了直接而关键性的影响。20世纪80年代中期以后，美国的信息分析开始向以企业运作为核心的竞争情报研究转移，主要标志是美国成立了战略与竞争情报专业学会（Strategic and Competitive Intelligence Professionals，SCIP），强化获取和分析经济信息、市场信息、商贸信息等的手段和能力，增强自身竞争力。

【拓展阅读材料2】美国重视利用公开信息进行分析

美国的信息分析侧重于以下工作：编写评价性、分析性的综述；编写动态信息；广泛搜集反映各国潜在能力和意图的信息，并加以分析和评价，提供给政策制定者；了解情报、分析形势、出谋划策、提供对策，充当政府机构和重要财团的幕后决策支持机构和咨询机构；提供政策咨询、管理咨询、科技咨询、医疗咨询、技术咨询、工程咨询、法律咨询等各类咨询服务。在信息化高度发达的今天，美国的信息分析尤其注重创新性研究和开放式研究，信息分析贴近高层决策，与战略研究相结合，呈现出综合化发展趋势。

（2）日本的信息分析

日本的信息分析是在服务于经济扩张和科技发展的过程中产生的。日本十分重视信息分析，把信息分析作为国力指数的十大要素之一，是综合国力的重要体现，在国家科技和经济发展中发挥了重要的战略作用。日本把开展信息分析的机构统称为思想库或智库，主要有为决策服务的官方思想库、民间思想库（智库）以及进行技术、行业信息分析的情报调查机构和企业情报调查机构三种类型，如日本科学技术情报中心和日本贸易振兴会，前者是日本最大的国家级情报机构，后者是商业性协会，是日本重视技术经济情报收集和分析的典型体现。日本的信息分析紧密围绕技术、经济、金融等问题展开，主要包括科技政策研究、技术动向分析、国际技术跟踪以及全球性经济问题的研究。

【拓展阅读材料3】
日本重视信息搜集和利用

2. 国内发展概况

我国的信息分析始于科技领域，早期称为科技情报研究。自1956年成立中国科学院科学情报研究所以来，我国的科技信息事业已经走过了近70年的历程。长期以来，我国的信息分析工作伴随着国家的科技和经济建设在曲折中前进。信息分析工作在加快我国科技与经济发展，在政府决策以及科技、经济和社会管理领域的各项决策中发挥了重要作用。我国信息分析工作是在学习和借鉴国外类似工作的基础上形成的，大体经历了四个发展阶段。

1）1956—1966年，信息分析的产生和初步发展时期。主要标志为：

① 1956年中国科学院正式成立了我国第一个科技信息机构——中国科学院科学情报研究所，1958年更名为中国科学技术情报研究所。

② 1958年，国务院批准了《关于开展科学技术情报工作的方案（草案）》，提出了我国科技信息工作的任务，对管理体制、机构设置、建立全国科技信息体系、发展专业的和地区的科技信息机构等做了明确的规定。

2）1967—1975年，是信息分析工作停滞时期。

3）1976—1992年，信息分析工作的恢复和重新发展时期。"文革"结束后，从中央到地方，一些科技信息机构得到恢复，科技信息分析工作得到充实和加强；1983年，中国科学技术情报学会组建了情报研究专业委员会（后改为信息研究与咨询专业委员会、信息咨询专业委员会），标志着科技信息分析有了自己的学术研究、交流的组织和平台。

4）1992年以后。主要标志为：

① 1992年，全国第8次科技情报工作会议将"科技情报"更名为"科技信息"。

② 1995年，中国科学技术情报学会竞争情报分会成立，对外称为中国竞争情报研究会（Society of Competitive Intelligence of China，SCIC），推动了面向企业的竞争情报在中国的崛起和发展。

③ 随着市场经济体制改革的深入，大多数科技信息机构开始由社会公益型向服务经营型转变。与此同时，各类信息中心、咨询公司、信息服务公司、网络信息服务商及政府的经济与政策研究机构等纷纷成立，不同程度地加入了信息分析行列。此外，国外著名的市场调查研究机构、咨询公司、数据库服务商等也纷纷登陆中国，在我国形成了一个规模庞大的、迅速增长的行业。

④ 科技信息改变运行机制，逐步进入市场，增强了竞争实力，信息分析开始发展成为一项经常化、社会化、规范化的信息深加工活动。

⑤ 进入21世纪以后，伴随战略研究的兴起及其在经济和社会发展的地位日趋重要，基于信息分析的战略研究开始成为人们关注的焦点。

⑥ 随着大数据时代的到来，信息分析的对象和手段发生了革命性变化，大数据分析、数据挖掘、知识发现及其可视化展示等成为信息分析的热点问题。

随着我国科技、经济和社会的快速发展，信息分析工作也逐步发展完善和成熟，与早期的科技信息工作相比，现代信息分析工作发生了一系列根本性的变化：

1）在服务目的上，从作为科学研究的前期工作逐渐转变为直接参与科学决策、研究与开发、市场开拓等活动，成为现代科学决策、研究与开发、市场开拓等活动的首要环节。

2）在服务内容和范围上，从单纯的面向科技领域的信息服务转向面向政治、科技、经济、军事、社会等广泛领域的信息服务，从简单的"发生什么事"的情况研究发展到"应该怎么办"的综合性对策研究和面向宏观决策的战略研究，从以传播国外科技信息为主转向国内与国外信息分析相结合，特别注重国内外信息的分析与比较研究。

3）在服务方式上，从无偿服务逐步向有偿服务转变。

4）在研究方法上，从单纯的定性研究转向定性与定量相结合，从传统的单层次、单目标、单因素研究转向多层次、多目标、多因素及其相互关系的综合研究。

尽管我国的信息分析发展已经取得了很大的成就，建立了完整的信息分析体系，成为政策决策和各行业领域科学决策的重要依托，但我国的信息分析工作仍然存在很多问题，与发达国家仍然存在着较大的差距，因此，我国的信息分析工作发展仍然任重道远。

【拓展阅读材料4】
信息分析在我国科技、经济发展中发挥了巨大作用

1.2.3 信息分析面临的机遇和挑战

21世纪是信息时代、数据时代、网络时代，也是知识经济时代。信息分析作为一种典型的信息深加工活动，在信息时代、数据时代、知识经济时代将大有可为。在社会信息化的过程中，信息技术飞速发展，全球网络化趋势不断加强，经济体制改革进一步完善，这些都给信息分析带来了前所未有的机遇。主要体现在：信息技术尤其是计算机技术、远程通信技术、数据库技术和网络技术的迅速发展和广泛应用，加强了信息搜集、分析、处理、加工和存储的能力；定量分析方法应用软件的成熟为信息分析进行定量研究提供了工具；网络化发展趋势，加快了信息交流传递的速度，扩大了信息分析的来源，并为信息分析产品的发布和信息分析人员的交流建立了平台；市场经济体制的建立与完善，加快了经营市场化的进程，促使政府和企业决策由经验决策向科学决策转化，信息分析和咨询服务的社会需求不断增加。

知识经济、数字网络时代，信息分析的发展同样面临着严峻的挑战。一是陈旧的信息分析体制已不能满足知识经济和数字网络时代社会发展和用户的需求；二是面对社会信息量的激增，必须通过提高搜集、分析、处理、加工和存储信息的能力，增加信息"吞吐量"；三是面对新旧信息更迭加速，必须加快信息分析工作的节奏，缩短从搜集信息到产生和发布信息分析产品的周期；四是必须逐步提高定量分析的比重；五是需要进一步改善信息分析队伍的知识结构。

1.2.4 信息分析的发展趋势

随着科技、经济、社会的发展，人们对信息分析提出了越来越多、越来越高的要求，信息分析本身也在不断发展和演变，呈现出一些新的特征和发展趋势。

1）信息分析方法向多元化发展。由于信息分析本身并没有特有的方法，吸收和借鉴其他学科的分析方法显得尤为重要。信息分析人员从相关学科引入分析方法，在应用中对其进行拓展、改进和创新，形成自己的特色。用户需求的多元化和多层次性，促使信息分析方法呈现出显著的多元化趋势。

2）信息分析市场化和产业化。市场经济的发展，使得信息分析研究不再仅为政府部门服务，而成为以市场需求为导向、以满足用户需求为目的的市场行为。随着信息服务市场的规模持续扩大，信息分析的产业化趋势将更加明显。从国外的发展经验来看，美国的兰德公司、日本的野村综合研究所、英国的国际战略研究所等信息分析机构都已经实现了规模经营，产业化程度很高。

3）信息分析国际化。信息分析的国际化体现在信息分析服务的国际化和研究交流的国际化两个方面。随着信息的发展，尤其是互联网的广泛应用，信息分析的领域不断扩大，为各国之间的信息分析的横向联系、协作研究奠定了基础。相关数据表明，麦肯锡公司的服务收入中有57%来自分

散在国外的分支机构。

4）信息分析手段现代化。随着现代信息技术的发展和科学研究方法的普及，计算机技术、网络技术、可视化技术等已经进入信息分析领域。各种数据库的建立，为信息分析奠定了良好的基础，而一些辅助性分析系统和应用软件也得到了广泛应用。例如，Excel、SPSS、SAS 等统计分析软件可辅助分析人员进行程式化和非程式化的信息分析活动；SATI、CiteSpace、UCINET、Pajek、VOSviewer 等文献计量和可视化分析软件可辅助信息分析人员进行关联分析；与数据库技术密切相关的、面向复杂信息分析与预测的、高层次决策支持的数据仓库、联机处理技术和数据挖掘等技术也日渐成熟。

5）信息分析人员专业化和社会化。信息分析是智力密集型的跨学科、多层次、综合性工作，其从业人员正逐步从专职情报人员向兼职的专业多样化和知识综合化的复合型人才发展。一方面，分析领域的综合化要求工作人员具有系统性思维能力；另一方面，行业服务的特点要求分析人员具有相关的行业知识和从业背景。目前，很多机构举办种类繁多的信息分析培训班，大多面向在职的行业人员，以提高他们的分析能力。

6）信息分析领域的拓展化。以前的信息分析主要是针对科技信息进行搜集和分析，为科研机构和科研人员提供服务。随着信息技术的不断涌现，计算机网络的日益普及，从网上获得信息越来越容易。同时，信息和技术、经济紧密结合，使得信息分析领域进一步扩大。社会信息化的发展，使信息分析的领域拓展到社会各个方面。信息分析开始由单纯的研究国内或国外转向国内外研究相结合，由单纯的研究科技问题转向同时研究经济和社会问题，由主要面向政府部门所属机构和企业转变到面向整个市场，发展到为满足市场需求提供服务。

7）信息分析机构多样化。信息需求的多样性和追切性，导致信息分析机构的多样化。单一的信息分析机构已不能满足市场和用户的多样化需求，多样化的智囊机构、智库、信息服务机构和信息咨询机构等应运而生。

8）信息分析规范化。信息分析规范化包括信息分析活动的规范化和信息分析管理的规范化，相关政策、法律、法规等的产生以及市场经济体制的完善，使信息分析逐步走向科学化、规范化、制度化轨道。

【拓展阅读材料5】
大数据改变信息分析

1.3 信息分析的功能和作用

1.3.1 信息分析的功能

从信息分析的整个工作流程来看，信息分析具有整理、评价、预测和反馈四项基本功能。具体来说，整理功能体现在对信息进行收集、组织，使之由无序变为有序（即信息的序化功能）；评价功能体现在对信息价值进行评定，以达到去粗（取精）、去伪（存真）、辨新、权重、评价、荐优之目的（即信息的鉴别功能）；预测功能体现在通过对已知信息内容的分析获取未知或未来信息；反馈功能体现在根据实际效果对评价和预测结论进行审议、修改和补充。

整理和评价是信息分析的基础性功能，而预测和反馈是信息分析的特征性功能。整理和评价是预测和反馈的基础与前提，而预测和反馈则是整理和评价的拓展和延伸。

1.3.2 信息分析的作用

信息分析的基本功能决定了其在国民经济和社会发展中发挥着十分重要的作用。实践证明，信息分析在科学决策、研究开发、市场开拓等活动中发挥着巨大的作用。

信息分析的作用概括起来就是为决策服务，主要体现在：为决策提供依据、论证和备选方案；

对决策实施过程进行评价、反馈。具体来说，信息分析的作用体现在以下几个方面。

1. 在科学决策中发挥参谋和智囊作用

信息是决策的原材料和必要条件，科学决策就是将信息转化为行动的过程，信息分析是加速和实现这一过程的重要因素。一方面，科学决策必须以信息分析为基础，科学决策的关键在于获取大量真实可靠的信息，特别是经过整理、鉴别、分析、研究的信息（即信息分析成果）。另一方面，信息分析工作只有紧密围绕国家、地方管理和决策机构的有关发展战略、方针政策、规划计划、组织管理等展开研究，才能在科学管理和科学决策中发挥其参谋和智囊作用。本杰明·吉拉德（Benjamin Gilad）认为："管理者收到的信息应该是有偏向的、有主题的、经过过滤的和最新的。"信息分析人员的任务就是帮助管理者和决策者减少信息流的数量和速度，并确保最终向决策者提供高质量的情报。这样，管理决策人员就可以利用这些情报信息来提高其管理能力，并制定有效的决策。

【拓展阅读材料6】信息分析在科学决策中的参谋和智囊作用

2. 在研究开发中发挥助手和导航作用

科学研究包括基础研究、应用研究和开发研究，这些研究活动都可以用研究开发（即 R&D）来表征。随着知识经济的兴起，科学技术在经济和社会发展中的作用日益突显，研究开发活动也日益成为国际竞争、产业竞争、市场竞争和企业竞争的焦点。研究开发活动离不开信息，尤其是经过分析加工的序化信息，这些信息对科研和生产具有巨大的启迪、借鉴和促进作用。因此，研究开发活动必须与信息分析紧密结合。大到国家重点科研项目、重大工程建设，小到企业技术引进、新产品开发等，都要求信息分析人员围绕研究开发活动有针对性地、及时地开展信息分析，并为研究开发活动提供各种形式的信息分析成果。

【拓展阅读材料7】信息分析在我国研究开发中的助手和导航作用

3. 在市场开拓中发挥保障和导向作用

随着市场经济制度的发展和完善，市场像一只看不见的、无形的手在社会资源配置和经济利益分配等方面发挥着重要作用。企业是市场活动的主体，其活动的核心就是围绕需求、面向市场，市场开拓决定企业的生存和发展。因此，企业市场开拓必须有充分的政策信息、经济信息、科技信息、社会信息、市场信息作为保障。信息分析在市场开拓中的重要作用体现在，为企业提供内外部信息，帮助企业寻找、识别和把握市场机会，避免市场威胁。

【拓展阅读材料8】日本丰田汽车公司高效的信息分析系统

1.4 信息分析的方法与应用

1.4.1 信息分析的方法

信息分析是一门综合性很强的学科，与自然科学、社会科学、管理科学、决策学、科学学、系统工程等众多学科相互交叉。信息分析方法是在吸收、借鉴和移植其他学科方法的基础上不断发展而来的。可见，信息分析方法的一个显著特征就是综合性，主要体现在其方法的来源上，信息分析方法主要来源于逻辑思维方法、系统分析方法、图书情报学方法、社会学方法、数学方法、未来学方法、经济管理学方法等。

1. 信息分析方法的来源

信息分析在综合吸收其他众多学科领域有关方法的基础上，逐步形成了自己独特的方法体系。总体来看，信息分析方法主要源于以下学科领域。

（1）逻辑思维方法

科学逻辑思维是一切研究工作的依托和基础。逻辑思维方法主要有比较、分类、归纳、演绎、分析、综合、联想、类比、想象、灵感和直觉等，是一种定性分析方法，具有直觉性强、推理严密等特点，是使用范围最广的一种定性分析方法。因此，信息分析离不开逻辑思维方法。

（2）系统分析方法

信息分析是一个系统辨识的过程，需要根据掌握的零星的、片段的、局部的信息来形成具有指导意义的结论，因此信息分析需要采用系统分析方法。系统分析方法对整个信息分析过程起支配、指导作用，尤其是在分析复杂的对象或问题时，需要利用系统原理把握对象或问题的全局、整体及其结构关系，此时系统分析方法作用更大。系统动力学方法和层次分析法是两种比较常用的系统分析方法。"老三论"（系统论、信息论、控制论）和"新三论"（耗散结构论、协同论、突变论）等科学方法也是系统分析方法。

（3）图书情报学方法

图书情报和信息管理领域是信息分析的重要应用领域，也是信息分析方法的重要来源。进行文献调研和文献分析时，图书情报学方法是最基本的方法，在信息搜集、整理、浓缩、比较和分析中发挥着不可替代的作用。特别是文献计量学方法（包括科学计量学、信息计量学、网络计量学等）已发展成为信息分析的一类独特方法，能够得出信息所属学科、领域的发展变化趋势。常用的文献计量学方法有内容分析法、引文分析法、链接分析法、专利分析法、可视化分析法等。

（4）社会学方法

信息分析在某种意义上是对信息活动这一类社会活动的分析，因此会应用到一些社会学方法。社会学方法可以为信息分析提供某些比较成熟的方法，为分析概念之间的关系和形成正确的概念框架、理论架构等提供支持，如社会调查法、案例研究法和社会网络分析法等。

（5）数学方法

信息分析主要依赖于数学方法进行定量研究，包括统计学方法、运筹学方法、线性代数方法、图论方法、模糊数学方法等。数学方法具有精度高、结论具体、高度抽象、适用性强等特点，在对精确度、准确度要求较高的信息分析领域中常用。常用的数学方法有相关分析法、回归分析法、聚类分析法等。

（6）未来学方法

信息分析为管理和决策服务，十分重视预测。预测分析在信息分析中占有重要地位，信息分析的直接目的就是通过对过去和现状的分析把握对象或事物的未来发展变化趋势，因此基于预测的未来学方法就成为信息分析方法的重要来源。常用的预测分析方法有时间序列分析法、趋势外推法、德尔菲法等。

（7）经济管理学方法

经济管理科学作为经世致用的学科，其对经济现象和组织系统进行研究，积累了行之有效的方法，成为信息分析方法的重要来源。经济信息分析、管理决策咨询中运用了大量经济管理学方法，如投入产出分析法、成本收益分析法、系统工程方法、模型分析法、博弈论方法、案例分析法等。

2. 信息分析方法的体系

信息分析方法来源于多学科领域，经过长期的发展、演变和融合，形成了具有自身特色的方法体系。

（1）基于层次的信息分析方法体系

一般从方法论角度将信息分析方法分为哲学方法、一般方法和具体方法三个层次，这形成了信息分析方法的层次体系。上层方法覆盖下层方法，并对下层方法起指导作用。上层方法作用范围更大、时间更长，但不具体，下层方法作用范围更小，领域更专，操作性更强。哲学方法是最高层次、最具概括性和普适性的方法，对自然科学、社会科学和思维科学等具有最根本的指导意义。一般方法即科学整体层次的方法，在整个科学活动中具有普遍的适用意义，一般方法对不同的学科门类、不同的科学领域都起作用。一般方法可分为定性、定量和定性与定量相结合三类方法，每一类方法下又都包含一系列具体的、专门的方法，即学科层次和问题层次的方法。基于层次的信息分析方法如图 1-1 所示。

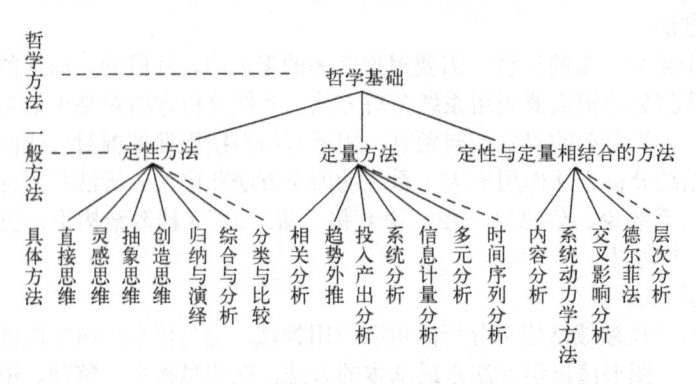

图 1-1 基于层次的信息分析方法

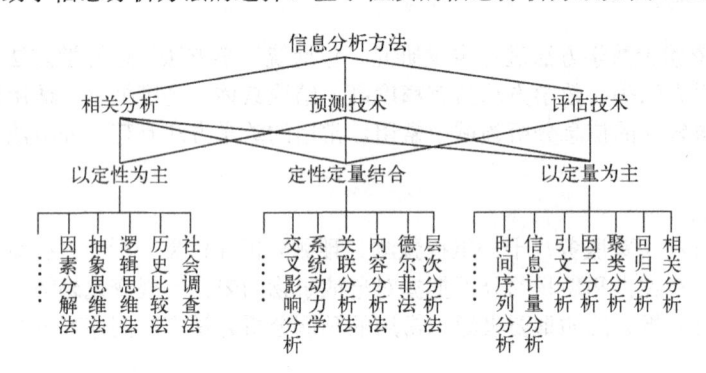

（2）基于性质的信息分析方法体系

根据信息分析方法的性质、功能及其适用范围划分，信息分析方法又形成了另外一种框架和体系。在按性质将信息分析方法分为以定性为主、以定量为主和定性定量结合的基础上，再加上方法对应的功能，即相关分析、预测技术和评估技术，对信息分析方法进行划分，有利于根据任务选择合适的方法，符合"功能-结构对应原则"，能够有效地反映各种方法的性质和功能，以及方法之间的区别和联系，有助于信息分析方法的选择。基于性质的信息分析方法如图 1-2 所示。

图 1-2 基于性质的信息分析方法

3. 信息分析方法的演变

随着现代信息技术在信息分析中的广泛应用，信息分析方法的现代化、技术化和智能化成为发展的必然趋势。

（1）计算机辅助信息分析的方法

计算机辅助信息分析的方法代表了信息分析发展的趋势和未来方向。计算机辅助信息分析的方法大体经历了三个发展阶段：

① 计算机辅助数据处理阶段，主要是采用通常的软件开展信息分析工作，由计算机完成数据统计、计算、图形表达、结果输出等数据处理工作，可支持时间序列分析、回归分析、主成分分析、方差分析、因素分析、聚类分析、判别分析等常用定量信息分析方法的数据处理。

② 信息分析系统支持阶段，主要是建立信息分析的专用数据库系统，在工作环境和工作基础上对信息分析提供支持，实现信息分析工作的自动化处理，如专家系统、决策支持系统、管理信息系统等用于信息分析。

③ 人工智能阶段，要求信息分析系统不仅具有解决规范问题的能力，还具备分析判断、多路推理、机器学习和模糊处理等能力。

（2）基于数据仓库的信息分析方法

数据仓库的产生为信息分析提供了良好的平台。基于数据仓库的信息分析方法主要有两种：验证型分析工具和挖掘型分析工具。前者由信息分析人员首先提出假设，然后利用各种工具进行反复的、递归的检索查询以验证或否定假设，其典型代表是联机分析处理（On Line Analytical Processing，OLAP）。后者主要建立在各种信息源的基础上，重在发现隐藏在海量原始数据中对人们有用的模式、规律和知识，预测趋势和行为，其典型代表是数据挖掘（Data Mining，DM）。

（3）基于知识发现的信息分析方法

随着大数据时代的到来，知识发现（Knowledge Discovery，KD）在信息分析中得到广泛应用，信息分析开始担负起从海量数据中发现知识并加以利用的任务，即从海量原始数据中挖掘出决策所需要的隐含的深层次信息，转化成知识并有效地加以利用。知识发现以数据挖掘为基础，集数据库、数据仓库、人工智能、机器学习、神经网络、模式识别、知识库系统、知识获取、信息提取、高性能计算、云计算、大数据和数据可视化等现代信息技术于一体。

1.4.2　信息分析的应用

信息分析已经渗透到人类活动的各个领域，包括政治、科技、经济、军事、文化等社会生活的各个方面。从目前来看，科技信息分析（包含技术预见、专利信息分析）、经济信息分析（包含市场信息、商业信息和竞争情报分析）和社会信息分析（包含军事、政治信息分析）是信息分析的三大主要应用领域。

1. 科技信息分析

科技信息分析是信息分析的传统领域，不仅发展时间相对较长，而且内容丰富，已经积累了比较成熟的工作规范。

现代科学技术发展的重要特点是科学技术化（即科学研究离不开先进的技术手段）和技术科学化（即技术发明或创造依靠科学理论的指导），科学与技术相互渗透，相互促进，科学向技术转化的周期越来越短，科学与技术发展成为不可分割的整体，以致人们常常将科学与技术联合起来使用。

从宏观来看，科技活动涉及基础研究、应用研究和开发研究三个层次。基础研究旨在分析事物的性质、结构以及事物之间的关系，从而揭示事物所遵循的规律，建立相应的知识体系，而不考虑任何特定的实际目的。基础研究包括理论基础研究和应用基础研究两个部分。理论基础研究指数学、物理学、化学、天文学、地学、生物学等基础学科中的纯科学理论研究领域；应用基础研究即材料科学、工程力学、能源科学、环境科学、医学科学、化工科学、计算机科学等应用技术科学方面的基本理论研究。应用研究致力于解决国民经济和社会发展中所提出的实际科学技术问题，其核心对象是技术。它一方面开辟科学理论转化技术的方向，另一方面将技术与生产的信息反馈给基础研究。通过应用研究，基础研究的成果找到了可能的用途，具备了为实践直接服务的可能性。开发研究是将应用研究的成果直接应用于生产实践，目的是将科学技术直接转化为社会生产力。基础研究、应用研究、开发研究所构成的科学技术活动是一种社会结构，在相当大的程度上影响一个国家的科技和经济发展程度与水平。

（1）科技信息的特点

科技信息就是在科学技术活动中所产生、存储、加工、转换、传播和利用的各种信息，它们构成了科技信息分析的工作对象。科技信息的内容相当广泛。英国情报学家布鲁克斯（B.C.Brooks）从工作的角度提出应该将科学信息和技术信息分离开来，曾得到了信息分析界的广泛认同。科技信息的主要特点有：以文献和技术样本作为主要载体，内容表达比较规范；涉及众多科学技术领域，专业性强；更新迅速，尤其是技术开发类信息。

（2）科技信息分析的特点

与其他类型的信息分析相比，科技信息分析的重要特点是以文献分析为基础，特别是在学科（学术）信息分析中尤其如此。文献分析不仅为科技信息分析提供可供选择的经过加工的系列情报源，而且本身就是科技信息分析工作的主要对象和内容，通过对文献知识单元的深入分析，揭示科学进展、动向和趋势，为科技发展和科学技术向生产力转化提供信息支持。同时，掌握科技文献的规律和利用方法是从事科技信息分析工作的基本要求。因此，进行科技信息分析需要掌握引文分析、地图分析、网络分析、数据挖掘等先进的信息分析方法，对于学科结构、学科间网络关系、学科时序进化、科学前沿领域识别、热点技术识别等分析内容来说，尤其如此。

（3）科技信息分析的内容

1）科技发展战略信息分析，包括科技发展内外环境状况信息分析、科技发展预测分析、科技发展战略和策略分析等。

2）科学前沿和发展态势分析，包括科学前沿领域的识别、学科之间关系网络分析、学科的认识地图等。

3）技术预见与技术热点分析，包括技术预见的方法、国家关键技术的选择、热点技术识别、高新技术进展与趋势分析等。

4）科技竞争力评价，包括科技竞争力的评价方法、国家科技竞争力评价、科研机构竞争力评价、科技成果评价等。

5）课题或项目的背景调研和相关文献分析。

6）学科、专业、课题的专用数据库建设。

【拓展阅读材料9】
技术预见

2. 经济信息分析

20世纪60年代以来，经济信息在世界范围内成为"热点"，形成发展最快的信息源。一般来说，经济信息是对经济运动属性及其有关对象特征的一种描述，它存在于一切经济活动过程之中。经济信息可分为广义的经济信息和狭义的经济信息。广义的经济信息是指那些与整个经济运动有关的各种信息，它们从不同角度、不同侧面来反映经济运动的变化及其特征。狭义的经济信息是指经济运动过程中直接反映出来的各种信息。经济信息随着经济活动的出现而产生，伴随经济活动的发展而发展。

（1）经济信息的特点

1）数量巨大，种类繁多。与现代经济系统要素多元化、参与主体众多、影响因素复杂、活动变化频繁等状况相对应，经济信息不仅数量庞大，而且种类繁多，各种不同来源、内容和形式的信息错综交汇，使经济信息显示出庞杂性。

2）经济信息具有明显的经济成本，用于商业竞争的经济信息往往具有保密性。这意味着对具有较高商业价值的经济信息进行搜集和开发需要支付较高的经济成本。

3）有相当部分的经济信息是非文献形式的。与科技信息主要以文献形式表现不同，经济信息一般通过商情、广告、报表、凭证、合同、货单、文件、书信等形式表现出来，广播、报纸、电视、互联网等大众媒介和商情数据库是其存在的主要形式。

4）动态性强，更新速度快。如金融信息，外汇牌价在一天中的上午和下午有所不同，股市交易信息随时变动。为了及时反映这一变化，世界上一些商用数据库每45s就更新一次。

（2）经济信息分析的特点

1）经济信息分析需要系统的数据积累和体系化的分析方法与工具。对诸如国民经济发展趋势等宏观经济信息分析来说，良好的历史数据积累是一个基本的要求，需要建立专门的数据库，开发相应的指标体系和专门的分析工具，对国民经济的宏观运行进行全面监控，做出评估和预警。

2）经济信息分析需要具备良好的市场调查能力。市场调查是经济信息分析的一项经常性工作，也是市场研究的基本功。因为经济信息数量庞大，变化迅速且鱼龙混杂，信息分析人员需要熟练掌握市场调查的有关方法和技能，并能针对特定任务获取最新信息，辨别信息真伪。

3）经济信息分析针对性强。任务驱动的经济信息分析占了相当的比重。经济信息分析的魅力在于通过对经济信息的广泛搜集和浓度加工，形成高度浓缩的信息产品，为政府宏观调控和企业经营管理提供依据。一般来说，经济信息分析都是根据特定市场主体的某种具体需要展开的，如开拓海外市场、明确投资方向、识别竞争对手等，这种以特定任务为导向的信息分析，由于针对性强往往取得的效果良好。

4）经济信息分析时效性强。一是经济信息变化快、时效性强，要求研究人员及时掌握最新信息，使经济信息在其价值递减以前发挥作用；二是任务驱动的信息分析都有比较明确的时限要求，信息分析人员应在规定的时限内完成从市场调查到分析研究的各项任务。

（3）经济信息分析的内容

1）经济活动中的动态分析，包括宏观经济运行状态监视和经济景气分析、市场变化的各种动向分析，以及各种经济指标、经济指数的动态分析。

2）经济预测和预警分析，包括月度、季度、年度和中、长期的经济预测，以及对经济运行中可能出现问题的预警分析。

3）企业竞争分析，包括竞争环境、竞争对手和竞争策略等的分析。

4）为制定经济规划和经济政策而展开的经济模型分析、经济对策分析。

5）面向社会公众的各种经济咨询分析，如投资、理财等。

3. 社会信息分析

社会信息也称为人类信息，是指对人类社会运动变化状态和运动变化方式的客观描述，是与自然信息、生物信息、机器信息相对应的广义概念。社会信息包括社会现象描述信息和社会知识记录信息。前者是指反映社会历史发展过程中的具体事件、事实或数据等信息，也泛指人与人之间交流的具有广义文化价值的社会动态信息，这种信息直接来源于社会实践，是对社会现象直接而客观的描述，属于感性认识的范畴。它一般不经过理论思维和科学抽象，通常不能够深入揭示社会发展的本质和规律。后者是指由人类创造的具有特定科学价值的社会科学信息，它一般是在社会实践中获得的感性材料的基础上，经过逻辑推理和实践检验形成的概念化理论系统知识，这能够反映社会发展和变化的本质和规律，是社会信息集合的核心部分，而文献又是社会信息的主要载体。

（1）社会信息的特点

1）社会信息中主观因素较多，客观因素较少。与自然科学不同，在社会科学中，认识主体和认识客体渗透着主观成分，这种主观成分表现为阶级性、民族性、政治倾向性、区域或国家特色等。这就是社会科学研究者对同一客体或现象见仁见智的原因。

2）社会信息中相对性较多，绝对性较少。社会科学理论的提出常常依据某一特定时期的情况，它会随着社会实践的发展而不断变化，而科学理论则往往是超越时间的。同时，社会科学理论的真理性检验和应用合二为一，检验过程时间长，而科技理论则可以接受严格的实验检验。由此造成社会科学领域中观点分歧、学派林立、争论不断。

3）社会信息中定性思辨较多，定量分析较少。因为社会现象不能精确多次再现，无法用仪器和工具精确测试，因此多采用社会调查、典型案例或引经据典的文献分析方法进行定性分析。这就造成了社会科学理论多以思辨理论形式出现，很少有公理化、形式化命题理论。尽管经济学、人口学、历史学等学科早已开始应用数学等定量研究方法，但精确度并不高。

4）社会信息中综合性较强，专业性较弱。由于社会现象或社会问题的多面性，社会科学研究与科技理论相互渗透，因此综合性很强，但与自然科学和工程技术相比，专业性较弱。

5）社会信息中依附性较强，独立性较弱。在科学技术领域，科技信息一经产生往往就会脱离其创造者进入到科技信息交流圈。而社会信息,特别是那些涉及重大社会问题的理论成果,与其创造者的命运息息相关,体现出明显的依附性和较弱的独立性。

(2) 社会信息分析的特点

1) 社会信息分析涉及大量的价值判断。价值是人们愿望的表现,由于价值观念的不同,人们对事物的判断和评价便可能不同。社会科学成果总是特定社会和特定时代的产物,受到不同意识形态和不同历史阶段的局限。在进行社会信息分析时,要特别注意各种理论、学说、人物和动态的社会背景和时代背景,力求对分析研究的对象做出正确、全面、公正的评价。

2) 在社会信息分析中,一般难以对分析环境和分析对象进行严格控制,因为其中存在着许多不可控制和相互影响的因素,而且在社会信息分析中,很多对象(如社会危机、突发事件)的动态性强,在现实环境不再重复出现,因而难以进行严格意义上的重复验证,这就增加了分析过程操作的难度和对分析结果评价的难度。因此,分析方法和过程本身往往就成为检验研究成果的重要依据。

3) 社会信息分析总体上以定性分析方法为主,但也越来越重视定量分析方法的应用。社会科学的定量化趋势要求社会信息分析,尤其是一些综合性的、复杂的社会问题或现象分析(如国情分析),必须注意在定量研究过程中利用计算机手段,将定性分析和定量分析有机结合起来,在定量分析的基础上体现社会信息分析的价值和智慧。

(3) 社会信息分析的内容

1) 社会发展态势分析,包括对社会的整体趋势分析,国内外重大的政治、经济、军事、文化和社会动向的分析,新华社内参中的许多材料多属于这种性质。

2) 国情省情分析,包括综合国力分析、区域社会发展分析、城市竞争力评价等。

3) 突发性危机事件预警分析,包括危机信息的识别、危机信息的预警、危机信息的评估、危机信息的管理等。

4) 公共政策的效果分析,包括公共政策的实施状况调查、公共政策的效果评估等。

5) 社会科学学术信息分析,包括对社会科学各领域中理论、流派、人物、文献等的趋势分析、动向分析和比较研究等。

1.5 信息分析的人员素质要求和相关职业

随着社会信息化步伐的加快,信息分析的应用领域也越来越广泛,因此社会各行业对信息分析人员的需求不断增长,这不仅表现在对信息分析人员需求的数量,更为重要的是社会对信息分析人员的素质要求越来越高。

1.5.1 信息分析人员的素质要求

(1) 强烈的信息意识

信息分析人员应具备强烈的信息感知能力、敏锐的信息捕捉能力、准确的信息判断能力,保证及时获得、利用各类相关信息,这取决于平时信息的累积和能力的锻炼与提高。

(2) 博专的知识基础

信息分析面临的往往都是一些综合和复杂的问题,需要信息分析人员从多个角度理解和分析问题。在许多情况下,对一个问题的理解依赖于对其他问题的理解,博广、宽阔的知识基础能够提高信息分析人员判断的成功率。此外,信息分析人员还要掌握政府管理、企业经营等方面的知识,以及相应行业的专业知识。

(3) 信息采集技能

信息分析人员应能够根据特定问题、目的和要求,将分散在不同时空的相关信息搜集和积聚起来，并掌握完备的信息采集策略、方法和技巧，能够随时随地发现、搜集有用信息。

（4）信息组织技能

信息分析人员应能够采用各种方法和手段，将搜集到的资料、数据、信息进行整理、归纳、分类，使之系统化、浓缩化、有序化，为深入的信息分析做好准备。

（5）信息分析技能

信息分析人员应能够熟练掌握和应用常用的信息分析方法。随着现代信息技术的快速发展，还要求信息分析人员能够掌握相应的计算机技术、网络技术，熟练使用相关的信息分析软件和工具。

（6）信息表达技能

信息分析的目的是为用户管理与决策提供支持，只有信息分析结果表达清楚易懂，用户才能正确理解和应用，并最大限度实现信息分析的价值。这就要求信息分析人员必须具备相当的语言文字表达能力，不仅要具备相当程度的汉语阅读与写作能力，还要能熟练运用一门以上的外语。

（7）沟通协调能力

信息分析任务的完成需要多方面协调合作，不仅仅是信息分析人员团队内部的沟通协调，还需要与用户及组织内外相关人员进行广泛的联络和沟通，因此信息分析人员必须具备较高的沟通协调能力。

（8）创造性思维

信息分析的任务决定了信息分析人员必须具备创造性思维。信息分析面临的问题大多是以前没有遇见过的新问题，需要信息分析人员具有创新思维，创造性地运用信息分析方法搜集信息并解决问题，发现信息素材中的规律和知识。

总之，一名出色的信息分析人员需要博学多才、善于分析和思考，特别是必须具备强烈的信息意识，对信息具有敏锐的嗅觉和洞察力，并具有广泛的知识基础和丰富的实践经验，在信息分析实践中能够不断提高自身素质和能力。

【拓展阅读材料 11】
信息分析师应具备的能力

1.5.2 信息分析人员的理想素质结构

信息分析人员的理想素质结构是在两类知识、两种思维、两类方法之间保持必要的张力，这种张力所形成的均衡结构使我们不会走向任何一种极端。

（1）两类知识

两类知识是指显性知识和隐性知识。显性知识是能够以一种系统的方法表达的、正式而规范的知识，通常以语言、文字、图像、符号等结构化的形式存储，并且表现为产品、文件、数据库、说明书、公式和计算机程序等形式。隐性知识是高度个体化的、难以形式化或流通的、难以与他人共享的知识，通常以个人经验、印象、感悟、团队的默契、技术诀窍、组织文化、风俗等形式存在，难以用文字、语言、图像、符号等形式表达清楚。隐性知识除了技术方面的，如非正式的难以表达的技能、技巧和诀窍，还有认识方面的，如心智模式、信念和价值观等。两类知识是信息分析人员从事信息分析工作的基础，其中隐性知识尤为重要。

（2）两种思维

美国心理学家吉尔福德（J.P.Guilford）最早提出，人类存在着两种思维方式，即发散性思维和收敛性思维。发散性思维是指非习常性的、无规范的甚至是无规律可循的思维形式，如跳跃式的联想和想象、灵感、直觉等，解决无路可循的新问题或难题需要这路思维，化无路为有路，化无关为有关。收敛性思维是指诸如逻辑推理、数学演算等，是按一定规则的归纳或演绎，是解决常规问题的思维方式，其特征是有可靠的程序，按照步骤一步一步解决。两种思维方式相辅相成，不可或缺。在解决问题时，信息分析人员往往先靠发散性思维得出各种可能性假设或设想，再依靠收敛性思维进行具体的信息加工与分析，得出明确的结果。

（3）两类方法

两类方法指定性方法和定量方法。社会科学研究方法早期依赖于定性方法，二战后开始转向定量方法，定量化趋势和特征十分明显。20 世纪 60 年代，科学家和思想家开始进行反思，社会科学研究方法又在更高层次上出现了定量方法到定性方法的回归。事实上，当前社会科学研究的大量成果都是定量研究与定性研究相结合的产物，定性方法与定量方法相互融合，相互交织在一起，密不可分。掌握定量方法是信息分析人员的基本功，掌握定性方法是信息分析人员取得高质量研究成果的另一种能力。

（4）必要的张力

信息分析需要"科学（S）+艺术（A）"的双重素质。从某种意义上说，S 代表进行信息分析的"硬功夫"，包括良好的显性知识、收敛性思维和定量方法（包括计算机辅助分析技术与工具）；A 代表进行信息分析的"软功夫"，包括良好的隐性知识、发散性思维和定性方法（包括人文主义的价值观念）。"软功夫"在信息分析中的作用主要体现在：信息分析问题的识别和方向判断；理论框架的形成；对方法、工具或模型的选择；需要背景知识和经验才能理解、解释所得到的数据或结论；研究过程中的团队合作。

信息分析需要"硬功夫"，也需要"软功夫"。对于信息分析人员来说，"硬功夫"可以通过系统化的学校教育来培养，而"软功夫"主要靠具体的职业实践来锻炼。拥有两类知识、两种思维、两类方法并保持一种均衡，是信息分析人员理想的素质结构，也是每一位有志于从事信息分析职业的人员努力的方向。

【拓展阅读材料 12】信息分析师培训班的课程内容

1.5.3 信息分析的相关职业

根据美国一家咨询公司调查：信息分析师是未来前景最好的十大职业之一。调查发现：目前我国信息分析相关人员缺口接近 300 万人。及时培养一批能够熟练掌握信息采集、分析、方法和技能的信息分析专门人才，为政府和企业决策提供支持，是社会信息化发展的迫切需求，也是信息分析师及相关职业被越来越多的企业青睐的原因所在。

1. 国家信息分析师

国家信息分析师（CIA）认证项目由信息产业部批准设立，由 CEAC 信息化培训认证管理办公室管理的国家级培训认证项目。

（1）培训对象

培训对象包括各级政府、企事业单位、科研院所、医疗单位、咨询公司、金融证券等机构及相关部门从事信息采集、软科学研究、情报研究、竞争情报分析、信息咨询、市场调研、经济分析等信息分析人员以及企业中高层次管理人员、CEO/CIO、信息中心/计算机中心主任、企业管理和信息化的规划人员、项目经理等。

（2）课程设置

相关课程有竞争对手情报获取方法与分析，数据情报挖掘方法与决策支持技术，市场营销环境与行业竞争分析，数据分析实用技术演练，信息分析方法实战应用与技能精解，信息分析职业素质训练等。

（3）认证证书

由信息产业部监制的国家信息分析师认证证书，是对考试合格的信息分析行业从业人员颁发的有效凭证，表明持证人员具备相应认证的技术水平与应用能力，是各地方政府主管部门和企事业单位相关岗位人员选聘、技术水平鉴定的主要参考依据，具有专业标准认证和政府认可的权威性。

【拓展阅读材料 13】国家信息分析师认证项目

2. 职业信息分析师

职业信息分析师是劳动和社会保障部于 2005 年发布的一个职业。它是建立在统计学和信息学的基础上,针对就业服务领域的信息化建设而开发出来的。按照国家职业资格标准,职业信息分析师是指从事劳动保障及相关信息采集、整理、分析等工作的人员,主要对劳动保障及相关信息进行采集、整理加工、分析,并提出工作建议和政策建议。

(1) 职业等级

职业信息分析师共设三个等级,即助理职业信息分析师(国家职业资格三级)、职业信息分析师(国家职业资格二级)和高级职业信息分析师(国家职业资格一级)。

(2) 资格培训

中国就业培训技术指导中心负责指导各地开展职业信息分析师职业资格培训,提供示范性培训、师资培训、课程设计以及相关技术服务。职业信息分析师职业资格培训的对象为从事和准备从事劳动保障及相关信息采集、传递、整理、分析和发布等工作的管理和操作人员。

(3) 资格鉴定

符合《职业信息分析师国家职业标准》所规定的各等级申报条件的人员可参加鉴定考试,鉴定内容包括职业道德、基础知识和技能操作。各等级的鉴定形式见表1-1。

表1-1 职业信息分析师资格鉴定形式

等级	鉴定形式	
	基础知识	技能操作
助理职业信息分析师	闭卷笔答	案例分析
职业信息分析师	闭卷笔答	案例分析
高级职业信息分析师	闭卷笔答	案例分析+论文答辩

(4) 鉴定证书

经鉴定合格者,由省级劳动保障部门按照现行有关规定,办理核发套印劳动保障部培训就业司鉴定中心职业技能鉴定专用印章的《职业资格证书》。

3. 竞争情报分析员

竞争情报分析员是指围绕企业或组织机构的竞争战略,搜集、整理相关信息,通过分析研究,提升为竞争情报,直接或间接服务于企业或组织决策的专业人员。该职业由上海市计算机行业协会竞争情报专业委员会联合上海科技情报学会设立,并共同开发了上海市《竞争情报分析员》职业标准,是具有地方特色的职业培训与认证体系。

(1) 职业等级

职业等级分为竞争情报收集员(国家职业资格五级)、初级竞争情报分析员(国家职业资格四级)、中级竞争情报分析员(国家职业资格三级)和高级竞争情报分析员(国家职业资格二级)四个等级。

(2) 认证证书

培训合格并通过认证者,颁发上海市劳动局职业资格证书、上海市科学技术情报学会技术资格证书、上海市科学技术情报学会会员资格证书。

4. 专利情报分析员

由上海市知识产权服务中心于 2006 年创办的"专利情报分析员高级培训班",主要培养适于企业需求的专利情报分析人员和知识产权管理人员。

(1) 培训对象

培训对象包括企事业单位及科研机构中的知识产权(专利)管理人员、科研研发和技术部门中的管理及工作人员;企事业单位及科研机构、情报机构中的信息情报工作人员、图书馆情报人员;

政府科技与专利管理部门人员。

(2) 培训课程

培训课程包括专利法和专利侵权判定基础知识、专利文献检索和专利情报分析课程、专利检索及专利信息平台介绍、专利情报分析与企业专利战略、中国专利侵权判定分析课程、国内外知名企业知识产权管理经典案例剖析等。

(3) 认证证书

培训课程结束后进行考试，考试合格者颁发"专利情报分析员"证书。

5. 专利代理师

全国专利代理师资格考试是国家知识产权局举办的从事专利代理行业的职业资格考试，开始于1992年。专利代理师是指获得了专利代理人资格，持有专利代理师工作证并在专利代理机构专职或兼职从事专利代理工作的人员。全国专利代理师资格考试每年举行一次，一般在11月全国十几个考点城市同时进行。

(1) 报名条件

① 具有完全民事行为能力；

② 已取得国家承认的理工科大专以上学历，并获得毕业文凭或者学位证书；

③ 已取得国家承认的理工科大专及以上学历，并获得毕业文凭或者学位证书的应届生。

(2) 考试内容和考试科目

报考人员可依据每年《专利代理师资格考试大纲》进行复习、备考。考试内容包括专利法律知识、相关法律知识和专利代理实务三个部分。考试科目包括专利法律知识、相关法律知识和专利代理实务三门。考试采用闭卷方式进行。

(3) 认证证书

自考试成绩公布、复查结束后，在规定时间内通过全部考试科目人员的专利代理师资格预申请，将自动转为正式申请并生效。经核查所述人员报名资料后，由国家知识产权局授予专利代理师资格，颁发《专利代理师资格证书》。《专利代理师资格证书》由国家知识产权局统一制作。参加内地考点考试的考生证书，由考点城市所在的省（自治区、直辖市）知识产权局发放。参加香港特别行政区考点考试的考生证书，由职业训练局高峰进修学院考试中心发放。

(4) 从事业务

专利代理师受专利代理机构指派从事以下业务：为申请专利提供咨询；代理撰写专利申请文件、申请专利以及办理审批程序中的各种手续以及批准后的事务；代理专利申请的复审、专利权的撤销或者无效宣告中的各项事务，或为上述程序提供咨询；办理专利技术转让的有关事宜，或为其提供咨询；其他有关专利事务。

目前我国专利代理师需求量为60万人，截至2023年年底，我国仅有7.6万人具有专利代理师资格。

本章小结

信息分析以信息链为基础，可以从多种角度理解。信息分析有多种称谓，国内外对信息分析的理解各不相同，不同学科和领域对信息分析的认识也不尽相同。信息分析具有自身的特点，可以根据不同的划分标准分成不同的类型。信息分析以数值和非数值数据为对象，以数据、信息、事物、现象的关系为基础，形成了特定的分析模式，即样本与总体、定性与定量（函数与相关）、趋势外推。信息分析的内容寓于其目标和任务之中，即从混沌中挖掘有用信息，从表象中发现潜在和隐含的关联，从过去和现在的信息中推演出未来信息，从部分信息推知总体特征，运用相关信息评价事物状态、性能和效果。

信息分析产生于科技领域,是科技、经济和信息工作发展到一定阶段的产物,是提高科技劳动效率和科技管理科学化的必然要求。国内外信息分析的产生和发展经历了不同的发展阶段和发展过程,具有各自的特点,侧重点也各不相同。随着科技、经济和社会的快速发展,特别是知识经济和大数据时代的到来,信息分析本身不断发展和演变,呈现出一些新的特征和发展趋势。

信息分析具有整理、评价、预测和反馈四项基本功能,在科学决策、研究开发、市场开拓等活动中发挥着十分重要的作用。

信息分析方法是在吸收、借鉴和移植其他学科方法的基础上不断发展而来的。信息分析方法主要来源于逻辑思维方法、系统分析方法、图书情报学方法、社会学方法、数学方法、未来学方法、经济管理学方法等。信息分析方法类型多样,形成了基于层次和基于性质的方法体系。随着现代信息技术在信息分析中的广泛应用,信息分析方法的现代化、技术化和智能化成为发展的必然趋势。

信息分析已经渗透到人类活动的各个领域,科技信息分析(包含技术预见、专利信息分析)、经济信息分析(包含市场信息、商业信息和竞争情报分析)和社会信息分析(包含军事、政治信息分析)是信息分析的三大主要应用领域。

随着社会信息化步伐的加快,信息分析的应用领域日益广泛,与之相关的职业和人才需求也不断增长,社会对信息分析人员的素质要求也越来越高。信息分析人员必须具备一定的素质,要成为优秀的信息分析师,还需要接受相关的培训和认证。

本章习题

一、名词解释

信息　　信息分析　　信息链　　科技信息　　经济信息　　社会信息

二、简答题

1. 信息分析的原理和依据是什么?
2. 信息分析的常用方法有哪些?
3. 对信息分析人员有哪些素质要求?
4. 信息分析的相关职业有哪些?

三、论述题

1. 如何理解信息分析?
2. 为什么要进行信息分析?

第 2 章　数 据 分 析

【导入案例】

百度 2023 年数据分析师招聘的任职要求

（1）岗位职责

① 负责内容（直播、图文、视频）电商数据建设和分析工作。

② 快速响应业务分析需求，提取关键数据并结合业务场景进行分析与解读，洞察业务机会，产出专题分析报告。

③ 深入理解业务，根据业务情况梳理完善数据指标体系并搭建对应的日常监控机制，完成日常监控分析。

④ 通过数据分析定位业务问题并与产品、运营、研发等紧密配合，推进落地。

（2）岗位要求

① 2 年以上数据分析工作经验（内容电商、互联网），本科及以上学历，数学、统计学等相关专业。

② 精通 SQL，有专业数据分析工具使用技能者优先。

③ 能够快速学习并理解业务，通过数据分析形成洞察，协助推动业务决策落地。

【导入问题】

1. 百度 2023 年发布的数据分析师招聘中的任职要求说明了什么？
2. 如何通过学习达到百度数据分析师的招聘任职要求？

【关键知识点】

1. 掌握数据的内涵、特点、类型以及数据分析的内涵、特点、类型。
2. 了解数据分析的功能、作用与步骤。
3. 了解数据分析的基本模型和专用模型。
4. 掌握数据分析的方法与工具。
5. 理解数据分析的主要工作内容。
6. 了解数据分析岗位及素质要求。

中国成就

这是一个用数据说话的时代，也是一个依靠数据竞争的时代。世界 500 强企业中，有 90%以上都建立了数据分析部门。IBM、微软、Google、百度、中国知网等知名公司都积极投资数据业务，建立数据部门，培养数据分析团队。各国政府和企业意识到数据和信息已经成为经济资产和战略资源，数据分析和处理能力也正在成为其日益倚重的技术手段。

【拓展阅读材料 1】
我国成立国家数据局

2.1　数据分析的概念

2.1.1　数据及其理解

（1）数据的概念

在计算机科学领域，数据是指可以输入计算机中并被计算机程序处理的符号。除数字外，数据还包括字母、符号、模拟量等。在科学领域，数据也称为观测值，是实验、测量、观察、调查等的结果。

数据也可以理解为对客观事件进行记录并可以鉴别的符号,是对客观事物的性质、状态以及相互关系等进行记载的物理符号或物理符号的组合。

狭义的数据是指数字。在日常生活中,我们常常听到很多数字,如"月收入过万""市场宣传投放了 800 万""研发资金追加了 100 万"……这些只能称为数字,而非数据,因为数字来源不一定真实,也没有经过分析。只有有据可查的数字才是数据,只有根据真实数据进行的分析,才能得到准确的结果。广义的数据泛指所有定性或定量的描述,数据可以理解为收集到的任何信息,可以对其使用、处理和分析以获得见解。

随着大数据时代的到来,数据的内涵发生了变化,数据有各种理解,目前关于数据的代表性定义见表 2-1。

表 2-1 关于数据的代表性定义

序号	定义来源	数据定义
1	维基百科	泛指所有定性或者定量的描述
2	国际数据管理协会(DAMA)	数据是以文本、数字、图形、图像、声音和视频等格式对事实进行表现
3	国际标准化组织(ISO)	以适合于通信、解释或处理的正规方式来表示的可重新解释的信息
4	美国质量学会(ASQ)	收集的一组事实
5	《新牛津美语词典》(NOAD)	收集在一起的用于参考和分析的事实
6	《韦氏词典》	数据指的是用作推理、讨论或计算基础的事实信息

(2)数据的三要素

真实准确的数据由三个基本要素构成,即数据来源(数据从哪里来)、采集方式(数据以何种方式收集)、记录格式(数据以何种形式记录、单位及字段类型是什么),三者缺一不可,如图 2-1 所示。数据的获取往往需要付出高昂的代价,是数据处理和分析的基础,数据处理和分析是一个使用技术和业务手段接近真相的过程。

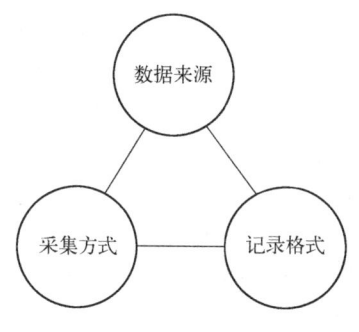

图 2-1 数据的三要素

(3)数据的主要来源

日常生活中的数据来源多样,结构复杂,内容丰富。

1)交易数据。交易数据包括 POS 机数据、信用卡刷卡数据、电子商务数据、互联网点击数据、"企业资源规划"(ERP)系统数据、销售系统数据、客户关系管理(CRM)系统数据,以及公司的生产数据、库存数据、订单数据、供应链数据等。

2)人为数据。人为数据包括电子邮件、文档、图片、音频、视频,以及通过微信、博客、维基、脸书、LinkedIn 等社交媒体产生的数据。

3)通信移动数据。移动通信设备记录的数据量和数据的立体完整度,常常优于各家互联网公司掌握的数据。移动设备上的软件能够追踪和沟通无数事件,从运用软件储存的交易数据(如搜索产品的记录事件）到个人信息资料或状态报告事件等。

4）机器和传感器数据。机器和传感器数据指来自感应器、量表和其他设施的数据、定位/GPS系统数据等，包括各种设备创建或生成的数据，例如智能温度控制器、智能电表、工厂机器和连接互联网的家用电器的数据。

如果从获取数据的来源来看，数据包括行政记录数据、商业记录数据、互联网数据三大类。其中，行政记录数据主要指个人信息记录数据、单位信息记录数据和自然资源记录数据等；商业记录数据主要指电子商务交易数据，企业生产经营数据和信息咨询报告数据等；互联网数据主要指搜索引擎数据、新闻媒体数据和社交平台数据等。

（4）数据的类型

数据分析中所处理的数据类型多种多样。

从性质来看，数据可分为定性数据和定量数据。其中只能归入某一类而不能用数值进行测度的数据称为定性数据。定性数据中表现为类别、不区分顺序的，是定类数据，如性别、品牌等，而表现为类别、区分顺序的，是定序数据，如学历、商品质量等级等。能用数值进行测度的数据称为定量数据。

从存在形态来看，数据可分为能用二维表反映的结构化数据和不能以二维表反映的非结构化数据，如音频、视频、图像、实物等，以及处于结构化数据和非结构化数据之间的半结构化数据。

从加工程度来看，数据可分为原始数据和衍生数据。原始数据也称为原生数据，是指直接从某个来源采集或收集、没有经过任何加工或处理的数据。原始数据通常需要经过清洗、预处理、转换、分析等一系列过程才能转化为可用数据。衍生数据是指原生数据被记录、存储后，经过加工、计算、聚合等操作过程而形成的系统的、可读取的、有使用价值的数据，如财物偏好数据、信用记录数据等。

2.1.2 数据分析的概念

（1）数据分析的定义

数据分析是数学与计算机科学相结合的产物。数据分析的数学基础在20世纪早期就已确立，但直到计算机的出现，实际操作才成为可能，数据分析才得以推广。

关于数据分析的理解多种多样，具有代表性的定义如下。

数据分析是指运用统计分析方法将收集来的数据进行分析，以求最大化开发数据功能，发挥数据作用的过程。

数据分析是指用适当的统计分析方法对收集来的大量数据进行分析，将它们加以汇总和理解并消化，以求最大化地开发数据的功能，发挥数据的作用。数据分析是为了提取有用信息和形成结论而对数据加以详细研究和概括总结的过程。

数据分析就是用特定的统计技术、方法和手段，将隐藏在大量杂乱无章的数据背后的有效信息集中和提炼出来，使之尽可能接近真相的过程。

可见，数据分析与信息分析具有明显的共性，但也有一定的差异，因为数据与信息处于不同的层次和存在状态。

（2）数据挖掘的定义

数据挖掘（Data Mining，DM）又称数据库中的知识发现（Knowledge Discover in Database，KDD），是目前人工智能和数据库领域研究的热点。所谓数据挖掘就是指从数据库的大量数据中揭示出隐含的、先前未知的并且有潜在价值的信息的非平凡过程。数据挖掘是一种决策支持过程，它主要基于人工智能、机器学习、模式识别、统计学、数据库、可视化技术等，高度自动化地分析数据，归纳性地推理，从中挖掘出潜在的模式，帮助决策者调整市场策略，减少风险，做出正确的决策。

在计算机领域，数据挖掘是指从大量的、不完全的、有噪声的、模糊的、随机的实际应用数据中，提取隐含在其中的、人们事先不知道的，但又是潜在有用的信息和知识的过程。

(3) 数据分析与数据挖掘的比较

从本质上来说，数据分析和数据挖掘都是为了从收集来的数据中提取有用信息，发现知识，而对数据加以详细研究和概括总结的过程。在不少场景中，数据分析和数据挖掘这两个概念是可以互换的。

数据分析和数据挖掘之间最大的区别在于数据本身的不同，这主要表现在两个方面。

1) 数据量的不同。进行数据分析时数据通常存储在数据库或者文件中，应用数据数量级是 MB 或 GB，而数据挖掘的应用数据数量级是 TB，甚至 PB。

2) 数据类型的不同。一般来说，数据分析主要用于数值数据处理，通常无法对诸如词语、照片、观察结果、音频、视频之类的非数值型数据进行分析。而数据挖掘的对象不仅仅是数值和文本，还有音频、视频和图片数据等，不仅有规范化、结构化的数据，还有半规范化、半结构化和不规范、非结构化的数据。

从某种意义上来讲，它们之间的区别就像淘金客和矿山主，不同点在于淘金客只在一条小溪上工作，甚至几十个人共享一条小溪，通常只能通过手工作业用沙漏从沙里淘金。而矿山主则占有整座巨大的矿山，由于矿山拥有成分复杂的矿石和数量繁多的伴生矿物，因此矿山主就不能仅仅依靠手工作业，而需要建立一个以机器为劳动力的现代化工业企业才能实现高效率的产出。

数据挖掘与数据分析（如查询、报表、联机应用分析）的本质区别在于，数据挖掘是在没有明确假设的前提下去挖掘信息、发现知识。数据挖掘所得出的信息通常具有先前未知性、有效性和可实用性三个特征。而数据分析主要是一个假设检验的过程，是一个严重依赖于数据分析师手工作业的过程。有高水平的"淘金客"，才能淘出"金子"。

2.2 数据分析的分类与作用

2.2.1 数据分析的分类

在统计学领域，通常将数据分析划分为描述性数据分析、探索性数据分析以及验证性数据分析三大类，如图 2-2 所示。其中，描述性数据分析属于初级数据分析，使用的分析方法一般包括对比分析法、平均分析法和交叉分析法。探索性数据分析和验证性数据分析属于高级数据分析，前者侧重于在数据之中发现新的特征，而后者侧重于已有假设的证实或证伪。探索性数据分析和验证性数据分析一般使用的方法包括相关分析法、因子分析法和回归分析法。

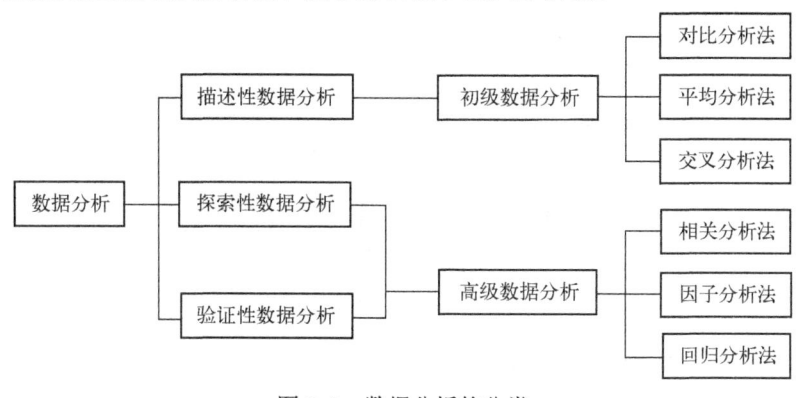

图 2-2 数据分析的分类

数据分析主要采用的是统计学的技术。在统计学领域，可以将数据分析划分为三大类：描述性数据分析（Descriptive Data Analysis，DDA）探索性数据分析（Exploratory Data Analysis，EDA）和验证性数据分析（Confirmatory Data Analysis，CDA）。

描述性数据分析是指运用制表和分类，图形以及计算概括性数据来描述数据特征的各项活动。描述性数据分析要对调查总体所有变量的有关数据进行统计性描述，主要包括数据的频数分析、集中趋势分析、离散程度分析、分布以及一些基本的统计图形。

1）探索性数据分析是描述性统计分析的延伸和补充，指为了形成值得检验的假设而对数据进行分析的一种方法，是对传统统计学假设检验手段的补充。EDA 方法由美国著名统计学家约翰·图基（John Tukey）命名，侧重于在数据之中发现新的特征。EDA 方法通常比较灵活，讲究让数据自己说话，但是通常需要依靠数据分析师的专业知识来做判断。

2）验证性数据分析则侧重于对已有假设的证实或证伪，是定性数据分析，又可称为定性资料分析或者定性研究。在做验证性数据分析时，往往已经有了一个假设，需要数据分析来帮助确认。在进行验证性数据分析之前已经有预设的概率模型，只需要把现有的数据套入模型。

可见，探索性数据分析主要用于数据探索，而验证性数据分析在某一个模型上把数据加入来做验证。一般来说，数据分析主要用于数值数据处理，通常无法对诸如词语、照片、观察结果、音频、视频之类的非数值型数据进行分析。

在实际工作中，一般根据数据的属性特征将数据分析分为定性数据分析与定量数据分析。其中，定性数据分析又称为"定性资料分析""定性研究"或者"质性研究"，是指用定性分析方法对诸如词语、照片、观察结果等非数值型数据（或资料、信息）进行分析。而定量数据分析是指利用数学或统计学方法等定量分析方法对数值型数据进行分析。

在互联网环境下，一般将数据分析分为离线数据分析与在线数据分析。离线数据分析用于较复杂和耗时的数据分析和处理，通常构建在云计算平台之上，如开源的 HDFS 文件系统和 MapReduce 运算框架。在线数据分析也称为联机数据分析，用来处理用户的在线请求，它对响应时间的要求比较高（通常不超过若干秒）。与离线数据分析相比，在线数据分析能够实时处理用户的请求，允许用户随时更改分析的约束和限制条件。与离线数据分析相比，在线数据分析能够处理的数据量要小得多，但随着技术的发展，当前的在线数据分析系统已经能够实时地处理数千万条甚至数亿条记录。传统的在线数据分析系统构建在以关系数据库为核心的数据仓库之上，而在线大数据分析系统构建在云计算平台的 NoSQL 系统上。

2.2.2 数据分析的功能与作用

数据分析是一个完整的过程，在实际的数据处理过程中数据分析具有收集数据、统计分析、归纳总结、预测分析和创造价值等功能，如图 2-3 所示。

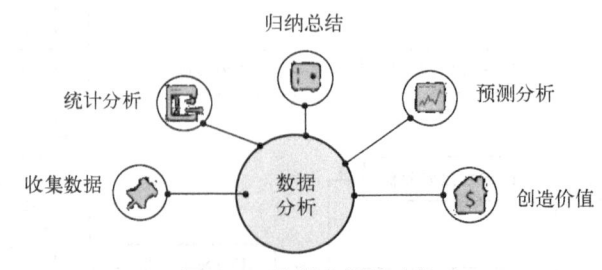

图 2-3 数据分析的功能

数据分析的主要作用体现在现状分析、原因分析和预测分析三个方面。

1）现状分析。现状分析一般通过日常报告数据，如日报、周报、月报、年报等数据，还原过去发生的事情真相，体现观察对象的发展现状与水平。

2）原因分析。原因分析比现状分析更深入，寻求造成现状的原因，反映观察对象之间存在的因果关系。

3）预测分析。预测分析是一种趋势外推和判断推理，通过对过去和现在数据的现状与规律分析，预测和判断观察对象的未来发展趋势。

2.3 数据分析的步骤

数据分析包括六个既相互独立又相互联系的步骤，即制订计划、数据收集、数据处理、数据分析、数据展现和报告撰写，形成一个完整的链条和过程，如图2-4所示。

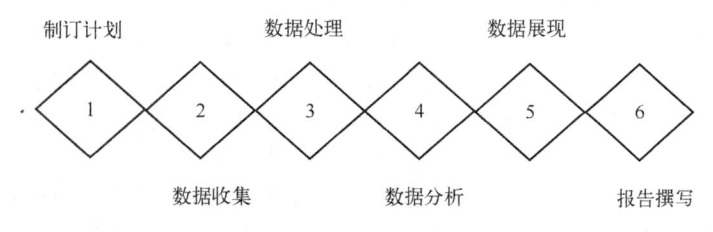

图 2-4 数据分析的步骤

（1）制订计划

清晰的数据分析目的和思路是有效进行数据分析的首要条件，也是整个数据分析过程的起点。清晰的目的和思路，可为资料、数据的收集、处理和分析提供明确的指导。明确数据分析的目的和思路之后，就可以开始制订计划。

（2）数据收集

数据收集也称为数据获取，是按照一定的数据分析框架收集与项目相关数据的过程。数据收集为数据分析提供资料和依据。数据收集的类型包括一手数据和二手数据。一手数据是指能直接获得的数据，如公司内部数据库。二手数据是指需要加工整理后获得的数据，如公开出版物中的数据。收集数据的主要来源有数据库、公开出版物、互联网、市场调查等。

（3）数据处理

数据处理就是将收集来的与项目有关的数据进行处理，形成适合数据分析的形式。因为数据质量会直接影响数据分析的效果，所以它是进行数据分析前必不可少的阶段。数据处理的基本目标就是从大量、混乱、难懂的数据中提取并导出有价值的、有意义的数据。数据处理主要包括数据清洗、数据转换、数据提取、数据计算等。

（4）数据分析

数据分析就是有价值数据的挖掘过程，是运用适当的分析方法和工具，对收集到和处理过的数据进行分析，提取出有价值的信息，形成有效结论的过程。可以使用各种专业的数据分析工具，根据需要对数据进行挖掘和分析。如 Smartbi 是专业 BI 软件服务商，主要从事商业智能（BI）和大数据分析平台的研发与服务，能够满足企业级最终用户报告、数据可视化分析、自助探索分析、数据挖掘建模、人工智能分析等数据分析需求。

（5）数据展现

数据展现即数据可视化。通过数据分析，将隐藏在数据中的关系和规律展现出来。在数据展现过程中，数据展现形式的选择尤为重要。数据最好是以表格和图形的形式呈现，即用图表说话。

（6）报告撰写

数据分析报告是对整个数据分析过程的总结与呈现。数据分析的原因、过程、结果和建议通过报告完整呈现，供决策者参考。一个好的数据分析报告，不仅要有明确的结论、建议和解决方案，而且要图文结合、有层次，让读者一目了然。

2.4 数据分析的工具

数据分析工具可以分为通用数据分析工具和专用数据分析工具，前者有 Excel、SAS、R、SPSS、Python 等软件，后者有 CiteSpace、UCINET、Pajek、Bibexcel、VOSviewer、Gephi、SATI 等科学数据和网络数据处理软件（请见本书"第 9 章 计算机辅助信息分析"部分）。

（1）Excel

Microsoft Excel 是微软公司的办公软件 Microsoft Office 的组件之一，是由微软公司为装有 Windows 和 Mac OS 的计算机编写的一款试算表软件。它可以进行各种数据的处理、统计分析和辅助决策操作，广泛地应用于管理、统计、财经、金融等众多领域，其主要数据分析功能有：

① 数据透视功能。一个数据透视表可以演变出十几种报表。

② 数据统计分析功能。数据统计分析功能包含于数据透视功能之中，有相关系数、协方差、移动平均、指数平滑、T 检验、F 检验、回归、抽样、傅里叶分析、方差分析等功能。

③ 图表功能。Excel 能够根据需要生成柱形图、折线图、饼图、条形图、面积图、雷达图、散点图、气泡图等。

此外，还包括数据合并、高级筛选、自动汇总、高级数学计算（函数）等功能。

（2）SAS

SAS 是由美国北卡罗来纳州立大学于 1966 年开发的统计分析软件。SAS 把数据存取、管理、分析和展现有机地融为一体，主要优点有：

① 功能强大，统计方法齐、全、新。SAS 提供了从基本统计数的计算到各种试验设计的方差分析、相关回归分析以及多变数分析的多种统计分析过程，几乎囊括了所有最新分析方法，其分析技术先进、可靠。分析方法的实现通过过程调用完成。许多过程同时提供了多种算法和选项。

② 使用简便，操作灵活。SAS 以一个通用的数据（DATA）步产生数据集，然后以不同的过程调用完成各种数据分析。其编程语句简洁，短小，通常只需几条语句即可完成一些复杂的运算，得到满意的结果。结果输出以简明的英文给出提示，统计术语规范易懂，使用者具有初步英语和统计基础即可，只要告诉 SAS "做什么"，而不必告诉其 "怎么做"。同时，SAS 的设计，使得任何 SAS 能够 "猜" 出的东西用户都不必告诉它（即无须设定），并且能自动修正一些小的错误（例如将 DATA 语句的 DATA 拼写成 DATE，SAS 将假设为 DATA 继续运行，仅在 LOG 中给出注释说明）。对运行时的错误，它尽可能地给出错误原因及改正方法。因而 SAS 将统计的科学、严谨和准确与便于使用有机地结合起来，极大地方便了使用者。

③ 提供联机帮助功能。使用过程中按下功能键〈F1〉，可随时获得帮助信息，得到简明的操作指导。

（3）R

R 是一个免费的自由软件，它有 UNIX、Linux、Mac OS 和 Windows 版本，都是可以免费下载和使用的。在 R 官方网站可以下载 R 的安装程序、外在模块和文档。在 R 的安装程序中只包含 8 个基础模块，其他外在模块可以通过 CRAN 获得。

与其说 R 是一种统计软件，还不如说 R 是一种数学计算的环境，因为 R 并不是仅仅提供若干统计程序、使用者只须指定数据库和若干参数便可进行统计分析。它可以提供一些集成的统计工具，但它提供的更多的是各种数学计算、统计计算的函数，从而使使用者能灵活地进行数据分析，甚至创造出符合需要的新的统计计算方法。

R 是一套用于数据处理、计算和制图的完整的软件系统，主要优点有：

① 数据存储和处理系统。R 有数组运算工具（其向量、矩阵运算方面功能尤其强大）、完整连贯的统计分析工具、优秀的统计制图功能。

② 简便而强大的编程语言。R 可操纵数据的输入和输出，可实现分支、循环，用户可自定义功能。R 在语法上类似于 C，但在语义上是函数设计语言（Functional Programming Language）的变种，并且和 LISP 以及 APL 有很强的兼容性。特别是，它允许"在语言上计算"（Computing on the Language），这使得它可以把表达式作为函数的输入参数，而这种做法对统计模拟和绘图非常有用。

（4）SPSS

SPSS 是世界上最早的统计分析软件，主要优点有：

① 操作简便。SPSS 界面非常友好，除了数据录入及部分命令程序等少数输入工作需要键盘键入外，大多数操作可通过拖曳鼠标、单击菜单命令和按钮等操作来完成。

② 编程方便。SPSS 具有第四代语言的特点，只需要告诉系统要做什么，无须告诉其怎样做。只要了解统计分析的原理，无须通晓统计方法的各种算法，即可得到需要的统计分析结果。对于常见的统计方法，SPSS 的命令语句、子命令及选择项的选择绝大部分由"对话框"的操作完成。因此，用户无须花大量时间记忆大量的命令、过程、选择项。

③ 功能强大。SPSS 具有完整的数据输入、编辑、统计分析、报表、图形制作等功能。SPSS 自带 11 种类型的 136 个函数，提供了从简单的统计描述到复杂的多因素统计分析方法，比如数据的探索性分析、统计描述、列联表分析、二维相关、秩相关、偏相关、方差分析、非参数检验、多元回归、生存分析、协方差分析、判别分析、因子分析、聚类分析、非线性回归、Logistic 回归等。

④ 数据接口。SPSS 能够读取及输出多种格式的文件，比如由 dBASE、FoxBASE、FoxPro 产生的.dbf 文件，文本编辑器软件生成的 ASCII 数据文件，Excel 的.xls 文件等均可转换成可供分析的 SPSS 数据文件。SPSS 能够把图形转换为 7 种图形文件，结果可保存为.txt 及.html 格式的文件。

⑤ 模块组合。SPSS 软件分为若干功能模块，用户可以根据自己的分析需要和计算机的实际配置情况灵活选择。

⑥ 针对性强。SPSS 针对初学者、熟练者及精通者都比较适用，并且很多群体只需要掌握简单的操作分析。

（5）Python

Python 是一种面向对象、解释型计算机程序设计语言。Python 语法简洁而清晰，具有丰富和强大的类库。它常被称为胶水语言，能够把用其他语言制作的各种模块（尤其是 C/C++）很轻松地联结在一起。

常见的一种应用情形是，使用 Python 快速生成程序的原型（有时甚至是程序的最终界面），然后对其中有特别要求的部分，用更合适的语言改写，比如 3D 游戏中的图形渲染模块，性能要求特别高，就可以用 C/C++重写，而后封装为 Python 可以调用的扩展类库。需要注意的是，在使用扩展类库时可能需要考虑平台问题，某些扩展类库可能不提供跨平台的实现。Python 的主要优点有：

① 简单。Python 是一种代表简单主义思想的语言。阅读一个良好的 Python 程序就感觉像是在读英语一样。它使你能够专注于解决问题而不是去搞明白语言本身。

② 易学。Python 极其容易上手，因为 Python 有极其简单的说明文档。

③ 速度快。Python 的底层是用 C 语言写的，很多标准库和第三方库也都是用 C 写的，运行速度非常快。

④ 免费、开源。Python 是 FLOSS（自由/开源软件）之一。使用者可以自由地发布这个软件的备份、阅读它的源代码、对它做改动、把它的一部分用于新的自由软件中。FLOSS 是基于一个团体分享知识的概念。

⑤ 高层语言。用 Python 语言编写程序的时候无须考虑诸如如何管理程序使用的内存一类的底层细节。

⑥ 可移植性。由于它的开源本质，Python 已经被移植到许多平台上（经过改动，它能够工作在不同平台上）。这些平台包括 Linux、Windows、FreeBSD、Mac、Solaris、OS/2、Amiga、AROS、AS/400、BeOS、OS/390、z/OS、Palm OS、QNX、VMS、Psion、Acom RISC OS、VxWorks、PlayStation、Sharp Zaurus、Windows CE、PocketPC、Symbian 以及 Google 基于 Linux 开发的 Android 平台。

⑦ 解释性。一个用编译性语言（比如 C 或 C++）写的程序可以从源文件（即 C 或 C++语言）转换到计算机使用的语言（二进制代码，即 0 和 1）。这个过程通过编译器和不同的标记、选项完成。运行程序的时候，连接/转载器软件把程序从硬盘复制到内存中并且运行。而 Python 语言写的程序不需要编译成二进制代码，可以直接从源代码运行程序。在计算机内部，Python 解释器把源代码转换成称为字节码的中间形式，然后把它翻译成计算机使用的机器语言并运行。这使得使用 Python 更加简单，也使得 Python 程序更加易于移植。

⑧ 面向对象。Python 既支持面向过程的编程，也支持面向对象的编程。在"面向过程"的语言中，程序是由过程或仅仅由可重用代码的函数构建起来的。在"面向对象"的语言中，程序是由数据和功能组合而成的对象构建起来的。

⑨ 可扩展性。如果需要一段关键代码运行得更快或者希望某些算法不公开，可以用 C 或 C++ 编写部分程序，然后在 Python 程序中使用它们。

⑩ 可嵌入性。可以把 Python 嵌入 C/C++程序，从而向程序用户提供脚本功能。

⑪ 丰富的库。Python 标准库规模庞大，可以帮助处理各种工作，包括正则表达式、文档生成、单元测试、线程、数据库、网页浏览器、CGI、FTP、电子邮件、XML、XML-RPC、HTML、WAV 文件、密码系统、GUI（图形用户界面）、Tkinter 和其他与系统有关的操作。除了标准库以外，还有许多其他高质量的库，如 wxPython、Twisted 和 Python 图像库等。

⑫ 规范的代码。Python 采用强制缩进的方式使得代码具有较好的可读性。使用 Python 语言编写的程序不需要编译成二进制代码。

2.5 数据分析的模式与内容

2.5.1 数据分析的 4W 模式与内容

4W 模式是由美国兰德公司提出的一种分析问题的演绎法。美国兰德公司认为，要深入剖析一个问题，需要回答 4 个问题：

发生了什么事情？（What's going on?）

这件事情为什么发生？（Why did this happen?）

未来如何发展？（What lies ahead?）

如何应对？（Which course of action should I take?）

概括地说，4W 模式就是分 4 步走：描述现象、分析原因、判断趋势、提出对策。数据分析过程可分为 2 个阶段，8 个等级，解决 4 个问题，形成 4 类分析报告，见表 2-2。其中从描述阶段到挖掘阶段是一个质的飞跃，如图 2-5 所示。

表 2-2 数据分析 4W 模式

4 个问题	数据分析工作		
	8 个等级	4 类分析报告	2 个阶段
发生了什么事情? (What's going on?)	等级 1: 常规报表 等级 2: 即席查询 等级 3: 多维分析 等级 4: 警报	描述性报告	描述阶段
这件事情为什么发生? (Why did this happen?)	等级 5: 统计分析	探索性报告	挖掘阶段
未来如何发展? (What lies ahead?)	等级 6: 预报 等级 7: 预测型模型	预测性报告	
如何应对? (Which course of action should I take?)	等级 8: 优化	咨询性报告	

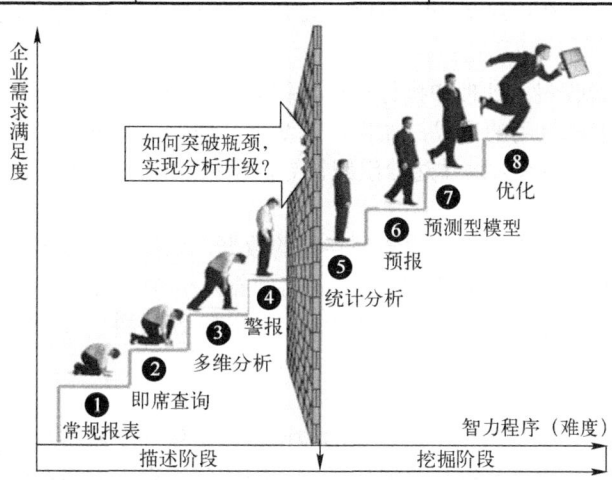

图 2-5 数据分析阶段划分及突破

2.5.2 数据分析的 5W1H 模式与内容

数据分析的 5W1H 模式基本回答了数据分析的内容,What(什么)即分析什么数据,When(何时)即什么时候分析数据,Where(哪里)即从哪里获取数据,Which(哪个)即采用什么数据分析工具分析数据,Who(谁)即采用哪个供应商的基础数据服务构建数据产品或处理数据,How(怎样)即如何进行数据分析。

① What:分析什么数据。分析什么数据与数据分析的目的有关,通常在确定问题后根据问题收集相应的数据,在对应的数据框架体系中形成对应的决策辅助策略,这个过程也是一个反复博弈的过程。

② When:什么时候分析数据。数据分析基本上贯彻了业务运营的各个环节,也就是在业务运营过程中要做到全程数据跟踪。例如电子商务中的商品选择、商品陈列、更新、广告投放、引流跟踪、效果评估、客户跟踪等等都需要数据支撑。

③ Where:从哪里获取数据。数据通常可分为两大类:内部来源数据和外部来源数据。互联网环境下,内部来源数据主要包括网络日志相关数据、客户信息数据、业务流程数据等,而外部来源数据则主要包括各类第三方监测数据、市场调查数据、行业规模数据等。

④ Which:采用什么数据分析工具分析数据。数据分析工具非常多,用什么样的工具常常取决于主体的具体需求,相对于各类工具而言,操作工具的人更加重要。

⑤ Who:采用哪个供应商的基础数据服务构建数据产品或处理数据。

⑥ How：如何进行数据分析。数据跟着业务走，数据分析的过程就是将业务问题转化为数据问题，然后还原到业务场景中去的过程。

2.6 数据分析的岗位及素质要求

随着大数据时代的到来，数据是一种富含价值的"金矿"，已成为一种经济资产。数据分析被喻为"金矿挖掘"，而数据分析人员成为"挖矿工"。随着社会对数据分析需求的增长，相应的岗位需求也不断涌现，同时也对数据分析人员的素质提出了更高的要求。

2.6.1 数据分析的岗位

在大数据时代，与数据分析相关的职业越来越多，其中最受欢迎的岗位如下。

（1）数据分析师

数据分析师主要负责收集、处理和执行统计数据分析，为组织得出有意义的结论。数据分析师将大型数据集转化并处理成可用的形式，如报告或演示。他们还通过研究重要的模式来帮助决策，并从数据中获得洞察力，然后有效地传达给组织领导，以帮助商业决策。

（2）数据工程师

数据工程师负责准备、处理和管理收集和存储的数据，以便进行数据分析或操作。像传统的工程师一样，数据工程师建立和维护数据"管道"，将数据从一个系统连接到另一个系统，使数据科学家能够获得信息。正因为如此，数据工程师需要掌握数据科学中使用的几种编程语言，如Python、R和SQL。

（3）数据科学家

数据科学家从事数据分析与研究，需要能够应用数学、统计学和科学方法，使用多种工具和技术来清理和准备数据，进行预测分析，并解释如何利用这些结果来为商业问题提供数据驱动的解决方案。数据科学家需要掌握的技能比数据分析师和数据工程师多得多。

（4）数据架构师

数据架构师主要负责设计和创建数据管理系统的蓝图，然后由数据工程师建立。类似于传统的建筑师，数据架构师是"远见者"，因为他们负责可视化和设计一个组织的数据管理框架。此外，数据架构师改善现有系统的性能，确保数据库管理员和分析师能够使用这些系统。

（5）商业智能开发人员

商业智能（BI）开发人员是专门的工程师，他们使用软件工具将数据转化为有用的见解，以帮助商业决策。简而言之，他们创建和运行包含使用商业智能工具获取的数据的报告，并将信息转化为更通俗的语言。

（6）数据统计员

鉴于统计学是数据科学的主要基础之一，许多统计学家可以轻松地过渡到数据科学领域。数据统计员主要负责数据的收集和处理，他们决定需要什么数据以及如何收集数据。此外，他们设计实验，分析和解释数据，并报告结论。

（7）机器学习工程师

机器学习工程师主要专注于研究、构建和设计人工智能和机器学习系统，以实现数据预测模型的自动化。

【拓展阅读材料2】
数据分析师证书
（Certified Data Analyst，CDA）

2.6.2 数据分析师的素质要求

要想成为数据分析师，需要具备哪些能力呢？一般认为，数据分析师需要具备以下能力。

(1) 业务能力

只有最终解决业务问题，数据分析才能真正创造价值，即数据分析师首先需要具备业务能力，而企业的每一项业务在本质上是公司整体战略的支撑，数据分析师首先要理解战略，才能选对分析思路的方向。

其次，数据分析师要对自己的行业有足够的敏感度，充分理解行业，多与业务部门核心团队进行沟通，多关注行业网站，多阅读行业数据分析报告以做好积累，比如行业当前处于什么阶段、所在的位置、当前的重点业务方向、碰到了哪些挑战、总体的解决思路是什么。

最后，还需要具备业务岗位的实战经验，对于业务的理解一定来自于对于公司业务的实际流程、机制、平台、数据等方面的充分理解，而不是简单地看文档，最好在实际相关岗位实践过。

(2) 数据能力

作为数据分析师，首先需要理解企业的数据指标。每个企业都有一套 KPI 体系，围绕 KPI 还有一系列的执行监控指标，一定要对企业的核心指标体系有深入的理解。要能从本质上区分指标的差异，就得对指标的生成过程有透彻的理解，包括从哪个表、哪个字段计算和汇总而来。

其次要拥有全局的数据视野。在大多数公司里，数据分析师的工作是专业化的，但其实分析的数据是全方位的，不会有划定的专业边界。在实践中，数据分析师往往不知道到底有多少数据，其数据分析的深度和广度可能由于其视野的狭窄而受限，数据分析师应对数据字典进行系统的学习，自底向上的实践很重要，但自顶向下的学习也很必要。

最后还需要了解数据的深度。数据字典体现的往往只是表层的数据含义，如果希望分析得更为灵活，就需要理解数据之间的依赖关系和来龙去脉，因为每张数据表都是由下一层次的表关联汇总而成的，但汇总意味着信息的丢失，只有具备追根溯源的能力，才更有可能基于更多的信息获得更大的分析自由度，比如看到业务系统上某个菜单的功能，就想到系统中的数据是怎样的。

(3) 技术能力

作为数据分析师，当然还需要掌握必要的技能，比如精通 SQL、数据库原理、Excel/报表/BI 工具技能。除此以外，上下游技术领域，比如数据仓库、数据架构、ETL，也需要了解甚至熟练掌握。

① SQL 是最灵活的数据操作语言，几乎所有关系数据库都会提供对 SQL 的支持，它架起了业务和数据的桥梁，简单易学，也是数据分析师的必须学习的语言。

② Excel 提供了最为灵活的轻量级数据的加工和呈现的能力，掌握 Excel 的操作是任何数据分析师的基本功。

③ BI 很大程度上就是用一些可视化技术来进行指标比较的艺术，有助于更快、更直观地发现问题和定位问题，毕竟人脑对图表、图像的敏感度更高。

④ 随着机器学习、人工智能工具使用门槛的降低，数据分析师要掌握至少一种数据挖掘技术，比如聚类、分类、预测等，懂得如何构建模型，尤其是在金融、运营商、互联网、零售等这些数据成熟度较高的行业。

(4) 沟通能力

对数据分析师来说，沟通能力是非常重要的，因为很多项目都需要上层来推动，然后需要各业务部门去配合数据分析师理清需求和数据，执行的时候又需要技术、业务整个链条的配合。

沟通的本质是为了解决问题。比如对上沟通，要抓住一切机会去沟通清楚分析的目的到底是什么，领导有什么预期。与此同时，也需要针对不同的岗位、不同的角色，采用不同的语言，表达需求，例如业务如何理解？如何让数据取得更快？若发现数据问题，如何尽快地确认原因？

除此以外，数据分析师还需要具备一个重要的能力，就是表达能力，包括文字和口头表达能力，即汇报数据分析成果，要学会将问题和分析场景串联起来讲故事，能通过量化的数字和生动的场景来宣导数据的价值。

【拓展阅读材料3】
数据分析师的培养

本章小结

　　数据是数据分析的对象和基础，对数据的理解有广义和狭义之分。随着大数据时代的到来，数据的内涵发生了变化。数据来源丰富，类型多样，但无论是何种数据，都包括数据来源、采集方式和记录格式三个基本要素。

　　数据分析由来已久，但随着人类社会的进步，对数据处理的要求也越来越高，在大数据环境下，信息分析和数据分析也发生了巨大变化。对数据分析的理解也多种多样，通常与数据挖掘联系紧密，但也存在一定的差异。数据分析类型多样，在统计学领域，通常将数据分析划分为描述性数据分析、探索性数据分析以及验证性数据分析三大类。定性数据分析和定量数据分析、在线数据分析和离线数据分析也是数据分析的重要类型。

　　数据分析是一个完整的过程，在实际的数据处理过程中，数据分析具有收集数据、统计分析、归纳总结、预测分析和创造价值等功能。数据分析的主要作用体现在现状分析、原因分析和预测分析三个方面。数据分析包括六个既相互独立又相互联系的步骤，即制订计划、数据收集、数据处理、数据分析、数据展现和报告撰写，形成一个完整的链条和过程。

　　数据分析工具可以分为通用数据分析工具和专用数据分析工具，前者有 Excel、SAS、SPSS、R、Python 等软件，后者有 CiteSpace、UCINET、Pajek、Bibexcel、VOSviewer、Gephi、SATI 等科学数据和网络数据处理软件。

　　反映数据分析工作内容的模式主要有两种，即 4W 模式和 5W1H 模式，将数据分析工作的内容分为不同的阶段、层次、等级。

　　随着社会对数据分析需求的增长，相应的岗位需求也不断涌现，同时也对数据分析人员的素质提出了更高的要求。与数据分析对应的岗位有很多，包括数据统计员、数据分析师、数据工程师、数据科学家等，每种岗位都对从业人员提出相应的素质要求。

本章习题

一、名词解释

数据　　数据分析　　数据分析师　　数据工程师　　数据科学家

二、简答题

1. 数据分析有哪些类型？
2. 数据分析有何作用？
3. 数据分析有哪些模式与内容？
4. 数据分析的工具有哪些？
5. 数据分析的相关职业有哪些？

三、论述题

1. 如何理解数据分析？
2. 数据分析与数据挖掘的差异有哪些？

第 3 章　大数据分析

【导入案例】

为了满足爆炸式增长的用户和数据量处理需求，同济大学携手中科曙光，在全面整合云计算平台和现有资产的基础上，采用 DS800-F20 存储系统、Gridview 集群管理系统，以及 Hadoop 分布式计算平台构建出了业内领先的大数据柔性处理平台，使得同济大学在信息学科及其交叉学科研究领域迈上一个新台阶，如图 3-1 所示。

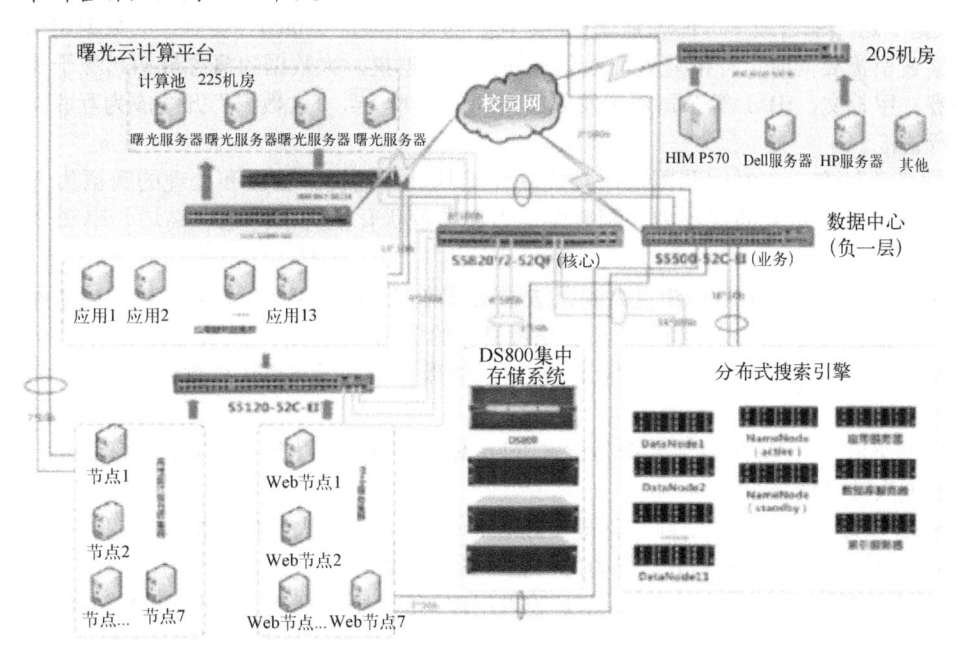

图 3-1　同济大学大数据柔性处理平台

【导入问题】

1. 同济大学大数据柔性处理平台由哪些部分组成?
2. 大数据仅仅是信息科学领域面临的数据和技术问题吗?

【关键知识点】

1. 掌握大数据的概念、特点和类型。
2. 掌握大数据分析的概念、思维模式、基本理念和基础。
3. 了解大数据分析的技术构成和基本流程。
4. 了解大数据挖掘的概念、方法与算法、体系结构。
5. 理解大数据分析与信息分析、数据分析的差异。
6. 了解大数据分析面临的问题、挑战及发展方向。

中国成就

大数据是 IT 领域继互联网、云计算、物联网之后的又一次颠覆性技术变革。习近平总书记在党的十九大报告中提出，要"推动互联网、大数据、人工智能和实体经济深度融合"，强调要"贯彻新发展理念，建设现代化经济体系"。物联网、大数据、人工智能等现代信息技术必将为社会发

展和时代进步注入新的生机和血液。

2012 年以来,"大数据"(Big Data)一词越来越多地被提及,人们用它来描述和定义信息爆炸时代产生的海量数据,并命名与之相关的技术发展与创新。

3.1 大数据分析的对象

大数据分析的对象是各类大数据。

3.1.1 大数据的概念

何为"大数据"?迄今为止,仍没有大家公认的有关大数据的明确定义,各行业领域都从不同的角度出发理解大数据。关于大数据有多种理解,代表性定义如下。

"大数据"这一术语最早可追溯到 Apache org 的开源项目 Nutch。当时,大数据用来描述为更新网络搜索索引需要同时进行批量处理或分析的大量数据集。大数据的概念最初起源于美国,是由思科、威睿、甲骨文、IBM 等公司倡议发展起来的。2009 年,"大数据"开始成为互联网信息技术行业的流行词汇。

大数据指无法在一定时间范围内用常规软件工具进行捕捉、管理和处理的数据集合,是需要新处理模式才能具有更强的决策力、洞察发现力和流程优化能力的海量、高增长率和多样化的信息资产。

大数据是指涉及的资料量规模巨大到无法通过目前主流软件工具,在合理时间内达到撷取、管理、处理,并整理成为帮助企业经营决策更积极目的的资讯。

大数据是一个体量特别大、数据类别特别复杂的数据集,无法用传统数据库工具对其内容进行抓取、管理和处理。

亚马逊网络服务(AWS)、大数据科学家 John Rauser 认为:大数据就是任何超过了一台计算机处理能力的庞大数据量。

最早应用"大数据"的是麦肯锡公司(McKinsey),认为"大数据是指大小超出了传统数据库软件工具的抓取、存储、管理和分析能力的数据群或数据集"。

维基百科(Wikipedia)定义:大数据是难以用现有的数据库管理工具处理的兼具海量特征和复杂性特征的数据集成。

大数据研究学者涂子沛定义:大数据指那些大小已经超出了传统意义上的尺度,一般的软件工具难以捕捉、存储、管理和分析的数据,认为一般应该是"太字节"的数量级。

"大数据"研究机构高德纳公司(Gartner)定义:大数据是需要新处理模式才能具有更强的决策力、洞察力、发现力和流程优化能力的海量、高增长率和多样化的信息资产。"大数据" 指的是无法使用传统流程或工具处理或分析的数据和信息。

瑞士达沃斯世界经济论坛报告《大数据,大影响》(Big Data, Big Impact):大数据就像货币和黄金一样,是一种新型的经济资产。

由此来看,要想全面系统地认知大数据,一般可以从三个层面来理解。

一是理论层面。包括大数据的概念、定义、特征、属性、价值等,是理解大数据不可或缺的知识基础。

二是技术层面。大数据是一种综合性数据处理技术集合,涉及互联网、云计算、分布式计算与存储、物联网、感知技术、虚拟现实技术、人工智能等,是大数据应用和价值实现的技术基础。

三是实践层面。实践和应用是大数据价值实现的最终体现。大数据已经在个人、企业、政府、组织机构、互联网等主体层面以及

【拓展阅读材料 1】
生活中无处不在的"大数据"应用

各行业领域展现出美好的应用场景和勃勃生机,并具有令人向往的前景和蓝图。

3.1.2 大数据的特征

2001 年,美国高德纳公司的分析师道格拉斯·兰尼(Douglas Laney)首次从大数据特征的角度对大数据进行了相对明确的定义,强调大数据必须具备 3V 特征,即容量大、多样化和速度快。

IT 巨头 IBM 公司提出了大数据的 4V 特征,即容量大、多样化、速度快、高价值。随之又将其扩展为 5V 特征,即规模性(Volume)、高速性(Velocity)、多样性(Variety)、价值性(Value)、真实性(Veracity),如图 3-2 所示。

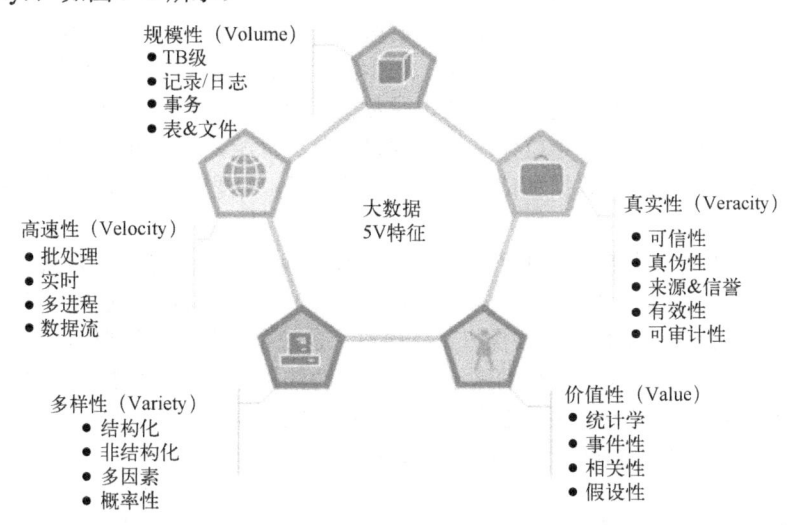

图 3-2 大数据的 5V 特征

1)规模性:是指大数据量非常巨大。大数据的起始计量单位是 PB(1024TB)、EB(1024PB,约 100 万 TB)或 ZB(1024EB,约 10 亿 TB),未来甚至会达到 YB(1024ZB)或 BB(1024YB)。高德纳公司研究认为,新产生的数据量每年正以至少 50%的速度递增,使得每年新增的数据量不到两年就翻一番。据麦肯锡全球研究院 IDC 测算,2020 年,世界上的数据存储总量已达到 35ZB,等于 35 万亿 GB。百度公司每天大约要处理 60 亿次搜索请求,数据量达几十 PB。淘宝网站每天的交易达数千万次,数据量超过 50TB。

2)高速性:指大数据必须得到高效、迅速的处理。大数据的智能化和实时性要求越来越高,对处理速度也有极严格的要求,一般要在秒级时间范围内给出分析结果,超出这个时间数据就可能失去价值,即大数据的处理要符合"1 秒定律"。

3)多样性:大数据类型繁多,包括数字、文本、网络日志、音频、视频、图像、地理位置等各种结构化、半结构化和非结构化的数据。

4)价值性:是指大数据的价值更多地体现在零散数据之间的关联上。大数据中蕴含高价值,但大数据价值密度的高低与数据总量的大小成反比,需要挖掘和提纯。以视频为例,在连续不间断的监控中,有用的数据可能仅有一两秒。原始零散、复杂多样甚至有噪声的数据,需要经历价值"提纯"才能得出信息、获取知识。

5)真实性:是指大数据的质量。与传统的抽样调查相比,大数据反映的内容更加全面、真实。大数据的内容是与真实世界息息相关的,真实不代表准确,但一定不是虚假数据,这也是数据分析的基础。基于真实的交易与行为产生的数据,才有意义。

与传统数据相比,大数据多是自动化或半自动化生成的数据,数据搜集、处理、存储和分析能力得到极大提高,数据主体和来源也日趋多元化,非结构化数据占绝大多数,数据需要经过大量过滤才能提取有用价值，隐私与安全存在着巨大隐患。因此，需要利用不同的思维方式来对待大数据处理与分析。

3.1.3 大数据的类型

大数据的类型多种多样，可以从不同的维度理解。

从数据存在形态来看，大数据分为结构化数据、非结构化数据和半结构化数据。结构化数据是指存储在数据库里，可以用二维表结构表达的数据；非结构化数据是指数据结构不规则或不完整，没有预定义的数据，包括所有格式的办公文档、文本、图片、报表、图像、音频信息、视频信息等；半结构化数据是介于结构化数据和非结构化数据之间的数据，具有一定的结构性，例如员工简历，有的简历只有教育情况，有的简历包括教育、婚姻、户籍、出入境等很多信息。

从数据产生领域来看，大数据可分为行政记录数据、商业记录数据、互联网数据三大类。行政记录数据包括个人信息记录数据、单位信息记录数据和自然资源记录数据等；商业记录数据包括电子商务交易数据、企业生产经营数据和信息咨询报告数据等；互联网数据则包括搜索引擎数据、新闻媒体数据和社交平台数据等。

从数据产生来源来看，大数据产生于各类通信终端设备，包括计算机（台式机、移动 PC、服务器等）、手机（文字、音频、视频、多媒体、流媒体等）、平板电脑（文字、音频、视频、多媒体、流媒体等）、拍摄设备（录音机、录像机、摄像机、监控视频等）、地理信息系统（GPS）、可穿戴设备……大数据主要产生于超大规模的网络数据、移动数据、射频采集数据、社会计算数据、监测视频数据等。从行业领域来看，医疗卫生、地理信息、电子商务、影视娱乐、天文、科学研究、交通运输、教育、政府管理等领域是大数据的主要来源。

3.2 大数据分析的理解

3.2.1 大数据分析的概念

简而言之，大数据分析是指针对规模巨大的数据进行的分析，本质是对大数据相关技术的应用，是一组能够高效存储和处理海量数据，并且有效达成多种分析目标的工具及技术集合。

大数据分析（Big Data Analytics，BDA）是指对数据海量、类型多样、增长快速、价值密度低且内容真实的数据（即大数据）进行分析，从中找出可以帮助决策的隐藏模式、未知的相关关系以及其他有用信息的过程。

大数据分析也可以理解为数据挖掘过程。数据挖掘（Data Mining，DM）又称数据库知识发现（Knowledge Discovery in Database，KDD），是目前人工智能和数据库领域研究的热点问题。所谓数据挖掘就是指从数据库的大量数据中揭示出隐含的、先前未知的并且有潜在价值的信息的非平凡过程。数据挖掘是一种决策支持过程，它主要基于人工智能、机器学习、模式识别、统计学、数据库、可视化技术等，高度自动化地分析数据，进行归纳性的推理，从中挖掘出潜在的模式，帮助决策者调整市场策略，减少风险，做出正确的决策。

在计算机领域，数据挖掘就是从大量的、不完全的、有噪声的、模糊的、随机的实际应用数据中，提取隐含在其中的、人们事先不知道的但又是潜在有用的信息和知识的过程。数据挖掘与数据融合、人工智能、商务智能、模式识别、机器学习、知识发现、数据分析、决策支持等概念非常相似。

在商业领域，数据挖掘被认为是一种新的商业信息处理技术，其主要特点是对商业数据库中的大量业务数据进行抽取、转换、分析和其他模型化处理，从中提取辅助商业决策的关键性数据。因

【拓展阅读材料2】
《促进大数据发展行动纲要》

【拓展阅读材料3】
我国成立八大国家大数据综合试验区

此，数据挖掘是指企业按既定业务目标，对大量的企业数据进行探索和分析，揭示隐藏的、未知的或验证已知的规律性，并进一步将其模型化的先进有效的方法。

3.2.2 大数据分析的思维模式

与信息分析和数据分析相比，大数据分析有其特定的思维模式。

1）全样本或总体样本分析。大数据分析以各类大数据整体为分析对象，是指特定范围内的全样本或总体样本。相对信息分析和数据分析而言，全样本或总体样本完整地保留了样本间的真实关联，而抽样则割裂了样本间的联系。

2）数据挖掘或知识发现。大数据分析以数据仓库、数据挖掘、知识发现、机器学习算法等为主要工具，以云计算、大数据、人工智能等技术为主要手段，是基于算法和技术的数据处理过程，而不是基于逻辑关系和数学模型的推理过程。

3）相关分析与关联发现。大数据分析主要基于相关分析与关联发现数据整体中隐含的规律和联系，解决是什么的问题，而不是基于样本因果关系进行逻辑推理，解决为什么的问题。

可见，大数据分析的对象是总体样本或全样本，大数据分析的目的是通过数据分析获取更多智能的、深入的、潜在的、有价值的信息，而大数据分析方法是决定最终信息是否有价值的决定性因素。

3.2.3 大数据分析的三大理念

大数据分析遵循三大理念，使大数据分析与信息分析、数据分析存在明显的区别。

1）要全体，不要抽样。抽样割裂了样本数据之间的联系，全样本或总体样本则保留了数据单元间的真实关联，这些隐含的、潜在的、深入的关联才是大数据中真正有价值的信息。

2）要效率，不要精确。在海量数据时代，时间和成本比精确结果更有意义。大数据分析需要快速找出和发现大数据中存在的关联和价值，而不需要精确的结果，因为追求精确的结果付出的时间和成本代价是非常高昂的。

3）要相关，不要因果。大数据分析是基于相关关系和关联规则的数据挖掘和知识发现，因此，知道是什么比知道为什么更重要。如股票信息，根据大数据分析很容易知道股票是涨还是跌，但要解释为什么会涨或跌却很难，因为其中涉及的因素很多，有些甚至还相互矛盾。

因此，大数据分析理念的核心是注重数据本身而非定量分析，关注多源数据融合和知识发现而非模型拟合，强调相关性分析而非因果推理。

3.2.4 大数据分析的基础

大数据分析的核心是关联发现和趋势预测，为决策提供支持。大数据分析不仅需要数据保障，还需要技术支撑。数据和技术是大数据分析的两大支柱性基础。数据保障主要是数据质量与管理，使采集和预处理的数据满足大数据分析的要求。技术支撑主要包括基础架构、数据存储、数据计算、数据挖掘算法和可视化展示等相关工具。

【拓展阅读材料4】
我国建立国家健康医疗大数据五大中心

3.3 大数据分析的技术

解决大数据分析问题的核心是大数据技术。大数据技术是指从各种各样的巨量数据中快速获得有价值信息的技术集合。

3.3.1 大数据分析的技术分类

大数据分析技术是一个技术集合，涉及大数据分析处理系统基础架构和数据仓库，以及在此基础上完成的大数据采集、存储、计算与呈现等任务相关技术，见表3-1。

表 3-1 大数据分析技术

大数据技术分类	大数据技术与工具
基础架构支持	云计算平台 云存储 虚拟化技术 网络技术 资源监控技术
数据采集	数据总线 ETL 工具
数据存储	分布式文件系统 关系数据库 NoSQL 技术 关系数据库与非关系型数据库融合 内存数据库
数据计算	数据查询、统计与分析 数据预测与挖掘 图谱处理 商业智能（BI）
展现与交互	图形与报表 可视化工具 增强现实技术

3.3.2 大数据分析的关键技术

大数据分析涉及多种技术，从大数据分析流程和核心问题来看，涉及的关键核心技术如下。

1）基础架构：云存储、分布式文件存储等。

2）数据采集技术：负责将分布的、ETL（Extract-Transform-Load，抽取-转换-加载）异构数据源中的数据，如关系数据、平面数据等，抽取到临时中间层后进行清洗、转换、集成，最后加载到数据仓库或数据集市中，作为联机分析处理、数据挖掘的基础。

3）数据存取技术：包括关系数据库、NoSQL、SQL 等。

4）数据处理技术：主要是自然语言处理（Natural Language Processing，NLP）。处理自然语言的关键是要让计算机"理解"自然语言，所以自然语言处理又叫作自然语言理解（Natural Language Understanding，NLU），也称为计算语言学（Computational Linguistics），是人工智能（Artificial Intelligence，AI）的核心课题。

5）统计分析技术：包括假设检验、显著性检验、差异分析、相关分析、T 检验、方差分析、卡方分析、偏相关分析、距离分析、回归分析、简单回归分析、多元回归分析、逐步回归分析、回归预测与残差分析、岭回归分析、Logistic 回归分析、曲线估计、因子分析、聚类分析、主成分分析、因子分析、快速聚类法与聚类法、判别分析、对应分析、多元对应分析（最优尺度分析）、Bootstrap 技术等。

6）数据挖掘技术：分类（Classification）、估计（Estimation）、预测（Prediction）、相关性分组或关联规则（Affinity Grouping or Association Rules）、聚类（Clustering）、描述和可视化（Description and Visualization）、复杂数据类型挖掘（Text、Web、图形图像、视频、音频等）。

7）模型预测技术：包括预测模型、机器学习、建模仿真等。

8）结果呈现技术：包括云计算、标签云、关系图、可视化等。

【拓展阅读材料 5】
我国大数据分析产业发展概况

3.4 大数据分析的流程

大数据分析根据大数据处理流程分为五个基本步骤和环节。

(1) 大数据采集

大数据采集是指利用多个数据库来接收发自客户端（Web、App 或者传感器等）的数据，并且用户可以通过这些数据库来进行简单的查询和处理，如电商使用传统的关系数据库 MySQL 和 Oracle 等来存储每一笔事务数据。

大数据采集的主要特点和挑战是并发数高，因为有可能同时有成千上万的用户来进行访问和操作。如火车票售票网站和淘宝，并发的访问量在峰值时能达到上百万，需要在采集端部署大量数据库才能支撑如此庞大的并发访问量。

(2) 大数据导入与预处理

数据采集端本身有很多数据库，但无法对海量数据进行有效分析，必须将数据导入到一个集中的大型分布式数据库或者分布式存储集群，并且可以在导入基础上做一些简单的清洗和预处理工作。用户在导入数据时也会使用来自推特（Twitter）的 Storm 来对数据进行流式计算，满足部分业务的实时计算需求。

数据导入与预处理过程的特点和挑战主要是导入的数据量大，每秒钟的导入量经常会达到百兆（MB）甚至千兆（GB）级别。

(3) 大数据统计与分析

大数据统计与分析主要是利用分布式数据库或者分布式计算集群，对存储于其内的海量数据进行普通的分析和分类汇总等，以满足大多数常见的分析需求。

大数据分析的实时性需求可能会用到 EMC 的 GreenPlum、Oracle 的 Exadata，以及基于 MySQL 的列式存储 Infobright 等，而一些批处理或者基于半结构化数据的需求可以使用 Hadoop。

大数据统计与分析的主要特点和挑战是分析涉及的数据量大，对系统资源，特别是 I/O，会有极大的占用。

(4) 大数据挖掘

数据挖掘一般没有预先设定的主题，主要是对现有数据进行基于各种算法的计算，从而起到预测的效果，实现一些高级别数据分析的需求。

数据挖掘需要算法和工具支持，比较典型的数据挖掘算法有用于聚类的 K 均值（K-means）算法、用于统计学习的支持向量机（SVM）算法和用于分类的朴素贝叶斯（Naive Bayes）算法等，数据挖掘工具有 Hadoop、Mahout、MapReduce 等。

大数据挖掘的特点和挑战主要是用于挖掘的算法很复杂，并且涉及的数据量和计算量都很大，常用的数据挖掘算法都是以单线程为主，不能满足大数据挖掘的需要。

(5) 结果呈现

结果呈现即大数据可视化，利用各种大数据可视化技术与方法呈现大数据处理与挖掘结果，使数据以更加直观和生动的方式展现。

【拓展阅读材料6】
小数据时代和大数据时代的决策

3.5 大数据分析面临的问题与挑战

经过一段时间的发展，大数据技术已日趋成熟，大数据分析也已经取得了令人瞩目的成绩，在诸多领域都有成功的应用场景，发展前景十分广阔。但大数据分析仍面临大量的问题和挑战需要解决，主要包括大数据处理速度问题、大数据种类及架构问题、大数据体量及灵活性问题、大数据分析成本问题、大数据挖掘及价值发现问题、大数据存储及安全问题等，这些问题的克服需要大数据技术深入发展和应用，见表 3-2。

表 3-2 大数据分析面临的主要问题

大数据问题分类	大数据问题描述
大数据处理速度问题	导入导出问题 统计分析问题 检索查询问题 实时响应问题
大数据种类及架构问题	多源问题 异构问题 原系统的底层架构问题
大数据体量及灵活性问题	线性扩展问题 动态调度问题
大数据分析成本问题	大型与小型服务器的成本对比 原有系统改造的成本把控
大数据挖掘及价值发现问题	数据分析与挖掘问题 数据挖掘后的实际增效问题
大数据存储及安全问题	结构与非结构 数据安全 隐私安全

3.6 大数据分析的发展方向

随着大数据支撑技术的飞速发展和广泛应用，将来的大数据分析发展方向重点体现在预测性分析、可视化分析、大数据挖掘分析、语义引擎分析、数据质量和数据管理分析 5 个方面。

（1）预测性分析

大数据分析最普遍的应用就是预测性分析，从大数据中挖掘出有价值的知识和规则，通过科学建模的手段呈现出结果，然后将新的数据代入模型，从而预测未来的情况。例如，麻省理工学院的研究者建立了一个计算机预测模型，来分析心脏病患者的心电图数据。利用数据挖掘和机器学习在海量数据中筛选，发现心电图中出现了三类异常者，而这些异常者一年内死于第二次心脏病发作的概率比未出现三类异常者高 1~2 倍。这种方法能够预测更多的、无法通过现有的风险筛查方法找出的高危病人。

（2）可视化分析

可视化可以直观地展示数据，让数据自己说话，让用户看到结果。不管是对数据分析专家还是普通用户而言，对大数据分析最基本的要求就是可视化分析，因为可视化分析能够直观地呈现大数据的主要特点，同时能够非常容易地被用户接受。

（3）大数据挖掘分析

可视化分析的结果是给用户看的，而数据挖掘算法是给计算机看的，通过让机器学习算法，按人的指令工作，从而给用户呈现隐藏在数据之中的有价值的结果。大数据分析的核心就是数据挖掘算法，数据挖掘算法不仅要考虑数据的量和质，还要考虑数据处理的速度。

目前许多领域的大数据挖掘分析都是在分布式计算框架上对现有的数据挖掘方法和算法加以改进，进行并行化、分布式处理。常用的数据挖掘方法有分类、预测、关联规则、聚类、决策树、描述和可视化、复杂数据类型挖掘（Text、Web、图形图像、视频、音频）等。与之相对应的大数据挖掘算法有聚类算法、决策树算法、关联规则算法、机器学习算法等。

（4）语义引擎分析

一般来说，数据的含义就是语义。语义技术是从词语所表达的语义层次来认识和处理用户的检索请求。

语义引擎通过对网络中的资源对象进行语义上的标注，以及对用户的查询表达进行语义处理，使得自然语言具备语义上的逻辑关系，能够在网络环境下进行广泛有效的语义推理，从而更加准确、全面地实现检索。大数据分析广泛应用于网络数据挖掘,可通过用户的搜索关键词来分析和判断用户的需求,从而实现更好的用户体验。也就是说,语义引擎分析可以对关键词的相关词和类似词进行解读,从而提高搜索信息的准确性和相关性。

(5)数据质量和数据管理分析

数据质量和数据管理是指为了满足数据利用的需要,对数据管理系统的各个数据采集点进行规范,包括建立模式化的操作规程、原始数据的校验、错误数据的反馈和矫正等一系列操作过程。大数据分析离不开数据质量和数据管理。无论是学术研究还是商业应用,只有获得高质量的数据和进行有效的数据管理,才能保证分析结果的真实性和高价值。

【拓展阅读材料7】
大数据分析经典案例

本章小结

大数据分析的对象是各类大数据,但迄今为止,仍没有大家公认的有关大数据的明确定义,各行业领域都从不同的角度出发理解大数据。要想全面系统地认知大数据,一般可以从理论、技术和实践三个层面来理解。

"大数据"是继"互联网"和"云计算"之后IT行业流行的最热门词汇,并引起越来越多的关注。大数据的产生与发展大致可以分为三个阶段:一是20世纪80年代至90年代中期,是大数据认知的萌芽阶段;二是20世纪90年代中期到21世纪前10年,是大数据广受各界关注的阶段;三是2010年至今,是大数据战略应用被提上日程并迅速发展的阶段。

IBM公司提出了大数据的4V特征,即容量大、多样化、速度快、高价值。随之又将其扩展为5V特征,即规模性(Volume)、高速性(Velocity)、多样性(Variety)、价值性(Value)、真实性(Veracity)。大数据的类型多种多样,可以从不同的维度理解。从数据存在形态来看,大数据分为结构化数据、半结构化数据和非结构化数据。从数据产生领域来看,大数据可分为行政记录数据、商业记录数据、互联网数据三大类。从数据产生来源来看,大数据产生于各类通信终端设备。

大数据分析是指对数据海量、类型多样、增长快速、价值密度低且内容真实的数据(即大数据)进行分析,从中找出可以帮助决策的隐藏模式、未知的相关关系以及其他有用信息的过程。大数据分析也可以理解为数据挖掘过程,但又与数据挖掘存在明显差异。与信息分析和数据分析相比,大数据分析有其特定的思维模式:即全样本或总体样本分析、数据挖掘或知识发现、相关分析与关联发现。大数据分析遵循三大理念,使大数据分析与信息分析、数据分析存在明显的区别,即要全体,不要抽样;要效率,不要精确;要相关,不要因果。

解决大数据分析问题的核心是大数据技术。大数据技术是指从各种各样的巨量数据中快速获得有价值信息的技术集合,涉及大数据分析处理系统基础架构和数据仓库,以及在此基础上完成的大数据采集、存储、计算与呈现等任务相关技术。

大数据分析根据大数据处理流程分为大数据采集、大数据导入/预处理、大数据统计与分析、大数据挖掘和结果呈现五个基本步骤和环节。

数据挖掘就是指从数据库的大量数据中揭示出隐含的、先前未知的并且有潜在价值的信息的非平凡过程。数据挖掘过程由数据准备、数据挖掘和结果表达与解释三个阶段组成。常用于数据挖掘的方法有分类、预测、关联规则、聚类、决策树、描述和可视化、复杂数据类型挖掘等。数据挖掘的主要算法有聚类算法、决策树算法、关联规则算法、机器学习算法等。

大数据分析与传统的信息分析、数据分析存在显著的差异,其核心原因是,随着数据量的增长,基于抽样和因果推理思维的信息分析与数据分析已无法满足基于全样本(或总体样本)和关联发现的大数据分析思维的需求。

随着大数据的发展,大数据分析仍面临大量的问题和挑战,主要包括大数据处理速度问题、大数据种类及架构问题、大数据体量及灵活性问题、大数据分析成本问题、大数据挖掘及价值发现问题、大数据存储及安全问题等，这些问题的克服需要大数据技术深入发展和应用。随着大数据支撑技术的飞速发展和广泛应用，将来的大数据分析发展方向重点体现在预测性分析、可视化分析、大数据挖掘分析、语义引擎分析、数据质量和数据管理分析五个方面。

本章习题

一、名词解释

大数据　　大数据分析　　数据挖掘

二、简答题

1. 大数据有哪些特征和类型？
2. 大数据分析的思维模式是什么？
3. 大数据分析的三大理念是什么？
4. 大数据分析技术包括哪些？
5. 大数据分析流程由哪些步骤和环节构成？
6. 大数据分析与数据分析、信息分析有何差异？
7. 大数据分析面临哪些问题和挑战？
8. 大数据分析的发展方向主要有哪些？

三、论述题

1. 如何理解大数据？
2. 如何理解大数据分析？

第 4 章 信息分析流程

【导入案例】

卡内基·梅隆大学校园里的测试：从一张匿名的面孔可以获得多少信息？

卡内基·梅隆大学的学生们参与了一项研究，用摄像头给他们照相，然后让他们在计算机上填写一张调查问卷。同时，把他们的照片上传到一个云计算节点上，然后开始用一个面部识别程序来把照片和一个有成百上千张照片的数据库进行比较对照。这些照片都是从脸书上下载下来的。当他们做到问卷的最后一页时，识别程序已经从数据库中的成百上千张照片中找出 10 张最相似的图片。

因此，可以从一张匿名的面孔开始，无论线下或线上，都可以用脸部识别技术找到那个人。

从社交媒体数据出发，把它和美国政府的社会安全机构里的数据相对照，我们最终可以预测一个人的社会保险号码（这个号码在美国是极其敏感的信息）。如果把这两个研究相结合，问题就来了：可不可以从一张面孔出发，然后通过面部识别找到这个人和有关此人的各种公共信息，并从这些公共信息推断出未公开的信息（即那些关于此人更敏感的信息）呢？答案是可以的，我们也做到了。

资料来源：Alessandro Acquisti.个人信息控制战已打响 http://www.wzaobao.com/a/2487179.html.

【导入问题】

1. 从一张匿名的面孔可以获得多少个人信息？
2. 如何从一张匿名的面孔获取个人相关信息？

【关键知识点】

1. 理解信息分析的课题选择（选题来源、选题原则、选题步骤）和课题规划的主要内容。
2. 了解信息源的类型、信息收集原则和方法、信息整理的内容和方法以及信息评价的指标和方法。
3. 理解信息分析产品的类型、制作与评价。
4. 了解信息分析的基本流程和步骤。

中国成就

4.1 信息分析选题与规划

信息分析，首先要明确分析什么、如何分析等具体问题，这就涉及课题选择与课题规划。

4.1.1 课题选择

信息分析课题的选择，就是要明确信息分析的对象、目标和方向等，这是信息分析的起点。

1. 选题来源

信息分析的课题主要来源于两个方面，即信息分析人员自己确定的课题和从外部获得的课题。信息分析人员在进行课题选择时，往往采用两种来源相互结合、相互补充的方式。

（1）信息分析人员自己确定的课题

信息分析人员自己确定的课题主要源于两个方面。

1）从现实生活中选题。信息分析人员由于对自身生活和社会生活的关注，往往喜欢结合现实生活进行课题研究，以有效解决现实问题，这样的课题选择和研究具有一定的现实意义。一个专业的信息分析人员，大多具有一定的职业敏感度，在工作过程中能勤于观察、勤于思考、身体力行，

能眼观六路、耳听八方，能发现生活中的问题，捕捉到生活中的热点，寻找到好的课题。如每年暑假很多大学生都参与"三下乡"社会实践活动，他们大多是从现实生活中进行选题，然后带着问题去调查和分析。

2）从理论研究中选题。信息分析人员自己确定课题时，受到自身知识结构和研究基础的影响，很多持续性的课题研究都是在前期研究基础上的拓展和提升。由于信息分析人员长期从事相应领域的研究并进行信息分析活动，不仅积累了大量的源信息，熟悉社会信息需求，而且涉猎领域广泛、思路开阔，能在总体上把握某一学科或领域当前的动态、存在的问题、解决的办法和发展的趋势。实践证明，在大多数情况下，由信息分析人员慎重而大胆提出的这类课题，不仅具有很好的前瞻性，而且课题的后续研究工作也容易开展，容易取得丰硕的研究成果。如国家社会科学基金和国家自然科学基金课题，很多都是研究者根据自身的研究基础和前期成果提出来的。

（2）信息分析人员从外部获得的课题

信息分析人员从外部获得的课题，主要有上级主管部门下达的"自上而下"式的课题和信息用户委托的"自下而上"式的课题两类。

1）上级主管部门下达的"自上而下"式的课题。上级主管部门下达的"自上而下"式的课题，是指信息分析人员根据上级主管部门的战略需要和计划目标，确定科研选题范围和具体课题。国家各级政府部门、企事业单位在制定规划、做出决策前，常常会遇到各种各样的问题，其中有宏观性的、涉及全局的大问题，也有直接面向科研、生产实际的微观性的局部问题。国家各级政府部门、企业事业单位为了有效地解决这些问题，常会以课题的形式向所属的信息分析机构下达。这类课题大多是指令性和随机性任务，具有任务急、内容要求明确具体的特点。其中涉及全局的宏观性课题大多关系到国家重大规划和决策的制定与实施，因而要求带有战略性和先导性，具有费时长、难度大、成本高的特点。如一些公共事件和危机发生后，上级主管部门往往会下达一些应急研究课题。

2）信息用户委托的"自下而上"式的课题。信息用户委托的"自下而上"式的课题，是指信息分析人员能结合本专业、学科领域的研究方向与自身研究的兴趣和优势，主动接受并承担相应的研究任务，能根据信息用户的需求确定选题。信息用户，如政府部门、企事业单位或个人等，由于科研、生产、教学、管理、营销推广等方面的需要，常会以各种形式提出信息分析课题，委托信息分析机构帮助解决。信息用户一般将这类课题以咨询委托书的形式提交给信息分析机构。在市场经济条件下，信息用户委托的课题正在逐渐增多。信息用户在委托课题时，往往要进行调查和比较，有时还以招标形式开展课题研究。

2．选题原则

信息分析人员无论采用何种方式进行选题，都需要考虑到以下选题原则。

（1）必要性

课题选择的必要性是指课题研究要有一定的理论意义和现实意义，不能是低层次的重复研究，也不能是可有可无式的研究。一般来说，"按需选题"都是必要的，如符合国民经济和社会发展需要的选题、符合信息用户需求的选题、现实生活中需要解决问题的选题等。

（2）可行性

课题选择的可行性是指应具备研究解决某课题研究的主客观条件。主观条件主要指研究者的理论水平、业务水平、研究能力、兴趣、特长、有关知识储备、时间和精力等。客观条件主要指外在环境是否适合，领导是否支持，能否提供必要的条件，有关研究资料、设备以及必要的资金是否具备等。由于主客观条件的限制，同样一个课题，可能对某些信息分析是适用的，对另外一些信息分析人员却不适用。信息分析人员在选题时，一方面要正确认识和度量自身的能力和条件，另一方面要按科学的程序正确评估待选课题，确定课题实现所必须具备的基本条件。

(3) 创新性

信息分析是一种创造性劳动，具有创新性，重点体现在其课题选择和研究上。信息分析人员在课题选择时可从以下三个方面考虑课题的创新性：一是研究视角的创新，能以独特的研究视角进行课题研究；二是研究内容的创新，所研究的问题是前人没有提出、没有解决或没有完全解决的；三是研究方法的创新，能够运用新的研究方法解决问题。

(4) 科学性

课题选择的科学性是指课题所反映的问题应是具体明确的，界限要清楚，范围要明确。所选择的课题不能太宽、太大、太笼统，也不能过于狭窄、太小。信息分析的课题选择应该严格遵循科学研究和社会实践活动的规律，按照科学的程序进行。

(5) 价值性

课题选择的价值性主要包括两个方面：一是课题针对性强，能解决社会经济和社会生活中的具有代表性、被普遍关注的、亟待解决的重大问题或热点、难点问题，能体现出重要的应用价值；二是课题符合自身发展需要，有利于检验、修正、创新和发展，体现出一定的学术价值。

3. 选题步骤

信息分析选题是一项决策过程，需要遵循科学的程序。一般来说，信息分析选题的完成需要经过课题提出、课题分析、初步调查、课题论证、课题筛选、开题报告六个步骤，如图4-1所示。

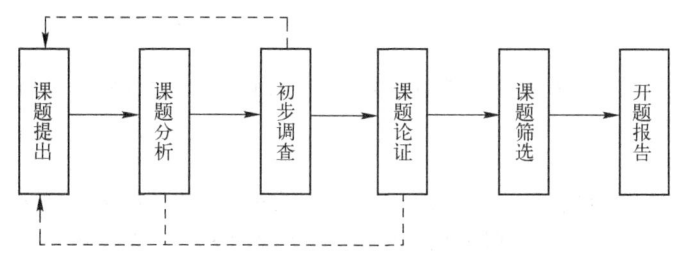

图 4-1 选题步骤

(1) 课题提出

信息分析人员提出课题的过程实际上是一个发现问题和揭示问题的过程。对于信息分析人员自己确定的课题来说，提出一个好的课题需要花费信息分析人员很多的精力。一方面，要求信息分析人员能密切联系实际；另一方面，要求信息分析人员有好的思路、知识、经验、风险意识和创新精神，有"打破砂锅问到底"的求知欲和好奇心，能从别人认为平淡无奇的现象中发现问题并以适当的方式揭示出来。对于从外部获得的课题来说，不管是上级主管部门"自上而下"下达的课题，还是信息用户"自下而上"委托的课题，信息分析人员在这一阶段的主要任务是对所提出的课题进行形式上的整理、归纳和初步的分析研究，使课题明确化，如初步明确其目的、意义、要求、内容、难度、费用、完成期限等，必要时还需要与上级主管人员进行洽谈，达成初步的意向性协议。

(2) 课题分析

信息分析人员在提出课题前，需要考虑课题选择的必要性、可行性、创新性、科学性和价值性等，根据课题选择标准进行全面分析。

(3) 初步调查

在对课题进行分析的基础上，应围绕课题展开初步调查，包括文献调查和实地调查等，以采集文献资料和调查样本。通过文献调查，了解相关课题研究的基础和进展，寻求课题研究的突破口，明确研究方法和需要进一步研究的内容等，否则就要考虑改变选题的方向或范围。通过实地调查，明确选题范围、完成期限，了解课题研究所需要的费用、时间、设备等条件。

(4) 课题论证

在初步调查的基础上，还需要对所选定的课题进行论证，以进一步明确课题目的、范围、对象、意义、要求、难度、费用、完成期限等，并对课题实施的政策性、必要性、可能性、效益性等进行论证。

(5) 课题筛选

经过课题分析和论证，符合选题原则的相关课题可能有多个，这就需要信息分析人员进行筛选和确定。课题筛选的实质是从多个可供选择的课题中确定一个最恰当的课题。课题筛选往往非常复杂，需要综合考虑多种因素，既有横向比较，也有纵向分析，为慎重起见，一般要邀请相关用户、专家、领导一起协商讨论，必要时还要重新进行分析研究和论证，以提高课题的应用价值，防止所选课题的一般化。

(6) 开题报告

开题报告（或课题申请书）是预研究成果，通常以书面形式向有关领导或专家汇报选题的目的、意义、依据、初步拟定的实施方案等，包括课题提出的理由和意义、研究概况和发展趋势、研究内容、预期目标、研究方法和手段、实施方案、已有条件和存在的主要问题、日程安排、课题组成员及分工、拟邀请协作单位和协作人员情况、用户单位基本情况、课题经费预算表、论证意见等。

4.1.2 课题规划

信息分析课题确定之后，就需要做课题规划，制订相应的研究计划。一般来说，信息分析课题的研究计划包括如下内容。

1. 课题研究目的

课题研究目的即课题要解决的主要问题。课题计划应以简洁而清晰的文字阐明课题研究目的，如课题的提出单位或提出者是谁、课题是在什么背景下提出来的、课题主要解决什么问题、课题研究成果供谁使用等。

2. 课题研究基础

课题研究基础包括两个方面：一方面要分析自身的研究基础和研究能力；另一方面要了解和分析国内外相关课题研究的趋势与动态。课题负责人需要查阅大量相关文献，才能评价本课题在国内外所处的水平和发展前景。

3. 课题研究内容

在分析国内外研究水平和发展趋势时，要概述研究领域现已研究到什么程度，目前还有什么问题未解决，本课题拟在哪些方面针对没有解决的问题进行研究，从而提出课题的主要研究内容。

4. 课题研究方法和技术路线

应根据课题的性质和研究条件，在课题计划中预计课题研究可能采用的研究方法和技术路线，这样有助于减少弯路，提高信息加工整理、分析阶段的工作效率。一个课题是否成功，关键要做到思路新、技术新、结论新。思路新是指提出问题的着眼点是前人没有解决的或是解决得不够彻底的，且起点高，其研究水准是瞄准国内外最高水准，重点攻关国内外急需解决的难题或重大问题；技术新是指技术上有独创性，应采用国内外目前的新技术，即使不是创新技术，也应是在已有技术上进行某些改进；结论新是指理论上填补空白或是技术方法上有新的突破。

5. 课题预计成果形式

课题研究成果形式多种式样。既有系统资料、调查报告、可行性论证、建议和方案，也有学术论文、学术著作、研究报告，还有工具书、软件、专利、产品等。既有文字形式的，也有声频、视频、图像及多媒体形式的。既有印刷形式的，也有电子化、数字化、网络化等形式的。这些形式及其表现角度和提交方式的选择均因课题研究条件和用户的要求而异。在课题研究开始时，粗略估计一下成果形式及其表现角度和提交方式，对于确定资料搜集范围、合理使用资源和科学安排时间都是有好处的。

6. 课题组织分工

课题组应根据自身特点和课题研究需要对课题任务进行具体分工。分工一般先按单位分工，如承担单位应完成什么、协作单位应完成什么。在单位分工的基础上，还应当将分工进一步深入到课题组成员。具体来说，就是充分利用课题组成员的能力和知识结构，给每一位课题组成员分配合适的、具体的工作任务，如谁是课题组组长、谁负责对外联络、谁负责翻译外文资料、谁采集数据、谁对数据进行分析处理、谁撰写课题成果报告等。

7. 完成时间与实施步骤

为了便于检查计划执行情况，一般按照信息分析工作的程序将整个课题研究活动分为几个阶段，并提出各个阶段预计完成的时间和拟实施的步骤。这几个阶段包括：信息资料的搜集和摸底阶段，信息资料的整理、评价和分析阶段，信息分析产品的制作、评价和使用阶段。

8. 其他

除了以上几项，还有整个信息分析工作所需要的人员、经费、技术、设备等条件，需要在课题计划中体现。

在具体实践中，一些信息分析机构除了要求提交文字材料外，还要求提交一张格式化的课题计划表。课题计划表实际上是前述课题计划的一种变换形式，目的是使课题计划的相关内容醒目、清晰，以便于管理。课题计划表一般由各信息分析机构预制，需要时再领取和填写。表格内容是前述课题计划内容的全部或大部分，即一般包括课题名称、课题来源及目的、主要内容、完成期限及进度安排、研究条件、研究方法和技术路线、经费预算、预期产品及其表现角度和提交方式、课题负责单位或负责人、协作单位或协作人、组织分工等。课题计划表见表 4-1。

表 4-1　课题计划表

课题名称			
课题编号		课题类别	
课题负责人		课题参加人	
课题目的			
课题进度安排及人员分工			
课题预期目标及成果形式			
拟采用的研究方法和技术路线			
经费预算			
课题创新之处			
备注			

课题计划是信息分析人员的行动纲领，但课题计划并不是一经拟定就一成不变的。随着研究工作的进展和课题研究环境的变化，原有的计划可能会被修改、补充，特殊情况下还有可能被废止。

4.2　信息收集、整理与评价

信息分析是建立在占有丰富而可靠的信息资料基础之上的一项智力劳动。在进行信息分析之前，必须针对课题需要，进行广泛而必要的信息收集、整理，并对信息的可靠性、先进性和适用性进行必要的评价。

4.2.1　信息源

要想做好信息收集工作，必须对信息源有较为明确的了解。所谓信息源是指一切借以获得信息的来源。产生和持有信息的人、机构或负荷信息的载体，产生信息或为了传递而持有信息的系统，都可称为信息源。

信息源的类型多种多样，按照不同划分标准可以分成不同的类型。

按信息源产生信息的内容来划分，可分为科技信息源、管理信息源、生产信息源、金融信息源、市场信息源等。

按信息源的生产过程来划分，可分为原始信息源和加工信息源。原始信息源即一次信息源，它是人类社会实践活动中直接产生或得到的各种数据、概念、知识、经验及总结。加工信息源则是有关机构根据社会的不同需求对原始信息源进行加工、分析、改编、重组后，生产人们社会活动所需的各种信息源。根据其加工方式和深度的不同，又可分为二次信息源和三次信息源。

按信息源存在的形式来划分，可分为口头信息源、实物信息源、文献信息源和网络信息源。口头信息源是指存在于人的大脑之中，人们通过正式或非正式的交流渠道相互进行传递的信息。实物信息源是指存在于各种实物之中，人们通过收集、观察等形式进行传播的信息。文献信息源是指用文字、图像、符号、音频、视频等手段记录在一定的物质载体上并进行广泛传播的信息。网络信息源是指互联网上一切以电子化、数字化形式存在并进行传递的信息。

一般而言，按信息源的载体并结合信息的生产和传播特征，将信息源分为文献信息源和非文献信息源。文献信息源是指有正式记录的信息源，是最主要的信息源。非文献信息源是指没有正式记录的信息源，是难以保存的信息源。

1. 文献信息源

文献信息源是指信息内容借助某种物质载体记录下来的信息源，并通过对物质载体的保管、复制、传播和开发利用而达到对所载信息内容的保管、复制、传播和开发利用的目的。

从人类社会发展来看，信息载体有很多。如古人曾将文字、图案等信息刻在甲骨和青铜器上，焙烧在陶瓷制品上以及书写在泥胶、贝叶、竹简上。造纸术发明后，纸张便成为信息的主要载体。随着现代科学技术特别是信息技术的发展，信息的物质载体发生了根本性变化，磁性载体（如磁带、磁盘）、光学载体（如光盘）等新型载体层出不穷。尤其是因特网出现后，人们更是普遍地将信息存储在互联网络上，通过网络广泛传播。

（1）印刷型文献信息源

印刷型文献信息源是以纸张为主要载体，以手写、印刷为记录手段的传统纸质文献信息源。这是当前承载信息内容最多、使用最广泛的信息源之一。印刷型文献信息源的优点是阅读和利用方便，缺点是信息存储密度小、体积大、分量重、收藏和管理困难。

（2）缩微型文献信息源

缩微型文献信息源是以感光材料为载体，利用照相设备和其他缩微设备将印刷型文献源按照一定的缩小比例摄录在胶卷或胶片上，其产品称缩微品或缩微复制品，包括缩微胶卷、缩微胶片（平片）、缩微卡片等几种形式。缩微型文献信息源的优点是存储密度大，寿命长，易于还原、复制和多功能使用；缺点是不能直接阅读，还需要配备专用的显示还原设备等。

（3）声像型文献信息源

声像型文献信息源是以电磁材料为载体，以电磁波为信息符号，将声音、文字及图像记录下来的一种动态型文献，如唱片、录音带、录像带、幻灯片等。声像型文献信息源的优点是能给人以直观形象的感觉，可以逼真地再现事物和现象，记录的对象主要不是文字，而是富有动感的声音和图像。

（4）机读型文献信息源

机读型文献信息源是指以磁性材料、光学材料为载体，存储时要将相关信息转换成计算机可以识别、理解和处理的二进制代码，如磁带、磁盘、光盘等。机读型文献信息源的优点是信息存储密度高、存取速度快，缺点是要通过计算机或具有相应功能的设备存储和阅读。

（5）数字网络型文献信息源

数字网络型文献信息源是指借助于计算机网络可以获取和利用的所有信息资源的总和。按使用形式来划分，可分为联机检索信息资源和因特网信息资源两种类型。

从目前文献信息源的发展来看，出现了印刷型文献信息源和其他多种文献信息源形式并存的现象。如许多书目、索引、文摘、手册、年鉴等各类检索工具书和参考工具书，既有印刷版，也有缩微版和声像版，还有数字网络版。

2. 非文献信息源

非文献信息源是指信息以非正式记录形式存在的信息源，主要提供口头信息、实物信息等。非文献信息源具有直接、简便、迅速、新颖和生动形象的特点，是信息分析人员普遍感兴趣的、活的信息源。要对非文献信息源进行保存和传播，往往需要进行各种形式的转换，使之成为可记录型的文献信息源。

（1）口头信息源

口头信息源产生于人际间的面谈或电话交谈等，一般通过参加报告会、座谈会、参观访问或个别交谈等形式获得。

口头信息源的主要优点是内容新颖、传递迅速。大部分以面对面或电话的方式直接传递，避免了累积、深思熟虑、编辑出版和发行的时滞，传递速度快。有些甚至是智慧的火花，能够成为伟大的发现和天才的创造。如头脑风暴法就是获得口头信息源的一种行之有效的方法。

口头信息源的缺点是信息搜集和保管困难，传递范围小，且信息在传递过程中容易失真。

（2）实物信息源

实物信息源是指以实物为载体的信息源，如一些产品样本、标本、种子、苗木、试剂等。实物信息之所以能成为信息分析活动的信息源，是因为其加工、制作凝聚了人类的思想、知识和智慧。通过对实物材质、造型、规格、色彩、传动原理、运动规律等方面的分析研究，利用反求工程，人们可以猜测出研制、加工者原先的构思和加工制作方法，达到仿制或在其基础上进一步改进的目的。

实物信息源的优点主要有信息可靠、内容丰富、直观、形象等。实物信息源的缺点主要是搜集、保管、传递困难，利用时需要进行信息挖掘。

一般来说，信息源是广泛而分散的，使用前需要对信息源进行筛选和判别，有效地排除其他不需要的信息源，选取所需要的信息源。通常会根据信息源的权威性、可靠性、客观性和原创性等标准来筛选信息源。

4.2.2 信息收集

信息收集是根据特定目的和要求将分散在不同时空的相关信息采掘和积聚起来的过程。信息收集是充分开发和有效利用信息资源的基础，也是信息分析活动的起点。信息分析必须充分地占有信息"原料"才能得出科学可靠的结论，因此，信息收集决定了信息分析的成败。

1. 信息收集原则

为了提高信息收集的效果，信息分析人员应遵循以下信息收集原则。

（1）全面系统

信息收集的全面系统原则是指在信息收集时要保证信息在空间上的完整性（空间上的横向扩展）和时间上的连续性（时间上的纵向延伸）。从空间角度来看，要把与某一问题有关的散布在各个领域的信息尽可能收集齐全，才能对该问题形成完整、全面的认识。从时间角度来看，要对同一事物在不同时期、不同阶段的发展变化情况进行跟踪收集，以反映事物的真实全貌。

（2）针对适用

信息收集的针对适用原则是指信息分析人员要从实际需要出发，收集和管理信息，以最大限度地满足信息分析的需求。信息数量庞大、内容繁杂,任何个人或机构都不可能绝对做到对相关信息收集齐全,并且对于某一特定的信息分析课题,信息分析人员的信息需求是特定的。因此,信息收集应根据实际需要有目的、有重点、有计划、有选择地收集价值大、相关性强的信息,做到有的放矢。收集信息也要针对课题需要,做到去粗取精,才能集中精力进行信息分析。缺乏针对性的信息应被视作"信息垃圾",不应收集,否则会扰乱信息分析人员的视线,浪费人力、物力、财力和时间,甚至伪化信息分析产品。

(3) 真实可靠

信息分析的最终目的是服务于管理和决策,而真实可靠的信息是科学决策的前提和基础。因此,在信息收集过程中,信息分析人员应该坚持严肃认真的工作态度,采用科学严谨的收集方法,遵循科学合理的收集流程,不受个人主观意志和感情因素影响,否定和杜绝虚假信息,做到去伪存真,确保信息源真实可靠。

(4) 及时新颖

任何信息都有一定的生命周期,具有很强的时效性。因此,必须用最短的时间、最快的速度及时对信息进行收集,才能最大限度地发挥信息的效用,使信息能够在有效的时间范围内得到充分的开发与利用。同时,在信息收集过程中还要特别注意信息内容的新颖性,要尽量获得课题所属领域内的最新研究成果,包括新理论、新动态、新技术成就等。信息内容的新颖性有两层含义:一是指在当时所处的领域里是最新的;二是指相对于特定课题所涉及的特定用户及特定需求而言是新颖的。

(5) 效益最大

信息收集需要考虑时间、人力和费用等因素,所以必须以尽可能低的成本获得尽可能大的效益,这就要求采用科学的信息收集方法。对文献信息源,应在充分了解各种信息源的分布和变化规律的基础上,根据实际需要进行适当采集,首选信息密度大、权威程度高、获取成本低、信息价值高的信息源;对非文献信息源,应遵循齐普夫"最省力法则"来设计信息收集路线和对象,在成本相同的情况下,优先考虑从名人那里获取口头信息,从驰名厂家那里获取实物信息;在信息源质量相近或相同的情况下,优先考虑获取成本最小(如路径最短、收费最低、获取最容易)的信息收集路线。

(6) 计划预见

信息收集是一项规模巨大、耗时费力的长期工作,既要立足于现实,满足当前需求,又要有一定的超前性和前瞻性,考虑到将来的发展,因此需要信息收集人员事先制订一个比较周密而详尽的信息收集计划,还要求信息收集人员随时掌握社会发展动态,面向未来,对未来的工作具有一定的预见性。信息收集计划一般要考虑"4W1H",即为什么(Why)收集、谁(Who)收集、收集什么(What)、何时(When)收集以及怎样(How)收集。具体项目通常包括收集目的、内容范围和重点、经费预算、收集方式、收集对象、收集步骤、收集程度、组织分工、奖惩措施等。

2. 信息收集方法

信息收集方法因信息源类型的不同而所有不同,针对不同的信息源应采用合适的收集方法。

(1) 文献信息源收集方法

1) 借阅。借阅是指用户通过向文献信息收藏机构或个人借取所需文献信息的方法。一般来说,国家有专门的收集文献信息的图书馆、档案馆、情报机构等,用户向文献信息收藏机构借阅所需文献信息是应用最广泛的信息收集方法之一。

2) 购买。一般对于重要的图书、期刊、报纸及数据库等信息源采用购买方式收集。购买有预订购买和现场购买两种方式。预订购买一般根据出版发行部门或数据库商编印的征订目录购买。优点是使出版、发行、图书馆三个部门能做到计划出版、计划发行、计划补充,文献选择性强,订到率高;缺点是征订目录内容过于简单,且经常带有广告色彩,容易错购或漏购。现场购买就是到出版物的销售处或书市现场直接采购。优点是可凭文献内容、价值进行取舍,质量可靠,到书速度快;缺点是受货源与市场调节的制约,易出现重复采购。

3)交换。交换通常是在等价、互惠、对口的原则基础上进行信息源交换,以达到互通有无、调剂余缺的目的。交换形式主要有:

① 双边交换,即有交换意向的双方之间直接交换信息源。

② 多边交换,即以第三者(如交换书目中心、协调机构等)为媒介交换信息源。

③ 集中式交换(服务中心式交换),即在一定地区内,由某一机构集中人力、财力统一办理信息源交换。

④ 国内交换,即一国之内的信息源交换,包括临时性一次交换和长期性固定交换。

⑤ 国际交换,即不同国家间的信息源交换。

⑥ 等量交换,即信息源数量对等交换。

⑦ 等价交换,即信息源价值对等交换。

4)征集。征集通常是对非正式出版的内部资源,如档案文献、地方文献、古旧书刊、革命史料、作家手稿等,采用主动发函、上门访求或在报刊上发表征书启事、广告等方式进行收集。

5)复制。复制包括抄录、复印、缩微复制、录音复制、网上下载复制等。复制一般适用于罕见信息源,如绝版书、孤本书、善本书、外文原版书、缺期报刊、残缺丛书、重要内部资料等。

6)检索。信息检索就是从浩繁的信息源中检索出所需信息的过程。信息检索是目前收集信息的最主要方法。信息检索的方法主要有三类:

① 系统检索法,是根据文献的内容特征(如学科、主题)或外部标识(如著者、题名),通过检索工具或数据库全面系统地收集信息的一种方法。

② 追溯检索法,是指以已知文献(或信息)所引用的参考文献(或链接)为线索进行追溯查找,逐步收集信息的一种方法。

③ 浏览检索法,是指对各种相关信息广泛浏览以收集所需信息的一种方法。浏览检索一般有手工检索、计算机检索和网络检索三种方式。手工检索主要是通过信息服务部门收集和建立的文献目录、索引、文摘、参考指南和文献综述等来查找有关的信息。计算机检索是信息检索的计算机实现方法,其特点是检索速度快、信息量大。随着互联网络的发展,基于网络信息收集系统自动完成的网络检索已成为一种重要的方式。

(2)非文献信息源收集方法

非文献信息源主要指口头和实物信息,大多尚未经过系统化处理,未用文字符号或代码记录下来,难于收集,但具有很高的价值。非文献信息源一般采用各种社会调查(一切以信息收集为目的的社会实践活动的总称)收集。

1)问卷调查法。问卷调查法是指信息分析人员向被调查者发放格式统一的调查表并由被调查者填写,通过调查表的回收获取所需要信息的方法。问卷调查法是社会调查的主要方法,也是收集非文献信息源的主要途径。

问卷调查是一项有目的、有计划、有组织的信息收集活动,一般包括问卷设计、选取样本和实施调查三个步骤。开展问卷调查之前要设计调查方案,涉及调查目的、调查内容、调查对象、拟订调查项目、调查表、调查时间和地点、调查方式和方法、组织调查人员、经费预算和安排等信息。调查问卷的关键是调查表的设计,包括被调查对象的基本信息(如被调查者的性别、年龄、职业、教育程度、民族、婚姻、城乡状况、所处社会群体及规模、结构等)、行为信息(如被调查者在购物、旅游、服务、生产实践、科学研究等活动中反映出来的行为信息)和态度信息(被调查者对本人或其他人或事件能力、兴趣、意见、评价、情感、动机等方面的态度,如科研人员对科研条件的评价、消费者对计算机产品捆绑销售的看法、网络用户对因特网安全的感受、体育迷对足球明星的态度等)。问卷调查一般采用邮寄问卷、入户问卷、拦截问卷、网络问卷等方式进行。

问卷调查法是一种包含统计调查和定量分析的信息收集方法，重点考虑所收集信息的内容范围和数量、所选定的调查对象的代表性和数量、问卷的精心设计、问卷的回收率控制等问题。问卷调查法具有调查面广、费用低等特点，但对调查对象无法控制，问卷有效回收率难以保证，受访者的态度对该调查方法的实际效果具有决定性影响。

2）访谈法。访谈法又叫采访法，是通过收集被访问对象信息，并与之直接交谈而获得有关信息的方法。访谈法包括直接面谈和间接访谈两种形式，具体有座谈采访、会议采访、电话采访和信函采访等方式。随着互联网的发展，出现了各类实时互动、全天候交流软件，如MSN、QQ、博客、微信、微博等，极大地提升了访谈法的质量和效果。

访谈法是通过向受访者询问以获取所需信息的方法，访谈的关键是要准备问题、引导用户积极地回答。采访前需要做好充分的准备，包括认真选择调查对象、充分了解调查对象、系统收集有关业务资料和相关背景资料等。

3）观察法。观察法又叫实地考察法、现场调查法，是通过开会、参加生产和经营、实地采样、现场参观和观察等方式深入现场并准确记录（包括测绘、录音、录像、拍照、笔录等）调研情况以收集信息的一种方法。观察的内容主要包括两个方面：一是对人的行为的观察；二是对客观事物的观察。

现场调查法是信息分析人员深入现场参观考察或参加活动而进行的社会调查方法，如实地参观、参加会议（如学术报告会、经验交流会、学术研讨会、座谈会、贸易洽谈会、订货会、产品展销会、信息发布会、博览会）、出国考察、参加演唱会等。信息收集人员在现场，可直接利用感官和仪器及时捕捉到一些难以明确表达或难以传递的信息。例如通过现场调查，可以观察到文献资料上无法看到的现象（如现场表演、靶场试验、生产过程、辩论场面、实物展览等），也可以直接目睹国内外发展动态。另外，通过现场收集的信息大部分是第一手信息，具有直观、形象、真实、生动、可靠的特点。例如，通过直接测量获取生产车间生产流水线的立体布置，通过直接观察记录获取生产现场工作仪表动态显示的数据，通过亲自操作和使用设备或技术体验其价值。

4）实验法。实验者通过主动控制实验条件（包括对参与者类型的恰当限定，对信息产生条件的恰当限定和对信息产生过程的合理设计），可以获得在真实状况下用调查法或观察法无法获得的某些重要的、能客观反映事物运动特征的有效信息，还可以在一定程度上直接观察研究某些参量之间的相互关系，有利于对事物本质的研究。实验方法也有多种形式，如实验室实验、现场实验、计算机模拟实验、计算机网络环境下人机结合实验等。

5）专家评估法。专家评估法是指以专家作为收集的对象，依靠专家的知识和经验，由专家通过调查研究对问题做出判断、评估和预测的一种专项调查形式。专家调查通过召开专家座谈会（如头脑风暴法）和发放专家调查表（如德尔菲法）等形式进行，以座谈、讨论、分析、研究、征询意见等方式获得专项调查资料，并在此基础上找出问题症结所在，提出解决问题的方法。在数据缺乏、新技术评估和非技术因素起主要作用等情况下，专家评估法是行之有效且唯一可选的调查方法。

（3）网络信息源收集方法

网络信息源是一种特殊的文献信息源，又具有许多非文献信息源的特征。网络信息源收集的方法主要如下。

1）网页访问或网站浏览。通过对网页和网站的浏览，发现对自己有用的信息。每个网民一般都有自己熟悉的网站，可以快速高效地获得所需要的信息。

2）网络数据库。网络数据库是跨越计算机在网络上创建、运行的数据库，它将数据存放在远程服务器上，用户通过互联网直接访问，也可以通过Web服务器或中间商访问，是一种重要的网络信息源。网络数据库具有收录范围广、数据量大、类型多样、易于检索、易于使用、更新速度快、不间断服务等特点。

3）搜索引擎。搜索引擎是一种引导用户查找网络信息的工具。搜索引擎一般包括数据收集机制、数据组织机制和用户利用机制三个部分。数据收集机制用人工或自动方式按一定的规律对网络上的信息资源站点进行搜索，并将搜索得到的页面信息存入搜索引擎的临时数据库；数据组织机制对页面信息进行整理以形成规范的页面索引，并建立相应的索引数据库；用户利用机制帮助用户以一定的方式利用搜索引擎的索引数据库，获得用户需要的网络信息资源。常用的搜索引擎有谷歌（Google）、百度、搜狐、新浪等。

4.2.3 信息整理

从各种渠道收集来的原生信息往往繁杂无序、真假难辨，需要进行整理。信息整理就是对收集到的信息进行筛选、分类、归纳、排序，使之成为便于研究的形式表达并存贮起来。信息整理的过程就是信息序化过程，目的是减少信息混乱程度，使之从无序变为有序，形成条理化、层次化、有序化的高级信息产品，以便于信息分析人员有效利用。

信息整理包括形式整理和内容整理两个方面：

① 形式整理基本上不涉及信息的具体内容，而是凭借某一外在依据或特征对原生信息进行分门别类处理。

② 内容整理是在形式整理的基础上进一步深化，是从内容角度对信息的再处理，通常包括信息内容的理解、信息内容的揭示和按内容细分归类。内容整理过程的实质上是对原生信息的消化和吸收过程。信息整理的主要内容和方法包括信息分类与序化、信息提炼与重组等。

1. 信息分类与序化

分类是指根据信息分析课题需要，将收集到的信息按照一定标准划分成类的过程。信息分类的目的是为了便于信息管理、检索和利用。分类时通常用类号来标引各种信息概念，将信息内容一一予以揭示，并分门别类地将其组织起来，形成信息分类目录。信息经过分类整理，便能有效地显示出各类信息的性质及相互之间的关系，性质相同的可以聚类，相近的可以建立关联。在信息分类整理过程中，一方面要遵循科学规律，依照科学分类法进行，另一方面要兼顾信息需求者的利用要求和使用习惯，根据不同的使用要求和信息类型，对原生信息分门别类地整合和整序。

信息序化即排序，将鉴别、分类后的所有信息排列成为一个有序的整体，便于信息分析人员获取和利用。分类是信息序化的常用方式，此外还可以按照主题、字顺、号码、时空（时间和空间特征）、超文本和超链接、数据库等方式序化信息。

2. 信息提炼与重组

信息提炼与重组就是对原生信息进行汇编、摘录、分析、综合等浓缩和精深加工，即根据用户需要将分散的信息汇集起来进行深层次加工处理，提取有关信息并适当改编和重新组合，形成各种集约化的优质信息产品。信息提炼与重组通常采用汇集、摘录、浓缩、概括、综合等方式形成资料汇编（如剪报资料、文献选编、年鉴名录、数据手册、音像剪辑等）、摘要、提要、文摘、综述、述评等高级信息产品。

4.2.4 信息评价

从各种渠道收集到的信息，除了要进行整理，形成系统化的资料以外，还要对信息的价值进行评价。

1. 信息评价标准

信息评价主要是鉴别信息的可靠性、新颖性（或先进性）和适用性等。

（1）可靠性

可靠性一般可从信息源和信息内容两方面进行鉴别。信息源鉴别包括该信息源以往所提供的信息是否可靠、提供信息的动机是否良好、权威性如何等方面。信息内容鉴别一般根据信息内容的观点是否鲜明、论据是否充分、数据是否翔实、逻辑结构是否严谨来判断。另外，还可以根据信息提供者以往所提供信息的可靠程度及信息被传播引用的情况来分析。

（2）新颖性

原生信息的新颖性是指该信息所反映的内容是否在某一领域原有的基础上提出了新的理论、新的观点、新的假说、新的发现，或者对原有的理论、原理、方法或技术加以创造性地开发和利用。一般来说，反映人们各项社会实践的新进展、新突破的信息，都可以认为具有新颖性。

在具体实践中，人们更倾向于采用一些易于操作的指标来判断信息源的新颖性。例如，对于文献信息的新颖性，可借助于文献的外部特征（如类型、出版机构、发表时间）、计量特征、内容特征、信息发生源、实践效果等指标加以考察。以文献信息为例，一般最近发表的文献信息的新颖性强，正在进行中的项目的试验小结、刚刚更新的数据库以及新近出版的专利文献、研究报告、上市公司文件、会议文献等所含信息的新颖性强等。

（3）适用性

适用性是指原生信息对于信息接收者而言可以利用的程度。一般来说，原生信息的适用性取决于特定研究课题和信息用户两大因素，如特定研究课题的背景、内容、难易程度、研究条件以及信息用户的信息吸收能力、条件、要求等。

原生信息的适用性鉴别通常是在可靠性和新颖性的基础上进行的，即对可靠而新颖的信息按照适用性的要求做进一步筛选，通常可以通过考察信息发生源和信息吸收者条件的相似性和实践效果来加以鉴别。一般而言，信息源和信息吸收者的条件相似性越强，适用性越好。实践证明，信息源具有的经济效益、社会效益和环境效益越高，适用性越好。

2．文献信息源评价

（1）可靠性

可靠性是衡量文献信息的内容是否真实可靠，通用采用以下指标来判断。

1）作者身份。有名望的专家、学者发表的文献比较完整和成熟，水平较高；专职研究人员经过较系统、严格的科研基本功训练，具有深厚的科研功底，所发表的科技文章可靠性较强。

2）出版物类别。期刊论文、会议文献、专题报告等经过层层严格筛选和评议，较为成熟可靠；专利文献、标准文献要求较高，可靠性高于一般书刊；学位论文、试验报告具有一定的可靠性，但一般不够成熟和完善；科技图书一般成熟可靠，比新闻消息可靠性强。

3）出版机构。官方机构和政府出版的出版物较为可靠；著名高校、研究机构、权威出版社的出版物质量较高；大公司的出版物比小公司的出版物要完整可靠。

4）被引情况。文献若被他人反复引用，说明得到了一定程度的认可，可靠性较强。

5）引文情况。文献中所引用的参考资料，如果比较全面且权威性高，说明作者文献调研比较周详，可靠性较强。

6）内容本身。文献内容本身论点鲜明、论据充分、数据翔实、逻辑严密、结构严谨，则可靠性较强。

（2）新颖性

新颖性是衡量文献信息的内容是否先进，评价指标如下。

1）文献类型。新近出版的科技文献，刚刚更新的数据库，近期公开的专利文献，研究报告、上市公司文件、会议文献等所含的信息先进性和新颖性较强。

2）出版机构。权威出版机构出版的文献水平较强，先进性和新颖性较强。

3）发表时间。近期发表的文献信息先进性和新颖性较强。

4）信息老化规律。根据文献信息所属学科领域的半衰期及信息老化规律来判断信息的先进性和新颖性。

5）文献内容。通过判断文献内容中是否含有新观点、新理论、新假说，应用上有无新原理、新设计、新工艺、新方案等衡量信息的先进性和新颖性。

6) 经济效益。看文献信息是否产生经济效益，通过观察产量、品种、质量、成本、劳动生产率、劳动条件等经济指标是否具有显著改善和提高，来判断信息的先进性和新颖性。

7) 社会环境和效益。根据文献信息对实践的贴近程度和超前水平，以及信息使用前后所产生的社会效益和环境效益大小，来判断信息的先进性和新颖性。

（3）适用性

适用性是指原生信息在特定条件下对信息接受者的适用程度。一般来说，原生信息的适用性取决于两个方面，即所选课题和信息用户。可靠性、先进性和新颖性强的原生信息并不一定适用，因此，需要在可靠性、先进性和新颖性的基础上进行适用性评价，最后做出总体评价。

3. 非文献信息源评价

（1）口头信息源评价

1) 看发言者。知名人士、权威人士、行业领域专家、学术带头人等发言时所传递的口头信息的可靠性、先进性和新颖性较高。

2) 看场合。在重要的、正式的场合传递的口头信息价值高于一般场合、非正式场合传递的口头信息。

3) 看发言时间。发言时间越近，先进性和新颖性越强。

4) 看内容。内容系统、全面，尤其是发言者做出承诺的发言，可靠性较强；关于进展、趋势方面的前瞻性发言，先进性和新颖性较强；信息内容所涉及的地区或部门越发达、水平越高，先进性和新颖性越强。

5) 看其他听众反应。如果有其他听众，则其反应或间接评价可作为参考依据。

（2）实物信息源评价

1) 看实物研制（设计）者。具有较高级别的专业技术职称、知名研制（设计）者所研制（设计）的实物中所含信息价值较高。

2) 看生产机构。国家大型企业、重点企业生产出来的实物产品所含信息可靠性较强；外向型企业、外资企业、高新技术企业、属于行业"领头羊"性质的企业、新近投产的企业生产的实物产品所含信息先进性和新颖性较强。

3) 看商标。拥有驰名商标的实物产品所含信息的可靠性较强。

4) 看关键技术内容。专利产品所含信息可靠性较强。

5) 看实践效果。经长期使用证明功能强、效益高、性能稳定、故障率低的实物产品所含信息可靠性较强；正在使用且产生了良好的经济效益、社会效益和环境效益的实物产品所含信息的先进性和新颖性较强。

4. 网络信息源评价

网络信息源的评价可以从以下四个方面来衡量。

（1）出版信息

1) 是否正式出版。正式出版的信息比非正式和半正式出版的信息权威性高；非正式和半正式出版信息的权威性主要是通过网站的性质和知名度来判断。专业学术研究机构或大学发布的信息一般权威性较高，信息是否被其他权威站点摘引、链接或推荐过也可以说明信息的权威性。

2) 作者声望。作者、编辑或出版者的背景与声望，可以作为评价网络信息源是否具有权威性的重要衡量指标。作者或信息提供者是信息内容所属主题领域的专家、权威人士或专门机构，一般可靠性强、可信度高。

（2）信息内容

1) 信息来源。网站在引用、摘录、推荐其他信息源时需要注明出处，根据网络信息源的出处可以对信息内容的权威性、可靠性、客观性进行判断。

2）写作质量。网络上的信息内容大多依靠文字传递，文字表达质量对信息的传播具有重要的影响。如文字写作是否符合语法和文章写作规范，标题是否明确、概括且全面，信息表达是否清晰且具有逻辑性。

3）深度与广度。网站所提供的信息内容是否具有足够的深度和广度以满足不同用户的需要。

（3）信息时效性

1）出版日期。网络信息资源的传播速度快、更新及时、时效性强，一个好的网站应当明确地说明其创建日期和最近更新或修改日期，便于用户根据日期进行信息选择。

2）更新频率。随时更新是网络信息资源的一大优势，网络信息资源可以 24h 进行更新与维护，具有较高的更新频率。信息的内容及链接也较新颖。一般来说，网站更新的频率越快，它所提供的信息时效性就越强，利用价值也越大，反之亦然。

（4）其他指标

1）检索功能。在一个内容丰富、设计完整的网页中，单靠层层点击是很难找到需要的信息的，因此，以网页内容为检索范围具备一定的检索功能是不必不可少的。检索功能的完备与否对网络信息的利用率有很大的影响，完善的检索功能可以帮助用户有效利用网站资源。

2）链接数量。网站的链接数量，尤其是外部链接数量，是衡量一个网站信息资源权威程度的重要指标。

3）导航系统。导航系统是人们进入一个网站查找信息的指示性工具，反映了一个网站信息的组织与分类情况，完善的导航系统可以帮助访问者快速找到所需要的信息。

4.3 信息分析产品的制作与评价

4.3.1 信息分析产品的类型

信息分析产品是指信息分析人员加工后可直接交付给用户的最终产品。信息分析产品类型多样，目前国内对信息分析产品类型划分的角度较多，如有的将其分为综述、述评、专题报告、学科总结、情况反映类产品和系统资料类产品；有的将其分为综述性研究报告、述评性研究报告、预测性研究报告和数据性资料；有的将其分为动态简报、水平动向报告、综述、述评、预测报告、可行性研究报告、专题调研报告、背景报告、专用数据集或数据库以及建议、对策与构想报告等等。根据信息分析产品的内容及制作特点，将信息分析产品划分为消息类产品、数据类产品和研究报告类产品。

1. 消息类产品

消息类产品是最简单的一种信息分析产品，主要任务是负责跟踪监视和及时报道特定领域的国内外发展的最新水平、动向和趋势，具有明显的推荐性质，颇受各级领导部门的欢迎。消息类产品的特点是：内容简洁、新颖，报道迅速及时。消息类产品常见的形式有简报、剪报、快报和动态等。

2. 数据类产品

数据类产品一般是信息分析人员以有关课题的各种资料或数据为主要对象，在日常积累和全面调查的基础上完成的，对这些数据进行加工整理和分析研究所形成的一种信息分析产品。数据类产品既有印刷型的，也有电子型的，还有网络型的。数据类产品类型较多，常见的有手册、汇编、指南、要览、年鉴、产品数据库、数据图表等。

3. 研究报告类产品

研究报告是信息分析产品的主要类型，很多信息分析人员交付给用户的产品最终都是研究报告形式的。研究报告类产品以数据统计、分析说明、归纳提炼、论证推测为宗旨，具有结构严谨、分析深刻、结论明确等特点。按内容划分，研究报告有市场调查研究报告、专利分析研究报告、竞争情报分析报告等。按性质划分，研究报告有综述性研究报告、述评性研究报告、预测性研究报告、评估性研究报告、背景性研究报告等。

传统的信息分析产品主要是以文字为主的文本形式，随着信息技术的发展，集图、文、声于一体的多媒体形式的软件产品、数据库产品和网络产品正在不断涌现。

【拓展阅读材料】
2020—2023年数控企业竞争力分析报告

4.3.2 信息分析产品的制作

信息分析产品的制作是对信息分析结果的全面总结。产品质量的高低，一方面依赖于整个信息分析过程及其产生的结果，另一方面也同信息分析人员在产品制作过程中对制作方法和技巧的把握程度有关。不同的信息分析产品有不同的制作方法和技巧。

1. 消息类产品的制作

消息类产品内容简洁、新颖和报道迅速、及时的特点决定了其制作应注意选材新颖、主题集中、篇幅短小和结构完整。一般来说，完整的消息类产品由导语、主体、结尾和背景材料四部分组成，但并非每一个消息类产品都必须具备这四个部分。

1) 导语。导语是消息类产品的第一段或第一句话。它要求用简洁的文字把某一事实中最重要、最新鲜、最能引起读者兴趣的内容展现出来。写导语没有固定的模式可循，但从实践效果看，好的导语应能同时起到揭示内容和吸引读者两方面的作用。因此，在撰写导语时，应注意内容的写实性和语言的形象性。

2) 主体。主体是消息类产品的主要部分。它要求用简洁的文字解释导语，并展开某一事实的内容。根据内容的不同，撰写主体可按照逻辑顺序，根据事物内部的内在逻辑联系来安排；也可以按时间顺序，根据事件发生的先后顺序来安排。在按逻辑顺序撰写时，应注意阐明事物内部的主次、因果、并列、点面关系，不可混作一团。但在具体操作上，可以灵活把握，例如在揭示事物内部的点面关系时，可以先"点"后"面"、以"点"带"面"，也可以先概括"面"的情况，再具体落实到"点"上；在按时间顺序撰写时，可以由远及近，也可以由近及远，但切忌写成流水账。不论采取哪种方式，都要注意主题突出、条理清楚、层次分明，不可空泛议论。

3) 结尾。为了使所报道的事实更加全面和充实，有些消息类产品有结尾。精彩的结尾可以深化主题，起到画龙点睛的作用。结尾一般要注意和导语相呼应，写作形式不拘一格，可以是小结式的，将前面所揭示的内容进行归纳总结，以加深读者印象；可以是清音有余式的，给读者留下思考的余地；可以是号召性的，唤起读者的响应；也可以是预示性的，指出事物可能的发展方向。不论采用什么方法结尾，都要力求新鲜、自然，避免画蛇添足。

4) 背景材料。背景材料是指与本体事实有关的附属材料，如对比性材料、说明性材料、注释性材料等，目的是借以介绍本体事实发生的历史条件、环境和原因。提供背景材料可以使主题更加鲜明、突出，容易为读者理解和掌握。运用背景材料要注意简明扼要、恰到好处，不能喧宾夺主。背景材料可放在导语之后，也可以见缝插针、巧妙安排，只要自然就可以了。

2. 数据类产品的制作

目前，数据库已成为数据类产品的主体。按照所含信息内容特点的不同，数据库主要有数值型数据库、事实型数据库和图像型数据库三种类型。其中数值型数据库是以自然数值形式表示、计算机可读数据的集合；事实型数据库提供最原始的客观事实，是可以直接利用的信息；图像型数据库存储的数据主要不是自然数值或文字（字符），而是图形或图像信息。数据库类型多种多样，但其制作过程都包括系统分析、结构设计、数据录入与校核、系统试运行、成品包装几个步骤。数据库制作的关键是原始数据的清洗，数据库内容的审查、加工整理、管理与维护。

1) 原始数据的清洗。在数据准备录入数据库之前，需要对原始数据进行清洗。因为每条数据记录进入数据库之前往往会由标引人员进行标引，提取相关的技术要素。不同标引人员因知识背景的不同，难以对原始数据进行较好的把握，在选词时往往存在用词习惯的差异，容易造成数据内容的不完整和错误等。

2）数据库内容的审查。为了防止数据冗杂和错误影响数据交流、共享、利用，有必要对已经录入数据库的数据内容进行审查。首先要进行形式审查，主要审查数据是否属于收录范围、是否与已有数据重复等。其次要对质量进行审查，也就是要对数据内容的可靠性、权威性、价值大小等进行一定的判断。

3）数据库内容的加工整理。数据库建设的目的是为了方便检索利用和有效保存。需要对审查后的数据内容进行分类与标注，需要考虑录入数据条目的数量、质量及其间的关联才能系统管理与揭示内容，尽量用多维属性标签标注出来以方便检索利用。

4）数据库内容的管理与维护。创建数据库是一种劳动密集型的任务，但只须创建一次，更多的时间则主要用来收集数据资源、维护数据资源集，特别是更新数据记录，防止记录出错。一条过时或不准确的数据几乎没有任何意义，而且可能会误导使用者。因此，分配足够的人力来进行数据库的日常维护工作是非常重要的。

3．研究报告类产品的制作

研究报告类型及表现手法的多样性决定了其制作的具体方法和表现形态的差异性，目前还没有形成一个普遍可循的模式。

（1）研究报告的结构

从结构上来看，一般的研究报告由题目、序言、正文、结论、参考文献、附录等部分构成。

1）题目。题目是研究报告不可或缺的部分，是对研究报告内容的高度概括和提炼，应具有简洁、醒目、新颖和引人入胜的特点。根据需要，可以采用单标题、主副标题或冒号并列标题等更好地表达研究报告的内容。

2）序言。序言主要交代研究报告制作的原因、目的、意义、背景、方法以及阐明课题的基本情况，如研究状况、水平等。一般来说，序言是为分析和论证主体作铺垫的，应注意简明扼要。

3）正文。正文是研究报告的核心部分，主要包括信息分析的依据和数据、分析和论证采用的方法以及详细分析、论证的过程。不同类型的研究报告，其侧重点也不一样。

4）结论。结论是对研究报告主要内容的总结，是对报告中重要的、新颖的观点、结论、建议、方案、展望等的精炼叙述。

5）参考文献。研究报告的最后要列出撰写这篇报告时所参考过的文献目录，目的是提高用户对于研究报告的信赖程度，同时也为别人进行类似课题研究提供线索。

6）附录。在研究报告中，通常把一些经常引用的图、表、数据以及技术经济指数等重要资料作为附录，统一集中放在结论或者建议部分的后面。

（2）研究报告的制作

研究报告的制作一般分为构思、撰写初稿、修改与定稿三个阶段。

1）构思。构思是在撰写初稿前对整个研究报告的通盘考虑和酝酿。构思的目的是为了理清思路，使观点、建议、思想等能够准确、清晰、完整地表达出来。提纲是构思的主要工作，是研究报告的骨架，通过拟定提纲，可以使内容条理化、主题明确化，防止杂乱无序、重复、遗漏等弊端，特别是对多人分头制作的大型研究报告，有了提纲就相当于有了一幅蓝图，可以防止因信息不充分、不对称而产生的各种问题。

2）撰写初稿。初稿是提纲进一步具体化的结果，是研究报告的雏形。初稿应围绕主题展开，并注意材料取舍的合理性和论证过程的严密性。对于多人合作的大型研究报告，还应注意前后协调，术语、观点和提法不要出现严重的分歧和矛盾。

3）修改与定稿。初稿只是"毛坯"，从形式到内容都十分粗糙，需要修改。修改的过程实际上是纠正错误和毛病，充实和完善的过程。初稿经过反复修改并经课题组负责人确认后，才能最后定稿。

4.3.3 信息分析产品的评价

1. 评价标准

信息分析产品的评价是信息分析工作的延伸，是对信息分析产品价值和使用价值的衡量和判定。信息分析的最终目的是将分析报告应用于实际，满足用户需求。一份好的信息分析产品必须经得起时间与实践的双重检验。信息分析产品的评价标准如下。

1）针对性。针对性是指信息分析产品要针对不同的用户需求，显现出自己的特色，即针对不同的需求，产品要显现其针对性，以满足用户特定的信息需求，针对性越强，对信息分析产品的评价就越高。

2）准确性。准确性是指信息分析产品内容的可靠程度，是其科学性表现的一个方面。准确性越高，价值越大，对信息分析产品的评价就越高。

3）创造性。信息分析工作是一种创造性劳动。创造性主要体现在：提出的准确预测、提出的真知灼见或方案、对方案进行令人信服的论证等。创造性越高，对信息分析产品的评价就越高。

4）新颖性。新颖性是指信息分析产品与国内外行业同类产品相比较的水平。新颖性包括选题新颖和观点或方案新颖两个方面。

5）加工程度。加工程度包括信息加工的深度和难度两个方面。加工深度指信息分析人员研究问题的深度和产品揭示问题的深度。加工难度可以从两个方面来评价：一是产品本身的复杂程度，包括课题范围、信息收集难易、研究方法和手段的难易程度等；二是完成课题所投入的人力、物力、财力和事件的多寡。加工深度越深，加工难度越大，对信息分析产品的评价也越高。

6）制作水平。信息分析产品制作水平主要体现在产品表达的逻辑性和文字水平。逻辑性指推理的严谨性、论证的充分性，以及研究报告结构的条理性。产品表达的文字水平是指用词准确、行文流畅、简练。信息分析产品制作水平越高，评价越高。

7）效益性。信息分析产品的效益性包括社会效益和经济效益。社会效益包括对社会系统的效益和科技效益，如改善社会关系、优化就业结构、提高研发（R&D）水平、促进技术进步等。经济效益是指对提高社会生产力的影响，如提高劳动生产率、降低成本、综合利用资源所带来的经济收益。效益性越高，对信息分析产品的评价就越高。

8）其他指标。如产品利用频度、用户评价情况、课题意义、时间性等指标。

2. 评价方法

（1）定性经验法

定性经验法是指通过问卷调查、访谈、座谈及专家打分的方式来评价信息分析产品的方法，其特点是基于评价主体主观印象对信息分析产品做出评价，主要有两种方法。

1）专家直接观测法。由相关领域的专家在对信息分析产品大概了解的基础上，与其他相关信息分析产品比较得出评价结果。这种方法简便迅速，但凭印象主观评价，往往带有偏见，缺乏一定的科学性。这一方法的优点是简便易操作，缺点是凭印象主观评价，评价过程不可避免地会受到专家个人、地区、意识形态和学科的偏见，缺乏一定的科学性。

2）用户评议法。用户是信息分析产品的最终检验者。用户凭借自身的经验和知识对信息分析产品进行评价，并提供相关反馈信息及改进建议等。这种方法能直接获得信息分析产品的需求信息，但评价结果往往是零碎、消极的，主观性强。

（2）定量分析法

定量分析法是依据一些易于识别且可计量的指标对信息分析产品进行量化评价，是建立在数学、统计学、运筹学、计量学、计算机等学科的基础之上，通过数学模型和图表等方式，从不同角度对信息分析产品进行量化评价。

(3) 综合评价法

综合评价法即定量与定性相结合的评价方法，以定量分析为主，力求突破单纯依靠主观定性评价方法的瓶颈，以构建全面的定性加定量的评价指标体系来进行综合评价。

4.4 信息分析的基本步骤

信息分析是一个复杂的过程，其本身没有统一的规章可循。一般将信息分析流程分为六个环节来进行。

1) 信息分析选题与论证。
2) 信息分析课题规划与方案设计。
3) 信息收集、整理与评价。
4) 信息加工提炼与分析研究。
5) 信息分析产品制作。
6) 协助实施并收集反馈信息。

信息分析的流程如图 4-2 所示。前面三节已分别就信息分析选题与论证、课题规划与方案设计、信息收集与整理、信息分析产品制作等进行了介绍，本节重点介绍信息分析与研究环节的操作流程。

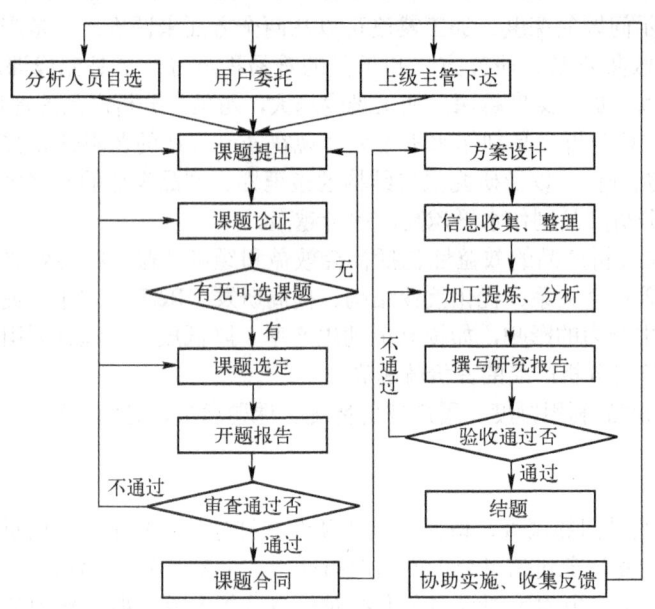

图 4-2 信息分析的流程

分析与研究是信息分析工作的核心，是一项综合性很强的思维活动，其操作过程一般分为六个步骤，如图 4-3 所示。

(1) 浏览、阅读已收集和整理的原始信息

首先，通过浏览原始信息，总体把握其内容和价值。其次，仔细阅读原始材料，不仅要寻找原始资料的内在联系和外在联系，还要留意可能出现的矛盾或错误，更要注意文献的观点与自己想法的联系和矛盾之处，以找出思考问题、解决问题的突破口。最后，依据课题任务的进度，进行更深入的分析研究。这一步可能发现之前被忽略的有用信息，也可能对原有的想法和观点进行否定或深化。

```
┌─────────────────────────────────────────────────┐
│ 1.浏览、阅读已收集和整理的原始信息              │
│ （1）浏览收集的信息并对整个信息有个总体把握。   │
│ （2）再次仔细地阅读每条信息，寻找内在联系和外在联系。│
│ （3）确定遗漏的信息，并从信息中发现解决问题的突破口。│
└─────────────────────────────────────────────────┘
                      ↓
┌─────────────────────────────────────────────────┐
│ 2.创建最初的假设                                │
│ （1）思考问题的进度。                           │
│ （2）尝试回答诸如 Who、What、When、Where、How、Why 等问题。│
└─────────────────────────────────────────────────┘
                      ↓
┌─────────────────────────────────────────────────┐
│ 3.再收集、整理和评价信息                        │
│ （1）收集遗漏的信息。                           │
│ （2）获取更多能证明或反驳假设的信息。           │
└─────────────────────────────────────────────────┘
                      ↓
┌─────────────────────────────────────────────────┐
│ 4.确定前提                                      │
│ （1）确定具有类似观点的信息组。                 │
│ （2）对信息组的内容进行归纳、总结。             │
└─────────────────────────────────────────────────┘
                      ↓
┌─────────────────────────────────────────────────┐
│ 5.验证假设并形成推论                            │
│ （1）得出的推论是经提炼的、用于证明假设的论点。 │
│ （2）验证各级假设。                             │
│ （3）得出的推论将包括从信息中得出的其他结论。   │
│ （4）得出的推论必须包括结论的可能性分析。       │
└─────────────────────────────────────────────────┘
                      ↓
┌─────────────────────────────────────────────────┐
│ 6.形成最终结论                                  │
│ （1）得出结论并反思。                           │
│ （2）制作信息分析产品。                         │
└─────────────────────────────────────────────────┘
```

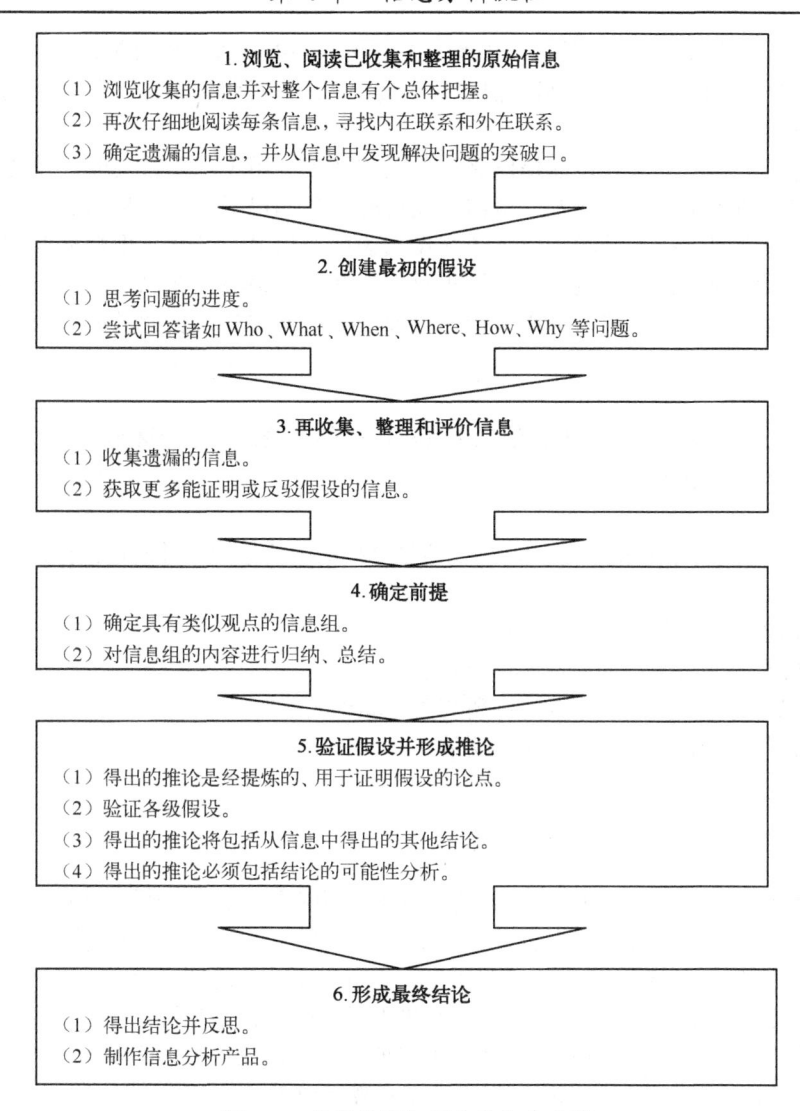

图 4-3　信息分析与研究的六个步骤

（2）创建最初的假设

最初的假设是指从原始资料中抽象出来的、以解决问题或解释现象为目的、有待证明或反驳的理论，可表达为"5W1H"，即关键人物（Who）、关键事件/物（What）、时间（When）、地理位置（Where）、技能和方法（How）、原理或动机（Why）。最初的假设是进行深入推理的基础，并不是最终答案。

创建最初假设的方法有：

① 推理方法。通过学习大量的案例来形成结论。

② 比较方法。通过对以前类似事件的比较分析，得出当前事件与以前类似事件之间的关联之处，从而推断出当前事件可能出现的结果。

③ 信息淹没法。即让信息分析人员完全沉浸在与研究课题相关的信息资料之中，通过阅读和分析，信息分析人员自发地、本能地形成假设。

（3）再收集、整理与评价信息

再收集、整理和评价信息的最终目的是验证最初的假设。这个过程突出两个方面的特点：第一，行为上更具目标性和指导性；第二，内容更具专指性和准确性。再收集、整理和评价信息不是一蹴而就的，随着分析研究的进展，可能需要一次又一次地进行收集、整理和评价信息。

（4）确定前提

前提是隐含于信息中或与其他前提信息相关联的观点，用于证明或反驳假设的推论可推断。首先，从最初假设的各个子假设出发，再结合收集的信息和已经阅读信息的心得体会，针对每个子假设，从信息中提取支持或反驳，或与子假设相关联的信息。其次，根据提取的信息确定假设前提，或是支持假设的论据，确定与子假设相对应的观点。最后，在已经设立的问题树后罗列出支持或反驳子假设的前提或事实，形成有一定假设前提的问题树，也就是证明或反驳子假设的事实基础。

（5）验证假设并形成推论

推论就是前提信息支持的或从前提信息中提炼出来的结论。在这个环节，可以借助多种信息分析方法来形成推论和拓展推论。

（6）形成最终结论

结合假设的判断结果和可能性分析，形成信息分析的最终结论，并阐述证据。在此需要考虑如下问题：

① 最初的假设是可能设计的最佳假设吗？
② 是否已经把关于假设的所有问题都想到了？
③ 是不是已经考虑到关于这个问题的所有关键驱动因素？
④ 最终结论是不是都是可行的、可证明的？

本章小结

信息分析课题选择是信息分析工作的起点。课题来源主要有信息分析人员自己选定的课题和从外部获得的课题两大类。信息分析人员自己确定课题主要是从现实生活中选题和从理论研究中选题。从外部获得的课题主要有上级主管部门"自上而下"下达的选题和信息用户"自下而上"委托的选题。一般来说，信息分析选题的完成需要经过课题提出、课题分析、初步调查、课题论证、课题筛选、开题报告六个步骤。课题规划主要考虑研究目的、研究基础、研究内容、研究方法和技术路线、预计成果形式、组织分工、完成时间与实施步骤等内容。

信息分析必须充分占有信息"原料"，需要进行信息收集与整理。信息源主要分为文献信息源和非文献信息源两大类。文献信息源有印刷型、缩微型、声像型、机读型和数字网络型五种；非文献信息源主要分口头信息源和实物信息源。信息收集应该遵循全面系统、针对适用、真实可靠、及时新颖、效益最大、计划预见等原则进行筛选和判别。文献信息源主要有借阅、购买、交换、征集、复制、检索等收集方法。非文献信息源主要有问卷调查法、访谈法、观察法、实验法、专家评估法等收集方法。信息整理主要包括信息分类与序化、信息提炼和重组等内容。收集和整理后的信息还需要进行价值鉴别和评价，以便有效利用。

信息分析产品主要有消息类、数据类和研究报告类等类型。数据库的制作包括原始数据的清洗，数据库内容的审查、加工整理、管理与维护等。研究报告的制作一般分为构思、撰写初稿、修改与定稿三个阶段。信息分析产品一般从针对性、准确性、创造性、新颖性、加工程度、制作水平、效益性等方面进行评价，评价方法主要有定性经验法、定量分析法、综合评价法等。

信息分析是一个复杂的过程，其基本流程包括六个环节。其中，信息分析与研究是核心环节，其操作过程分为六个步骤。

本章习题

一、名词解释
信息收集　　信息整理　　消息类产品　　数据类产品　　研究报告类产品

二、简答题
1. 信息分析的课题来源有哪些？
2. 课题选择的原则与步骤各有哪些？
3. 课题规划一般要考虑哪些问题？
4. 信息源有哪些主要类型？有哪些主要收集方法？

三、论述题
1. 你认为应如何有效地鉴别信息的价值？
2. 你认为应如何科学地评价信息分析产品？

第5章　信息分析定性方法

【导入案例】

洗衣机的产生过程

问题：想要设计和制造一种洗衣服的机器，但没有现成模式。怎么办？

思路：洗衣服的主要原理是把衣服上的污渍与衣服分离。为了让思路更开阔，主持人不要求大家讨论怎么洗衣服，而是讨论怎么把物体与物体分离。

方案：

1）轮船离开码头，两个物体就分离了。

2）用流水冲沙子，沙子被冲走，石子留下了。

3）水在旋转的时候，会把物体旋进中间的旋涡。

4）化学洗涤剂会把油脂从物体表面拉走，使油脂与物体分离。

……

结果：好主意和新思想不断涌现。每一个想法都是一个催生新思想的温床，每一个想法都是激发新思想的火种。一次专家会议，与会者提出了100多种分离办法，会议主持者认真地记录，从中挑选了几种比较实用的办法，现代洗衣机的雏形就这样诞生了。

【导入问题】

1. 上述案例使用了何种信息分析定性方法？
2. 如何再次使用该方法得出上述案例中的最优方案并论证可行性？
3. 你知道哪些信息分析定性方法？

【关键知识点】

1. 掌握逻辑思维方法中分类与比较、分析与综合、归纳与演绎、想象与类比的内涵、特点、类型与作用。
2. 掌握专家调查法中头脑风暴法、哥顿法、缺点列举法和希望列举法的内涵、特点及应用。
3. 掌握社会调查法中的观察法、访谈法和实验法以及问卷调查法、抽样调查法、文献调查法和网络调查法的内涵、特点、主要类型及应用。

中国成就

"工欲善其事，必先利其器"（《论语·卫灵公》）。信息分析的基础是掌握科学的信息分析方法。信息分析方法分为三大类，即定性分析方法、定量分析方法和半定量分析方法（拟定量分析方法）。本章重点介绍定性分析方法。

定性分析方法亦称"非数量分析法"，主要依靠信息分析人员的实践经验、主观判断和分析能力，推断出事物的性质和发展趋势的分析方法，是对事物的"质"进行分析的方法。这类方法主要适用于一些没有或不具备完整历史资料和数据的研究对象。信息分析定性方法很多，本书重点介绍逻辑思维法、专家调查法和社会调查法三类定性分析方法。

5.1 逻辑思维法

思维是人脑对客观事物的一种间接的和概括的反映过程。逻辑思维是人脑的一种理性活动，思维主体把感性认识阶段获得的对于事物认识的信息材料抽象成概念，运用概念进行判断，并按一定的逻辑关系进行推理，从而产生新的认识。逻辑思维（Logical Thinking）是一种高级思维形式，是指符合某种人为制定的思维规则和思维形式的思维方式。在逻辑思维中，要用到概念、判断、推理等思维形式和分类、比较、分析、综合、归纳、演绎、想象、类比等方法。信息分析过程本质上是一种逻辑思维过程，是人脑对信息的获取与加工，是根据现实需要，利用逻辑思维对头脑中贮存的和外来的信息进行鉴别和筛选、整理与加工，并重新联合和组合的过程。逻辑关系广泛地存在于人类的日常生活之中，因此逻辑思维方法在信息分析中得到了普遍使用。

逻辑思维方法定性地分析研究对象的前因后果、大小优劣、部分整体、一般特殊等关系，依靠严密的逻辑推理得出可能的结论，因而具有使用广泛、定性分析、推理严密的特点。逻辑思维方法一般不给出定量表述和结论，仅仅是一种定性认识或描述，适合于非定量研究课题。

信息分析中的逻辑思维方法是建立在逻辑推理和辩证分析的基础之上，根据已知信息运用分类与比较、分析与综合、归纳与演绎、类比与想象等一系列逻辑思维方法来揭示研究对象的本质、发展规律和因果关系。

5.1.1 分类与比较

分类与比较是信息分析中最基本、最常用的逻辑思维方法。一般来说，人们认识事物总是从区分事物开始的，要区分事物就得进行分类和比较。根据事物的不同属性对其进行归类，从而形成可以比较的对象，通过比较建立同类别或不同类别间的关系，并根据这种关系建立新的认知体系。

1. 分类

（1）分类的概念

世界上一切事物都可以按其属性区分开来，并归入一定的门类。分类（Classification）是指按属性的异同将事物区别为不同种类的逻辑思维方法。类是具有共同属性或特征的事物集合。分类是以比较为基础的，人们通过比较，揭示事物间的共同点和差异点，然后根据共同点将事物并为较大的类，再根据差异点将较大的类划分为较小的类。

分类作为认识事物、区分事物的一种方法，已有几千年的历史，并发展成为一门专门的学科，如信息组织中的分类法和主题法就是在长期的信息分析过程中形成和发展起来的信息整序和检索方法。

（2）分类的要素

分类一般有分类的对象、分类的属性（或特征、标志、联系）和分类的依据三个基本要素。分类的对象是指被分类的事物，既可以是一个对象，也可以是多个对象。分类的属性是指外延上包含被分类对象的较大类，如数学、物理学、化学、天文学、地理学、生物学属于基础学科，基础学科就是这些学科的分类属性。分类的依据是指分类对象和分类属性共同具有的特征，如自然科学是研究自然界中物质结构和物质运动的科学。

（3）分类的形式

根据分类过程中所使用的属性或特征不同，分类的形式多种多样。根据分类的目的和标准，分类的形式通常有：

1）现象分类，也称人为分类、辅助分类，即根据事物的外部属性、特征、标志或外在联系进行分类，如按作者和厂商分类。

2）本质分类，也称为自然分类、科学分类，即根据事物的本质属性、特征或内在联系进行分类，如按学科和内容进行分类。

3) 实用分类，即根据实际需要进行分类，如按字顺和笔画进行分类。

（4）分类的原则

从逻辑上讲，分类是把一个属概念划分为若干个种概念，分类是划分（Division）的特殊形式。分类具有严格的分类标准和分类方法，因此，正确的分类需要遵循一定的原则。

1）穷尽性原则，是指划分出来的子项的外延之和必须等于母项的外延，即属于母项外延中的每一分子都必须毫无遗漏地归入各子项的外延中。因此，正确的分类需要选择合适的分类标准。在实际应用中，人们通常根据现实需要采用二分法和三分法进行简单分类。

① 二分法，即将一个母项划分为一个具有某种属性的子项和另一个恰好缺乏这种属性的子项，如军事与民用、科学与伪科学、正式与非正式。

② 三分法，即把事物划分为"a，b 及其他"三类，如美国、中国及其他国家。

2）排他性原则，是指从母项划分出来的并列的各子项外延或范围互不相容、互不交叉、相互排斥。为此，分类时必须遵循以下原则：

① 一次分类只能使用一个分类标准（分类属性、特征、标志或联系）。

② 分类必须按照一定的层次逐级进行，即子项要处于同一层次，母项和子项要处于相邻的两个层次，不能越级划分。

（5）分类的作用

分类是科学认识和科学研究的起点和基础，在信息分析中具有重要的作用。

1）分类是信息整序的重要手段。分类的重要作用之一就在于整理感性材料，将零散的数据、信息和知识纳入系统而使之成为科学。恩格斯说："无数杂乱的认识资料得到清理，它们有了头绪，有了分类，彼此间有了因果联系；知识变成了科学……"信息论创始人香农说："杂乱无章的信息不仅不是财富，而是一种灾难。"

2）分类是认识事物的基本依据。俗话说："物以类聚，人以群分。"分类是认识事物和研究事物的依据和起点。千变万化的事物和不计其数的数据、信息，不形成种或类的概念，不进行系统分类是不可想象的。恩格斯："没有种的概念，整个科学就没有了。科学的一切部门都需要种的概念作为基础……"纷繁复杂的事物、数据、信息等一经分类，就会显露出某些规律或联系，有助于概括和发现。

3）分类是逻辑分析的重要基础。分类是其他逻辑思维方法的重要基础，只有在对客观事物做出系统科学的分类，才能分门别类、按图索骥地进行深入的分析和研究。

2. 比较

（1）比较的概念

比较（Comparison）也称对比，就是对照各个研究对象，以便提示其差异点和共同点的一种逻辑思维方法。通过比较揭示对象之间的异同是人类认识客观事物最原始、最基本的方法，有比较，才能有鉴别，有鉴别，才能有选择和发展。俗话说："不怕不识货，只怕货比货""不比不知道，一比吓一跳"，说明了比较的认识功能。

比较的方法就是根据一定的标准，通过对不同事物或同一事物的不同性质及运动进行比较，从而认识事物的基本属性及运动规律，它是人类认识客观事物的基本形式。毛泽东同志说过："真的、善的、美的东西总是在同假的、恶的、丑的东西相比较而存在、相斗争而发展。"如科学家牛顿、胡克等人，将天体运动与圆运动作了比较，发现两者有着相同的动力学规律。牛顿则通过进一步的数学推导，最终建立了万有引力的数学模型。法拉第通过电与磁的比较，发现了著名的电磁感应定律，从而揭示了电与磁的本质属性。

（2）比较的类型

根据不同的标准和角度，比较可以分为不同的类型。常见的比较形式有同类比较和异类比较、定性比较和定量比较、静态比较和动态比较、纵向比较和横向比较、全面比较和局部比较、宏观比较和微观比较等。

1）同类比较和异类比较。同类比较是指在同类事物之间进行比较以便揭示其异同点，从而产生新认识、新思路、新方案、新事物的方法。同类相异点进行比较，可以发现事物发生发展的个性；同类相同点进行比较，可以发现事物发生发展的共性。异类比较是比较两种或两种以上性质相反的事物或一个事物的正反两方面，从而发现异中之同的方法。

2）定性比较和定量比较。定性分析比较则是指通过比较事物间质的属性来确定事物的发展变化。定量分析比较是对事物间量的属性进行比较以判断事物的发展变化。

3）静态比较和动态比较。静态比较是指在静态条件（即给定条件不变的情况）下进行的比较。动态比较则是在外部条件不断变化的情况下进行的比较。

4）纵向比较和横向比较。纵向比较是以事物发展的时间阶段为坐标，在事物发展的不同历史过程或阶段之间进行比较，是一种历史比较。横向比较是按空间结构对同时存在的客观事物进行比较，一种共时比较。

5）全面比较和局部比较。全面比较是指对事物进行全方位、各个角度的比较，是一种多维度的比较方法。局部比较是全面比较的一部分，是对其中某一部分进行比较。

6）宏观比较和微观比较。宏观比较是对事物的整体进行比较，而微观比较则是对事物的某一角度进行比较。

（3）比较的原则

比较的基本原则是可比性原则，可比性包括两层含义。

1）无条件性和绝对性。事物之间都具有同一性和差异性，无论空间上并存或时间上先后相继的事物之间都存在着这种同一性和差异性，因此，原则上所有事物都是可以比较的。

2）条件性和相对性。事物之间的比较必须通过第三者（中介）才能进行（即比较必须有参照或标准），而且每次比较都只能有一个第三者（中介）。参照或标准既可以是比较对象（以参与比较的某一对象为参照或标准），也可以是事先确定的事物之间的某种共同属性或特征。

（4）比较的注意事项

1）要注意可比性。可比性包括时间、空间和范畴或内容方面的可比性。时间可比性是指所比较的数据、信息、事实和情况应当是同时或同期的。空间可比性是指比较要充分注意事物在国家、地区、单位等方面的差异。范畴或内容可比性是指比较事物的属性、层次和范围应当是相同的。

2）要注意比较方式的选择。不同的比较方式会产生不同的比较结果，并可用于不同的目的。如，时间上的比较可反映某一事物的动态发展变化趋势，空间上的比较可反映事物发展的水平、发现事物间存在的差距，范畴或内容上的比较可揭示事物的属性、特征。

3）要注意比较的深度。通过比较提示事物的本质联系和差别是比较的主要目的。因此，在比较时，不要被比较对象的表象所迷惑，应透过现象看本质。比较程度越深，越能发现事物的本质、联系、规律，比较结果就越精确、越有价值。

4）要注意数据和图表的运用。数据是表示事物性质的一种符号，可以反映事物的本来面貌，揭示事物的客观规律，并可用来检验实践、评价过去、权衡利弊、预测未来。数据与图表结合起来有形象直观、一目了然的作用。

（5）比较的作用

比较的根本作用是区分异同（反映差距、分析优劣、发现问题、揭示规律）。

1）反映事物的水平和差距。通过比较，可以反映国家、行业、厂商、产品、技术、工艺等的当前水平和差距，以便对比发展水平，明确发展方向。如，通过图 5-1 可以看出，华北、华东、华南的 CN 下注册域名比例总和为 87.20%，而东北、西南、西北的 CN 下注册域名比例总和才 11.60%右，所占比例非常小，这在一定程度上反映了我国地区之间的信息化水平的差距。

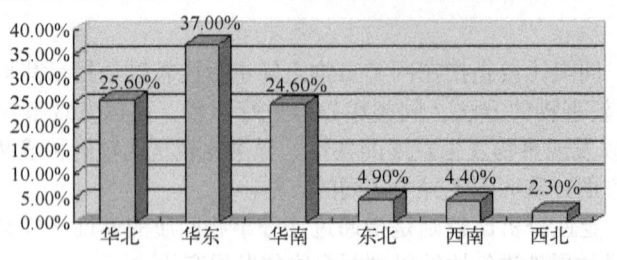

图 5-1 CN 下注册域名的地域分布图

2）认识事物的发展过程。通过比较，可以追溯事物发展的历史渊源，确定事物发展的历史过程，揭示事物发展的变化规律，从而达到了解过去、预测未来的目的。如，我国先后举行了 54 次互联网络发展状况统计调查。调查报告显示，截至 2024 年 8 月，我国网民规模达 10.9967 亿人，较 2023 年 12 月新增网民 742 万人。

3）分析事物的异同和优劣。通过比较，对研究对象进行定性鉴别和定量分析，可以为识别、判断、选择和评价提供充分的依据。

如，澳大利亚曾对能源运输的三个方案进行过比较研究：

Ⅰ．把电站建在煤矿附近就地发电，再进行高压输电。
Ⅱ．把电站建在远离煤矿的某地带，铁路运煤到电站再发电。
Ⅲ．把电站建在远离煤矿的某地带，管道运煤浆到电站再发电。

通过对三个方案的比较研究可以看出，方案 Ⅲ 的运输效率和设备运转效率高、经费投入少、不占用地面、可根据水源分布情况灵活选择电站地址，是三个方案中的最佳方案，见表 5-1。

表 5-1　三个能源运输方案的比较

方案	运输效率（%）	用水	土地利用	设备运转效率	经费投入（万美元）	
					基本投资	大修经费
Ⅰ	90	难	无	高	15100	2596
Ⅱ	94	易	有	低	14200	3197
Ⅲ	96	易	无	高	10700	2035

4）发现事物的问题和规律。通过比较，可以看到不易直接观察到的变异和特征，纠正流行看法中存在的偏激和错误，发现理论与实践中存在的矛盾和问题，从而透过事物的现象，把握事物的本质。如，图 5-2 给出了某企业不同部门间的销售数据，由图 5-2 可以发现，部门 1 销售量最低，部门 1、部门 6 和部门 8 销售量都在平均值以下。

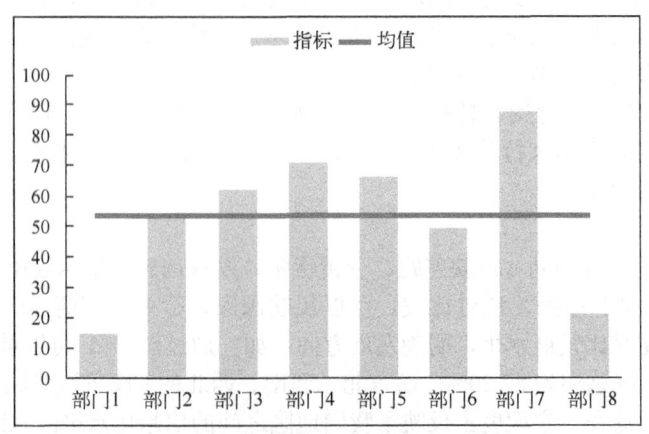

图 5-2　某企业 8 个部门的销售量对比

5.1.2 分析与综合

分析与综合是揭示个别与一般、现象与本质的内在联系的逻辑思维方法，是科学抽象的主要手段，是各种认识活动的基础，主要解决部分和整体的问题。人们认识客观事物，必须首先解剖事物的各个方面、各个部分，弄清各个部分的结构、功能、性质及其在整体中的作用，然后从整体考虑，找出各部分之间的联系和统一，从而达到从总体上把握事物的本质和规律的目的。

分析与综合既对立又统一，是认识过程中的两个侧面，共同承担着揭示事物本质的任务。分析侧重于部分或要素间的对立和差异，综合侧重于部分或要素的联系和统一。综合以分析为基础，分析是综合的深入，综合是在分析的基础上从更高、更广的层次上揭示事物的内在统一性。两者相互渗透、相互转化、相互补充、互为前提。

20 世纪 40 年代以来，由于"老三论"（即信息论、系统论、控制论）和"新三论"（协同论、突变论、耗散结构理论）等信息科学方法的产出和发展，把分析与综合推到了一个崭新的阶段，成为科学研究和信息分析的主要方法。

1. 分析

（1）分析的概念

分析（Analysis）是把整体分解成部分、把复杂事物分解为要素分别进行研究和认识的思维方法。分析总是从分解整体和复杂事物开始的，分解是简化或抽象化事物的手段，目的是透过现象把握事物的本质，分析的过程实质上是一个从现象逐层向本质深入的过程。分析的基本特点在于从事物多样性的现象和众多属性中，深入事物的内部，看清它们的内部结构，了解它们的基本特征，掌握它们的内部联系，从而发现事物间存在的联系和规律。

（2）分析的类型

因研究对象不同，分析方法多种多样。通常可将分析方法分为定性分析和定量分析两大类。定性分析侧重于对事物质的规定性进行分析，定量分析侧重于对事物量的规定性进行分析。适用于信息分析的分析方法有因果分析法、相关分析法、统计分析法、内容分析法、引文分析法等。

1）因果分析法（Causal Analysis）。任何现象都有其产生的原因，任何原因都必然引出一定的结果。从事物固有的因果关系出发，由原因推导结果，或者由结果探究原因的分析方法称为因果分析法。因果分析需要遵循三项原则：

① 居先原则。原因和结果在时间上先后相随，原因在先。

② 共变原则。原因的变化对应于结果的变化。

③ 接触原则。作为原因和结果的两种现象在空间上必须相互接触，或由一系列中介事物的接触衔接起来。

2）相关分析法（Correlation Analysis）。辩证唯物主义认为，物质世界是由无数相互联系、相互依赖、相互制约、相互作用的事物所形成的统一整体。相关分析法是利用事物或现象之间内在的联系，从一种或几种已知事物或现象判断未知事物或现象的方法。按照事物之间联系的方式，相关关系可分为因果相关、伴随相关、并列相关、包容相关、矛盾相关等。

3）统计分析法（Statistical Analysis）。统计分析法是通过数量上的统计和分析，展现事物发展变化过程及其相互关系的一种定量分析方法，如平均分析法、动态分析法等。

4）内容分析法（Content Analysis）。内容分析法是一种对于传播内容进行客观、系统和定量描述的研究方法，其实质是对传播内容所含信息量及其变化的分析，即由表征的有意义的词句推断出准确意义的过程。如，美国未来学家约翰·奈斯比特（Naisbitt）及其助手追踪研究了 12 年间全美几千份报纸的数百万条报道，并加以综合，从中归纳出"十大趋势"，清晰地勾勒出 20 世纪 80 年代社会发展总趋势的整体轮廓，指出信息社会的到来是美国社会最根本的变化，写出了轰动全球的《大趋势：改变我们生活的十个新方向》一书。与威廉·怀特的《组织的人》、阿尔文·托夫勒的

《未来的冲击》并称为"能够准确把握时代发展脉搏"的三大巨著。

5）引文分析法（Citation Analysis）。引文分析法是利用数学及统计学的方法和比较、归纳、抽象、概括等逻辑方法，对科学期刊、论文、著作等各种分析对象的引证与被引证现象进行分析，进而揭示其中的数量特征和内在规律的一种文献计量分析方法。

(3) 分析的步骤

客观事物都是由各个不同的组成部分或要素通过一定的关系构成的复杂整体。一方面，任何事物都不是孤立存在的，总会以各种方式与其他事物发生这样或那样的联系；另一方面，事物的各组成部分、要素之间相互联系、相互影响，共同决定了事物的性质、状态和发展方向。分析就是把客观事物整体分解为部分或要素，并根据事物之间或事物内部各要素之间的特定关系，通过推理、判断，达到认识事物目的的一种逻辑思维方法。

分析的基本步骤如下。

1）明确分析的目的。

2）将事物整体分解为若干个相对独立的要素。

3）分别考察和研究各个事物以及构成事物整体的各个要素的特点。

4）探明各个事物以及构成事物整体的各个要素之间的相互关系，进而研究这些关系的性质、表现形式、在事物发展变化中的地位和作用等。

2. 综合

(1) 综合的概念

综合（Synthesis）是与分析相对应的方法，是一种把事物的各个部分、要素联结和统一起来进行考察的逻辑思维方法。它是指人们在思维过程中将与事物有关的片面、分散、众多的各个要素（情况、数据、素材等）进行归纳，从错综复杂的现象中探索它们之间的相互关系，从整体的角度把握事物的本质和规律，通观事物发展的全貌和全过程，获得新的知识、新的结论的一种逻辑思维方法。

(2) 综合的类型

应用综合原理的形式很多，信息分析中常用的有综合法（如求同综合、求异综合、横向综合、纵向综合、简单综合、概念综合、模型综合、体系综合等）、系统法（如系统分析、系统综合、层次分析、系统动力学、灰色系统理论等）和信息法（老三论和新三论）、规划法、移植法等。这些方法可以大致分为定性综合和定量综合两大类。

1）综合法。综合法是信息分析的主要方法之一，常用的综合法有纵向综合和横向综合、求同综合和求异综合。纵向综合是将过去的信息与现在的信息进行综合，从而得出新信息的方法。该方法着眼于事物发展的历史与过程，如通过发展史研究，揭示事物发展的趋势。横向综合是将不同地区、不同领域、不同学科、不同方面的信息进行综合，从而得出新信息的方法。该方法着眼于事物的因素和联系，如通过对比分析，发现事物的特点和规律。求同综合是从同类或异类事物中抽取出共同的特性，从而揭示事物的共同本质。求异综合是从同类或异类事物中抽取出不同的特性，从而发现事物间的差距和区别。综合法在信息分析中应用广泛，既可用于资料整理，也可用于技术分析，还可用于科学发现。如，第二次世界大战前的英国记者雅各布，利用德国公开报纸上的讣告、婚礼、庆典等消息，通过归纳、整理，出版了一本反映德国军事部署、机构的小册子，详尽地披露了当时正在重新武装的德国军队的组织情况、德军各个师团指挥官的姓名、德国各个军区的情况等，令希特勒勃然大怒，非常震惊。又如，1968年日本决定发展摩托车工业，但没有简单地走技术引进的老路，而是派出专业人员分赴世界范围内重要的摩托车厂家进行广泛的调研，搜集了大量的情报并带回了各种样机。通过对各类典型摩托车各方面指标的分析综合，博采众家之长，最后设计出了一种轻便耐用、性能优良、价格便宜的摩托车新产品。

2）系统法和信息法。系统法就是按照事物本身的系统性，把研究对象放在系统的形式中加以考虑的方法，即从系统的观点出发，着重从整体与部分之间的关系、整体与环境之间的关系等方面综合地、精确地考察对象。信息法是运用信息的观点，把系统的运动过程或控制过程看作是信息的传递和转移过程，并通过对信息流的分析和处理，以达到对复杂系统运动过程或控制过程规律性认识的一种研究方法。

"老三论"（即信息论、系统论、控制论）和"新三论"（即协同论、突变论、耗散结构理论）是系统科学和信息科学的重要理论基础。

① 信息论是运用概率论与数理统计的方法研究信息、信息熵、通信系统、数据传输、密码学、数据压缩等问题的应用数学学科。

② 系统论是研究系统的一般模式、结构和规律的学问，它研究各种系统的共同特征，用数学方法定量地描述其功能，寻求并确立适用于一切系统的原理、原则和数学模型，是具有逻辑和数学性质的一门科学。

③ 控制论是研究动物（包括人类）和机器内部控制与通信一般规律的学科，综合研究各类系统的控制、信息交换、反馈调节，着重于研究控制与通信过程中的数学关系。

④ 协同论亦称协同学或协和学，是研究不同事物的共同特征及其协同机理的新兴学科，着重探讨各种系统从无序变为有序时的相似性。协同论的创始人哈肯说过，他之所以把这个学科称为"协同学"，一方面是由于所研究的对象是许多子系统的联合作用，以产生宏观尺度上的结构和功能；另一方面，它又是由许多不同的学科进行合作，来发现自组织系统的一般原理。

⑤ 突变论是研究客观世界非连续性突然变化现象的一门新兴学科，是研究不连续现象的一个新兴数学分支，也是一般形态学的一种理论，能为自然界中形态的发生和演化提供数学模型。突变论与耗散结构理论、协同论一起，在有序与无序的转化机制上，把系统的形成、结构和发展联系起来，成为推动系统科学发展的重要学科之一。突变论的主要特点是用形象而精确的数学模型来描述和预测事物的连续性中断的质变过程。

⑥ 耗散结构理论是指用热力学和统计物理学的方法，研究耗散结构形成的条件、机理和规律的理论。耗散结构理论是揭示复杂系统中的自组织运动规律的一门具有强烈方法论功能的新兴学科。

3）规划法。规划包括两层含义。一是发展规划，如经济发展规划、科技发展规划、城市发展规划等。二是数学规划，是指最优化技术，即在一定条件约束下，为达到某种最佳状态，各变量之间应保持一定的数量关系，如线性规划法、非线性规划法、动态规划法、整数规划法、目标规划法、随机规划法等。信息分析中的规划法有线性规划法和目标规划法。

① 线性规划法。线性规划（Linear Programming，LP）是研究线性约束条件下线性目标函数的极值问题的数学理论和方法，是运筹学中研究较早、发展较快、应用广泛、方法较成熟的一个重要分支，是辅助人们进行科学管理的一种数学方法。在企业的各项管理活动中，如计划、生产、运输、技术等问题，线性规划是指从各种限制条件的组合中选择出最为合理的计算方法，建立线性规划模型从而求得最佳结果。

② 目标规划法。目标规划（Goal Programming，GP）是在线性规划的基础发展而来的，是指在多因素限制的条件下，选出能满足所有预定限制条件的最优方案的一种数学方法，常用于解决多目标决策问题。1961年，美国学者查纳斯（A.Charnes）和库伯（W.W.Cooper）在《管理模型及线性规划的工业应用》一书中率先提出了目标规划的概念和数学模型。1965年，日本学者茵井一井礼在《管理目标与控制计算》一书中进一步完善了目标规划的数学模型，并提出了目标的优先级和权系数的概念，从而奠定了目标规划的基础。

4）移植法。移植法是将某个学科、领域中的原理、技术、方法等，应用或渗透到其他学科、领域中，为解决某一问题提供启迪、帮助的创新思维方法，其基本原理是各种理论和技术之间的相互转移，一般是把成熟的理论和技术转移到新的领域，用来解决新问题。理论和技术移植既可以是纵向移植，也可以是横向移植，还可以是综合移植。移植法主要有：

① 原理移植，即把某一学科中的科学原理应用于解决其他学科中的问题。如电子语音合成技术最初用在贺年卡上，后来把它用在倒车提示器上，又有人把它用到了玩具上，出现会哭、会笑、会说话、会唱歌、会奏乐的玩具。

② 技术移植。即把某一领域中的技术运用于解决其他领域中的问题。

③ 方法移植，即把某一学科、领域中的方法应用于解决其他学科、领域中的问题。

④ 结构移植，即将某种事物的结构形式或结构特征，部分地或整体地运用于另外的某种产品的设计与制造。如将缝衣服的线移植到手术中，出现了专用的手术线；将用在衣服鞋帽上的拉链移植到手术中，出现了"手术拉链"，比针线缝合快 10 倍，且不需要拆线，大大减轻了病人的痛苦。

⑤ 功能移植，即通过设法使某一事物的某种功能也为另一事物所具有而解决某个问题。

⑥ 材料移植，就是将材料转用到新的载体上，以产生新的成果。如用纸造房屋，经济耐用；用塑料和玻璃纤维取代钢来制造坦克的外壳，不但减轻了坦克的重量，而且具有避开雷达的隐形功能。

(3) 综合的步骤

综合的基本步骤如下。

1) 明确综合的目的；

2) 把握事物被分析出来的各个要素；

3) 确定各个要素的有机联系和结构形式；

4) 从整体角度把握事物的本质和规律，从多样性的统一上再现事物的整体。

分析和综合不仅是科学思维的主要方法，也是信息加工的基本方式，在信息分析中具有广泛的应用。分析和综合是信息加工的基本方法、揭示事物本质和规律的基本手段、形成观点和模型的主要工具，也是构成各种逻辑方法的重要基础。

5.1.3 归纳与演绎

马克思主义认识论认为，一切科学研究都必须遵循两条途径：由认识个别到认识一般；再由认识一般到认识个别。这便是归纳和演绎的过程。

1. 归纳

(1) 归纳的概念

归纳（Induction）是从个别中发现一般的思维方式和推理形式，即从个别事实中概括出一般原理。归纳法也称为归纳推理或归纳逻辑。早在古希腊时期，德谟克利特（Democtitos）在《论逻辑》中就提出了归纳法；随后，亚里士多德（Aristotle）在《工具论》⊖中又提出了简单枚举归纳法；之后，英国哲学家 F.培根（Bacon）在《新工具》中第一次较为系统地建立了归纳学说，并提出了 3 表法，即具有表、差异表和程度表；接着，英国逻辑学家 J.S.密尔（Mill）在培根的基础上创立了一套相对完整的归纳逻辑体系，即密尔五法。

(2) 归纳的推理形式

如果以 O 代表事实，以 T 代表理论，则归纳的一般推理模式如图 5-3 所示。归纳推理的一般形式包括前提和结论两个部分。

(3) 归纳的类型

归纳法可以分为完全归纳法和不完全归纳法两种。

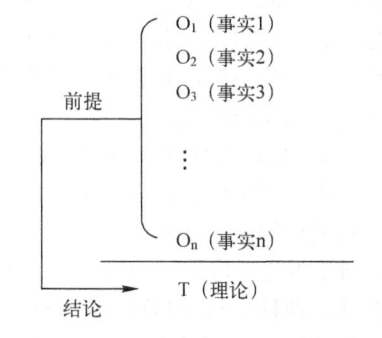

图 5-3 归纳的一般推理模式

⊖ 古希腊哲学家安德洛尼科编辑整理了亚里士多德关于逻辑最主要的 6 篇著作，形成《工具论》一书。

1）完全归纳法。完全归纳法是从一类事物中每个事物都具有某种属性，推出该类事物全都具有该属性的归纳推理方法。完全归纳法的推理形式为：

$$S_1 是 P$$
$$S_2 是 P$$
$$S_3 是 P$$
$$\vdots$$
$$S_n 是 P$$
$$\underline{S_1、S_2、S_3、\cdots、S_n 是 S 类的全部对象}$$
$$所以，S 都是 P$$

因为完全归纳法是考察了某类事物的全部对象，发现它们都具有某种属性之后才做出的概括，所以得出的一般结论确实可靠，是一种必然性推理。但它要求完全枚举出某事物中的所有个体，因此只能用于数量有限的某类事物。数学上的穷举法、数学归纳法、四色问题的证明可以看作是完全归纳法的应用。

完全归纳法有两个规则：一是前提中被判断的对象，必须是该类事物的全部对象；二是前提中的所有判断都必须是真实的。

2）不完全归纳法。不完全归纳法是根据某类事物的部分对象具有某种属性，从而做出该类事物都具有某种属性的一般性结论的归纳推理方法。不完全归纳法有简单枚举法和科学归纳法。

① 简单枚举法。简单枚举法是根据某类事物的部分对象具有某种属性，又没有遇到与此相矛盾的情况，从而得出该类事物的所有对象都具有某种属性的结论的归纳推理方法。运用简单枚举法要尽可能多地考察被归纳的某类事物的对象，考察的对象越多，结论的可靠性越大。要防止"以偏概全"的逻辑错误。

简单枚举法的推理形式为：

$$S_1 是 P$$
$$S_2 是 P$$
$$S_3 是 P$$
$$\vdots$$
$$S_n 是 P$$
$$\underline{S_1、S_2、S_3、\cdots、S_n 是 S 类的部分对象而又无一相矛盾}$$
$$所以，S 都是 P$$

② 科学归纳法。科学归纳法是根据某类事物的部分对象与某种属性之间的必然联系，而做出关于该类所有事物都具有该种属性的一般性结论的归纳推理方法，又称为判明因果关系归纳法。密尔五法是科学归纳法的典型代表，即求同法、求异法、共变法、剩余法、求同求异并用法。

A. 求同法。又称契合法，把出现同情况的几种场合加以分析比较，在各种场合中，如果有一个相同的条件，那么，这个条件就是在各种场合都出现的那个情况的原因。如，太阳光中的红、橙、黄、绿、青、蓝、紫七色，可以在雨后彩虹中看到，可以在肥皂泡中看到，还可以在分光镜中看到，这种现象出现的场合虽然不同，但在不同场合中有一点是共同的，就是光线产生了折射，可见，光线的折射是出现七色的原因，这个结论就是应用求同法得到的。

求同法的推理形式为：

场合	相关情况	被研究对象
（1）	A、B、C	a
（2）	A、D、E	a
（3）	A、F、G	a
……		

所以，A是a的原因

B. 求异法。又称差异法，如果某种情况在一个场合出现，而在另一个场合不出现，这两个场合只有一个条件不同，那么，这个条件就是出现这种情况的原因。如，在两个管理条件完全相同的温室里种着相同品种的马铃薯，其中一个温室里是静止无风的，而另一个温室里却吹着微风，试验结果为受微风吹拂的比无风吹拂的马铃薯增产15%。因此，得出结论：微风会使马铃薯增产。

求异法的推理形式为：

场合	相关情况	被研究对象
（1）	A、B、C	a
（2）	B、C	—

所以，A是a的原因

C. 共变法。如果当某一种情况发生一定变化时，被研究对象也会随之发生一定的变化，那么，前一种情况就是被研究对象的原因。如，当物体不断受热时，体积不断膨胀，因此，可以得出结论：物体受热是体积膨胀的原因。

共变法的推理形式为：

场合	相关情况	被研究对象
（1）	A_1	a_1
（2）	A_2	a_2
（3）	A_3	a_3
……		

所以，A是a的原因

D. 剩余法。如果已知被研究对象的某一复杂现象是由某一复杂原因引起的，则把其中已经判明有因果联系的部分减去，剩余部分也必然有因果联系。如，天文学家观察到，天王星在其轨道上运行时有4个地方发生倾斜。已知3个地方的倾斜现象是由于受到其他行星吸引的结果，于是他们认定，剩余一个地方的倾斜现象也是受到另一个未知行星的吸引而引起的，从而发现了海王星。

剩余法的推理形式为：

被研究的复杂现象	a, b, c, d
现象的复杂原因	A, B, C, D
已知	B是b的原因
	C是c的原因
	D是d的原因

所以，A是a的原因

E. 求同求异并用法。又称契合差异并用法，如果被研究对象出现的各个场合都有一个共同情况，而在被研究对象又不出现的各个场合都没有这个共同情况，那么，这个情况与被研究对象之间就有因果关系。求同求异并用法分三步进行：首先用求同法，把被研究对象出现的那些场合加以比较；接着再用求同法，把被研究的对象不出现的那些场合加以比较；最后用求异法，把前两步比较所得的结果再加以比较。

求同求异并用法的推理形式为:

	场合	相关情况	被研究对象
正面场合	(1)	A、B、C	a
	(2)	A、D、E	a
反面场合	(1)	B、C	—
	(2)	D、E	—

所以,A是a的原因

(4) 归纳的作用

归纳法是重要的科学逻辑思维方法,人们曾把归纳主义、演绎主义和假设主义作为科学发现的3大逻辑,足见归纳法对科学研究工作的重要意义。归纳法在信息分析中同样具有十分重要的作用。

1) 归纳法是概括事物的手段。科学研究需要从经验材料的整理中概括出普遍性认识,信息分析需要从信息的整理中概括出一般性的结论。许多观点和思想的形式,需要借助归纳这种推理形式和思维方式。

2) 归纳法是探求因果的逻辑。因果关系是自然科学和社会科学的基本问题。探索并阐明客观世界各个方面的因果关系,是科学研究和信息分析的重要任务。科学归纳法把因果规律作为逻辑推理的客观依据,并且以观察、实验、调查的结果为基础,具有相当的可靠性,是探索因果关系应遵循的重要逻辑。

3) 归纳法是论述问题的方法。在信息分析工作中,采用归纳法将事实和问题加以归纳,是论述问题的重要方法,尤其是在信息分析中,经常从典型事例入手,采用不完全归纳,以起到从个别概括一般的作用。

2. 演绎

(1) 演绎的概念

演绎(Deduction)或称演绎推理(Deductive Reasoning)是在一般中发现个别的思维方法和推理形式,是由一般到个别的认识方法。即从已知推测未知,用已知的一般原理考察某一特殊对象,从而推演出有关这个对象的结论。同归纳法一样,客观世界存在的一般与个别、普通与特殊的关系也是演绎法的客观依据。

演绎逻辑奠基于亚里士多德,他提出了三段论的一般规律。欧几里得几何学则从5个公理和5个公设出发,构成了一个逻辑上完美严密的体系,使亚里士多德关于科学是演绎系统的理想得到了实现。后来,法国哲学家和物理学家R.笛卡儿(Descartes)创立了以数学为基础、以演绎法为核心的方法论,把演绎方法看作科学发现的基本逻辑,并与培根的归纳主义相对立,成为近代演绎主义的代表。接着,德国数学家G.W.莱布尼茨(Leibniz)则把数学与形式逻辑结合起来首创了数理逻辑,用形式化的数学方法研究问题,把演绎推理发展到一个新的阶段。

(2) 演绎推理的形式

演绎推理的主要形式是三段论(Syllogism),包括大前提、小前提和结论三个部分。如果用M代表全部事实,用S代表全部事实中的部分事实,P代表全部事实的某个属性,则演绎推理的一般形式如图5-4所示。

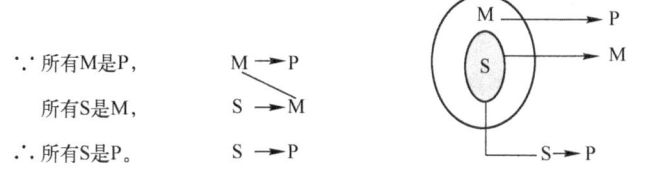

∵ 所有M是P,   M → P
  所有S是M,   S → M
∴ 所有S是P。   S → P

图5-4 三段论的逻辑推理形式

(3) 演绎的类型

从逻辑学上讲，演绎推理可分为直言三段论、假言三段论、选言三段论、联言推理和关系推理。从科学研究的角度讲，演绎推理可分为公理演绎法、假说演绎法、定律演绎法和理论演绎法。

1) 公理演绎法。公理演绎法是从若干公理命题和原始概念出发，根据一定的演绎推理规则，推导出一系列定理，从而构成一个演绎体系的方法。其特点是大前提是依据公理（或公设）进行推理的。如爱因斯坦从相对性原理和光速不变原理出发，演绎出狭义相对论的全部理论体系。

2) 假说演绎法。假说演绎法是以假说作为推理的大前提，实际上就是假言三段论，即大前提为假言判断，小前提和结论均为直言判断的推理。假说的否证或证实也成为科学进展的重要标志。

一般推理形式如下。

如果 p（假说），则有 q（事件）；因为 q（或非 q），所以 p 可能成立（或非 p）。

如，如果液体呈酸性（p），则石蕊试纸变红（q）；因为石蕊试纸没有变红（非 q），所以液体不呈酸性（非 p）。

3) 定律演绎法。定律演绎是以定律或规律作为大前提推导出某种结论的演绎法。作为演绎推理前提的规律包括两类：一类是经验规律，另一类是普遍规律。如，化学家门捷列夫根据元素周期律从原子量、化学价、比重、熔点以及它们可能构成的化合物的各种类型等方面，对镓、钪、锗 3 种未知元素进行预言并得到证实。

4) 理论演绎法。理论演绎法是以某一理论为大前提、以在该理论范围内的确切事实为小前提推导出某种结论的演绎方法。理论是概念、范畴的体系，是系统化了的理性认识。如，牛顿以空间、时间、质量、力 4 个基本概念为基础，以三大定律和万有引力定律为核心，以微积分为工具，推导出整个经典力学体系。

理论演绎法的一般推理形式如下。

大前提：理论 M 在某一范围内是正确的；在此范围内规律 P 普遍适用。

小前提：假定事物 S 的行为受理论 M 支配。

结论：S 的行为规律为 P。

(4) 演绎的作用

1) 演绎法是逻辑证明的重要工具。逻辑证明是运用已知为真的判断，通过逻辑推理来确定某种思想或事件真实性的思维过程，是间接认识的重要工具，是建立科学理论和科学体系的必要条件。由于演绎推理结论的必然性，因此，这种根据一般原理证明特殊事实的演绎推理方法已成为逻辑证明的主要方法，如归谬法和原理法在信息分析中有广泛的应用。

2) 演绎法是科学预见的基本手段。演绎是根据已有的结论、原理和规律，做出关于特定对象的推论，由已知推出未知，是科学预见和预测的重要手段。科学预见就是运用演绎法把一般理论运用于具体场合所做出的正确推论，如趋势外推法、时间序列法、情景分析法和经验预测法。

3) 演绎法是探求因果的科学依据。根据事物的因果关系，从原因推知结果或从结果推知原因，是演绎推理的重要应用。溯因法或反演法是一种由果求因、由现在的结论推断过去的原因的一种推理方法，可以看作是一种回溯性的演绎推理，即从待解释的事实出发，通过分析各种背景知识和初始条件，一步步往回探索，推断引起这些现象的原因，寻求其中的因果关系，确定最佳的假设，以便合乎逻辑地演绎出待解释的事实。

演绎法与溯因法的关系如图 5-5 所示。

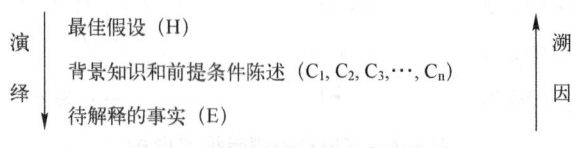

| 演绎 ↓ | 最佳假设（H）
 背景知识和前提条件陈述（$C_1, C_2, C_3, \cdots, C_n$）
 待解释的事实（E） | ↑ 溯因 |

图 5-5 演绎法与溯因法的关系

5.1.4 类比与想象

类比和想象是两种极富创造性的科学思维方法，是抽象思维、形象思维和灵感思维共同作用的结果，而且通过联想在某种意义上把它们联系在一起。

1. 类比

（1）类比的概念

类比（Analogy）也叫比较类推法，是根据两个（类）事物之间在部分属性上的相似而推出它们在其他属性上也可能相似的一种逻辑思维方法和推理形式，借以获得对新事物的理解和认识。

类比的客观依据是事物的相似原理，类比推理的可靠性取决于两个（类）事物的相似属性与推出属性之间的相关程度。类比具有跳跃性，能在不同质的两个（类）事物之间建立起特殊的推理关系，构造由此及彼的桥梁。类比具有直接性，适用于横向领域的知识转移，成为现代模拟法、模型法、移植法的逻辑基础。

类比法的特点是"先比后推"。"比"是类比的基础，既要"比"共同点，也要"比"不同点。对象之间的共同点是类比是否能够施行的前提条件，没有共同点的对象之间是无法进行类比推理的。

（2）类比的推理形式

类比是从个别到个别的一种推理形式：

$$
\begin{array}{l}
\text{A对象具有属性a, b, c, d} \\
\text{B对象具有属性a, b, c(a; b; c')} \\
\hline
\text{所以，B对象也可能具有属性d(d')}
\end{array}
$$

类比推理的方向是从特殊到特殊，是归纳与演绎的中间状态，其间包含着比较、联想、归纳、演绎等因素，如图 5-6 所示。由于类比是极不完全的归纳法和极不严格的演绎法结合在一起的产物，因此，它既不像演绎法那样受现存原理的约束，也不像归纳法那样需要众多的同类事实，可以把看起来差别很大的两个（类）事物联系起来，触类旁通，启发思考，提出设想，有利于发挥思维的创造能力。

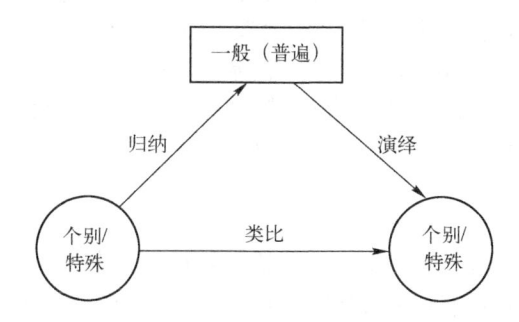

图 5-6 类比与归纳、演绎的关系

（3）类比的类型

根据不同的角度，可以将类比分为不同的类型，通常有单向类比、双向类比、多向类比等。

1）单向类比。单向类比是拿某个对象和另一个对象进行单方向类比。如"以己推人"式类比、"以人推己"式类比、"以人推人"式类比、"以物推物"式类比、"以人推物"式类比、"以物推人"式类比都属于单向类比。

2）双向类比。双向类比是既拿此对象和彼对象进行类比，又拿彼对象和此对象进行类比。如"以己推人且以人推己""以此人推彼人且以彼人推此人""以人推物且以物推人"和"以此物推彼物且以彼物推此物"等。

3）多向类比。多向类比是在三个以上的对象之间进行的。如"羊有跪乳之恩，鸦有反哺之义，所以人应有孝敬父母之德""合抱之木，生于毫末；九层之台，起于累土；千里之行，始于足下""泰山不让土壤故能成其大；河海不择细流故能成其深；王者不却众庶故能明其德"等。

（4）类比的作用

类比的作用是"由此及彼"。如果把"此"看作前提，"彼"看作结论，那么类比的思维过程就是一个推理过程。类比在信息分析中的作用主要体现在以下方面。

1）启发作用。启发是类比的主要作用，如受人脑头盖骨由 8 块小而薄的构件组成的启发，创造了薄壳结构，据此建造了由 1620 块小而薄的构件组成的罗马运动场屋顶。

2）模拟作用。模拟就是按照一定的规则创造出一个研究对象的类似物，在这个类似物上再现对象的特征和过程。如维纳从人类、生物、机器的调节功能的类比中，提出了反馈的概念，创立了控制论。

3）仿造作用。运用类比模仿自然界中存在的天然物，是设计和制造人工物的一条重要途径。如模仿海豚体形建造调整潜艇，模仿企鹅建造极地汽车，模仿蜻蜓复眼产生全息摄影等，现代仿生学与类比密不可分。

4）假说作用。科学研究和信息分析中往往通过类比提出假说或设想，然后经过论证和检验发展成为理论。如 L.V.德布罗意（de Broglie）根据光的波粒二象性，通过类比得出实物粒子也有波粒二象性的假说，建立了物质波理论。

5）移植作用。通过类比可以把一种成功的科学技术移植到另一个新领域。如李四光把力学方法移植于地质学，揭示了不同形态地质构造的内在联系，从而提出了地质构造体系这一新的科学概念。

【拓展阅读材料 1】
类比训练

2．想象

（1）想象的概念

想象（Imagination）也称为想象力，是在大脑意识控制下，对感官感知并贮存于大脑中的信息进行分解与重组的思维运动。想象属于第二信号系统，是用形象进行思考。马克思说："想象力，这是十分强烈地促进人类发展的伟大天赋。"被誉为"现代幻想之父"的法国科幻小说家 J.凡尔纳（Verne），早在 19 世纪就设想了电视、直升机、潜水艇、霓虹灯、导弹、坦克等，把人们引向科学的未来。联想是想象的初级状态，是由当前感知的事物回想起其他事物，或由想起的一件事又想到另一件事的思维方法。通过联想，可以把偶然的机遇与记忆中的表象联合后创造出新颖的想象表象。

（2）想象的类型

想象是人脑在原有感性形象的基础上创造出新形象的心理过程。如作家在写作时所需要塑造的人物形象，就是作家在已经积累的知觉材料的基础上经过加工改造而成的。也就是说，想象是在创造主体的大脑中对已有表象进行加工改造而创造新形象的过程。根据想象时的有无目的性，想象可分为无意想象和有意想象。

1）无意想象。也称消极想象，是指顺其自然进行的想象，是没有预定目的、不自觉的想象。

2）有意想象。也称积极想象，是指有预定目的的、自觉的想象。有意想象又分为再造想象和创造想象。再造想象是根据言语文字的描述或图形的示意在大脑中再造出相应形象的思维活动。创造想象是根据预定的目的、任务，并按照自己的创见独立地在头脑中创造新形象的过程。

（3）想象的作用

想象是心灵的工作，有助于创造出幻想。想象有助于为经验提供意义，为知识提供理解。想象是人们为世界创造意义的一种基本能力。想象在学习过程中也发挥着关键作用。科学一经与想象结合，就使思维添翼，激励人们去探求事物的底蕴，开拓科学的天地。想象在信息分析中的作用主要表现在情况猜测、模型构建、未来构想、框架设计、方案论证等方面。如模型的构建以及模型方法的应用就是以想象为基础的，因为模型是客观实际中并不存在的事物，需要发挥人类思维的能动性，利用想象力进行创造。又如思想实验和情景分析法就是以想象为基础结合其他思维形式形成的信息分析和科学研究方法。情景分析法又称为前景描述法、未来图景草拟法和脚本法等，是以部分事实和逻辑推理为基础，用主观构思来预测事物的发展趋势，描摹事物的图景全貌或若干细节的一种创造想象法，如舞台剧本、小说情节、科幻片等。

【拓展阅读材料2】
想象力训练

5.2 专家调查法

专家调查法或称专家评估法，是以专家为索取信息的对象，依靠专家的知识和经验，由专家通过调查研究对问题做出分析、判断和预测的一种方法。专家调查法是建立在专家主观判断的基础上，适用于客观材料和数据缺少的情况。专家调查法的类型很多，应用范围很广，本书重点介绍头脑风暴法、哥顿法、缺点列举法、希望列举法等几种。德尔菲法（即同行评议法，也称特尔菲法）将在"第6章 信息分析半定量方法"中进行介绍。

5.2.1 专家调查法的应用范围

专家的知识和经验是电子计算机无法取代的，在许多情况下，只有依靠专家才能做出判断和评估。在下列3种典型情况下，利用专家的知识和经验是有效的，也是唯一可选用的调查方法。

1. 定量研究数据缺乏

数据是各种定量信息分析的基础。然而，有时数据不足，或数据不能有效反映真实情况，或采集数据的时间过长或付出的代价过高，因而无法采用定量方法，只能依靠专家的知识和经验进行分析和判断。

2. 新技术和新方案评估

对于一些崭新的科学技术和一些新产生的决策方案，在没有或缺少数据的条件下，专家的判断往往是唯一的评估依据。

3. 非技术因素起主要作用

当决策的问题超出了技术和经济范围而涉及生态环境、公众舆论甚至政治因素时，这些非技术因素的重要性往往超过技术因素本身，因而过去的数据和技术因素就处于次要地位，在这种情况下，只有依靠专家才能做出判断。

5.2.2 头脑风暴法

在群体决策中，由于群体成员心理相互作用和影响，易屈于权威或大多数人意见，形成所谓的"群体思维"。群体思维削弱了群体的批判精神和创造力，损害了决策的质量。为了保证群体决策的创造性，提高决策质量，管理中产生了一系列改善群体决策的方法，头脑风暴法是其中较为典型的专家调查法。

1. 头脑风暴法的概念和特点

头脑风暴法（Brain Storming，BS）又称智力激励法或自由思考法（畅谈法、畅谈会、集思法），简单地说，就是激发创造性思维。

头脑风暴源于医学，原指精神病患者头脑中出现的短时间思维紊乱现象，称为"脑猝变"。病人发生脑猝变时，会产生大量各种各样的胡思乱想。创造学中借用这个术语，比喻在特定条件下使正常人思维高度活跃、打破常规思维方式而产生大量创造性设想的状况。

头脑风暴法是由美国创造学家A.F.奥斯本于1939年首次提出、1953年正式发表的一种激发性思维的方法，目的是获得有价值的设想，其方法是制定一套讨论规则，在短时间内造成思想非常活跃的气氛，通过专家会议诱发出大量的创造性设想。

头脑风暴法通过举办专家会议，在一种非常融洽和轻松的气氛下进行，与会专家可以畅所欲言地表达自己的想法，旨在鼓励与会专家最大限度地激发创造性思维，尽力提出设想、判断，让各种思想火花自由碰撞，以便从中获取有价值的新观点和新创意。

头脑风暴法的基本思想是，若要得到有价值的设想，首先要能提出较多的设想。设想的数量越多，则获得有价值的创造性设想的概率就越大。日本的丰泽雄先生说过："为了拿出办法，先不考虑办法的优劣，只须源源不断地提出想法来。如果好的坏的一律拿不出来，又谈何好主意呢？"

2. 头脑风暴法的基本类型

头脑风暴法又可分为直接头脑风暴法和质疑式头脑风暴法。前者是指在专家群体决策中尽可能地激发创造性思维，产生尽可能多的设想，后者则是针对前者提出的设想、方案逐一进行质疑，分析其现实可行性。

（1）直接头脑风暴法

直接头脑风暴法包括个人头脑风暴和集体头脑风暴两种形式。

1）个人头脑风暴。一般是在偶然场合，某人受到外界情景启发萌发创意和想法，从而找到解决问题的办法。如，情景：日本的山下楠太郎在海里游泳时不小心把一个红布条掉在海里，红布条随波漂荡，小金枪鱼游过来咬红布条。启发：山下灵机一动便想到，鱼爱咬漂浮的东西，那么，不用活诱饵应该也可以钓鱼。办法：研究人工模拟诱饵，最终研究出带色的、发光的和各种小鱼形状的模拟诱饵2000多种，向世界各国出口，并获得了国家奖励。

2）集体头脑风暴。一般以专家小组会议的方式进行，以5～10人为宜。一般会提前约法三章：

① 思想自由奔放，想到什么说什么，不要求全面、系统。

② 讨论中各说各的，不评论别人的意见，不互相争论。

③ 联系别人的思路，结合或改善别人的意见，多提方案或者建议。通过观点交换，相互启发，往往可以诱导出有创见的思想火花和大胆的设想。

（2）质疑式头脑风暴法

质疑式头脑风暴法又称破坏式头脑风暴法，以专家小组会议的方式进行，主要用来对过去已经制定的方案和设想提出异议和质疑。如，英国国防部制订长远科技规划时，曾邀请50名专家开了两周的会议，任务是对事先提出的工作文件提出质疑，并通过讨论把文件变为协调一致的报告。质疑式头脑风暴法也可以采用书面形式，可以避免专家口头表达不清晰或屈从权威的缺陷。每人发一支笔和一张纸，由与会专家尽可能多地写出问题解决方案。

质疑式头脑风暴法演变出多种形式，连续提问法就是其中一种。连续提问法也称为提问创造思维法、刨根法，俗称打破沙锅问到底。由会议领导或主持人将与会专家集中在一起就某一问题、事件或现象进行连续提问或质疑，找到问题的原因或现象的结果。

【拓展阅读材料3】
连续提问法

3. 头脑风暴法的实施要求

创造性设想的涌现，需要有一定的环境。为了能在短时间内获得尽可能多的创造性设想，必须营造一种活跃思想、自由讨论、便于发挥创造性思维的环境。因此，需要制定专家会议讨论的规则。实施头脑风暴会议必须遵守以下规定。

1）会议议题和讨论范围要明确。专家讨论时，必须集中注意力，围绕中心议题发挥创造性思维。

2）在专家讨论会上，不允许批评、指责他人的设想，甚至怀疑或阻止他人提出设想。

3）提倡积极讨论和自由思考，提出的设想越多越好，想法越新奇越应受到鼓励。

4）发言要简炼，不必详细论述，不要宣读事先准备好的发言稿，以免破坏产生创造性思维的气氛。对准备修改自己设想的与会者，应予以优先发言的机会。

5）不得用集体意见来阻碍个人的创造性思维，鼓励结合他人的想法，提出新的设想。

6）不要私下交谈，以免干扰他人的思维活动，每个人的设想必须在会上说明，让全体与会者都知道。

7）不分职位、级别，一律平等对待，鼓励与会者消除顾虑，使每个人都处于一种不受约束的气氛之中。

8）与会者提出的各种创造性设想，不论可行与否，在会上均不作判断和评价，一律录音。有关这些设想的整理、评价和判断留待会后进行。

4．头脑风暴法的组织原则

采用头脑风暴法组织群体决策时，一般要集中有关专家召开专题会议，主持者以明确的方式向所有参与者阐明问题，说明会议的规则，尽力创造融洽轻松的会议气氛。主持者一般不发表意见，以免影响会议的自由气氛。由专家们"自由"地提出尽可能多的方案。一般遵循以下原则。

1）庭外判决原则。不对别人的意见提出批评和评价，对各种意见、方案的评判留待会后，认真对待任何一种设想，而不管其是否适当和可行。

2）自由鸣放原则。创造一种自由的气氛，各抒己见，激发与会者提出各种新奇的设想。不相互指责，耐心倾听其他专家发言。

3）数量优先原则。追求专家提出设想的数量，设想越多，产生创造性设想的可能性越大。

4）取长补短原则。鼓励与会者对他人提出的设想进行补充、改进和综合。

5）持续循环原则。不要求一次性完善，可以多次反复，不断完善。所以，最好要求每人每次只提一个设想，没有设想时可以说"过"，依此多循环。

6）一律平等原则。与会专家不论职务、职称、学位、学科等差异，在会议中身份平等，尽量消除"权威"的影响。

5．头脑风暴法的组织程序

能否有效地运用头脑风暴法获得预期效果，会议的组织工作是关键。头脑风暴法的组织程序一般分为会前准备、会议召开和会后整理三个阶段完成，如图5-7所示。

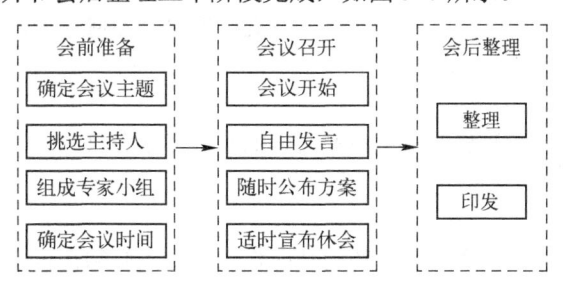

图5-7 头脑风暴法的组织程序

1）确定会议主题。确定头脑风暴会议要解决的核心问题和目标，明确表达并告知与会者。

2）确定人数。经验表明，头脑风暴法会议成员一般以10～15人为宜。尽量做到与会者互不认识，如果与会者相互认识，则考虑从同一级别或职称人员中选取，如果与会者互不认识，可以考虑从不同级别或职称人员中选取。

3）选择专家。与会专家应包括方法论专家（指导会议进行）、专业领域专家（不断提出各种设想）、专业领域高级分析专家（分析和评价讨论对象的现状和发展趋势）、具有高度思维推断能力的专家（对所提的设想进行演绎推理），应优先考虑知识渊博、思想活跃、思维敏捷、善于联想的人选。

4）挑选会议领导（或主持人）。一般由熟悉该研究对象的方法论专家担任会议领导或主持人，或由方法论专家和熟悉该专业领域的专家共同领导或主持。会议领导或主持人的责任是营造活跃气氛引导与会者围绕主题自由开展讨论，激发创造性思维。

5）会议时间。一般一次以 20～60min 为宜，且每次以讨论一个问题为宜。如果讨论的问题较多，可分多次会议进行。

6）整理。对与会者提出的所有设想进行整理、归纳和系统化处理。

【拓展阅读材料4】
头脑风暴法应用案例

5.2.3 哥顿法

1. 哥顿法的概念

哥顿法又称教学式头脑风暴法或隐含法，由美国麻省理工大学教授威廉·哥顿于 1964 年首创。哥顿法由头脑风暴法演变而来，是一种适用于自由联想的方法，也是一种由会议领导（或主持人）指导并进行集体会议的技术创新方法。会议领导人或主持人对提出的设想加以分析研究，一步步地将与会者引导到主题或问题本身上来。

2. 哥顿法的基本特点

哥顿法的基本特点是：不让与会者直接讨论问题本身，而只让其讨论问题的某一局部或某一侧面；或者讨论与问题相似的另一问题；或者用"抽象的阶梯"把问题抽象化后向与会者提出。

哥顿法的特点体现在与头脑风暴法的区别上：头脑风暴法要明确地提出主题，并且尽可能具体化，会议主持人和与会者对所要讨论的主题或解决的问题都非常清楚。与此相反，哥顿法并不明确地表示讨论的主题或问题，只有会议领导人或主持人明确知道真正的主题或问题，与会者并不清楚。由会议领导人或主持人给出抽象的主题或问题，与会者自由发言讨论，并从中得到启示，寻求卓越的设想。

哥顿法规定除了会议主持人之外，不让与会者知道真正的意图和目的。在会议上把具体问题抽象为广义的问题来提出，以引起人们广泛的设想，从而给主持人暗示出解决问题的方案。如，为了找到设计屋顶的新方案，不直接提出"如何设计屋顶？"这样的问题，这样会限制与会者的思维，使他们的思想局限于屋顶，不能提出一些奇思妙想，而是提出一个更抽象的问题"如何将一个空间围起来？"又如，为了找到设计锯齿的新方案，不直接提出"如何设计锯齿？"这样的问题，而是提出"如何将一个东西更好更快地切割开？"

3. 哥顿法的实施步骤

哥顿法是为了克服头脑风暴法的缺点演变而来的一种专家会议法。下面以开发新型剪草机为例说明哥顿法的实施步骤。

（1）确定议题

认真地分析实质性问题，概括出该事物的功能作为主题，必须在肯定"揭示实质性问题，而能更广泛地提出设想"的前提下进行。如，主持人的真正目的是要开发新型剪草机，但是不让与会者知道，而是将剪草机的功能抽象为"分离"，作为议题，见表 5-2。

表 5-2 实质性问题与哥顿法主题的确定

实质性问题	哥顿法的主题
新型的罐头起子	开启
城市停车场	储藏
轴承的改进	无摩擦
新型牙刷	去污垢
割草机	分离

(2) 引导讨论

确定议题后，主持人让参加者自由发表意见。当与实质性问题有关的设想出现时，马上将其抓住，使问题向纵深发展，并给予适当的启发，同时指出方向，使会议继续下去。

如，会议开始时，主持人宣布本次会议的议题是"分离"，请与会专家考虑能够把某种东西从其他东西上分离出来的各种方法。

甲：用离子树脂和电能法能够把盐从盐水中分离出来。

主持人：您的意思是利用电化学反应进行分离。

乙：可以使用筛子将大小不同的东西分开。

丙：利用离心力可以把固体从液体中分离出来。

主持人：换句话说，就是旋转的方式吧，就像把奶油从牛奶中分离出来那样……

(3) 得到启发

通过与会者的发言，主持人从中得到启示，把符合需要的解决措施或设想记录下来。如，使用离心力就暗示着要使滚筒高速旋转。从这个暗示中，主持人就得到启发：剪草机是否可以使用高速旋转的带锯齿的滚筒，或者电动剃须刀式的东西。

(4) 说明真实意图

在最佳设想似乎已经出现，时间又将接近终点时，要使实质问题逐渐明朗化，然后使会议结束。当讨论的议题获得了满意的设想或答案后，主持人把真实的意图向与会者说明。

5.2.4 缺点列举法

1. 缺点列举法的概念

缺点列举法在日本又称为"二次会议法"，是一种先将研究对象的缺点一一列出，再针对缺点提出改善方案的专家会议法。缺点列举法通过专家会议的形式收集新观点、新方案、新成果，其基本特点是从列举事物的缺点入手，找出现有事物的缺点和不足，然后再探讨解决问题的方法和措施。

2. 缺点列举法的实施程序

缺点列举法的实施一般分为两个阶段。

(1) 缺点列举阶段：第一次会议

第一次会议也称为缺点列举会议，即召开专家会议，启发大家找出并列举研究对象的缺点。如探讨技术政策的改进问题时，会议主持人会就以下问题启发大家：现行政策有哪些不完善之处？在哪些方面不利于科学技术进步和科技转化为生产力？科技劳动人员积极性不高与现行的技术政策有关吗？寻找事物的缺点是解决问题的关键，找到了事物的缺点，就等于成功了一半。

(2) 探讨改进方案阶段：第二次会议

第二次会议也称为问题解决会议，即会议主持人启发大家思考和分析研究对象存在缺点的原因，然后根据原因找到解决的办法或方案。会议结束后，按照"缺点""原因""解决办法"和"新方案"等项目列成简明的表格，以供下次会议或撰写分析报告用，也可从中选择最佳方案。

用缺点列举法进行创造发明的具体做法是：召开一次缺点列举会，会议由 5～10 人参加，会前先由主管部门针对某项事物选择一个主题，与会者围绕主题尽量列举各种缺点，缺点列举越多越好，并请人将提出的缺点逐一编号，记在小卡片上，然后从中挑选出主要的缺点，并围绕这些缺点召开第二次专家会议，提出切实可行的改进方案。一次会议的时间大约在 1～2h，会议讨论的主题宜小不宜大，即使是大的主题，也要分成若干小主题，分次解决，确保缺点不被遗漏。

3. 缺点列举法的应用实例

20 世纪 60 年代，日本制伞企业就成功地利用缺点列举法对雨伞进行了改进。

会议分两个阶段进行，见表 5-3。

1) 第一次会议：缺点列举会，召集用户和员工对现有雨伞的缺点进行列举。主持人提出如下问题："现有雨伞有哪些缺点需要改进？"

2) 第二次会议：方案征集会，召集专家和技术人员对现有雨伞的缺点进行改进。主持人提出如下问题："如何改进现有雨伞的缺点？"

表 5-3　雨伞的缺点和改进方案

雨伞缺点列举	改进方案征集
无法收藏	折叠伞
下大雨时伞漏水	防雨层
出大太阳时漏光	防晒涂层
挡视线	透明塑料伞
伞尖危险	做成圆形
颜色单调易拿错	采用多种颜色加图案
回家湿地	加集水器
晚上打伞看不见	伞上装电灯
两人打伞太小	生产椭圆形伞，情侣伞（相合伞）

5.2.5　希望列举法

1. 希望列举法的概念

希望列举法与缺点列举法类似，也是通过两次会议进行，又称为"梦的追求"，是指通过专家会议列举希望新的事物具有的属性，寻找发明目标的一种创造性思维方法。希望列举法由 Nebraska 大学的克劳福特（Robert Crawford）提出，是一种不断地提出希望、怎么样才会更好等理想和愿望，进而探求解决问题和改善对策的方法。

2. 希望列举法的程序

希望列举法分两次会议进行。

1) 第一次会议：列举希望，列出想要达到的优点、幻想，或列举出希望。一般形式为"如果能这样或那样该多好啊！"

2) 第二次会议：可行性分析，研究可行性（或对可行性方案论证），提出达到优点、幻想、希望的方法或方案。

3. 希望列举法的应用实例

20 世纪 30 年代，美国会计员詹姆斯·兰特成功地利用希望列举法改进了会计卡片系统。詹姆斯·兰特发现，当时会计在登账时采用活页，取出、放进很不方便。詹姆斯·兰特根据会议卡片的缺点提出了自己的希望，并找到了解决的方案。

1) 提出希望。"需要的会计卡片能自动弹出那该多好啊！"

2) 解决方法。詹姆斯·兰特日思夜想，一天晚上他梦到打扑克牌时扑克展开的情形，梦醒后，他根据打扑克牌的特点设计出了自动弹出卡片机，然后辞职并成立了詹姆斯·兰特办公机械公司。

【拓展阅读材料6】
希望列举法训练

5.3　社会调查法

社会调查法是与文献调查法（信息检索法）相对应的一种调查方法，也称实际情况调查，是指对某一社会活动领域或社区的某一社会现象、社会问题与社会事件采用的各种调查方法和手段。具体来说，就是调查人员实地搜集有关资料、数据，对它们进行整理、分析研究，借以阐释所要了解的情况和问题，或预测其发展趋势，或提出有针对性的具体方案和建议。常用的社会调查法有现场调查法、问卷调查法、抽样调查法、文献调查法和网络调查法等。

5.3.1 现场调查法

1. 现场调查法的概念

现场调查也称实地调查法，是指在真实、自然的社会生活环境中，综合运用观察、访谈和实验等方法收集数据，以探讨客观、接近自然和真实的心理活动规律的方法。

2. 现场调查法的类型

现场调查法分为观察法、实验法和访谈法三种类型。

（1）观察法

1) 观察法的概念。观察法是指研究者根据一定的研究目的、研究提纲或观察表，用自己的感官和辅助工具去直接观察被研究对象，从而获得资料的一种方法。观察法具有目的性、计划性、系统性和可重复性等特点。观察法能起到扩大感性认识、启发思维和导致新发现的作用。

2) 观察法的类型。根据不同的标准，观察法可分为多种类型。

① 根据观察者是否参与被观察对象的活动，可分为参与观察法与非参与观察法。

② 根据对观察对象控制性强弱或观察提纲的详细程度，可分为结构性观察法与非结构性观察法。

③ 根据观察是否具有连贯性，可分为连续性观察法和非连续性观察法。

④ 根据观察地点和组织条件，可分为自然观察和实验观察等。

⑤ 根据观察的方式，可分为自然观察法、设计观察法、掩饰观察法、机器观察法。自然观察法是指调查员在一个自然环境中（包括超市、展示地点、服务中心等）观察被调查对象的行为和举止。设计观察法是指调查机构事先设计一种模拟场景，调查员在一个已经设计好的且接近自然的环境中观察被调查对象的行为和举止。掩饰观察法就是在不为被观察对象所知的情况下监视他们的行为过程。机器观察法是指借助各种现代化设备代替人员观察，如照相机、录音机、录像机等。

3) 用于现场观察的方法。常用于现场观察的方法有核对清单法、级别量表法和记叙性描述法。

（2）实验法

1) 实验法的概念。实验法是将所选主题的刺激因素引入被控制的环境中，通过系统改变刺激程度来测定实验对象的行为反应，从而确定所选主题与刺激因素的因果关系的调查方法。

2) 实验法的类型。实验法根据实验地点可分为实验室实验法和现场实验法两类。

3) 用于现场实验的方法。常用于现场实验的方法有自然测量法、假主办单位法和伪装测量法等。

（3）访谈法

1) 访谈法的概念。访谈法是指调查人员与被调查对象面对面口头交流获取信息的方法。访谈法具有灵活、准确、深入等特点。

2) 访谈法的类型。根据不同的标准，访谈法可以分为多种类型。

① 按对访谈的控制程度，分为结构性访谈、非结构性访谈和半结构性访谈。

A. 结构性访谈，也称标准式访谈，是指按照一定的步骤，由访谈员按事先设计好的访谈提纲或访谈问卷，依次向被访者提问，并要求被访者按规定标准进行回答的访谈方法。一般来说，量的研究通常采用结构性访谈。

B. 非结构性访谈，也称自由式访谈，事先没有完整的访谈问卷和详细的访谈提纲，也不规定标准的访谈程序，而是由访谈员按一个粗线条的访谈提纲或某一个主题与被访者交谈。通常，质的研究常采用这种非结构性的"深层访谈"。

C. 半结构性访谈，一种介于结构性访谈和非结构性访谈之间的半结构性访谈。在半结构性访谈中，有调查表或访谈问卷，它有结构性访谈的严谨和标准化的题目，访谈员虽然对访谈结构有一定的控制，但给被访者留有较大的表达自己观点和意见的空间。

② 按调查对象的数量，分为个别访谈、集体访谈。

A. 个别访谈，指访谈员对每一个被访者逐一进行的单独访谈。

B. 集体访谈，也称为团体访谈或座谈，是指由一名或数名访谈员亲自召集一些调查对象就访谈员需要调查的内容征求意见的调查方式。

③ 按人员接触情况，分为面对面访谈、电话访谈、网上访谈。

A. 面对面访谈，也称直接访谈，是指访谈双方进行面对面的直接沟通来获取信息资料的访谈方式。

B. 电话访谈，也称间接访谈，访谈员借助电话向被访者收集有关资料。

C. 网上访谈，访谈员与被访者利用计算机网络进行交流，属于间接访谈。

④ 按调查次数，分横向访谈和纵向访谈。

A. 横向访谈，又称一次性访谈，是指在同一时段对某一研究问题进行的一次性收集资料的访谈。

B. 纵向访谈，又称多次性访谈或重复性访谈，是指多次收集固定研究对象有关资料的跟踪访谈。

5.3.2 问卷调查法

1. 问卷调查法的概念

问卷调查法，也称为问卷法，是以书面提出问题的方式搜集资料的一种方法。研究者将所要研究的问题编制成问题表格，以邮寄方式、当面作答或者追踪访问方式填答，从而了解被调查对象对某一现象或问题的看法和意见，因此又称问题表格法。问卷调查法的运用，关键在于编制调查问卷、选择被调查对象和分析调查结果。

问卷调查按照问卷填答者的不同，可分为自填式问卷调查和代填式问卷调查。其中，自填式问卷调查，按照问卷传递方式的不同，可分为报刊问卷调查、邮政问卷调查和送发问卷调查；代填式问卷调查，按照与被调查者交谈方式的不同，可分为访问问卷调查和电话问卷调查。

调查者通常将所要研究的问题编制成调查问卷，以邮寄、电子邮件、网上传送（网页和平台链接）等方式发送给被调查者，让被调查者进行填写，来了解被调查者对于某一现象或问题的看法和意见。

2. 调查问卷的一般结构

调查问卷一般由卷首语、问题与回答方式、编码和其他资料四个部分组成。

（1）卷首语

卷首语是问卷调查的自我介绍，具体内容包括：调查的目的、意义和主要内容，选择被调查者的途径和方法，对被调查者的希望和要求，填写问卷的说明，回复问卷的方式和时间，调查的匿名和保密原则，以及调查者的名称等。为了能引起被调查者的重视和兴趣，激发他们的参与意识，争取他们的合作和支持，卷首语的语气要谦虚、诚恳、平易近人，文字要简明、通俗、有可读性。卷首语一般放在问卷第一页的上面，也可单独作为一封信放在问卷的前面。

（2）问题与回答方式

问题与回答方式是调查问卷的主体部分，一般包括调查要询问的问题、回答问题的方式以及对回答方式的指导和说明等。

（3）编码

编码就是把调查问卷中询问的问题和被调查者的回答，全部转变成为 A，B，C，…或 a，b，c，…等代号和数字，以便运用电子计算机对调查问卷进行数据处理。

(4) 其他资料

其他资料包括问卷名称和编号、被调查者的地址或单位（可以是编号）、调查员姓名、调查开始时间和结束时间、调查完成情况、审核员姓名和审核意见等。这些资料是对调查问卷进行审核和分析的重要依据。

此外，有些调查问卷还有结束语，结束语一般用简短的话语对被调查者的合作表示感谢，也可征询被调查者对问卷设计和问卷调查的看法。

3．调查问卷设计的方法

调查问卷又称调查表或询问表，是以问题的形式系统地记载调查内容的一种印件。问卷可以是表格式、卡片式或簿记式。设计问卷，是询问调查的关键。完美的问卷必须具备两个功能，即能将问题传达给被问的人和使被问者乐于回答。要完成这两个功能，设计问卷时应当遵循一定的原则和程序，运用一定的技巧。

由于调查问卷的问题和回答方式有封闭式（结构式）、开放式和半结构式三种，因此，调查问卷一般分为封闭式（结构式）调查问卷、开放式调查问卷和混合式（半结构式）调查问卷三种。调查问卷问题和回答方式的设计方法有两项选择法、多项选择法、顺位法（将答案按重要性排列）、回忆法（由被调查者根据印象回忆）、比较法、自由回答法和过滤法（排除法）等。

(1) 封闭式调查问卷的设计方法

封闭式调查问卷是指调查人员对所提出的问题规定了答案，被调查者只能从已给出的答案中做出选择的调查问卷。封闭式调查问卷的问题和回答方式主要有：

1）两项选择问题。即一个问卷提出两个答案供选择。

如，您家在 1997 年 12 月 31 日购买了计算机吗？（在您同意的选项内画√）：是（ ）；否（ ）。

2）多项选择问题。即一个问题提出三个或三个以上答案供选择。

如，您购买雀巢咖啡的最主要原因是（只选一项，在您同意的选项内画√）：名牌产品（ ）；味道极佳（ ）；特别能提神（ ）；购买方便（ ）；携带方便（ ）；包装精美（ ）；广告吸引人（ ）。

3）事实性问题。要求被调查者回答一些有关事实的问题。

如，您通常每个月光顾几次药店？（只选一项，在您同意的选项内画√）：少于一次（ ）；一次（ ）；二次（ ）；三次（ ）；四次及以上（ ）。

4）模糊选择问题。对所提问题只规定具有性质或程度上差别的选择答案，而没有明确数量上差别的选择答案。通常有李克特量表、语意差别表、分等量表和重要性量表等调查问题，一般以中间选项为基础（零），两边给相应的正负数值，方便处理。

① 李克特量表。被调查者可以在同意和不同意之间的模糊量度内进行选择。

如，您是否认同"中国家电行业已赶上国外同行"的说法？（只选一项，在您同意的选项内画√）：很赞成（ ）；同意（ ）；差不多（ ）；不同意（ ）；坚决不同意（ ）。

② 语意差别表。即在两个意义相反的词之间列上一些模糊标度，由被调查者选择他们认可的方向及程度上的某一点。

如，您对××牌汽车有何看法？（请在表 5-4 中对应的每条横线上选择一个标度并在相应的方格内画√）：

表 5-4　您对××牌汽车有何看法

式样新颖					√			式样保守
冲力大				√				冲力小
省油					√			耗油
耐用			√					不耐用
舒适				√				不舒适

③ 分等量表。对某些问题的回答属性，从"极差"到"极好"进行模糊分类等。

如，您认为"××航空公司提供的餐饮服务"（只选一项，在您同意的选项内画√）：极好（　）；很好（　）；好（　）；尚可（　）；差（　）；极差（　）。

④ 重要性量表。对某些问题的回答属性，从"非常重要"到"完全不重要"进行模糊分类等。

如，加入 WTO 对推进我国经济市场化进程（只选一项，在您同意的选项内画√）：非常重要（　）；很重要（　）；无所谓（　）；完全不重要（　）。

（2）开放式调查问卷的设计方法

开放式调查问卷是指只提出问题，不提供任何可能的答案，由被调查者自由作答的调查问卷。可以有自由问答、词句联想、文章完成法、图画完成等形式。如，您抽香烟多久了？您喜欢看哪一类的电视节目？您认为加入 WTO 对我国政府管理体制有何影响？

（3）半结构式调查问卷的设计方法

半结构式调查问卷融合了结构式调查问卷和非结构式调查问卷的优点，取长补短，能提高调查问卷的科学性。在调查问卷的设计中，一部分问题是固定的、标准化的，要求被调查者按照给定的选项进行选择；另一部分问题则是开放的，允许被调查者自由回答，表达自己的观点和看法。

4．调查问卷设计的程序

调查问卷设计的一般程序包括以下几个步骤。

1）设计者研究调查主题，明确调查任务和目的。

2）搜集有关资料。搜集有关资料的目的在于：

① 帮助研究者加深对所调查研究问题的认识。

② 为问题设计提供丰富的素材。

③ 形成对目标总体的清楚概念。在搜集资料时对个别调查对象进行访问，可以帮助了解受访者的经历、习惯、文化水平以及问卷问题知识的丰富程度等。

3）确定调查方式、调查问卷的内容和结构，形成创意和调查问卷。主要内容有：根据调查目的和主题提出调查问题；斟酌各调查问题的相对重要性；研究各项问题之间的配合；想象被调查者所面临的困难和问题及调查难易程度；酝酿询问假设、询问方式及回答设计方式。

4）拟订调查问卷草案。编排调查问卷，形成调查问卷初稿。

5）修订调查问卷。通过预调查检验调查问卷的可行性，改进调查问卷初稿。需要重点考虑调查员（选择经验丰富的调查员设计调查问卷）、被调查者（与正式调查的被调查者具有相同的特征）和样本容量（选择合适的样本量以便发现问题，一般选取 20～30 个样本）。

5.3.3 抽样调查法

1．抽样调查法的概念

抽样调查法是按照一定方式从调查总体中抽取部分样本进行调查，用所得的结果说明总体情况的调查方法。很显然，抽样调查是一种非全面调查，但其目的在于通过部分样本结果反映总体情况，因而可起到全面调查的作用。抽样调查节约人力、物力、财力和时间，具有较强的时效性和准确性。

2．抽样调查法的类型

根据抽选样本的方法，抽样调查可以分为随机抽样和非随机抽样两类。随机抽样，也称为概率抽样，是按照概率论和数理统计原理从调查研究的总体中，根据随机原则来抽选样本，并从数量上对总体的某些特征做出估计和推断，对推断中可能出现的误差可以从概率意义上加以控制。随机抽样是按照随机原则抽取样本，即在总体中抽取单位时，完全排除了人的主观因素的影响，使每一个单位都有同等的可能性被抽到。非随机抽样不遵循随机原则，它是出于方便或根据主观的选择来抽取样本。

(1) 随机抽样的类型

根据随机抽样的方式分,随机抽样有简单随机抽样、分层抽样、整群抽样、等距抽样、多阶段抽样、双重抽样、PPS 抽样等类型。

1) 简单随机抽样。简单随机抽样也称为纯随机抽样,是指从总体 N 个单位中任意抽取 n 个单位作为样本,使每个可能的样本被抽中的概率相等的一种抽样方式。简单随机抽样一般可采用掷硬币、掷骰子、抽签、查随机数表等办法抽取样本。在统计调查中,由于总体单位较多,一般采用查随机数表的方式抽取样本。按照样本抽选时每个单位是否允许被重复抽中,简单随机抽样可分为重复抽样和不重复抽样两种。在抽样调查中,特别是社会经济的抽样调查,简单随机抽样一般是指不重复抽样。

2) 分层抽样。分层抽样又称为分类抽样或类型抽样,它首先将总体的 N 个单位分成互不交叉、互不重复的 k 个部分,每个部分称为"层";然后在每个层内分别抽选 n_1、n_2、…、n_k 个样本,构成一个容量为 n 个样本的一种抽样方式。分层主要有三个方面的目的:一是为了工作的方便和研究目的的需要;二是为了提高抽样的精度;三是为了在一定精度的要求下,减少样本的单位数以节约调查费用。按照各层之间的抽样比是否相同,分层抽样可分为等比例分层抽样与非等比例分层抽样两种。分层抽样是科学分组与抽样原理的有机结合,前者是划分出性质比较接近的层,以减少标志值之间的变异程度;后者是按照抽样原理抽选样本。

3) 整群抽样。整群抽样也称为分群抽样,是首先按照自然分群或按照需要(如地理、人口等特征)将总体中各单位归并成若干个互不交叉、互不重复的集合,称为"群";然后以群为抽样单位抽取样本的一种抽样方式。整群抽样特别适用于缺乏总体单位的抽样框。应用整群抽样时,要求各群有较好的代表性,即群内各单位的差异要大,群间差异要小。

4) 等距抽样。等距抽样也称为系统抽样或机械抽样,是首先将总体中各单位按一定顺序排列,根据样本容量要求确定抽选间隔,然后随机确定起点,每隔一定的间隔抽取一个单位的一种抽样方式。根据总体单位排列方法,等距抽样的单位排列可分为三类:按有关标志排队、按无关标志排队以及介于按有关标志排队和按无关标志排队之间的按自然状态排列。按照具体实施等距抽样的做法,等距抽样可分为三类:直线等距抽样、对称等距抽样和循环等距抽样。

5) 多阶段抽样。多阶段抽样也称为多级抽样,是指在抽取样本时,分为两个及两个以上的阶段从总体中抽取样本的一种抽样方式。具体操作过程为:第一阶段,将总体分为若干个一级抽样单位,从中抽选若干个一级抽样单位入样;第二阶段,将入样的每个一级单位分成若干个二级抽样单位,从入样的每个一级单位中各抽选若干个二级抽样单位入样……,依此类推,直到获得最终样本。

6) 双重抽样。双重抽样又称为二重抽样、复式抽样,是指在抽样时分两次抽取样本的一种抽样方式。首先抽取一个初步样本,并搜取一些简单项目以获得有关总体的信息;然后,在此基础上再进行深入抽样。在实际运用中,双重抽样可以演变为多重抽样。

7) PPS 抽样。即按规模大小成比例的概率抽样,是一种使用辅助信息,从而使每个单位均有按其规模大小成比例的被抽中概率的一种抽样方式。

(2) 非随机抽样

非随机抽样根据抽样目的和主观需要可分为任意抽样(即随意抽取调查单位进行调查,如柜台访客调查、街头路边拦人调查)、重点抽样(只对总体中为数不多但影响颇大的重点单位调查)、便利抽样(用最容易找到的人或物作为调查对象)、典型抽样(挑选若干有代表性的单位进行调查)、配额抽样(对总体进行若干分类,按照配额从总体各部分抽取调查单位)、主观抽样(目的抽样、立意抽样、目标抽样,根据调查人员的主观经验从总体样本中选择那些被判断为最能代表总体的单位作为样本)、网络抽样(雪球抽样,是指利用社会网络的优势和朋友间具有共性的特点来进行抽样)等类型。与随机抽样不同,非随机抽样不保证每个单位有相等的入选机会。

5.3.4 文献调查法

1. 文献调查法的概念和特点

（1）文献调查法的概念

文献调查法也称信息检索法、历史文献法、文案调查法，是通过搜集各种文献资料，获取所需有用信息的一种调查方法。

（2）文献调查法的特点

1) 文献调查法的优点。文献调查不受时空限制，可以通过古今中外的文献了解极其广泛的社会情况；文献调查是书面调查，是一种间接、非介入性调查，也是一种无反应性调查，所得信息更真实、更准确、更可靠；文献调查方便、自由、安全；文献调查效率高、花费少。

2) 文献调查法的缺点：获得的书面信息缺乏具体性、生动性；与客观真实情况之间存在着一定距离；文献记录的是过去的社会现象，而社会生活是不断运动、变化、发展的；有些文献资料不易获得；文献数量庞大，质量难以保证。

因此，文献调查法所得的信息，一般只能作为社会调查的先导，为发现问题提供依据，而不能作为调查结论或结果，适用于经常性社会调查。

2. 文献调查的主要途径

文献调查主要通过两种途径获取文献资料。

（1）组织内部文献调查

组织内部的文献资料来源有：业务资料，包括与组织业务活动有关的各种资料，如企业订货单、进货单、发货单、合同文本、发票、销售记录等；组织的各类统计资料，如各类统计报表；组织积累的财务、人事、管理等其他文献资料。

（2）组织外部文献调查

组织外部的文献资料来源有：政府资料（统计部门与各级政府主管部门公布的有关资料）；行业资料（各种经济信息中心、专业信息咨询机构、各行业协会和联合会提供的信息和有关行业情报）；文献资料（国内外相关书籍、报刊、杂志等文献）；生产资料（生产和经营机构提供的商品目录、广告说明书、专利资料及商品价目表等）；广播电视资料（中央及各地电台、电视台所提供的有关资料）；组织资料（各种国际组织、外国使馆、商会等所提供的有关资料）；会议资料（国内外各种博览会、展销会、交易会、订货会等促销会议以及专业性、学术性经验交流会议上所发放的文件和材料）。

3. 文献调查的主要方法

文献调查的方法包括文献查找方法和文献获取方法。

（1）文献查找方法

1) 检索工具查找法。检索工具查找法也称为系统检索法，主要是通过手工检索工具（如书目、索引、文摘等）、文献数据库和网络搜索引擎系统查找所需文献。查找文献的方法主要有：顺查法，即根据调查问题的性质、特点与需要，从起始年代往后顺时查找文献资料的一种方法；逆查法，也称倒查法、回溯性查找法，即根据调查问题的性质、特点与需要，从最后年代往前逆时查检资料的一种方法；抽查法，即根据调查问题的实际情况与需要，着重查找某个时期文献信息资料的一种方法；排除法，即缩小文献信息资料的查找范围、提高检索效率的一种查找方法；限定法，即注意缩小文献信息资料的查找范围、提高检索效率的一种查找方法，限定范围一般指时间、地点、人物、事物等因素限定；扩展法，开拓新的文献信息检索途径的一种查找方法；跟踪法，深入查找、注意发现和利用新线索的一种查找方法；参引法，一种不断开拓新的检索途径、注意发现和利用新线索，从事物联系中求得问题解决的查找方法；假设法，运用联想与假设进一步扩大资料线索、深入查找的一种查找方法；合取法，一种综合查找文献资料的方法。文献查找途径主要有：文献外形特征（如篇名、作者、机构、出版社等）；文献内容特征（如分类号、主题词等）。

2）追溯查找法。追溯查找法是利用已掌握文献后所列举的参考文献或引用文献追踪查找相关文献的方法，也叫参考文献追踪法或引文追溯法，具体查找方法有两种：一种是利用原始文献所附的参考文献追溯查找；另一种是利用专门编制的引文索引进行追溯查找。

3）循环查找法。也称为分段法、交替法，是将常用法（检索工具查找法）与追溯查找法交替使用的方法。

(2) 文献获取方法

文献获取的主要方法如下。

1）无偿获取和有偿获取。一般通过无偿获取各种免费文献资料，通过有偿获取其他文献资料。

2）直接获取和间接获取。一般通过订购、邮购、交换、索取、复印、检索、借阅等方式直接获取公开出版发行的文献资料，通过间接和特殊方式获取限制性和保密性文献资料（如商业秘密）。

5.3.5 网络调查法

随着互联网的产生和普及，网络调查已经发展成为一种重要的社会调查方法。

1. 网络调查法的概念和特点

(1) 网络调查法的概念

网络调查又称网上调查、在线调查或联机调查，是指通过互联网、计算机通信和数字交互式媒体等进行有系统、有计划、有组织地收集、记录、整理、分析有关信息的调查方法。20 世纪 90 年代，伴随互联网的普及，网络调查法得到快速发展。与传统的调查方法相比，网络调查法在组织实施、信息采集、调查效果等方面具有明显的优势。网络调查法是一种新兴的社会调查方法，是对传统调查方法的补充，随着互联网的快速发展，网络调查将会得到更广泛的应用。

(2) 网络调查法的特点

与传统的社会调查方法相比，网络调查法具有自愿、定向、及时、互动、经济与匿名等特点。它具有明显的优势：组织简单、费用低廉、客观性好、不受时空限制、速度快、可定制调查。但网络调查法也有其缺陷：用户准确信息难以获取；网络的安全性问题；受访对象难以限制；用户背景多元化；在线时间较短；人际之间缺乏情感交流；用户随意性大，多重选择答案的可信度低。这些缺陷制约了网络调查法的应用效果。网络调查法与传统调查法比较见表 5-5。

表 5-5 网络调查法与传统调查法比较

项目	网络调查法	传统调查法
调查费用	较低，主要是设计费和数据处理费，每份问卷所要支付的费用几乎是零	昂贵，要支付问卷设计、印刷、发放、回收、聘请和培训访员、录入调查结果、由专业市场研究公司对问卷进行统计分析等多方面费用
调查范围	全国乃至全世界，样本数量庞大	受成本限制，调查地区和样本均有限
运作速度	很快，只须搭建平台，数据库可自动生成，在短时间内就可以得出有意义的结论	慢，至少需要 2~6 个月才能得出结论
调查的时效性	全天候进行	不同的被访问者的可访问时间不同
被访问者的便利性	非常便利，被访问者可自行决定时间和地点回答问卷	不方便，要跨越空间障碍，到达访问地点
调查结果的可信性	相对真实可信	一般有督导对问卷进行审核，措施严格，可信度高

2. 网络调查的方式和工具

(1) 网络调查的主要方式

网络调查法的主要方式有：问卷调查（包括主动问卷调查法和被动问卷调查法）、网上焦点座谈调查法、电子邮件调查法、BBS（电子公告板）调查、网络调查系统（平台）调查、委托市场调查机构调查、合作网络调查（与企业或媒体合作）。

（2）网络调查的主要工具

网络调查的主要工具有：电子邮件系统、Web 网页、BBS（电子公告板）、问卷调查系统、交互式软件等。常见的网络调查工具见表 5-6。

表 5-6 常用的网络调查工具

网络调查工具名称	网站地址	主要特点和功能
问卷星	http://www.sojump.com/	问卷星是一个专业的在线问卷调查、测评、投票平台，专注于为用户提供功能强大、人性化的在线设计问卷、采集数据、自定义报表、调查结果分析系列服务。与传统调查方式和其他调查网站或调查系统相比，问卷星具有快捷、易用、低成本的明显优势，已经被大量企业和个人广泛使用
问卷网	https://www.wenjuan.com/	问卷网是中国目前最大的免费网络调查平台，拥有创新的编辑界面和结果分析界面、海量的问卷和表单模板，支持十余种常见题型和多种问卷发布渠道
调研宝	http://www.diaoyanbao.com/	调研宝是国内领先的全免费在线调查系统，可以为用户提供方便、快捷的调查问卷、市场调查、满意度调查、调查报告等解决方案，让用户能够快速、有效地独立开展在线调查和网络调查
百度统计	http://tongji.baidu.com/web/welcome/login	百度统计是百度推出的一款免费的专业网站流量分析工具，能够告诉用户访客是如何找到并浏览用户的网站的，以及在网站上做了些什么。这些信息可以帮助用户改善访客在用户的网站上的使用体验。百度统计提供包括流量分析、来源分析、网站分析等多种统计分析服务
查查网	http://www.ccw.cc/	专注于数据在线查询服务，主要查询工具有查快递、查违章、查 IP、查星座、查电话号码、查银行卡等
中国知网	http://www.cnki.net/	面向海内外读者提供中国学术文献、外文文献、学位论文、报纸、会议、年鉴、工具书等各类资源统一检索、统一导航、在线阅读和下载服务
淘宝指数	https://alizs.taobao.com/tbindex.html	淘宝指数是淘宝官方免费的数据分享平台，具有趣味性（在人群定位上增加了星座、爱好等标签）、官方性（淘宝官方的数据分享平台）、免费性（承诺将永久免费服务）、广泛性（行业广泛，包括各行各业的数据；用户范围广泛，包括买家、卖家、第三方）等特点。已于 2016 年 3 月 23 日下线
百度指数	https://index.baidu.com/	百度指数是以百度海量网民行为数据为基础的数据分享平台，可以研究关键词搜索趋势、洞察网民兴趣和需求、监测舆情动向、定位受众特征等
阿里指数	https://index.1688.com/	阿里指数是定位于"观市场"的数据分析平台，旨在为中小企业用户、业界媒体、市场研究人员，了解市场行情、查看热门行业、分析用户群体、研究产业基地等提供数据服务

本章小结

信息分析的基础是掌握科学的信息分析方法，信息分析方法可大致分为三类，即定性分析方法、定量分析方法和半定量分析方法（拟定量分析方法）。

定性分析方法亦称"非数量分析法"，是主要依靠信息分析人员的实践经验、主观判断和分析能力，推断出事物的性质和发展趋势的分析方法，是对事物的"质"进行分析的方法。这类方法主要适用于一些没有或不具备完整历史资料和数据的研究对象。信息分析定性方法很多，常用的定性分析方法有逻辑思维法、专家调查法和社会调查法三类。

逻辑思维是一种高级思维形式，是指符合某种人为制定的思维规则和思维形式的思维方式。在逻辑思维中，要用到概念、判断、推理等思维形式和分类、比较、分析、综合、归纳、演绎、想象、类比等方法。信息分析过程本质上是一种逻辑思维过程，是人脑对信息的获取与加工，是根据现实需要，利用逻辑思维对头脑中贮存的和外来的信息进行鉴别和筛选、整理与加工，并重新联合和组合的过程。

专家调查法或称专家评估法，是以专家为索取信息的对象，依靠专家的知识和经验，由专家通过调查研究对问题做出分析、判断和预测的一种方法。专家调查法是建立在专家主观判断的基础上，适用于客观材料和数据缺少的情况。专家调查法的类型很多，应用范围很广，常用的有头脑风暴法、哥顿法、缺点列举法、希望列举法、德尔菲法等。

社会调查法是与文献调查法（信息检索法）相对应的一种调查方法，也称实际情况调查，是指对某一社会活动领域或社区的某一社会现象、社会问题与社会事件采用的各种调查方法和手段。具体来说，就是调查人员实地搜集有关资料、数据，对它们进行整理、分析研究，借以阐释所要了解的情况和问题，或预测其发展趋势，或提出有针对性的具体方案和建议。常用的社会调查法有现场调查法、问卷调查法、抽样调查法、文献调查法和网络调查法等。

本章习题

一、名称解释

定性分析方法　　逻辑思维　　分类　　比较　　分析　　综合　　归纳　　演绎　　类比　　想象　　专家调查法　　头脑风暴法　　哥顿法　　缺点列举法　　希望列举法　　现场调查法　　问卷调查法　　抽样调查法　　文献调查法　　网络调查法

二、简答题

1. 信息定性分析方法主要有哪些？
2. 逻辑思维方法中分类与比较、分析与综合、归纳与演绎、类比与想象各有何作用？
3. 归纳与演绎分别有哪些类型？
4. 专家调查法的共同特征是什么？
5. 社会调查法有哪些？各有何优缺点？

三、操作应用题

1. 利用本书中提供的因果分析、类比、想象和联想思维训练题进行逻辑思维训练。
2. 利用本书中提供的头脑风暴法、缺点列举法和希望列举法训练题进行专家会议演练。
3. 确定文献调查主题，利用中国知网（CNKI）查找和获取需要的相关文献资料。
4. 确定调查主题，设计调查问卷，利用网络调查平台问卷星进行问卷调查并统计结果。

第6章 信息分析半定量方法

【导入案例】
德尔菲法应用于数字图书馆领域专家鉴定

1998年10月,美国密苏里大学哥伦比亚分校进行了一次有关数字图书馆领域的德尔菲法专家问卷调查。该调查旨在对数字图书馆领域中的某些关键问题进行研究和探讨,以求能达成共识。参加此次调查的都是数字图书馆领域中的知名专家。在这次调查的问卷中共提出了13个问题,包括对"数字图书馆"定义的再探讨,对数字图书馆开发、研究对象以及数字图书馆服务的某些问题进行探讨与研究。其中有一个调查项目引起了国内外数字图书馆研究领域人士的广泛关注,这就是对当前国际上数字图书馆研究领域中先进专家的鉴定。

问卷中的原问题是"您认为数字图书馆领域中最出色的十名专家是谁?"专家们对这个问题进行了认真的研究与回答。由于参加这次德尔菲法调查的专家来自不同的组织机构和行业部门,他们在数字图书馆研究领域中感兴趣的具体研究内容也各不同,所以他们开始提出的专家名单范围很广,人数也很多。经过三轮德尔菲法调查,对调查意见进行来回反馈与综合,最后主办单位统计并排出数字图书馆研究领域中十大专家名单。他们是:William Arms, Christine Borgman, Hector Garcia-Molina, Edward A. Fox, Carl Lagoze, Michael Lesk, Richard Lucier, Clifford Lynch, Gary Marchionini, Bruce Schatz, and Terence R. Smith。

【导入问题】
1. 上述案例使用了何种信息分析方法?
2. 上述案例提到的信息分析方法具有何作用?
3. 利用案例中提到的信息总结出该方法的实施过程。

【关键知识点】
1. 了解半定量方法的内涵、种类和特点及适用条件。
2. 掌握层次分析法的内涵、基本原理、实施流程、计算方法及应用。
3. 掌握内容分析法的内涵、基本原理、实施流程及应用。
4. 掌握德尔菲法的内涵、基本原理、实施流程及应用。

中国成就

日常生活中,我们常面临各种选择:就医选择医院、入学选择学校、就业选择单位、旅游选择地点、购物选择商品、科研选择课题……面临选择时,在有限的资源与条件下,鱼和熊掌不可兼得。为了做出最优选择,我们需要有明确的目标、理清现有的资源情况、获得可靠的选择依据、搜集尽可能多的可行方案与丰富的决策经验。然而现实中,当面对无法理性和准确地分析问题或者时间不够的情况,我们往往可以借助半定量方法简单快速地做出选择。

半定量分析方法是一种定量分析与定性分析相结合的分析方法,其准确性不及定量分析方法,但是可在样本量较小的情况下快速分析,做出决策。其主要做法是在定性分析方法中引入数学方法,将定性问题按人为标准打分并做出定量化处理,具有数理统计的特征。半定量分析方法比定性分析方法更具有可操作性,但不像定性分析方法那样推理严密,也不像定量分析那样可以利用数学曲线、模型或公式来定量求解。因此,同定性分析方法一样,半定量分析方法在信息分析中的使用也是有条件限制的,目前主要用于原始数据不足或不易获取、课题所涉及的相关因素过多等不易或不宜采用定量分析方法的场合。常见的半定量方法有层次分析法、德尔菲法和内容分析法等。

6.1 层次分析法

6.1.1 层次分析法的产生与发展

人们在对社会、经济以及管理领域的问题进行系统分析时，面临的经常是一个由相互关联、相互制约的众多因素构成的复杂系统。在很多情况下，单纯依靠定性分析或片面强调定量研究都难以解决庞杂的问题，因此需要将定性分析与定量研究有机结合起来，层次分析法就应运而生了。

层次分析法是美国运筹学家、匹兹堡大学教授萨蒂（T.L.Saaty）于20世纪70年代初，为美国国防部研究"根据各个工业部门对国家福利的贡献大小而进行电力分配"课题时，应用系统理论和多目标综合评价方法，提出的一种层次权重决策分析方法，并被广泛应用于社会、经济、科技、管理等领域的多目标决策问题中。

6.1.2 层次分析法的概念与特点

1. 层次分析法的概念

层次分析法（Analytic Hierarchy Process，AHP）是指将一个复杂的多目标决策问题作为一个系统，将目标分解为多个目标或准则，进而分解为多指标（或准则、约束）的若干层次，通过定性指标模糊量化方法算出层次单排序（权数）和总排序，以作为目标（多指标）、多方案优化决策依据的系统方法。

层次分析法是将决策问题按总目标、各层子目标、评价准则直至具体的备投方案的顺序分解为不同的层次结构，然后用求解判断矩阵特征向量的办法，求得每一层次的各元素对上一层次某元素的优先权重，最后再使用加权和的方法递阶归并各备择方案对总目标的最终权重，此最终权重最大者即为最优方案。"优先权重"是一种相对的量度，它表明各备选方案在某一特点的评价准则或子目标下优越程度的相对量度，以及各子目标对上一层目标而言重要程度的相对量度。层次分析法比较适合于具有分层交错评价指标的目标系统，而且目标值又难以定量描述的决策问题。其用法是构造判断矩阵，求出其最大特征值，及其所对应的特征向量W，归一化后，即为某一层次指标对于上一层次某相关指标的相对重要性权值。

简单地说，层次分析法就是将复杂问题分解成组成元素，并按各元素之间的支配关系分为目标、准则、方案等层次，形成递阶层次结构，依靠一定的数学模型将定性分析的结果进行定量处理和表达。

2. 层次分析法的特点

（1）层次分析法的优点

层次分析法是把复杂问题或综合问题看作一个系统，通过层次化、数量化和模型化来解决问题，属于决策中的系统推断和综合判断，具有以下优点。

1）系统性。层次分析法将问题和对象视作系统，按照分析、比较、判断、综合的思维方式进行决策，不隔断各个因素对结果的影响，对每个层次中每个因素对结果的影响程度进行量化。

2）实用性。层次分析法既不单纯地追求高深的数学，又不片面地注重行为、逻辑、推理，而是把定性方法与定量方法有机地结合起来，将复杂的系统分解成部分或要素。能将人们的思维过程数学化、系统化，便于人们接受，且能把多目标、多准则、难以全部量化处理的决策问题化为多层次单目标问题，通过两两比较确定同一层次元素相对上一层次元素的数量关系后，最后进行简单的数学运算。

3）简洁性。层次分析法所需定量数据少，计算简单，结果明确，容易为决策者了解和掌握。

使用者只要掌握了基本原理和基本步骤，即可进行分析决策。

（2）层次分析法的局限

层次分析法具有明显的优点，但在实际应用中也有其局限。

1）因旧。层次分析法的作用是从备选方案中选择较优者。这个作用正好说明了层次分析法只能从原有方案中进行选取，而不能为决策者提供解决问题的新方案。

2）粗略。层次分析法的比较、判断以及结果的计算过程很粗糙，不适于精度较高的决策问题。

3）主观。从建立层次结构模型到给出成对比较矩阵，人的主观因素对整个过程的影响很大。层次分析法是一种带有模拟人脑的决策方法，定量数据较少，因此必然带有较大的主观定性色彩。

4）复杂。层次分析法的复杂性体现在两个方面。一是当指标过多时数据统计量大，且权重难以确定。因为当使用层次分析法解决较复杂的问题时，指标的数量就会随之增加，指标的增加就意味着要构造层次更深、数量更多、规模更庞大的判断矩阵，就会加大判断矩阵元素两两比较并确定相对重要性的难度，导致一致性检验不容易通过。二是在求判断矩阵的特征值和特征向量时，随着指标的增加，阶数也会随之增加，在计算上也变得越来越困难。

6.1.3 层次分析法的基本原理

1. 层次分析的基本思路

层次分析法遵循如下思路进行。

1）将复杂系统的问题分解成相互关联的元素；
2）分析这些元素之间的隶属关系，并建立递阶层次结构；
3）通过成对比较，构建判断矩阵确定同一层次中各元素相对于上一层共同准则的重要性权值；
4）综合参与决策的专家意见，进行综合评价，确定备选方案相对重要性的总排序。

2. 层次分析法的基本原理

层次分析法的基本思想是：将定性分析与定量分析有机结合；在定性分析部分，即分解目标，构建递阶层次结构时，主要是遵从人们对事物内在逻辑关系的认知；在定量分析部分，即构建判断矩阵，求解判断矩阵的最大特征根和对应的特征向量，进行一致性检验，确定最优权重，则是依据线性代数中的特征向量原理。层次分析法利用特征向量原理推导结果。

特征向量原理的推导过程如下。

假定要对 n 个物体 $A_1, A_2, \cdots, A_n$ 进行重量排序，将其重量分别设为 $W_1, W_2, \cdots, W_n$。虽然这 n 个物体的重量是未知的，但它们之中任意两个物体的相对重量是可以判断的，于是可以得到由重量比值为元素构成的判断矩阵 A。

$$A = \begin{bmatrix} \frac{W_1}{W_1} & \frac{W_1}{W_2} & \cdots & \frac{W_1}{W_n} \\ \frac{W_2}{W_1} & \frac{W_2}{W_2} & \cdots & \frac{W_2}{W_n} \\ \vdots & \vdots & & \vdots \\ \frac{W_n}{W_1} & \frac{W_n}{W_2} & \cdots & \frac{W_n}{W_n} \end{bmatrix} = (a_{ij})_{n \times n} \tag{6.1}$$

显然满足：

$$a_{ij} = 1 (i, j = 1, 2, \cdots, n, i = j)$$
$$a_{ij} = 1/a_{ji} (i, j = 1, 2, \cdots, n, i \neq j)$$
$$a_{ij} = a_{ik}/a_{jk} (i, j, k = 1, 2, \cdots, n, i \neq j)$$

用特征向量 $W = (W_1, W_2, \cdots, W_n)^T$ 右乘矩阵 A，得：

$$AW = \begin{bmatrix} \dfrac{W_1}{W_1} & \dfrac{W_1}{W_2} & \cdots & \dfrac{W_1}{W_n} \\ \dfrac{W_2}{W_1} & \dfrac{W_2}{W_2} & \cdots & \dfrac{W_2}{W_n} \\ \vdots & \vdots & & \vdots \\ \dfrac{W_n}{W_1} & \dfrac{W_n}{W_2} & \cdots & \dfrac{W_n}{W_n} \end{bmatrix} \begin{bmatrix} W_1 \\ W_2 \\ \vdots \\ W_n \end{bmatrix} = n \begin{bmatrix} W_1 \\ W_2 \\ \vdots \\ W_n \end{bmatrix} \tag{6.2}$$

即：

$$AW = nW \tag{6.3}$$

由向量原理可得，若 $AW=nW$，则说明矩阵 A 有唯一且不为零的最大特征值 λ_{max}，且 $\lambda_{max}=n$。W 是矩阵 A 与最大特征值对应的特征向量，只要知道矩阵 A，即可求得 A 的最大特征值及其特征向量，从而得出这 n 个物体重量排序的结果。

由于层次分析法判断矩阵构成的特殊性（专家主观经验判断赋值），λ_{max} 的值与 n 之间必然会存在偏差，为避免误差过大影响判断结果，需要检验判断矩阵的一致性。

6.1.4 层次分析法的实施流程

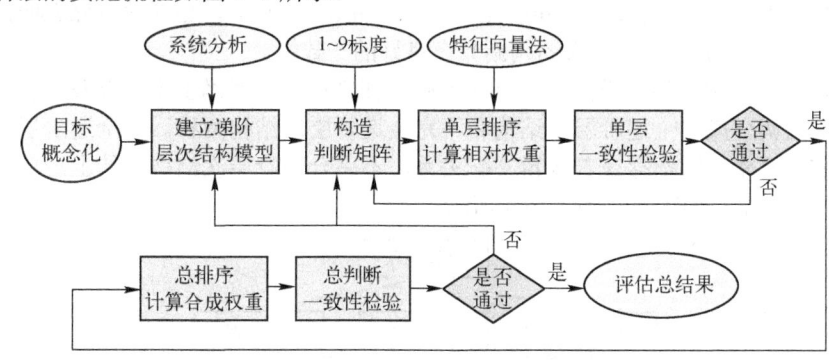

1. 层次分析法的实施流程

层次分析法的实施流程如图6-1所示。

图6-1 层次分析法的实施流程

1）层次分析法采用系统分析方法，把目标问题条理化、层次化，建立递阶层次结构模型。

2）根据递阶层次结构模型，同一层次各元素相对于上一层次中某一准则的重要性采用 1~9 标度进行两两比较，构造判断矩阵。

3）计算单一准则下同层次各元素相对重要性，判断矩阵的最大特征根和对应的特征向量并进行单层次一致性检验，若无法通过检验，则要考虑可能是两两比较的权值有误，需要重新建造判断矩阵。

4）单层次每个判断矩阵都通过一致性检验后，就可以计算最后的层次总排序。从最高层开始，由高向低逐层计算，推算出所有层次对最高层次的总排序值。同样，层次总排序也需要进行一致性检验，若无法通过，则需要对层次结构模型和判断矩阵做必要的调整，然后重复这一步骤。

2. 层次分析法的实施步骤

层次分析法一般采用五步法实施。

（1）建立递阶层次结构模型

将决策目标、考虑因素（决策准则）和决策对象按它们之间的相互关系分为最高层、中间层和最低层三个层次，绘出递阶层次结构模型，如图 6-2 所示。构建递阶层次结构的过程体现了人脑的思维过程。

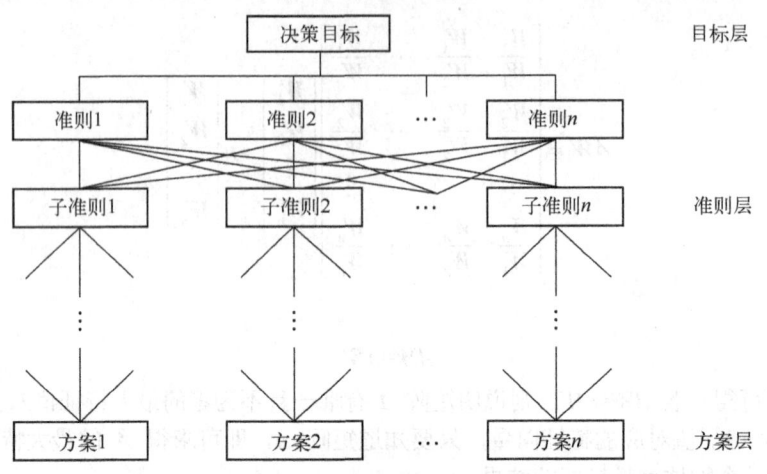

图 6-2 递阶层次结构模型

1）最高层。决策的目的、要解决的问题，称为目标层。

2）中间层。考虑的因素、决策的准则，称为准则层。可以有一层或多层，遵循同一层作用相等原则。

3）最低层。决策时的备选方案，称为方案层。

递阶层次结构的特点：上层元素支配下层元素（隶属关系）；同层各元素地位相等，元素之间相互独立（并列关系）；一般情况下，同层元素个数不宜超过 9 个。心理学研究表明，同时进行比较的对象不超过（7±2）的情况下，人的判断具有良好的一致性。

构造递阶层次结构模型的关键是确定判断准则或评判标准，明确上下层以及同层元素间的逻辑关系。递阶层次结构分成完全递阶层次结构和不完全递阶层次结构两种。完全递阶层次结构中的上层元素与下层所有元素之间都存在着逻辑支配关系，不完全递阶层次结构中的上一层元素可能并不支配下一层的所有元素，如图 6-3 和图 6-4 所示。

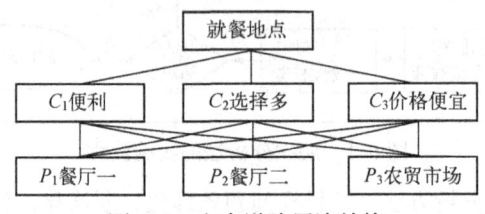

图 6-3 完全递阶层次结构

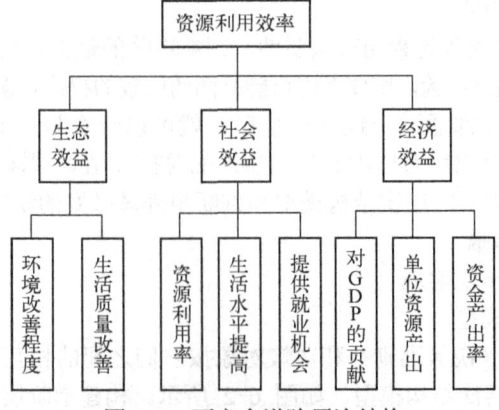

图 6-4 不完全递阶层次结构

（2）构造判断矩阵

层次分析法的核心是采用同层元素两两比较，建立判断矩阵，确定各层次各元素之间的权重。确定层次结构后，上一层的一个元素对应下一层的一组元素，将上层元素看作约束条件，把与其对应的下层元素进行两两比较，所得结果构成判断矩阵。

一般采用 Saaty 的 1~9 标度作为比较标准，判断矩阵元素 a_{ij} 的标度方法见表 6-1。

表 6-1　判断矩阵元素 a_{ij} 的标度方法

标度	含义
1	表示两个因素相比，具有同样的重要性
3	表示两个因素相比，一个因素比另一个因素稍微重要
5	表示两个因素相比，一个因素比另一个因素明显重要
7	表示两个因素相比，一个因素比另一个因素强烈重要
9	表示两个因素相比，一个因素比另一个因素极端重要
2，4，6，8	上述相邻两个判断的中间值
倒数	因素 i 与 j 比较的判断 a_{ij}，则因素 j 与 i 比较的判断 $a_{ji}=1/a_{ij}$

下面以选择旅游地为例来说明。

1) 构建递阶层次结构，如图 6-5 所示。

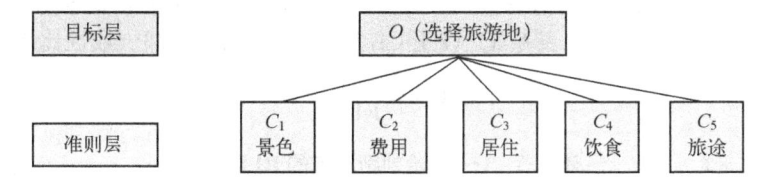

图 6-5　旅游地选择的递阶层次结构

2) 构造判断矩阵，见表 6-2。

表 6-2　旅游地选择的判断矩阵

O_1	C_1	C_2	C_3	C_4	C_5
C_1	a_{11}	a_{12}	a_{13}	a_{14}	a_{15}
C_2	a_{21}	a_{22}	a_{23}	a_{24}	a_{25}
C_3	a_{31}	a_{32}	a_{33}	a_{34}	a_{35}
C_4	a_{41}	a_{42}	a_{43}	a_{44}	a_{45}
C_5	a_{51}	a_{52}	a_{53}	a_{54}	a_{55}

① 其中 O_1 为与某层次元素 C_1，C_2，…，C_n 有联系的上一层次的一个因素。

② a_{ij} 表示两个元素 C_i 与 C_j 相对于 O_1 的重要程度。

③ 进行两两比较，给每个元素赋值，构成判断矩阵 A（采用 Saaty 的 1~9 标度）。只有将元素的相对重要性采用统一的标准进行衡量才能保证构成判断矩阵的元素具有一致性。

④ 由判断矩阵 A 可以确定 C_1，…，C_n 相对于 O_1 的权向量。

$$a_{ij} = C_i : C_j$$

$$A = (a_{ij})_{n \times n}, a_{ij} > 0, a_{ji} = \frac{1}{a_{ij}}$$

$$A = \begin{array}{c} \\ C_1 \\ C_2 \\ C_3 \\ C_4 \\ C_5 \end{array} \begin{bmatrix} C_1 & C_2 & C_3 & C_4 & C_5 \\ 1 & 1/2 & 4 & 3 & 3 \\ 2 & 1 & 7 & 5 & 5 \\ 1/4 & 1/7 & 1 & 1/2 & 1/3 \\ 1/3 & 1/5 & 2 & 1 & 1 \\ 1/3 & 1/5 & 3 & 1 & 1 \end{bmatrix}$$

（3）判断矩阵的一致性检验

1）一致性检验的内涵。即允许判断矩阵偏离，但偏离必须是可接受的。通常用一致性指标（偏差、系数）CI、一致性比率 CR 表示偏离程度。

2）一致性指标。根据矩阵原理，对称互反矩阵满足一致性时，它的最大特征值等于判断矩阵的阶数，即 $\lambda_{\max}=n$。当判断矩阵不能保证完全一致时，相应判断矩阵的特征值也将发生变化。通常使用一致性指标（偏差、系数）CI 来判断矩阵特征值的变化，检验判断矩阵的一致性程度。

$$\mathrm{CI} = \frac{\lambda_{\max} - n}{n - 1} \tag{6.4}$$

CI=0 表示有完全的一致性。CI 接近 0 表示有满意的一致性。CI 越大，一致性越差。

3）一致性比率。由于判断矩阵的一致性偏离可能是随机原因造成的。一般情况下，矩阵阶数越大，出现一致性随机偏离的可能性也越大。当判断矩阵阶数大于 3 时，需要引入随机一致性指标 RI（1～11 阶判断矩阵的 RI 取值见表 6-3）校正 CI，得出检验系数，即一致性比率 CR。

$$\mathrm{CR} = \frac{\mathrm{CI}}{\mathrm{RI}} \tag{6.5}$$

表 6-3　1～11 阶判断矩阵的 RI 取值

n	1	2	3	4	5	6	7	8	9	10	11
RI	0	0	0.58	0.90	1.12	1.24	1.32	1.41	1.45	1.49	1.51

当 CR≤0.1 时，认为判断矩阵具有满意的一致性，通过一致性检验。可用特征向量 W 作为权向量，否则要调整判断矩阵，使其具有满足的一致性。

（4）单层次排序及一致性检验

建立判断矩阵后，需要量化处理和计算，求判断矩阵 A 满足等式 $AW=\lambda_{\max}W$ 时的最大特征值 $\lambda_{\max}$ 和对应的特征向量 W，然后计算一致性偏差 CI，查表取随机一致性指标 RI 值，得出一致性比率 CR，进行一致性检验。如果一致性检验通过，则特征向量即是单一准则层各元素的排序权值。

求最大特征值和特征向量的方法有和积法、方根法和幂法三种。严格的计算方法是幂法，但由于幂法计算量大，需要借助计算机才能进行精确计算，一般采用和积法和方根法计算最大特征值和特征向量。下面主要介绍和积法和方根法。

1）和积法。设有一个 $n×n$ 的判断矩阵 A，和积法的计算步骤如下。

① 将判断矩阵的每一列进行归一化处理。

$$\bar{a}_{ij} = \frac{a_{ij}}{\sum_{i=1}^{n} a_{ij}}, \quad j = 1, 2, \cdots, n \tag{6.6}$$

② 将归一化后的矩阵按行相加。

$$\bar{W}_i = \sum_{j}^{n} \bar{a}_{ij}, \quad i = 1, 2, \cdots, n \tag{6.7}$$

③ 对向量 $\bar{W} = (\bar{W}_1, \bar{W}_2, \cdots, \bar{W}_n)^{\mathrm{T}}$ 进行归一化处理。

$$W_i = \frac{\overline{W}_i}{\sum_{i=1}^{n} \overline{W}_i}, \quad i = 1, 2, \cdots, n \tag{6.8}$$

所得的 $\boldsymbol{W} = (W_1, W_2, \cdots, W_n)^T$ 即为判断矩阵 $\boldsymbol{A}$ 的特征向量。

④ 计算判断矩阵的最大特征值 $\lambda_{\max}$。

$$\lambda_{\max} = \sum_{i=1}^{n} \frac{(\boldsymbol{AW})_i}{nW_i} \tag{6.9}$$

式中，$(\boldsymbol{AW})_i$ 表示向量 $\boldsymbol{AW}$ 的第 i 个元素。

⑤ 进行一致性检验，计算一致性偏差 CI 和一致性比率 CR。若 CR≤0.1，则判断矩阵 $\boldsymbol{A}$ 通过一致性检验，具有满意的一致性。

2) 方根法。设有一个 $n×n$ 的判断矩阵 $\boldsymbol{A}$，方根法的计算步骤如下。

① 将判断矩阵的每一行进行归一化处理，即计算判断矩阵的每行元素的乘积 M_i。

$$M_i = \prod_{n=1}^{n} a_{ij}, \quad i = 1, 2, \cdots, n \tag{6.10}$$

② 计算 M_i 的 n 次方根。

$$\overline{W}_i = \sqrt[n]{M_i} \tag{6.11}$$

③ 对向量 $\overline{\boldsymbol{W}} = (\overline{W}_1, \overline{W}_2, \cdots, \overline{W}_n)^T$ 进行归一化处理。

$$W_i = \frac{\overline{W}_i}{\sum_{i=1}^{n} \overline{W}_i}, \quad i = 1, 2, \cdots, n \tag{6.12}$$

所得的 $\boldsymbol{W} = (W_1, W_2, \cdots, W_n)^T$ 即为判断矩阵 $\boldsymbol{A}$ 的特征向量。

④ 计算判断矩阵的最大特征值 $\lambda_{\max}$。

$$\lambda_{\max} = \sum_{i=1}^{n} \frac{(\boldsymbol{AW})_i}{nW_i} \tag{6.13}$$

式中，$(\boldsymbol{AW})_i$ 表示向量 $\boldsymbol{AW}$ 的第 i 个元素。

⑤ 进行一致性检验，计算一致性偏差 CI 和一致性比率 CR。若 CR≤0.1，则判断矩阵 $\boldsymbol{A}$ 通过一致性检验，具有满意的一致性。

（5）层次总排序及一致性检验

层次总排序的计算是在单层次排序的基础上，根据递阶层次结构，从最高层开始，采用逐层叠加的方法，由高到低进行合成排序，从而得到最低层次所有元素对应于目标层的相对重要性的最终总排序结果，层次总排序权值表见表 6-4。具体的计算方法如下。

$$\boldsymbol{W} = [W^{(k)} W^{(k-1)} \cdots W^{(2)}], \quad k \text{ 为层次} \tag{6.14}$$

表 6-4　层次总排序权值表

层次 D \ 层次 C	C_1	C_2	⋯	C_n	D 层次总排序权值
	C_1	C_2	⋯	C_n	
D_1	d_{11}	d_{12}	⋯	d_{1n}	$\sum_{j=1}^{n} c_j d_{1j}$
D_2	d_{21}	d_{22}	⋯	d_{2n}	$\sum_{j=1}^{n} c_j d_{2j}$
⋮	⋮	⋮	⋮	⋮	⋮
D_m	d_{m1}	d_{m2}	⋯	d_{mn}	$\sum_{j=1}^{n} c_j d_{mj}$

计算层次总排序权值,每递推一层,就要进行一次一致性检验。假设 C_j 支配的层次 D 元素构成的判断矩阵的一致性偏差为 CI_j,相应的平均随机一致性指标为 RI_j,则 D 层次总排序的一致性比率 CR 为:

$$CR = \frac{\sum_{j=1}^{n} W_j \times CI_j}{\sum_{j=1}^{n} W_j \times RI_j} \tag{6.15}$$

若 CR≤0.1,则层次总排序的结果具有满意的一致性。

6.1.5 层次分析法的主要应用

1. 层次分析法的应用领域

层次分析法适用于决策、评价、分析、预测等数据缺乏、定性因素起主要作用的判断问题,被广泛应用于经济计划和管理、能源政策和分配、人才选拔和评价、生产决策、交通运输、科研选题、产业结构、教育、医疗、环境、军事等领域。

2. 层次分析法的应用实例

下面以选择旅游地的应用实例来说明层次分析法的实施过程。

(1)决策问题

在泰山、杭州和承德三处景点中选择一个作为旅游地,选择的旅游景点要能最大限度地满足玩好、住好、吃好、方便、便宜的要求。

(2)准则或标准

重点考虑景点景色、旅游费用、居住环境、饮食特色和交通便利五个标准或准则。

(3)实施步骤

1)建立递阶层次结构模型,如图 6-6 所示。

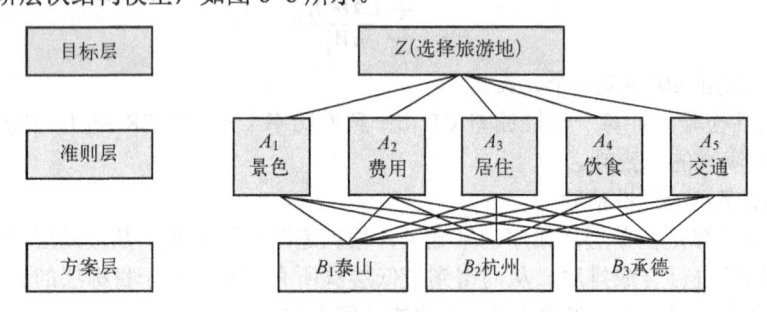

图 6-6 选择旅游景点的递阶层次结构模型

2)构造判断矩阵。

① 准则层相对于目标层的判断矩阵。

$$A = \begin{bmatrix} 1 & \frac{1}{2} & 4 & 3 & 3 \\ 2 & 1 & 7 & 5 & 5 \\ \frac{1}{4} & \frac{1}{7} & 1 & \frac{1}{2} & \frac{1}{3} \\ \frac{1}{3} & \frac{1}{5} & 2 & 1 & 1 \\ \frac{1}{3} & \frac{1}{5} & 3 & 1 & 1 \end{bmatrix}$$

② 方案层相对于准则层的判断矩阵。

$$B_1 = \begin{bmatrix} 1 & 2 & 5 \\ \frac{1}{2} & 1 & 2 \\ \frac{1}{5} & \frac{1}{2} & 1 \end{bmatrix} \quad B_2 = \begin{bmatrix} 1 & \frac{1}{3} & \frac{1}{8} \\ 3 & 1 & \frac{1}{3} \\ 8 & 3 & 1 \end{bmatrix} \quad B_3 = \begin{bmatrix} 1 & 1 & 3 \\ 1 & 1 & 3 \\ \frac{1}{3} & \frac{1}{3} & 1 \end{bmatrix}$$

$$B_4 = \begin{bmatrix} 1 & 3 & 4 \\ \frac{1}{3} & 1 & 1 \\ \frac{1}{4} & 1 & 1 \end{bmatrix} \quad B_5 = \begin{bmatrix} 1 & 1 & \frac{1}{4} \\ 1 & 1 & \frac{1}{4} \\ 4 & 4 & 1 \end{bmatrix}$$

③ 单层次排序及一致性检验。

用和积法计算判断矩阵 A 的最大特征值为 $\lambda_{\max} = 5.073$。

对应的特征向量为 $W^{(2)} = [0.263, 0.475, 0.055, 0.099, 0.110]$，则 $CI = \dfrac{5.073-5}{5-1} \approx 0.018$，查表得 $RI = 1.12$，故：$CR \approx \dfrac{0.018}{1.12} \approx 0.016 < 0.1$。

所以判断矩阵 A 具有满意一致性，通过一致性检验。

用和积法计算判断矩阵 B_1、B_2、B_3、B_4、B_5 的最大特征值 $\lambda_{\max}$ 和特征向量 W，并求相应的 CI、CR 及进行一致性检验，结果见表 6-5。

表 6-5 判断矩阵 B_1、B_2、B_3、B_4、B_5 的计算结果

k	1	2	3	4	5
W_{k1}	0.595	0.082	0.429	0.633	0.166
W_{k2}	0.277	0.236	0.429	0.193	0.166
W_{k3}	0.129	0.682	0.142	0.175	0.668
λ_k	3.005	3.002	3	3.009	3
CI_k	0.003	0.001	0	0.005	0
RI_k	0.58	0.58	0.58	0.58	0.58
CR_k	0.005	0.002	0	0.009	0

由 CR_k 可知，B_1、B_2、B_3、B_4、B_5 均通过一致性检验。

④ 层次总排序及一致性检验。

已知：$W^{(2)} = [0.263, 0.475, 0.055, 0.099, 0.110]$

由表 6-5 可知：

$$W^{(3)} = \begin{bmatrix} 0.595 & 0.082 & 0.429 & 0.633 & 0.166 \\ 0.277 & 0.236 & 0.429 & 0.193 & 0.166 \\ 0.129 & 0.682 & 0.142 & 0.175 & 0.668 \end{bmatrix}$$

$$W = W^{(3)} \times W^{(2)}$$

B_1 相对于总目标的权值为：

$$0.595 \times 0.263 + 0.082 \times 0.475 + 0.429 \times 0.055 + 0.633 \times 0.099 + 0.166 \times 0.110 \approx 0.3$$

同理可得 B_2、B_3 相对于总目标的权值分别为：0.246、0.456。

方案层相对于总目标的权值向量为：0.3、0.246、0.456。

$$C = W^{(2)} = [0.263,\ 0.475,\ 0.055,\ 0.099,\ 0.110]$$

$$CI = [0.003,\ 0.001,\ 0,\ 0.005,\ 0]$$

$$RI = [0.58,\ 0.58,\ 0.58,\ 0.58,\ 0.58]$$

$$CR = \frac{\sum_{j=1}^{5} W_j \times CI_j}{\sum_{j=1}^{5} W_j \times RI_j} = 0.015 < 0.1$$

$$CR = (0.263 \times 0.003 + 0.475 \times 0.001 + 0.055 \times 0 + 0.099 \times 0.005 + 0.110 \times 0) / 0.58 \approx 0.003 < 0.1$$

所以层次总排序及一致性检验通过。

⑤ 根据计算结果做出决策。

特征向量 W 可作为最后决策依据，即各方案的权重排序为：$W = [0.3,\ 0.246,\ 0.456]$，所以方案 B_3 承德为最佳旅游地。

6.2 德尔菲法

6.2.1 德尔菲法的产生与发展

德尔菲法是在 20 世纪 40 年代由 O. 赫尔姆和 N. 达尔克首创，经过 T.J.戈尔登和兰德公司进一步发展而形成的。1946 年，美国兰德公司为避免集体讨论存在的屈从于权威或盲目服从多数的缺陷，首次用这种方法来进行定性预测，后来该方法被迅速广泛采用。20 世纪中期，当美国政府执意发动朝鲜战争的时候，兰德公司提交了一份预测报告，预告这场战争必败。但是美国政府完全没有采纳，结果一败涂地。从此以后，德尔菲法得到广泛认可。

德尔菲（Delphi）是古希腊地名，德尔菲法这一名称起源于古希腊有关太阳神阿波罗的神话。相传太阳神阿波罗（Apollo）在德尔菲杀死了一条巨蟒，成了德尔菲的主人。在德尔菲有座阿波罗神殿，传说阿波罗具有预见未来的能力，是一个预卜未来的神谕之地，于是人们就借用此名，作为这种方法的名字。

20 世纪 50 年代末期，美国政府组织了一批专家，要求他们站在苏军战略决策者的角度，最优地选择在未来大战中将被轰炸的美国目标，为美军决策人员提供参考。1964 年，德尔菲法被美国兰德公司的赫尔姆和达尔克首次应用于科技预测中，并经过兰德公司的进一步使用而推广。此后，德尔菲法便迅速在许多国家广泛应用。我国从 20 世纪 80 年代开始，在科技规划、技术评估、技术经济论证等许多领域也广泛应用德尔菲法并取得良好效果。

经过几十年的应用与发展，德尔菲法在经典四轮调查的基础上，已经衍生出一系列派生方法，可概括为保持基本特点的派生德尔菲法，如减轮德尔菲法；部分改变基本特点的派生德尔菲法，如部分匿名德尔菲法、部分反馈德尔菲法等。

6.2.2 德尔菲法的概念与特点

1. 德尔菲法的概念

德尔菲法是在专家个人调查和专家会议调查的基础上改良而产生的，其含义是通过卓越人物来洞察和预见未来。

德尔菲法又称专家调查法、专家意见法或专家函询调查法，采用通信方式（函件）分别将所需解决的问题单独发送到各个专家手中，征询意见，然后回收并汇总全部专家的意见，并整理出综合意见。随后将该综合意见和预测问题再分别反馈给专家，再次征询意见，各专家依据综合意见修改自己原有的意见，然后再汇总。这样多次反复，逐步取得比较一致的预测结果的决策方法。

德尔菲法依据系统的程序，采用匿名发表意见的方式，即专家之间不得互相讨论，不发生横向联系，只能与调查人员发生关系，通过多轮次调查专家对问卷所提问题的看法，经过反复征询、归纳、修改，最后汇总成专家基本一致的看法，作为预测的结果。

德尔菲法主要用于评价和预测，特别是在缺少情报资料和历史数据、单凭信息分析人员无法完成评价和预测任务时，必须借助专家力量的情境。德尔菲法的应用体现在具体指标的确定、评价指标体系的建立、某种事件（时间、方案）的预测等。

2. 德尔菲法的特点

德尔菲法具有匿名性、反馈性和统计性三个基本特点。

（1）匿名性

匿名性是德尔菲法的主要特点。专家们不受任何干扰，相互之间不见面、不联系，独立发表自己的意见，不需要解释与理由，只需要有充足的时间思考和进行调查研究、查阅资料。从事预测的专家彼此互不知道其他有哪些人参加预测，他们是在完全匿名的情况下交流思想的。因为采用这种方法时所有专家组成员不直接见面，只是通过函件交流，这样就可以消除权威的影响。后来改进的德尔菲法允许专家开会进行专题讨论。匿名性保证了专家意见的充分和可靠。

（2）反馈性

组织者对每一轮专家咨询的结果进行整理、分析、综合，并在下一轮咨询中匿名反馈给每位专家，以供参考。经典的德尔菲法一般经过三到四轮专家意见征询，每一轮都不是简单重复，而是螺旋上升的过程。在每一轮反馈中，每个专家都吸收了新的信息，对任务有更深刻和全面的认识，预测结果的准确性逐轮得到提高。

（3）统计性

由于对研究课题的评价或预测不是由个别专家给出的，而是由一群有关的专家给出的，因此专家的回答必须进行统计学处理，以概率的形式出现，反映专家意见的集中程度和离散程度。

6.2.3 德尔菲法的实施流程

德尔菲法的实施流程包括三个阶段，如图6-7所示。

（1）成立领导小组

由领导小组自始至终负责完成任务的设计、执行、反馈、数据处理及最后报告的撰写。该小组的成员主要由信息分析人员构成。

（2）组织调查实施

完成四轮调查，即开放式的第一轮调查、评价式的第二轮调查、重审式的第三轮调查、复核式的第四轮调查。对每一轮的专家意见进行收集、整理、分析，及时体现在下一轮的调查中。

（3）数据处理及表达

主要考虑各位专家意见的集中程度和离散程度。专家集中程度通常可用算术平均数、中位数表示，离散程度可用变异系数、四分位数表示。如果将专家非等权处理，则要引入专家权重系数、专家积极系数等。数据处理和表达贯穿每一轮的反馈过程。

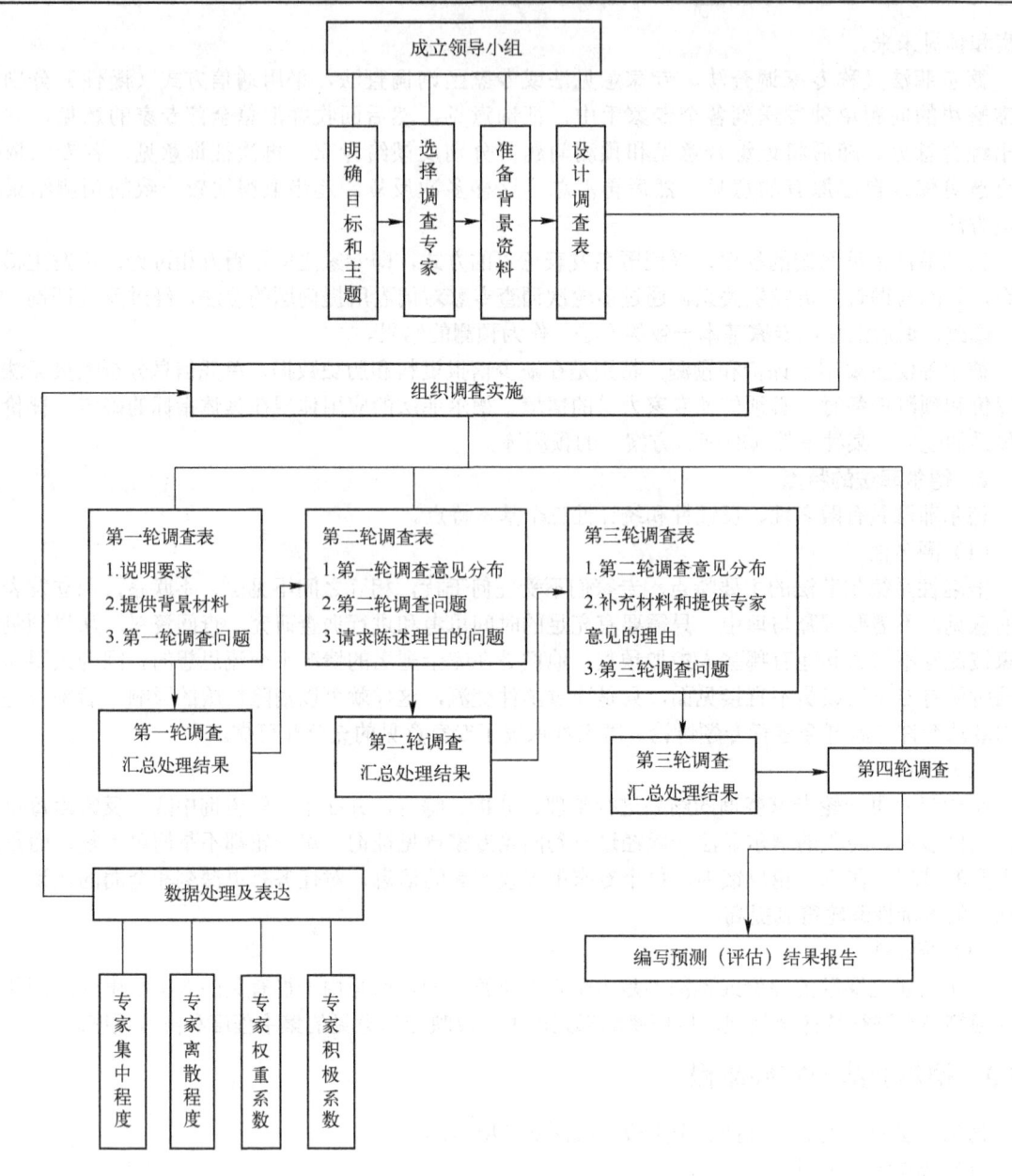

图 6-7 德尔菲法的实施流程

6.2.4 德尔菲法的关键问题

1. 选择参与的专家

专家是指对某一学问有专门研究并有丰富经验的人。通常将在某领域工作 10 年以上的人员称为专家。在德尔菲法中，专家的任务是对预测（评估）课题提出正确的意见和有价值的判断，专家的选择是否恰当直接关系到德尔菲法应用的成败。

选择参与专家时应注意的原则有：

1）专家的代表面应广泛。专家尽可能从研究、技术、管理、实际工作领域这几个方面选择，且考虑专家的年龄、学派、地区、相关领域等因素。

2) 专家的权威程度要高。参与专家要熟知预测目标、知识渊博、经验丰富、见解独到。

3) 专家要有足够的时间和耐心完成调查。德尔菲法经过四轮调查，周期长、耗费时间，参与专家要能保证自己有时间全程亲自参与调查表的填写和征询，以确保调查的高应答和高回收率。

4) 专家人数一般控制在 15~50 人。

5) 事先约请专家不要向外透露参与征询调查。

专家选择可根据公开的研究成果筛查、已有专家库抽取、熟悉专家联名推荐等多种方式进行。

2. 设计合适的调查表

调查表是获取专家意见的工具，是进行信息分析的基础。调查表设计的好坏，直接关系到预测的效果。调查表的设计没有固定格式，因研究课题不同而不同。

德尔菲法的调查表一般分两个部分：主体和附件。主体即调查的主要内容，需要专家回答的具体问题；附件包括调查目的、要求、背景材料（专家回执、反馈信息等）。每一轮调查表的设计重点会有不同，是在上一轮调查及专家意见的基础上，向总目标的递进。

设计调查表时应注意的原则有：

1) 选择合适的提问方式。调查表的问题一般有开放式和封闭式两种。开放式提问，因能收集到组织者没考虑到的资料，建议在调查前期使用。封闭式提问，因结构化程度高而便于分析整理，建议在调查后期使用。

2) 把握问题的数量和难度。调查表中问题的数目一般应限制在 25 个以内，答题时间控制在半小时左右。

3) 尽可能表格化、符号化、数字化。咨询答案除了必须用文字表述的以外，尽可能要求用数字或符号表述，便于后期的数据处理与表达。对于开放性问题，调查表要有足够的留空位置，供专家充分表达自己的观点。

4) 组织者自始至终都不应发表自己的意见，以免影响和干扰专家的独立思考和判断。

经典德尔菲法通常设计四轮调查表，第一轮调查表不带任何框框，只提出待预测（评估）的问题，供专家充分发表意见。第二、三、四轮调查表，均在前一轮专家意见反馈的基础上设计，问题结构化程度提高，特殊情况要求专家给出详细论证。第二、三、四轮调查表依情况反馈上一轮调查专家意见的集中和（或）离散分布概率，以供专家参考。实际操作中，如果组织者预先能根据掌握的资料或专家意见，拟好预测（评估）事件一览表，可减少第一轮调查设计。在第四轮调查之前，如果专家意见趋向稳定，可以省略第四轮调查设计，提高研究效率。

3. 处理与表达调查数据

德尔菲法在每轮调查之后对众多的专家意见量化后进行分析，常见的数据处理与表达方式如下。

（1）对方案实现时间预测结果的数据处理与表达

对这类预测结果进行处理时，要引入百分位数的概念。百分位数是一种位置指标，用 P_x 表示，读作第 x 百分位数。一个百分位数 P_x 将全部变量分为两部分，在不包含 P_x 的全部变量值中有 $x\%$ 的变量值小于或等于它，$(100-x)\%$ 的变量值大于或等于它。故百分位数是一个界值，其中 P_{50} 称为中位数，P_{25} 和 P_{75} 分别称为上四分位数和下四分位数。一般以中位数代表专家意见的集中程度，即 50% 的专家认为中位数所处的时间点能实现此事件。以上四分位数和下四分点代表专家意见的离散程度，即 25% 的专家认为事件实现的时间比上四分位点所处的时间要早，而有 25% 的专家认为事件实现的时间比下四分位点所处的时间要晚。假设 n 个专家的预测时间排列为 $T_1 \leqslant T_2 \leqslant T_3 \leqslant \cdots \leqslant T_{n-1} \leqslant T_n$，计算中位数 P_{50}、上四分位数 P_{25} 和下四分位数 P_{75}。

1) 中位数的计算。

中位数 P_{50} 是将 n 个变量值从小到大排列，位置居于中间的那个数。当 n 为奇数时，取位次居中的变量值，当 n 为偶数时，取位次居中的两个变量值的平均数，即：

① 当 n 为奇数时：$P_{50} = T_{\left(\frac{n+1}{2}\right)}$。

② 当 n 为偶数时：$P_{50} = \frac{1}{2}\left(T_{\left(\frac{n}{2}\right)} + T_{\left(\frac{n}{2}+1\right)}\right)$。

2）上四分位数和下四分位数的计算。

① 上四分位数 P_{25} 是将 n 个变量值从小到大排列，位置居于前 1/4 位置的那个数。计算公式为：

当 $n \times \frac{1}{4}$ 的结果为小数时：$P_{25} = T_{(trunc(n \times 25\%)+1)}$。

当 $n \times \frac{1}{4}$ 的结果为整数时：$P_{25} = \frac{1}{2}\left(T_{n \times 25\%} + T_{n \times 25\%+1}\right)$。

② 下四分位数 P_{75} 是将 n 个变量值从小到大排列，位置居于前 3/4 位置的那个数。计算公式为：

当 $n \times \frac{3}{4}$ 的结果为小数时：$P_{75} = T_{(trunc(n \times 75\%)+1)}$。

当 $n \times \frac{3}{4}$ 的结果为整数时：$P_{75} = \frac{1}{2}\left(T_{n \times 75\%} + T_{n \times 75\%+1}\right)$。

式中，$trunc(n \times 25\%)$ 表示对 $n \times 25\%$ 的计算结果取整数，如 $trunc(5.5) = 5$。

例一：2012 年有 17 位医学专家对可以研制出艾滋病特效药的时间进行预测，预测时间分别为 2014，2015，2015，2016，2016，2017，2017，2018，2018，2019，2020，2021，2021，2022，2023，2023，2023。

n 为奇数，计算中位数：

$$P_{50} = T_{\left(\frac{n+1}{2}\right)} = T_9 = 2018$$

$n \times \frac{1}{4} = 4.25$ 为小数，计算上四分位数：

$$P_{25} = T_{(trunc(n \times 25\%)+1)} = T_5 = 2016$$

$n \times \frac{3}{4} = 12.75$ 为小数，计算下四分位数：

$$P_{75} = T_{(trunc(n \times 75\%)+1)} = T_{13} = 2021$$

由计算可知，在 2012 年时，大多数专家倾向于艾滋病特效药在 2018 年会研制成功，但也有小部分专家认为 2016 年以前就能研制成功，有小部分专家认为至少要到 2021 年以后才有可能。

例二：有 8 名专家对某种食物中毒的潜伏期时间（单位为 h）预测分别为：1，2，2，3，5，8，15，24。专家意见的集中和离散程度分别如何呢？

n 为偶数，计算中位数：

$$P_{50} = \frac{1}{2}\left(T_{\left(\frac{n}{2}\right)} + T_{\left(\frac{n}{2}+1\right)}\right) = \frac{1}{2}(T_4 + T_5) = \frac{1}{2}(3+5) = 4$$

$n \times \frac{1}{4} = 2$ 为整数，计算上四分位数：

$$P_{25} = \frac{1}{2}\left(T_{n \times 25\%} + T_{n \times 25\%+1}\right) = \frac{1}{2}(T_2 + T_3) = \frac{1}{2}(2+2) = 2$$

$n \times \frac{3}{4} = 6$ 为整数，计算下四分位数：

$$P_{75} = \frac{1}{2}\left(T_{n \times 75\%} + T_{n \times 75\%+1}\right) = \frac{1}{2}(T_6 + T_7) = \frac{1}{2}(8+15) = 11.5$$

由计算可知，大多数专家倾向于此种食物中毒的潜伏期时间为 4h，但也有小部分专家认为只有 2h，另有小部分专家认为可能延长至 11.5h。

第6章　信息分析半定量方法

3）图形处理和表达。

对事件实现时间的预测结果也可用全楔形图（如图 6-8a 所示）或截角楔形图（如图 6-8b 所示）来表达。全楔形图的顶点表示预测时间的中位数，两个端点分别表示预测时间的最近点和最远点。截角楔形图是从全楔形图中截去上四分点、下四分点之间范围以外的部分后所形成的图形，其顶点表示预测时间的中位数，两个端点分别表示上四分点、下四分点。

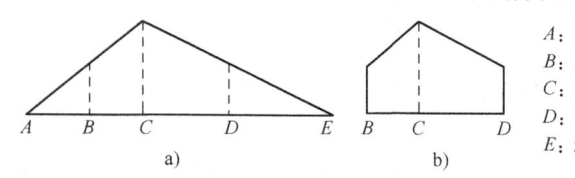

图 6-8　全楔形图和截角楔形图

A：最近点
B：上四分位点
C：中位数
D：下四分位点
E：最远点

（2）对方案相对重要性预测结果的数据处理与表达

德尔菲法经常要对事件实现的先后、事物质量的优劣以及实现特定目标过程中的一些条件、手段或途径的地位或主次进行预测。这类结果一般以评分值来表示方案的相对重要性。

1）专家意见的集中程度。

① 算术平均值。算术平均值是全部专家对所有方案的评分值的平均值。

$$M_j = \frac{1}{m_j}\sum_{i=1}^{m} C_{ij} \tag{6.16}$$

式中，M_j 为对方案 j（$j=1, 2, \cdots, n$）全部评分值的算术平均值；m_j 为参加方案 j 评价的专家数；C_{ij} 为第 i（$i=1, 2, \cdots, m$）个专家对第 j 个方案的评分值。M_j 的范围为 0~100 分，值越大，方案的相对重要性越大。

② 满分频率。满分频率是指对某方案给满分（100 分）的专家数与对该方案做出评价的专家总数之比。

$$K_j^1 = \frac{m_j^1}{m_j} \tag{6.17}$$

式中，K_j^1 为方案 j 的满分频率；m_j^1 为对方案 j 给满分的专家数；m_j 的含义同前。K_j^1 的范围为 0~1，K_j^1 值越大，表明满分频率越高。

③ 评价等级和。评价等级即名次，1 表示等级最高，2 表示等级次之，3 表示等级更次之，……以此类推。方案的评价等级和就是专家对某方案做出评价的评价等级的算术和。

$$S_j = \sum_{i=1}^{m_j} R_{ij} \tag{6.18}$$

式中，S_j 为对方案 j 的评价等级和；R_{ij} 为第 i 个专家对第 j 个方案的评价等级；m_j 的含义同前。S_j 的值越小，方案的相对重要性越大。

2）专家意见的协调程度。

① 均方差。全部专家对方案 j 评价值的均方差代表了专家评价的离散程度。

$$D_j = \frac{1}{m_j}\sum_{i=1}^{m}(C_{ij} - M_j)^2 \tag{6.19}$$

式中，D_j 为全部专家对方案 j 评价值的均方差；C_{ij}、m_j、M_j 的含义同前。

② 标准差。全部专家对方案 j 评价值的标准差代表了专家评价的变异程度。

$$\sigma_j = \sqrt{\frac{1}{m_j}\sum_{i=1}^{m}(C_{ij}-M_j)^2} \tag{6.20}$$

式中，σ_j 为全部专家对方案 j 评价值的标准差；C_{ij}、m_j、M_j 的含义同前。

③ 变异系数。全部专家对方案 j 相对重要性评价值的相对离散程度，亦即协调程度。

$$V_j = \frac{\sigma_j}{M_j} \tag{6.21}$$

V_j 值越小，表明专家意见的协调程度越高，收敛性越好。

3）专家积极性程度。

专家积极性系数用以表示专家对某方案的关心程度，一般用参与某方案评价的专家人数与专家总数的比值来表示。

$$C_{aj} = \frac{m_j}{m} \tag{6.22}$$

式中，C_{aj} 为方案 j 的专家积极性系数；m_j、m 的含义同前。C_{aj} 的值越大，方案的相对重要性越大。

（3）对某方案在总体方案中所占最佳比重预测结果的数据处理与表达

对某方案在总体方案中所占最佳比重预测结果一般为百分制形式，一般使用直方图表示，如图 6-9 所示。最佳比重表示专家对该方案所占最佳比重的评价值，将横轴分成若干个间距相等的区段；专家比值表示做出属于某一区段的最佳比重预测结果的专家数与参加预测的专家总数的比值。图 6-9 中最佳比重很可能为 60%~80%。

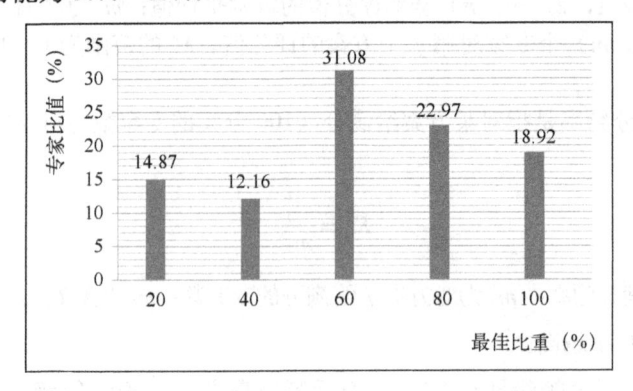

图 6-9　某方案在总体方案中所占最佳比重预测结果的直方图

（4）从若干方案中选择最佳方案预测结果的数据处理和表达

从若干方案中选择最佳方案的预测结果也可用直方图表示，如图 6-10 所示。直方图的横坐标用以排列若干个备选方案，纵坐标表示选择某方案的专家数与参与预测的专家总数的比值。一般来说，该比值越大，则所对应的方案为最佳的可能性也越大。图 6-10 中方案 3 为最佳方案的可能性最大。

4．控制调查时间和费用成本

为了控制成本、提高效率，德尔菲法的组织者往往根据实际需要采用多种方式来控制调查的时间成本和费用成本。常用的方法如下。

1）减轮。减少调查的轮数，由经典的四轮专家调查减为三轮调查。

2）用电子邮件取代信件函询。随着互联网的普及，利用电子邮件取代信件函询可以大大节省时间、降低成本。

3）用 App 系统取代电子邮件。随着移动终端，特别是手机的普及，可以利用手机 App 将每一轮德尔菲调查的专家集中度和离散度的计算方法嵌入系统中，直接得到统计结果。

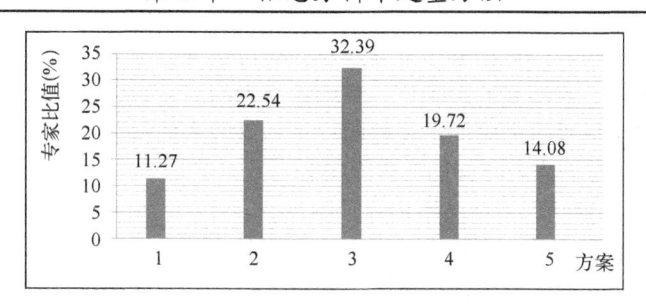

图 6-10 从 5 个方案中选择最佳方案的预测结果的直方图

6.2.5 德尔菲法的主要应用

德尔菲法建立在诸多专家的专业知识、经验和主观判断能力的基础上，因而适用于缺少原始资料和历史数据，又较多地受到社会、政治、人为因素影响的信息分析课题。实践证明，采用德尔菲法进行信息分析，可以较好地揭示出研究对象本身所固有的规律，并对研究对象的未来发展做出概率估计。

1. 德尔菲法的应用领域

德尔菲法最早应用于军事预测，后来逐渐被广泛应用于科技预测、人口预测、医疗保健预测、经营和需求预测、教育预测等领域。此外，还可用于评价、决策、管理、沟通和规划等方面。其中，同行评议、技术预见等是德尔菲法的典型应用。

德尔菲法的主要用途如下。

1）对缺乏足够原始数据的军事和技术领域的预测，以及需要根据众多因素的影响才能做出评价的军事和技术领域的预测。

2）对达到某一目标的条件、途径、手段及它们的相对重要程度做出估计。

3）对未来事件实现的时间进行概率估计。

4）对某一方案（技术、产品等）在总体方案（技术、产品等）中所占的最佳比重做出概率估计。

5）对研究对象的动向和在未来某个时间所能达到的状况、性能等做出估计。

6）对方案、技术、产品等做出评价，或对若干备选方案、技术、产品评价出相对名次，选出最优者。

7）用于各种评价指标体系的建立和具体指标的确定过程。

【拓展阅读材料1】
国家自然科学基金委：完善同行评审机制，营造良好学术生态

2. 德尔菲法的应用实例

1）应用实例 1：某书刊经销商利用德尔菲法对某一专著的销售量成功进行预测。

经销商首先选择若干书店经理、书评家、读者、编审、销售代表和海外公司经理组成专家小组。然后将该专著和一些相应的背景材料发给各位专家，要求大家给出该专著最低销售量、最可能销售量和最高销售量三个数字，同时说明自己判断的主要理由。将专家们的意见收集起来，归纳整理后返回给各位专家，然后要求专家们参考他人的意见对自己的预测重新考虑。专家们完成第一次预测并得到第一次预测的汇总结果以后，除书店经理外，其他专家在第二次预测中都做了不同程度的修正。重复进行，在第三次预测中，大多数专家又一次修改了自己的看法。第四次预测时，所有专家都不再修改自己的意见。因此，专家意见收集过程在第四次以后停止。最终预测结果为最低销售量 26 万册，最高销售量 60 万册，最可能销售量 46 万册。

2）应用实例 2：德尔菲法用于评价指标体系构建和指标权重赋值。

在考虑一项投资项目时，需要对该项目的市场吸引力做出评价，可以采用德尔菲法调查并列出

同市场吸引力有关的若干因素,包括整体市场规模、年市场增长率、历史毛利率、竞争强度、对技术的要求、对能源的要求、对环境的影响等。市场吸引力的这一综合指标就等于上述因素的加权求和。每一个因素在构成市场吸引力时的重要性即权重和该因素的得分,需要由管理人员的主观判断来确定,可以采用德尔菲法给出各指标的权重及得分。

3)应用实例3:德尔菲法用于产品销售量预测。

某公司研制出一种新型产品,市场上还没有相似产品出现,因此没有历史数据可以获得。公司需要对可能的销售量做出预测,以决定产量。于是该公司成立专家小组,并聘请业务经理、市场专家和销售人员等 8 位专家,预测可能的全年销售量。8 位专家提出个人判断,经过三次反馈得到预测结果,见表 6-6。

表 6-6 产品销售量专家的预测结果

调查轮次 专家编号	第一次			第二次			第三次		
	最低销售量	最可能销售量	最高销售量	最低销售量	最可能销售量	最高销售量	最低销售量	最可能销售量	最高销售量
1	500	750	900	600	750	900	550	750	900
2	200	450	600	300	500	650	400	500	650
3	400	600	800	500	700	800	500	700	800
4	750	900	1500	600	750	1500	500	600	1250
5	100	200	350	220	400	500	300	500	600
6	300	500	750	300	500	750	300	600	750
7	250	300	400	250	400	500	400	500	600
8	260	300	500	350	400	600	370	410	610
平均数	345	500	725	390	550	775	415	570	770

① 平均值预测。在预测时,最终判断是综合前几次的反馈做出的,因此在预测时一般以最后一次判断为主。如果按照 8 位专家第三次判断的平均值计算,则预测这个新产品的平均销售量为:(415+570+770)/3=585。

② 加权平均预测。将最低销售量、最可能销售量和最高销售量分别按 0.20、0.50 和 0.30 的概率加权平均,则预测平均销售量为:415×0.2+570×0.5+770×0.3=599。

③ 中位数预测。用中位数计算,可将第三次判断按预测值从低到高排列如下。

最低销售量:300,370,400,500,550。

最可能销售量:410,500,600,700,750。

最高销售量:600,610,650,750,800,900,1250。

最低销售量的中位数为第 3 项的数字,即 400。最可能销售量的中位数也为第 3 项的数字,即 600。最高销售量的中位数为第 4 项的数字,即 750。

将最低销售量、最可能销售量和最高销售量分别按 0.2、0.5 和 0.3 的概率加权平均,则预测平均销售量为:400×0.2+600×0.5+750×0.3=605。

【拓展阅读材料2】
兰德公司利用德尔菲法成功预测"中国将出兵朝鲜"

6.3 内容分析法

6.3.1 内容分析法的产生与发展

内容分析法最早产生于传播学领域。20 世纪初，人们开始采用半定量的统计方法对文献的内容进行深入分析和解释。第二次世界大战中，美国传播学家 H.D.拉斯韦尔等人在进行战时军事情报研究中，组织了一项名为"战时通讯研究"的工作，以德国公开出版的报纸为分析对象，获取了许多军政机密情报，不仅使内容分析法显示出明显的实际效果，而且在方法上取得了一套成功的模式。战后，新闻传播学、政治学、图书馆学、社会学等领域的专家学者与军事情报机构一起，对内容分析方法进行了多学科研究，使其应用范围大为拓展。

20 世纪 50 年代，美国学者贝雷尔森发表《传播研究的内容分析》一书，确立了内容分析法的地位。而真正使内容分析方法系统化的是未来学家约翰·奈斯比特，他主持出版的"趋势报告"就运用了内容分析法，享誉全球的《大趋势：改变我们生活的十个新方向》一书就是以这些报告为基础写成的。2005 年，美国中央情报局成立了"公开信息中心"，每天在全球各个网站、论坛里搜集各种各样的军事信息，发现其他国家的最新军事动向。迄今为止，几乎所有的媒介内容都成为内容分析的对象。随着网络环境和各种媒体技术的发展，内容分析法面临着处理与挖掘各类多媒体信息内容的挑战。当前，如何充分利用数据库系统和网络信息资源，实现内容分析的自动化、数字化、智能化，提高研究效率和分析结构的可靠性与准确性，成为内容分析法亟待重点研究和解决的重大课题。

6.3.2 内容分析法的概念、特点与类型

1. 内容分析法的概念

内容分析法是指对明显的传播内容做客观、系统的量化分析，并对量化结果加以描述的一种研究方法。内容分析法的目的是为了弄清或测度样本中本质性的事实或趋势。内容分析法的实质是对传播内容所含信息量及其变化的分析，即由表征有意义的词句推断出准确意义的过程。

2. 内容分析法的特点

从整体来看，内容分析法主要有研究对象不受打扰、研究过程可重复、定量方法、非结构化程度高、描述媒介内容等几大特点。

具体来看，内容分析法的特点体现在三个层面。

1）研究对象。研究对象是"具有明确特性的传播内容"。"明确"（Manifest）意味所要计量的传播内容必须是明白、显而易见的，而不能是隐晦的、含糊不清或没有明确表达出来的意思。如果对传播内容的理解在研究者之间、研究者与受众之间很难达成共识，则不宜作为内容分析的对象，因为对这类内容进行计量非常困难。

2）分析方法。分析方法是"系统"（Systematic）、"客观"（Objective）和"定量"（Quantitative）的。系统是指内容或类目的取舍应依据一致的标准，以避免只有支持研究者假设前提的资料才被纳入研究对象，整个研究的过程只有一套程序或方针。客观是指分析必须基于明确制定的规则执行，以确保不同的人可以从相同的文献中得出同样的结果。定量是指研究中运用统计学方法对类目和分析单元出现的频数进行计量，用数字或图表的方式表述内容分析的结果。

3）结果表述。结果表述是"描述性的"（Descriptive）。内容分析的结果常常表现为大量的数据表格、数字及其分析，这是"客观""系统"和"定量"研究的必然结果。

内容分析法也有其局限性，主要体现在：

1）被研究文献需要具有形式化和统计性两个条件，前者是指能从文献中抽出便于可靠统计的、具有语义特征的分析单元，后者是指要有一定数量的具备统计意义的文献。

2）内容分析法以归纳、比较、综合、推理等的应用为基础和前提，不是一种发挥想象力的开放式方法，即研究工作不可能超越和脱离所分析的文献。

3）内容分析法实施工作量大，投入时间长，一般需要计算机辅助分析。

3. 内容分析法的类型

内容分析法主要有三种类型。

（1）解读式内容分析法

解读式内容分析法（Hermeneutic Content Analysis）是一种通过精读、理解并阐释文本内容来传达意图的方法。"解读"的含义不只停留在对事实进行简单解说的层面上，而是从整体和更高的层次上把握文本内容的复杂背景和思想结构，从而发掘文本内容的真正意义。这种高层次的理解不是线性的，而是具有循环结构的：单项内容只有在整体的背景环境下才能被理解，而对整体内容的理解反过来则是对各个单项内容理解的综合结果。

这种方法强调真实、客观、全面地反映文本内容的本来意义，具有一定的深度，适用于以描述事实为目的的个案研究。但因其解读过程中不可避免的主观性和研究对象的单一性，其分析结果往往被认为是随机的、难以证实的，因而缺乏普遍性。

（2）实验式内容分析法

实验式内容分析法（Empirical Content Analysis）主要指定量内容分析和定性内容分析相结合的方法。20世纪20年代末，新闻界首次运用了定量内容分析法，将文本内容划分为特定类目，计算每类内容元素出现频率，描述明显的内容特征。该方法具有三个基本要素，即客观、系统、定量。

用来作为计数单元的文本内容可以是单词、符号、主题、句子、段落或其他语法单元，也可以是一个笼统的"项目"或"时空"的概念。这些计数单元在文本中客观存在，其出现频率也是明显可查的，但这并不能保证分析结果的有效性和可靠性。一方面，是因为统计变量的制定和对内容的评价分类仍由分析人员主观判定，难以制定标准，操作难度较大；另一方面，计数对象也仅限于文本中明显的内容特征，而不能对潜在含义、写作动机、背景环境、对读者的影响等方面展开来进行推导，这无疑限制了该方法的应用价值。

定性内容分析法主要是对文本中各概念要素之间的联系及组织结构进行描述和推理性分析。举例来说，有一种常用于课本分析的"完形填空式"方法，即将同样的文本提供给不同的读者，或不同的文本提供给同一个人，文本中某些词被删掉了，由受测者进行完形填空。通过这种方法来衡量文本的可读性和读者的理解情况，由于考虑到了各种可能性，其分析结果可以提供一些关于读者理解层次和能力的有用信息。与定量内容分析法直观的数据表达方式不同的是，定性内容分析法强调通过全面深刻的理解和严密的逻辑推理来传达文本内容。

（3）计算机辅助内容分析法

计算机技术的应用极大地推进了内容分析法的发展。无论是在定性内容分析法中出现的半自动内容分析（Computer-aided Content Analysis），还是在定量内容分析法中出现的计算机辅助内容分析（Computer-assisted Content Analysis），都只存在术语名称上的差别。实质上，正是计算机技术将各种定性和定量的研究方法有效地结合起来，博采众长，使内容分析法取得了迅速推广和飞速发展。互联网上也出现了众多内容分析法的专门研究网站，还提供了不少可免费下载的内容分析软件，相关论坛在这方面的讨论也是热火朝天，甚至出现了"网络内容分析"一词。

6.3.3 内容分析法的程序与步骤

内容分析法的一般程序包括六个步骤，不同的研究者给出的内容分析法的不同模式和流程都大同小异，如图6-11所示。

a) 内容分析法的实现模式   b) 内容分析法的实现流程

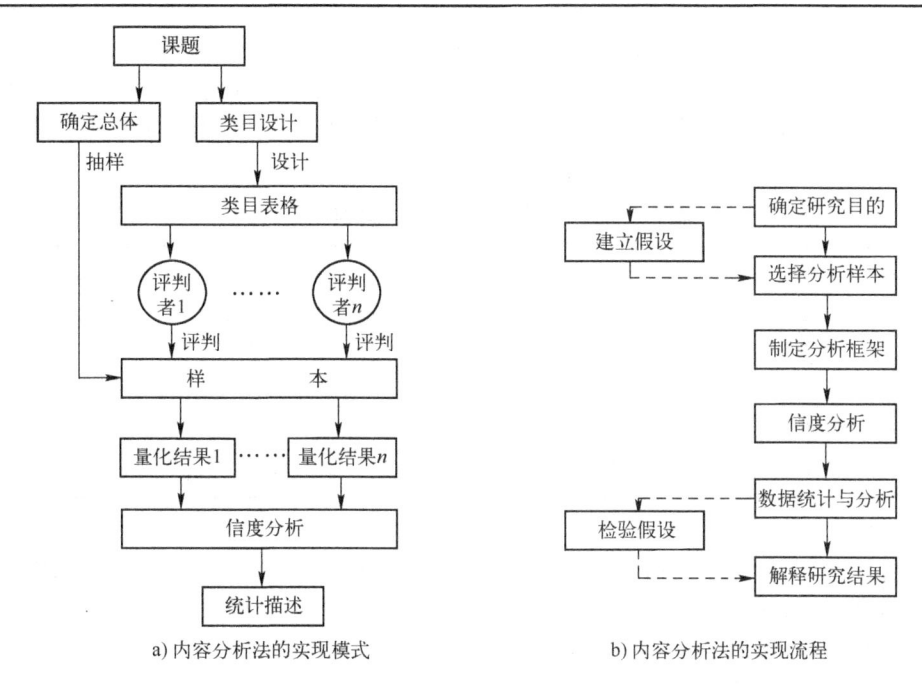

图 6-11　内容分析法的实现模式与实现流程

1. 确定研究目的

确定研究目的即提出研究问题，内容分析的研究目的必须十分明确，并根据研究目的提出假设。研究问题应该明确而具体，能够清晰地指示后续的数据收集工作。

2. 选择分析样本

选择分析样本即抽样，选取内容分析的样本。抽样的前提是确定研究总体，包括所研究的主题和时间跨度，这往往直接从研究问题中就能推导出来。抽样主要是从来源、日期（样本覆盖的时间范围）和单元（样本的统计分析单位）等方面选取内容分析对象。

来源抽样主要有三大类。

1) 纸质媒体。教育期刊、杂志、报纸；论文、专著、教材、研究报告；教学文件、法令法规、会议记录；教学计划、教学大纲、教学方案；练习作业、试题试卷、学习日记；照片、挂图等。

2) 音像媒体。教学电影、电视节目、课堂实录、录音带、投影片、幻灯片、微缩胶卷等。

3) 计算机媒体。多媒体素材、多媒体教学软件、网络课程、网站等。

选择的样本信息量要足够大，有连续性，便于统计分析并尽可能是分析人员所熟悉的。

3. 制定分析框架

制定分析框架主要是确定分析单元和编码表。

分析单元即内容分析时进行评判的最小单位。分析单元是内容的"指示器"，是不再细分的测度单位。词、意义独立的词组、简单句、段和意群甚至独立的篇都可视作分析单元。印刷媒体的分析单元可以是数字、词组、句子、段落、文章、图表、图像符号、篇幅等；电子媒体的分析单元可以是镜头、声音、图像，还可以是人物、行为、整个节目等。一次分析可选取多个分析单元。

编码表即根据研究假设对内容进行分类编码。编码是指用数字或字母等符号记录研究样本在每个测量指标上的所属类别。编码表是内容分析的测量工具，它记录了有关分析单位的信息。一个测量指标对应着一个分类系统，每一个测量指标的某种结果都可以归到某一个类别之中，这是衡量编码表质量的最重要因素。依据某种规则对媒介内容进行分类，且将结果用定量数字的形式表现出来是内容分析的核心过程。

如，报纸可以文章类型这一指标为测量工具建立分类系统（分类编码表），报纸的文章类型有：消息、特写、通讯、调查性报道、社论、评论、政策性文件、读者来信、散文、其他，分别用阿拉伯数字 1～10 代表文章类型。其他分析单元可分别建立相应的分类编码表。基于报纸的内容分析单元和编码表见表 6-7。

表 6-7 基于报纸的内容分析单元和编码表

文章编号	出版日期	版面位置	文章类型	消息来源	文章主题	新闻行动者	报道焦点
032	19910403	1	1	1	2	1	16
033	19910403	2	1	2	3	5	5
034	19910403	2	3	6	15	6	3
……	……	……	……	……	……	……	……

4. 信度分析

信度分析是指两个以上参与内容分析的研究者对相同类目判断的一致性。一致性越高，内容分析结果的可信度也越高；一致性越低，则内容分析结果的可信度越低。内容分析必须经过信度分析，才能使内容分析的结果可靠，可信度得到提高。

信度分析的计算公式为：

$$R = \frac{n \times K}{1+(n-1) \times K} \tag{6.23}$$

$$K = \frac{2M}{N_1 + N_2 + \cdots + N_n} \tag{6.24}$$

式中，R 为信度；K 为平均相互同意度，是两个评判员之间相互同意的程度；M 为两个评判员都完全同意的栏目；N_1 为第 1 个评判员所分析的栏目数；N_2 为第 2 个评判员所分析的栏目数；N_n 为第 n 个评判员所分析的栏目数。

5. 数据统计与分析

通过大量数据的统计反映统计意义上的相关性，包括计数和数据处理。一般常用的是描述性的统计方法，如频次、百分比、平均值等。最常使用的方法是词频统计。数据统计与分析可以通过人工计算完成，也可以通过编码把数据录入计算机后使用统计软件完成。

6. 解释研究结果

研究结果应该依据数据分析结果来回答研究问题，解释以数字形式呈现的内容分析结果，包括解释数字的含义及重要性。在综合统计结果和定性分析的基础上，得出某些结论性的看法，同时指出所做内容分析的适用范围或边界。

6.3.4 内容分析法的分析模式

内容分析法常用的分析模式有四种，都是基于比较、综合、归纳和推理进行的。

1. A-X-T 分析模式

A-X-T 分析即发展分析，是通过对某一对象，在同一类问题上，在不同时期内所显示的资料进行内容分析，把这些不同样本的量化结果加以比较，找出其中发生变化的因素，从而可以判断这一对象在某一类问题上的发展倾向，如图 6-12 所示。A 代表同一资料来源，X 代表同一分析单元或同一内容变量，T 代表从不同时期中抽取样本。即在同一总体（A）中，以时间（T）为取样标准，定量分析单元（X）在不同时期内的状态。

如，为分析某位学者的学术思想的发展过程，可使用 A-X-T 分析模式。

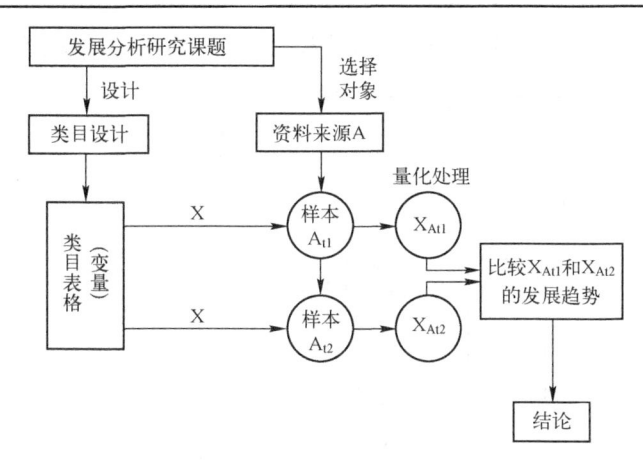

图 6-12 A-X-T 分析模式

（1）确定资料来源 A

假定能够反映该学者学术思想的内容资料可能包括如下几种。

1）在某种刊物上发表的一系列论文。

2）几本代表性的专著。

3）历年来在不同场合下的演讲录音。

但在一项内容分析工作中，只能通过来源抽样选取其中一类作为资料来源 A，为了研究学者的学术思想的发展过程，可确定将第 1 项作为资料来源 A。

（2）确定分析单元 X

按照研究任务以及以往对该学者的其他研究工作的经验，把该学者在具有代表性的学术思想领域内，具有明显界限的基本观点或典型常用词语作为内容分析的类目，这些类目就成为分析单元 X。

（3）按时期抽样

根据研究问题的性质，先确定抽取样本的时间间隔（如 1 年或 5 年，或按历史时期分段）从同一个资料来源 A 中，即在同一种刊物中，抽取不同时期该学者的论文作为内容分析的样本，在 t_1 时期所抽出的样本以 A_{t1} 表示，在 t_2 时期所抽出的样本以 A_{t2} 表示。

（4）对样本做量化处理

按照内容分析的基本程序，以同一个分析单元 X 分别对样本 A_{t1} 和 A_{t2} 进行内容分析，得到量化了的结果，分别用 X_{At1} 和 X_{At2} 表示。

（5）统计比较

把对不同时期的样本进行内容分析后得到的量化结果进行比较、对照，找出其中内容变量的集中或差异的趋势以及前后的相关关系，从而发现该学者学术思想的变化趋势。

2. A-X-S 分析模式

A-X-S 分析即意见分析，A 代表同一资料来源，X 代表同一分析单元，S 代表对象在不同情景时所显示的资料内容。这种模式适用于意向分析，即在不同情境（S）下，对同一信息来源（A）进行取样，如图 6-13 所示。

如，为分析总结某位优秀教师在运用不同的教学方式进行教学的经验，可采用 A-X-S 分析模式。

（1）确定资料来源 A

A 为该教师对不同学习班讲课时的课堂实录资料（录像资料或录音资料）。

（2）确定分析单元 X

按照该类教学课题中，具有明显的、有明确界限的教学方法作为分析单元，比如课前提问、比喻运用、演示实验、挂图使用、课堂练习、幻灯片和投影片的运用、播放录像片等。

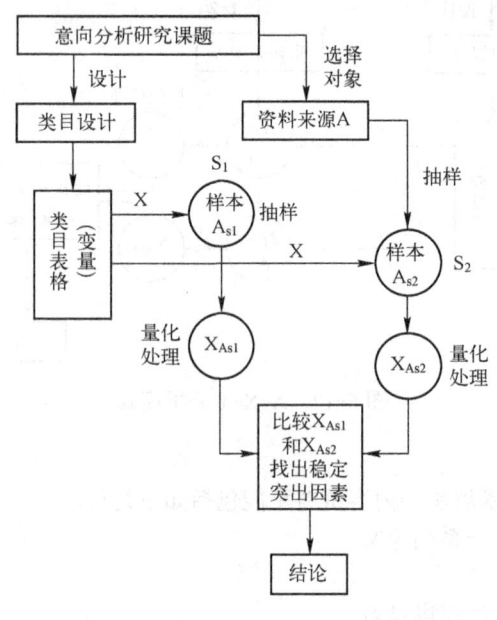

图 6-13　A-X-S 分析模式

（3）按情境取样

根据研究问题的性质，选取该教师在对两个基础不同的学习班，讲授同一主题的教学现场录像资料作为内容分析的样本，分别用 A_{s1} 和 A_{s2} 表示。

（4）对样本做量化处理

按照内容分析程序，以同一个分析单元 X，分别对样本 A_{s1} 和 A_{s2} 进行内容分析，得到量化了的结果，分别用 X_{As1} 和 X_{As2} 表示。

（5）统计比较

把不同情境的样本的量化结果进行比较，定量地判断哪一个类目是基本稳定不变的，哪些类目是随着对象不同而有所改变的，并可定量了解其变化的趋势，从中可以发现该教师教学方法的基本风格、基本技巧，了解哪些是因对象而异的灵活处理的方法，以及如何灵活处理，从中总结出该教师的一些教学经验。

3．A-X-Y 分析模式

A-X-Y 分析即特征分析，是通过对某一对象，在不同问题上或在不同场合上所显示出来的内容资料进行内容分析，把这些不同样本的量化结果加以比较，找出其中稳定的、突出的因素，从而可以判定这一对象的特征，如图 6-14 所示。A 代表同一资料来源，X、Y 代表不同的内容变量或分析单元。即在同一资料来源 A 中，不是用一个分析单元，而是用不同的分析单元 X 和 Y 作为取样标准，而时间 T 和情境 S 两种因素不作为研究因素。

如，为研究某学者的学术思想的特点，选择该学者在不同领域或不同议题所发表的文章作为样本，通过内容分析，研究它们之间的关系，从而判断该学者的主导思想、基本立场和观点的稳定性，可采用 A-X-Y 分析模式。

（1）确定资料来源 A

A 为某学者在某一时期对各种学术问题所发表的论述。

（2）确定分析单元 X 和 Y

考察其中两个不同议题的内容，把其中一个议题作为分析单元 X，另一个议题作为分析单元 Y。

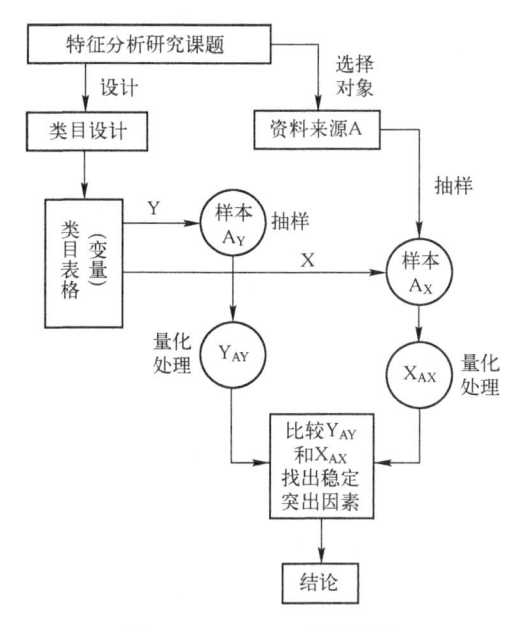

图 6-14 A-X-Y 分析模式

（3）按议题取样

根据研究问题的性质，选取该学者在对两个不同议题发表论述的文章中分别抽取其中之一作为内容分析的样本，分别用 A_X 和 A_Y 表示。

（4）对样本做量化处理

按照内容分析程序，分别用两个不同的分析单元对两个不同样本进行内容分析，其中分析单元 X 对样本 A_X 进行量化处理，得量化了的结果 X_{AX}，而另一个分析单元 Y 对样本 A_Y 进行量化处理，得另一个量化了的结果 Y_{AY}。

（5）统计比较

把两个不同议题的样本的量化结果进行统计分析，研究它们之间的相互关系，以及各个分析单元中的频数分布等等，从而定量地了解该学者的主导思想、基本观点、基本态度。

4．A-B-X 分析模式

A-B-X 分析即比较分析，通过对同一中心问题但对象或来源不同的样本量化结果的对比，从而对不同地区、学校、团体、个人的教育思想、教学效果、工作方式进行比较，如图 6-15 所示。A、B 分别代表两种不同的资料来源，X 代表同一个分析单元或内容变量。与上述三种模式的区别是：该模式取样的总体来源为两个，即 A、B 分别为两个不同的总体来源，X 代表同一个内容的分析单元，对 A、B 分别取样并进行内容分析，再将分析结果进行比较。

如，为比较分析同一学科中两家出版社编印的教材，以便了解其异同及各自的特点，可采用 A-B-X 分析模式。

（1）确定资料来源 A 和 B

A 为某出版社编印的某一学科教材。

B 为另一家出版社编印的某一学科教材。

（2）确定分析单元 X

根据研究的任务和该学科特点，把反映该学科的内容特征的基本论点或词语作为分析单元 X。

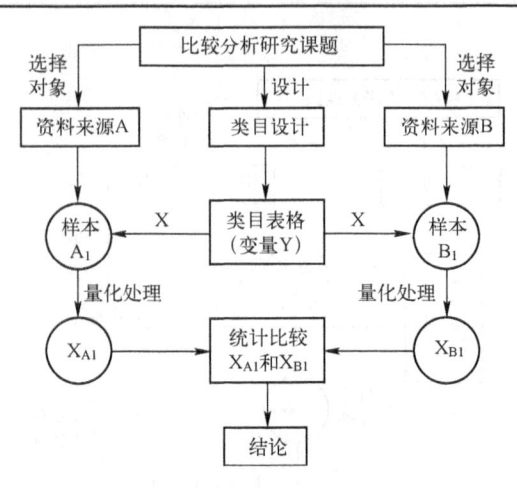

图 6-15　A-B-X 分析模式

（3）来源取样

根据研究问题的性质，分别从来源 A 和 B 中抽取部分章节作为样本。但由于研究任务不同，可以是比较教材内容深度、广度或者体系结构、叙述方法。抽出的样本分别用 A_1 和 B_1 表示。

（4）对样本做量化处理

按照内容分析程序，以同一个分析单元 X，分别对样本 A_1 和 B_1 进行内容分析，得到量化的结果，分别用 X_{A1} 和 X_{B1} 表示。

（5）统计比较

把两个不同来源的样本的量化结果进行统计比较，找出其中异同，从而定量地说明两种不同教材在广度、深度、结构体系、基本观点、表述方法等方面的差别，以便做出科学的评价。

6.3.5　内容分析法的主要应用

1. 内容分析法的应用领域

内容分析法具有十分广泛的应用。就研究材料的性质而言，内容分析法适用于任何形态的材料，既适用于文字记录形态类型的材料，又适用于非文字记录形态类型的材料（如广播与演讲录音、电视节目、动作与姿态的录像等）；就研究材料的来源而言，内容分析法既可用于对现有材料（如教科书、日记、作业）进行分析，也可用于为某一特定研究目的而专门收集有关材料（如访谈记录、观察记录、句子完成测验等），然后再进行评判分析；就分析的侧重点来讲，内容分析法既可以着重于材料的内容，也可以着重于材料的结构，或对两者都予以分析。

内容分析法具有极其广阔的应用领域和应用前景，被广泛应用于新闻传播内容分析、社会现象分析、学科发展前沿和热点分析等方面。在我国，内容分析法也在图书情报、中医药、旅游、食品安全、危机事件、教育、网络隐私、收入分配等各种研究中不断得到尝试和应用，取得惊人的效果。如，有人采用内容分析法，从 20 个方面考察门户网站、旅游预订、网上招聘、网上购物共计 51 个有代表性网站的隐私声明发现，国内网站的隐私声明存在很大差异，多数网站的隐私声明并不规范，隐私保护的一些重要方面尚未得到网站重视。

2. 内容分析法的应用实例

20 世纪 80 年代初，约翰·奈斯比特出版了具有开创性的著作《大趋势：改变我们生活的十个新方向》（*Megatrends: Ten New Directions Transforming Our Lives*）。该书以美国为研究背景，通过深入观察事件和行为来了解美国的真实情况，探寻美国社会发展的未来趋势。该书全球发行量超过 1400 万册，与威廉·怀特的《有组织的人》和阿尔文·托夫勒的《未来的冲击》并称为"能够准确把握时代发展脉搏"的三大巨著。该书预言的未来社会的十大趋势大部分都已变成了现实,尤其是其预测的"信息化""网络化"和"全球化"已真正意义上变成了当代社会发展的潮流。奈斯比特在这一研究中,所采用的方法正是内容分析法。

《大趋势:改变我们生活的十个新方向》一书以其完成的《趋势报告》为基础,具体实现过程如下。

1)样本选择。以美国地方报纸为分析对象,凡人口在10万人以上的城市及人口不足10万人的州首府报纸均入选,并考虑报纸质量,适当照顾左右翼平衡和少数民族。每月扫描约6000种报纸。

2)确定分析框架。根据分析社会动态的目标,采用四层次的分析框架:一级主题共10个,反映了美国社会问题的10个主要方面,即教育、就业、环境、政府和政策、健康、住房、人际关系和经济联系、法律和正义、交通、福利和贫困。这些一级主题再分解为二级、三级和四级主题。每个一级主题大致分为8~16个小主题,总共有117个小主题。

3)确定内容单元和编码建库。以单篇报道作为分析单元,按主题框架将每篇报道归类编码,建立可供多途径检索的全文数据库,并完成各内容单元的篇幅指数统计。

4)定性和定量分析。利用所建的数据库可以实现多方面的内容分析。如通过某一时点的剖面分析,可反映出各类主题的比例结构,发现社会关注的焦点问题;通过某个主题的篇幅变动分析,可反映出某一主题篇幅的变化速度,追踪事物的发展趋势。

《趋势报告》工作人员正是经过了长达12年的时间,每月不断地监视6000种地方报纸,最后才成功地预测了未来社会的十大发展趋势。

【拓展阅读材料3】
重要情报都包含在公开出版物中

本章小结

半定量分析方法是一种定量分析与定性分析相结合的分析方法,主要做法是在定性分析方法中引入数学方法,将定性问题按人为标准打分并做出定量化处理,具有数理统计的特征。常见的半定量分析方法有层次分析法、内容分析法、德尔菲法等。

层次分析法就是将复杂问题分解成组成元素,并按各元素之间的支配关系分为目标、准则、方案等层次,形成递阶层次结构,依靠一定的数学模型将定性分析的结果进行定量处理和表达的方法。层次分析具有系统性、实用性和简洁性等特点,也有其局限性。层次分析法利用特征向量原理实现,通常分为五个步骤,即建立递阶层次结构模型、构造判断矩阵、判断矩阵的一致性检验、单层次排序及一般性检验、层次总排序及一致性检验。层次分析法适用于决策、评价、分析、预测等数据缺乏、定性因素起主要作用的判断问题,被广泛应用于经济计划和管理、能源政策和分配、人才选拔和评价、生产决策、交通运输、科研选题、产业结构、教育、医疗、环境、军事等领域。

德尔菲法又称专家调查法、专家意见法或专家函询调查法,采用通信方式(函件)分别将所需解决的问题单独发送到各个专家手中,征询意见,然后回收并汇总全部专家的意见,并整理出综合意见。随后将该综合意见和预测问题再分别反馈给专家,再次征询意见,各专家依据综合意见修改自己原有的意见,然后再汇总。这样多次反复,逐步取得比较一致的预测结果的决策方法。德尔菲法具有匿名性、反馈性和统计性三个基本特点,一般分为三个阶段来实施,即成立领导小组、组织调查实施、数据处理及表达。选择参与的专家、设计合适的调查表、处理与表达调查数据、控制调查时间和费用成本是德尔菲法实施的关键问题。德尔菲法主要应用于评价、决策、管理、沟通和规划等方面,在社会各领域都有广泛的应用。

内容分析法是指对明显的传播内容做客观而有系统的量化分析,并对量化结果加以描述的一种研究方法。内容分析法具有客观、系统、量化三大特点,有解读式内容分析法、实验式内容分析法和计算机辅助内容分析法三种类型。内容分析法一般通过六个步骤来实施,即确定研究目的、选择分析样本、制定分析框架（定义分析单元和编码表）、信度分析、数据统计与分析、解释研究结果。内容分析法常用的分析模式有 A-X-T 模式、A-X-S 模型、A-X-Y 模式和 A-B-X 模式四种，都是基于比较、综合、归纳和推理进行的。内容分析法具有极其广阔的应用领域和应用前景，被广泛应用于新闻传播内容分析、社会现象分析、学科发展前沿和热点分析等方面。

本章习题

一、名词解释
半定量分析方法　　层次分析法　　特征向量　　内容分析法　　德尔菲法

二、简答题
1. 信息分析半定量方法常见的方法有哪些？
2. 层次分析法的实施流程和步骤是什么？
3. 层次分析法的基本原理是什么？
4. 内容分析法有哪些特点和类型？
5. 内容分析法的分析模式有哪些？
6. 德尔菲法有哪些特点和类型？
7. 德尔菲法实施的关键问题有哪些？
8. 德尔菲法中预测结果的数据处理与表达方式有哪些？

三、操作应用题
1. 利用和积法和方根法计算判断矩阵的特征向量和最大特征值，并进行一致性检索。
2. 选择一个熟悉且合适的学科研究主题，利用内容分析法中的词频统计分析并了解该学科主题研究前沿和热点。

第7章　信息分析定量方法

【导入案例】

汤森路透预测 2015 年诺贝尔奖得主

2015 年 9 月 24 日，全球领先的专业信息服务提供商汤森路透旗下的知识产权与科技事业部发布了 2015 年度引文桂冠奖获奖名单，预测在 2015 年或不久的将来可能获得诺贝尔奖的科研精英。

自 2002 年以来，汤森路透已成功预测了 37 位诺贝尔奖得主。该奖项通过对 Web of ScienceTM 数据库平台中科研论文及其引文进行深入分析，遴选出在化学、物理学、生理学或医学，以及经济学领域全球最具影响力的研究人员。

"在科学界，学术文献被同行高频次引用是学术共同体对其突破性思维的一种认可形式。"汤森路透知识产权与科技事业部全球总裁 Basil Moftah 表示："通过对科研文献总被引频次的分析，我们把握科学世界的脉络，遴选出科研人员中的闪耀之星，突显最具影响力的科学发现。"

数据来源：http://tech.sina.com.cn/d/i/2015-09-24/doc-ifxhzevf1034994.shtml。

【导入问题】

1. 汤森路透采用什么方法定量预测诺贝尔奖得主？
2. 如何使用信息计量方法定量预测诺贝尔奖得主？

【关键知识点】

1. 掌握回归分析法的内容和步骤，学会使用 Excel 和 SPSS 进行回归分析。
2. 掌握聚类分析法的内容和步骤，学会使用 SPSS 进行聚类分析。
3. 掌握时间序列分析法的内容和步骤，学会使用 Excel 进行时间序列分析。
4. 了解信息计量学的发展和主要应用，掌握信息计量学的经典定律和引文分析法，了解网络信息计量的基本内容。

中国成就

信息定量分析的方法很多，常用的有多元分析法（包括回归分析和聚类分析）、时间序列分析法、趋势外推法、相关分析法、投入产出分析法、系统分析法和信息计量学方法等。本章重点介绍多元分析法（包括回归分析和聚类分析）、时间序列分析法和信息计量学方法三种信息定量分析方法。

7.1　多元分析法

7.1.1　回归分析法

1. 回归分析概述

在进行信息分析时，常常要定量分析各种因素之间的关系。各种因素间的关系按其密切程度可分为确定性关系和非确定性关系。如果因素间有明确的严格对应的数学函数关系，称为确定性关系，否则为非确定性关系，也称统计关系或相关关系。如果把要分析的各种因素定义为变量，存在相关关系的变量则称为相关变量。研究变量间非确定性关系的统计方法主要有回归分析法和相关分析法。其中，回归分析（Regression Analysis）是研究一个随机变量与另一个变量或一组变量间的数量依存关系的统计分析方法,主要是根据统计数据建立回归模型(也称回归函数、回归方程),以探索变量间的统计规律,并在此基础上进行估计和预测。

(1) 回归分析的类型

从不同的角度可以将回归分析分为不同的类型,按模型中自变量的数量,可以划分为一元回归模型和多元回归模型;按模型中变量的关系,可以划分为线性回归模型和非线性回归模型;按模型中有无虚拟变量,可以划分为普通回归模型和虚拟变量回归模型;按自变量与时间的关系,可以划分为与时间无关的相关关系、相对时间滞后性的相关关系和时间序列关系。本书重点介绍一元线性回归、多元线性回归、Logistic 回归的基本方法。

(2) 回归分析的步骤

不同的回归模型对数据及其处理有不同的要求,会采用不同的方法进行分析。但一般来说,利用回归分析法进行信息分析大体包括以下几个步骤。

1) 依据专业知识和个人经验初步判断变量间是否存在相关关系。例如,在研究高血压的发病影响因素时,可能会考虑年龄、体重、家族遗传影响、职业、环境、其他疾病等各种情况,在分析前有必要依据专业知识和个人经验初步判断变量间是否存在相关关系。

2) 判断相关关系的类型,以帮助选择不同的回归模型。如果只要考虑两个变量间的线性关系,可采用一元线性回归。如果要考虑到一个变量和多个变量间的线性关系,可采用多元线性回归。

3) 绘制散点图,进一步判断采用何种回归模型。通过绘制散点图,可以进一步判断变量间是否存在线性趋势,也可以提示是否需要对非线性趋势的数据进行适当处理,使其呈现线性趋势,从而适用于线性回归分析。

4) 进行回归分析并拟合回归模型。根据选定的回归分析模型,人工或借用统计分析工具计算模型参数,拟合回归模型。

5) 对回归模型进行统计检验。只有选择适宜的统计检验方法确定回归模型可以有效地反映变量间的相关关系之后,才能利用拟合的回归模型进行趋势预测。

6) 运用回归模型进行趋势预测。

2. 一元线性回归分析

(1) 一元线性回归分析的一般模型

一元线性回归分析是回归分析中最基本、最简单的一种方法,又称简单直线回归或简单回归,主要是分析两个变量间的线性关系。一般来说,把变量 y 称为因变量(Dependent Variable),受其他变量 x 的影响,变量 x 称为自变量(Independent Variable)。一元线性回归分析的一般模型见式 (7.1)。由式 (7.1) 可以看出,b 的统计学意义是 x 每增加或减少一个单位,y 平均变化 b 个单位。

$$\hat{y} = a + bx \tag{7.1}$$

式中,x 为自变量;$\hat{y}$ 为根据自变量 x 的因变量估计值;a 为回归直线在 Y 轴上的截距,a 值的大小反映出直线所处的位置,当 $a>0$ 时,直线在纵轴的上方,当 $a<0$ 时,直线在纵轴的下方,当 $a=0$ 时,回归直线经过原点;b 为回归系数,即直线的斜率,当 $b>0$ 时,y 随 x 增大而增大,当 $b<0$ 时,y 随 x 增大而减小,当 $b=0$ 时,y 与 x 轴平行,两者没有直线相关关系。

(2) 计算参数 a、b 的值

由式 (7.1) 可知,拟合一元线性回归模型的关键在于计算参数 a、b 的值。在有观察数据的前提下,在数学上可以利用最小二乘法原理计算参数 a、b 的值,其基本原理是:保证各实测点到直线的纵向距离的平方和最小,故又称最小二乘回归。a、b 值的具体计算分别见式 (7.2) 和式 (7.3)。

$$a = \bar{y} - b\bar{x} \tag{7.2}$$

$$b = \frac{\sum(x-\bar{x})(y-\bar{y})}{\sum(x-\bar{x})^2} = \frac{l_{xy}}{l_{xx}} \tag{7.3}$$

式中，$\bar{x}$ 为自变量 x 的平均数；$\bar{y}$ 为因变量 y 的平均数；l_{xx} 为自变量 x 的离差平方和；l_{xy} 为自变量 x 和因变量 y 的离差乘积和。在样本数为 n 的情况下，$\bar{x}$、$\bar{y}$、l_{xx}、l_{xy} 的计算公式分别为：

$$\bar{x} = \frac{\sum x}{n} \tag{7.4}$$

$$\bar{y} = \frac{\sum y}{n} \tag{7.5}$$

$$l_{xx} = \sum (x-\bar{x})^2 = \sum x^2 - \frac{(\sum x)^2}{n} \tag{7.6}$$

$$l_{xy} = \sum (x-\bar{x})(y-\bar{y}) = \sum xy - \frac{(\sum x)(\sum y)}{n} \tag{7.7}$$

（3）统计检验

计算出参数 a、b 值后，将其代入式（7.1），可以得出相应的一元线性回归模型。但是，该模型是否能有效地反映两个变量间的关系，即 x 和 y 是否真正存在线性关系，需要进行统计检验，以判断回归方程是否成立。通常采用方差分析或 t 检验的方法进行统计检验。为了方便理解，首先对离差平方和 l_{yy} 进行分析。

1）离差平方和 l_{yy} 分析。图 7-1 中的纵坐标被回归直线和平均值 $\bar{y}$ 分成三段。其中，$(y-\hat{y})$ 段，表示 P 点与回归直线的纵向距离，即实际值与估计值 $\hat{y}$ 之差，称为剩余或残差。$(\hat{y}-\bar{y})$ 段，即估计值 $\hat{y}$ 与均值 $\bar{y}$ 之差，该值与回归系数大小有关。$|b|$ 值越大，$(\hat{y}-\bar{y})$ 的值也越大，反之亦然。当 $b=0$ 时，$(\hat{y}-\bar{y})$ 亦为 0，则 $y-\hat{y} = y-\bar{y}$，即回归直线不能使残差减少。$\bar{y}$ 是因变量的均值。

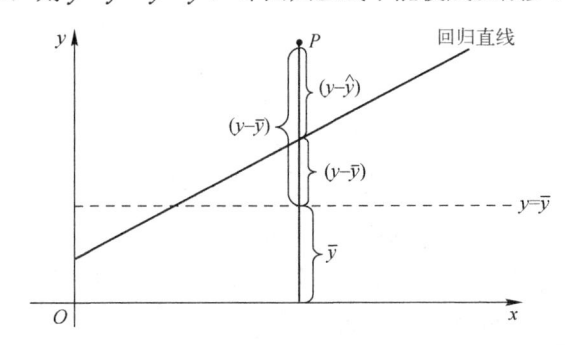

图 7-1　因变量 y 的平方和划分

从图 7-1 可以看出，三段间存在如下关系：

$$y = \bar{y} + (\hat{y}-\bar{y}) + (y-\hat{y})$$

对上式进行移项后变为：

$$y - \bar{y} = (\hat{y}-\bar{y}) + (y-\hat{y})$$

图 7-1 中，P 点是散点图中任意一点，将全部各点都依次处理，并将等式两边求平方后再求和。由于 $2\sum (\hat{y}-\bar{y})(y-\hat{y}) = 0$，则有：

$$\sum (y-\bar{y})^2 = \sum (\hat{y}-\bar{y})^2 + \sum (y-\hat{y})^2$$

用符号表示则有：

$$SS_{总} = SS_{回归} + SS_{误差} \tag{7.8}$$

式中，$SS_{总}$ 为 y 的离差平方和，即 l_{yy}，在数学上可以利用下面的公式进行计算：

$$l_{yy} = \sum (y-\bar{y})^2 = \sum y^2 - \frac{(\sum y)^2}{n} \tag{7.9}$$

$SS_{回归}$ 为回归平方和，即 $\sum(\hat{y}-\bar{y})^2$，该值反映了 y 的总变异中由于 x 与 y 的直线关系而使 y 变异减小的部分，也就是在总平方和中可以用 x 解释的部分。$SS_{回归}$ 越大，回归效果越好。

$SS_{误差}$ 为剩余平方和，即 $\sum(y-\hat{y})^2$，反映 x 对 y 的线性影响之外的一切因素对 y 的变异的作用，也就是在总平方和中无法由 x 解释的部分。在散点图中，各实测点离回归直线越近，$\sum(y-\hat{y})^2$ 也就越小，说明直线回归的估计误差越小。

上述三个平方和各有其相应的自由度 μ，在样本量为 n 的情况下，三种自由度间有如下关系：

$$\begin{cases} \mu_{总} = \mu_{回归} + \mu_{误差} \\ \mu_{总} = n-1, \quad \mu_{回归} = 1, \quad \mu_{误差} = n-2 \end{cases} \tag{7.10}$$

2）方差分析。方差分析的统计量为 F，具体计算公式如下：

$$F = \frac{SS_{回归}/\mu_{回归}}{SS_{误差}/\mu_{误差}} = \frac{MS_{回归}}{MS_{误差}} \tag{7.11}$$

式中，$MS_{回归}$、$MS_{误差}$ 分别称为回归均方与剩余均方。

统计量 F 服从自由度为 $\mu_{回归}$、$\mu_{误差}$ 的 F 分布。求得 F 值后，查 F 界值表，得 P 值，按所取检验水准做出统计推断结论。

3）t 检验。与统计量 t 有关的计算公式如下：

$$t = \frac{b-0}{S_b}, \quad \mu = n-2 \tag{7.12}$$

$$S_b = \frac{S_{y.x}}{\sqrt{l_{xx}}} \tag{7.13}$$

$$S_{y.x} = \sqrt{\frac{(y-\hat{y})^2}{n-2}} = \sqrt{\frac{SS_{误差}}{n-2}} \tag{7.14}$$

式中，S_b 为样本回归系数标准差；$S_{y.x}$ 为剩余标准差。

统计量 t 服从自由度为 μ 的 t 分布。求得 t 后，查 t 界值表，得 P 值，按所取检验水准做出推断结论。对同一资料，$t=\sqrt{F}$，F 检验与 t 检验的结论一致。

3. 多元线性回归分析

通常情况下，事物间的联系是多方面的，一个因变量可能受到多个自变量的影响。多元线性回归分析是分析因变量与多个自变量间的线性关系，或以多个自变量估计因变量的统计分析方法。该方法还可用于解释变量间的关系，并进行相应的预测。一般来说，多元线性回归分析要求各变量采用定量指标，定性或等级指标须转换为定量指标。

（1）多元线性回归分析的一般模型

多元线性回归分析的一般模型见式（7.15）：

$$y = b_0 + b_1 x_1 + b_2 x_2 + \cdots + b_m x_m + e \tag{7.15}$$

式中，因变量 y 可以近似地表示为自变量 x_1, x_2, $\cdots$, x_m 的线性函数；b_0 为常数项，b_0, b_1, $\cdots$, b_m 为偏回归系数，表示在其他自变量保持不变时，x_j ($j=1, 2, \cdots, m$) 增加或减少一个单位时 y 的平均变化量，e 是去除 m 个自变量对 y 的影响后的随机误差，又称残差，即 y 的变化中不能为自变量所解释的部分。

（2）满足多元线性回归分析的条件

1）y 与 x_1, x_2, $\cdots$, x_m 之间具有线性关系。

2) 各例观测值 y_i（$i=1, 2, \cdots, n$）相互独立。
3) 残差 e 服从均值为 0、方差为 σ^2 的正态分布，它等价于对任意一组自变量 $x_1, x_2, \cdots, x_m$，因变量 y 具有相同方差，并且服从正态分布。

（3）多元线性回归分析的一般步骤

利用统计数据求偏回归系数 $b_0, b_1, b_2, \cdots, b_m$，建立回归方程。

多元线性回归方程的参数求解也是利用最小二乘法原理，即对偏回归系数进行估计的过程。实际工作通常由计算机完成，这里只简单介绍其计算过程。表 7-1 中，假设有 n 例观察对象，第 i 例（$i=1, 2, \cdots, n$）的一组观察值为（$y_i, x_{i1}, x_{i2}, \cdots, x_{ip}$），借助多元线性回归模型，可求出因变量 y_i 的估计值 $\hat{y}_i$，令 $(y_i - \hat{y}_i) = e_i$，即残差的估计值，则全部 n 例观察对象的残差平方和为 $\sum(y_i - \hat{y}_i)^2 = \sum e_i^2$，式中，$\sum$ 为对 i 从 1 到 n 求和。使 $\sum e_i^2$ 达到最小的那一组偏回归系数就是所要求的参数估计值。有鉴于此，经数学推导，可用下列一组方程式求出 p 个偏回归系数的估计值。

表 7-1　多元线性回归观察数据结构表

例号 i	x_1	x_2	$\cdots$	x_p	y
1	x_{11}	x_{12}	$\cdots$	x_{1p}	y_1
2	x_{21}	x_{22}	$\cdots$	x_{2p}	y_2
$\vdots$	$\vdots$	$\vdots$	$\cdots$	$\vdots$	$\vdots$
n	x_{n1}	x_{n2}	$\cdots$	x_{np}	y_n

$$\begin{cases} b_1 l_{11} + b_2 l_{12} + \cdots + b_p l_{1p} = l_{1y} \\ b_1 l_{21} + b_2 l_{22} + \cdots + b_p l_{2p} = l_{2y} \\ \cdots \\ b_1 l_{p1} + b_2 l_{p2} + \cdots + b_p l_{pp} = l_{py} \end{cases} \quad (7.16)$$

式中，$l_{jk} = l_{kj}$（$j, k=1, 2, \cdots, p$），当 $j=k$ 时，为第 j 个自变量 x_j 的观察值的离均差平方和，$j \neq k$ 时，为第 j 个自变量 x_j 与第 k 个自变量 x_k 的观察值的离均差交叉乘积和，其计算公式为：

$$l_{jk} = \sum(x_j - \bar{x}_j)(x_k - \bar{x}_k) = \sum x_j x_k - (\sum x_j)(\sum x_k)/n \quad (7.17)$$

l_{jy} 为第 j 个自变量 x_j 与因变量 y 的观察值的离均差交叉乘积和，其计算公式为：

$$l_{jy} = \sum(x_j - \bar{x}_j)(y - \bar{y}) = \sum x_j y - (\sum x_j)(\sum y)/n \quad (7.18)$$

常数项 b_0 则可用下式求出：

$$b_0 = \bar{y} - (b_1 \bar{x}_1 + b_2 \bar{x}_2 + \cdots + b_p \bar{x}_p) \quad (7.19)$$

在实际计算时，原始测量数据可整理为表 7-2，并列出各观察指标值的和、平方和及交叉乘积和。

表 7-2　各观察指标值的和、平方和与交叉乘积和

指标值	x_0	x_1	x_2	$\cdots$	x_p	y
x_0	n	$\sum x_1$	$\sum x_2$	$\cdots$	$\sum x_p$	$\sum y$
x_1	$\sum x_1$	$\sum x_1^2$	$\sum x_2 x_1$	$\cdots$	$\sum x_p x_1$	$\sum y x_1$
x_2	$\sum x_2$	$\sum x_1 x_2$	$\sum x_2^2$	$\cdots$	$\sum x_p x_2$	$\sum y x_2$
$\cdots$	$\cdots$	$\cdots$	$\cdots$	$\cdots$	$\cdots$	$\cdots$
x_p	$\sum x_p$	$\sum x_1 x_p$	$\sum x_2 x_p$	$\cdots$	$\sum x_p^2$	$\sum y x_p$
y	$\sum y$	$\sum x_1 y$	$\sum x_2 y$	$\cdots$	$\sum x_p y$	$\sum y^2$

可以知道 $\sum x_1 x_2 = \sum x_2 x_1$，$\sum x_1 x_p = \sum x_p x_1$，…，将表 7-2 中的相应数据代入式（7.17）和式（7.18），可以计算出 l_{jk} 和 l_{jy}，将计算结果代入式（7.16），便可求出各偏回归系数的估计值 b_1，b_2，…，b_p，在此基础上利用式（7.19）可求出 b_0，最后利用各参数建立出多元线性回归模型。

（4）检验并评价回归方程

建立回归方程后，必须分析其是否符合观察对象的特点，能否恰当地反映出因变量与这 p 个自变量的数量依存关系，各个自变量对因变量的影响是否具有统计学意义。在这些问题均得到肯定答复的情形下，才可以利用该回归方程进行评价和预测。在此，主要介绍如何利用方差分析法和决定系数（R^2）法对回归方程进行评价和检验。

1）方差分析法：主要用于检验各自变量对因变量的影响是否具有统计学意义。

无效假设，即 H_0：$b_1 = b_2 = \cdots = b_p = 0$。

有效假设，即 H_1：各 b_1（$j=1$，2，…，p）不全为 0。

检验统计量为 F，计算公式如下：

$$F = \frac{SS_{回归}/p}{SS_{误差}/(n-p-1)} = \frac{MS_{回归}}{MS_{误差}} \tag{7.20}$$

式（7.20）中，$SS_{回归}$ 的自由度为 p，即自变量的个数；$SS_{误差}$ 的自由度为 $n-p-1$，其中 n 为样本例数。

多元线性回归方差分析表见表 7-3。

表7-3　多元线性回归方差分析表

变异来源	自由度 μ	离差平方和 SS	均方 MS	F	P
总变异	$n-1$	$\sum(y_i - \bar{y})^2$	—	—	—
回归	p	$\sum(\hat{y}_i - \bar{y})^2$	$SS_{回归}/p$	$MS_{回归}/MS_{误差}$	—
误差	$n-p-1$	$\sum(y_i - \hat{y})^2$	$SS_{回归}/(n-p-1)$	—	—

F 服从分布 $F_{(p, n-p-1)}$，求得 F 值后，查 F 界值表，得 P 值，做出推断结论。

2）决定系数（Coefficient of Determination，简记为 R^2）法，其目的主要是检验回归方程能否恰当地反映出因变量与这 p 个自变量的数量依存关系，或者说可用于定量评价在 y 的总变异中，由 x 变量组建立的回归方程能解释的比例。R^2 的计算公式见式（7.21），定义为回归平方和 $SS_{回归}$ 占总离均差平方和 $SS_{总}$ 的比例。R^2 的取值在 0～1 之间，其值越接近于 1，说明模型对数据的拟合程度越高。

$$R^2 = \frac{SS_{回归}}{SS_{总}} = 1 - \frac{SS_{误差}}{SS_{总}} \tag{7.21}$$

在计算出 R^2 后，同样，需要对 R^2 进行统计检验。首先，对决定系数假设检验如下：

H_0：总体决定系数=0。

H_1：总体决定系数≠0。

其次，利用式（7.22）计算统计检验量 F：

$$F = \frac{R^2/p}{(1-R^2)/(n-p-1)} \tag{7.22}$$

F 同样服从分布 $F_{(p, n-p-1)}$，式（7.22）与方差分析的检验意义等价。

复相关系数（Multiple Correlation Coeffecient，简记为 R）可用来度量因变量 y 与多个自变量间的线性相关程度，即观察值 y 与估计值 $\hat{y}$ 之间的相关程度，计算公式为：

$$R = \sqrt{R^2} \tag{7.23}$$

R 的取值在 0~1 之间,若 $p=1$,即只有一个自变量,则有 $R=|r|$,r 为简单相关系数。

3)检验自变量。在多元线性回归分析中,各个自变量 x_j 对 y 的影响是不同的,有的强,有的弱,有的则全无关系,所以有必要判断方程中每一个自变量对 y 的影响,进而对自变量进行选择,使回归方程中只包括对因变量有统计学意义的自变量,也就是说要得到所谓的"最优"方程。自变量的检验主要有两种方法。

① 第一种方法:偏回归平方和。回归方程中某一自变量 x_j 的偏回归平方和表示模型中含有其他 $p-1$ 个自变量的条件下该自变量对 y 的回归贡献,相当于从回归方程中剔除 x_j 后所引起的回归平方和的减少量,或在 $p-1$ 个自变量的基础上新增加 x_j 引起的回归平方和的增加量。偏回归平方和的大小间接反映了自变量 x_j 对因变量的贡献大小。一般采用统计量 F 对偏回归平方和做假设检验,具体计算公式为:

$$F(x_j) = \frac{\text{SS}_{\text{回归}}(x_j)/1}{\text{SS}_{\text{误差}}/(n-p-1)} \tag{7.24}$$

此处,$F(x_j)$ 服从分布 $F_{(1,\ n-p-1)}$。自由度分别为:$\mu_1=1$,$\mu_2=n-p-1$。其中,$\text{SS}_{\text{回归}}(x_j)$ 表示偏回归平方和,其值越大,说明相应的自变量越重要。需要强调的是,$p-1$ 个自变量对 y 的回归平方和必须由重新建立的方程得到,而不是简单地把 $b_j x_j$ 从有 p 个自变量的方程中剔除后算得。各自变量的偏回归平方和可以通过拟合包含不同自变量的回归方程计算得到。假设有 4 个自变量,通过引入不同的自变量可以建立不同的回归方程,并计算出相应的回归平方和 $\text{SS}_{\text{回归}}$、$\text{SS}_{\text{误差}}$,从而计算出各自变量的偏回归平方和 $\text{SS}_{\text{回归}}(x_j)$,最后计算出各自变量的统计量 F,计算过程中相关的参数及其关系见表 7-4。

表 7-4 各自变量的偏回归平方和

回归方程中包含的自变量	方程外自变量	$\text{SS}_{\text{回归}}$	$\text{SS}_{\text{回归}}$	偏回归平方和 $\text{SS}_{\text{回归}}(x_j)$	$F(x_j)$
x_1, x_2, x_3, x_4	…	a	b		
x_2, x_3, x_4	x_1	c		$\text{SS}_{\text{回归}}(x_1)=a-c$	$\dfrac{\text{SS}_{\text{回归}}(x_1)/1}{\text{SS}_{\text{误差}}/(n-p-1)}$
x_1, x_3, x_4	x_2	d		$\text{SS}_{\text{回归}}(x_2)=a-d$	$\dfrac{\text{SS}_{\text{回归}}(x_2)/1}{\text{SS}_{\text{误差}}/(n-p-1)}$
x_1, x_2, x_4	x_3	e		$\text{SS}_{\text{回归}}(x_3)=a-e$	$\dfrac{\text{SS}_{\text{回归}}(x_3)/1}{\text{SS}_{\text{误差}}/(n-p-1)}$
x_1, x_2, x_3	x_4	f		$\text{SS}_{\text{回归}}(x_4)=a-f$	$\dfrac{\text{SS}_{\text{回归}}(x_4)/1}{\text{SS}_{\text{误差}}/(n-p-1)}$

其中,$\text{SS}_{\text{回归}}(x_1) = \text{SS}_{\text{回归}}(x_1, x_2, x_3, x_4) - \text{SS}_{\text{回归}}(x_2, x_3, x_4) = a-c$

$\text{SS}_{\text{回归}}(x_2) = \text{SS}_{\text{回归}}(x_1, x_2, x_3, x_4) - \text{SS}_{\text{回归}}(x_1, x_3, x_4) = a-d$

$\text{SS}_{\text{回归}}(x_3) = \text{SS}_{\text{回归}}(x_1, x_2, x_3, x_4) - \text{SS}_{\text{回归}}(x_1, x_2, x_4) = a-e$

$\text{SS}_{\text{回归}}(x_4) = \text{SS}_{\text{回归}}(x_1, x_2, x_3, x_4) - \text{SS}_{\text{回归}}(x_1, x_2, x_3) = a-f$

求得各自变量的 F 值后,查 F 界值表,得 P 值,按所取检验水准可做出各自变量对 y 的影响是否有统计学意义,或者说 x_j 与 y 是否有线性回归关系的推断结论。

② 第二种方法:t 检验法。t 检验法对某一自变量 x_j 的统计检验等价于对其相应的偏回归系数进行统计学检验,也等价于偏回归平方和检验。检验假设如下。

H_0:$b_j = 0$。

H_1: $b_j \neq 0$。

统计量 t 的计算公式为:

$$t(b_j) = \frac{b_j}{S(b_j)} \quad (7.25)$$

式中，$t(b_j)$ 服从 $t_{(n-p-1)}$ 分布，b_j 是偏回归系数的估计值；$S(b_j)$ 是 b_j 的标准差，其计算公式比较复杂，一般可由统计软件在计算机上完成，此不赘述。求得各自变量的 t 值后，查 t 界值表，得 P 值，按所取检验水准可做出自变量 x_j 对 y 的影响是否有统计学意义（或者说 x_j 与 y 是否有线性回归关系）的推断结论。

（5）筛选自变量

筛选自变量的目的是尽可能得到最优回归方程以获得更好的预测或解释效果。筛选自变量的方法有两大类：全局择优法和逐步淘汰法。

1）全局择优法。全局择优法是对自变量各种不同的组合所建立的回归方程进行比较、择优，预测效果好。具体方法有：

① 校正决定系数 R_c^2 选择法。R_c^2 的计算公式为：

$$R_c^2 = 1 - (R^2)\frac{n-1}{n-m-1} = 1 - \frac{MS_{误差}}{MS_{总}} \quad (7.26)$$

式中，n 为样本含量；R^2 为包含 m（$m \leq p$）个自变量的回归方程的决定系数。R_c^2 的变化规律是：当 R^2 相同时，自变量个数越多，R_c^2 越小。所谓"最优"回归方程，是指 R_c^2 最大的回归方程。

② c_p 选择法。c_p 的计算公式如下：

$$c_p = \frac{(SS_{误差})_m}{(MS_{误差})_p} - [n - 2(m+1)] \quad (7.27)$$

式中，$(SS_{误差})_m$ 是由 m（$m \leq p$）个自变量作为回归的误差平方和；$(MS_{误差})_p$ 是从全部 p 个自变量的回归模型中得到的误差均方。当由 m 个自变量拟合的方程理论上为最优时，c_p 的期望值是 $m+1$，因此应选择 c_p 最接近 $m+1$ 的回归方程为最优方程。注意：如果全部自变量中没有包含对 y 有主要作用的变量，则不宜用 c_p 方法选择自变量。

2）逐步淘汰法。

① 前进法。回归方程中的自变量从无到有、从少到多，每次引入一个偏回归平方和最大且具有统计学意义的自变量，直到不具有统计学意义的自变量可以引入为止。此法建立的方程有时不够精确，已基本淘汰。

② 后退法。先将全部自变量选入方程，然后在方程中选一个偏回归平方和最小的变量，做 F 检验，若无统计学意义，则将其剔除，然后对剩余的自变量建立新的回归方程，重复这一过程，直至方程中所有的自变量都不能剔除为止。理论上，该方法最好，但计算量大。

③ 逐步回归法。逐步回归法是在前述两种方法的基础上，进行双向筛选的一种方法，但本质上是前进法。具体做法是：在向前引入每一个新的自变量后，都应对前面已选入的自变量进行检查，以评价其有无继续保留在方程中的价值，即引入和剔除交替进行，直到不具有统计学意义的新变量可以引入，同时也没有失去统计学意义的自变量可以剔除为止。

在实际进行自变量筛选时，选取自变量的标准取决于检验水准 α 的设置水平。α 值设置得越小，表示选取自变量的标准越严，被选入的自变量个数相对也较少；反之，α 值设置得越大，表示选取自变量的标准越宽，被选入的自变量个数也就相对较多。一般来说，检验水准 α 的设置水平在小样本时设置为 0.10 或 0.15，大样本时设置为 0.05。需要强调的是，选入自变量的检验水准 $\alpha_\text{入}$ 要小于或等于剔除自变量的检验水准 $\alpha_\text{出}$。

（6）标准化回归系数

在实际应用中，常需要利用回归系数比较各自变量对因变量的贡献大小。需要注意的是，利用原始统计资料计算出的回归系数有单位，用来解释各自变量对因变量的影响，表示在其他自变量保持不变时，增加或减少一个单位时，y 的平均变化量。但是，由于各自变量的单位不同，因此不能直接用偏回归系数的大小做比较，必须用标准化的偏回归系数（Standardized Partial Regression Coefficient）来做比较。标准化回归系数没有单位，可以用来比较各个自变量 x_j 对 y 的影响强度。通常在有统计学意义的前提下，标准化回归系数 b'_j 的绝对值越大，说明相应自变量对 y 的相对贡献越大。反之亦然。标准化的偏回归系数可以采用以下两种方法进行计算。

1）对原始变量的观察值做标准正态变换后，再配合回归方程计算出的偏回归系数即为标准化的偏回归系数，相应的回归方程称作标准化回归方程。其中，变量标准化是将原始数据 x_j 减去相应变量的均值 $\bar{x}_j$，然后再除以该变量的标准差 s_j。具体公式如下：

$$b'_j = \frac{x_j - \bar{x}_j}{s_j} \tag{7.28}$$

2）可直接用下面的公式计算。

$$b'_j = b_j \left(\frac{s_j}{y_j} \right) \tag{7.29}$$

4．Logistic 回归分析

当数据呈现多样性、复杂性，既有连续型数据，也有离散型数据时，采用一般的直线回归分析难以达到分析要求，可应用 Logistic 回归方法进行分析。

Logistic 回归属于概率型回归分析，可用来分析某类事件发生的概率与自变量之间的关系，适用于因变量为分类值的样本，尤其适用于因变量为二分类的情形。自变量既可以是定性离散值，也可以是计量观测值。本书介绍因变量为二分类的 Logistic 回归模型。

（1）模型结构

设 x_1，x_2，…，x_p 为一组自变量，y 为因变量。当 y 是阳性反应时，记为 $y=1$，当 y 是阴性反应时，记为 $y=0$。用 P 表示发生阳性反应的概率，用 Q 表示发生阴性反应的概率，$P+Q=1$。Logistic 回归模型为：

$$P = \frac{e^{b_0 + b_1 X_1 + b_2 X_2 + \cdots + b_p X_p}}{1 + e^{b_0 + b_1 X_1 + b_2 X_2 + \cdots + b_p X_p}} \tag{7.30}$$

同时可以写成：

$$Q = \frac{1}{1 + e^{b_0 + b_1 X_1 + b_2 X_2 + \cdots + b_p X_p}} \tag{7.31}$$

式中，b_0 是常数项；b_j（$j=1$，2，…，P）是自变量 x_j 有关的参数，称为偏回归系数。

事件发生的概率 P 与 b_x 之间呈曲线关系，当 b_x 在（$-\infty$，∞）之间变化时，P 或 Q 在（0，1）之间变化。

假设有 n 例观察对象，第 i 名观察对象在自变量 x_{i1}，x_{i2}，…，x_{ip} 作用下的因变量为 y_i，阳性反应记为 $y_i=1$，否则 $y_i=0$。相应地，用 P_i 表示其发生阳性反应的概率，用 Q_i 表示发生阴性反应的概率，仍然有 $P_i+Q_i=1$ 的关系。P_i 和 Q_i 的计算公式如下：

$$P_i = \frac{e^{b_0 + b_1 X_{i1} + b_2 X_{i2} + \cdots + b_p X_{ip}}}{1 + e^{b_0 + b_1 X_{i1} + b_2 X_{i2} + \cdots + b_p X_{ip}}} \tag{7.32}$$

$$Q_i = \frac{1}{1+e^{b_0+b_1X_{i1}+b_2X_{i2}+\cdots+b_pX_{ip}}} \tag{7.33}$$

第 i 个观察对象的发生概率比数（Odds）为 P_i/Q_i，第 1 个观察对象的发生概率比数为 P_1/Q_1，这两个观察对象的发生概率比数的比值便称为比数比（Odds Ratio，OR）。对比数比取自然对数得到关系式：

$$\ln\left(\frac{P_i/Q_i}{P_1/Q_1}\right) = \beta_1(x_{i1}-x_{11}) + \beta_2(x_{i2}-x_{12}) + \cdots + \beta_p(x_{ip}-x_{1p}) \tag{7.34}$$

等式左边是比数比的自然对数，等式右边的 $(x_{ij}-x_{lj})$（$j=1$，2，…，p）是同一因素 x_j 的不同暴露水平 x_{ij} 和 x_{lj} 之差。β_j 的意义是在其他自变量不变的情况下，自变量 x_j 每改变一个测量单位所引起的比数比的自然对数改变量。或者说，在其他自变量固定不变的情况下，自变量 x_j 的水平每增加一个测量单位所增加的比数比为增加前的 $e\beta_j$ 倍。当 β_j 为正值时，x_j 的增加使 OR 增加，当 β_j 为负值时，x_j 的增加使 OR 减少。

同多元线性回归分析一样，由于各自变量的取值单位不同，不能用偏回归系数的大小来比较暴露因素对因变量相对贡献的大小，需要用标准化偏回归系数来做比较。标准化偏回归系数可利用相关统计软件进行计算。

（2）参数估计

通常采用最大似然估计法求解模型中参数 β_j 的估计值 b_j（$j=1$，2，…，p）。但根据研究的设计方案不同，似然函数的构造也有差异。常采用横断面研究模式下的似然函数构造，即非条件 Logistic 回归模型中参数的估计方法。

依定义，y_i 为在 x_1，x_2，…，x_p 作用下的阳性事件发生的指标变量，其赋值为：

$$y_i = \begin{cases} 1, & \text{第}i\text{个观察对象出现阳性反应} \\ 0, & \text{第}i\text{个对象出现阴性反应} \end{cases}$$

第 i 个观察对象对似然函数的贡献量为：

$$l_i = P_i^{y_i} Q_i^{1-y_i} \tag{7.35}$$

当各事件独立发生时，n 个观察对象所构成的似然函数 L 是每一个观察对象的似然函数贡献量的乘积，即

$$L = \prod_{i=1}^{n} l_i = \prod_{i=1}^{n} P_i^{y_i} Q_i^{1-y_i} \tag{7.36}$$

式中，$\prod$ 为 i 从 1 到 n 的连乘积。

依最大似然估计法的原理，使得 L 达到最大时的参数值即为所求的参数估计值。不过，计算时通常将该似然函数取自然对数（称为对数似然函数）后，用 Newton-Raphson 迭代算法求解参数估计值 b_j（$j=1$，2，…，p）。

（3）筛选自变量

在进行 Logistic 回归分析时，同样需要对自变量进行筛选，只保留对回归方程具有统计学意义的自变量，可以采用向后剔除法、向前引用法、逐步筛选法。具体方法有似然比检验、计分检验、Waid 检验，其中，似然比检验较为常用。在似然比检验中，用 Λ 表示似然比检验统计量，计算公式为：

$$\Lambda = 2\ln\left(\frac{L'}{L}\right) = 2(\ln L' - \ln L) \tag{7.37}$$

式中，ln 为自然对数的符号；L 为方程中包含 m（$m<p$）个自变量的似然函数值；L' 为在方程中包

含原 m 个自变量基础上再加一个新自变量 x_j 后的似然函数值,此时,方程中有 $m+1$ 个自变量。在 H_0 条件下,统计量 $\varLambda$ 服从自由度为 1 的 χ^2 分布。当 $\varLambda \geqslant \chi^2_{\alpha(1)}$ 时,则在 α 水平上拒绝无效假设,即认为 x_j 对回归方程的贡献具有统计学意义,应将 x_j 引入回归方程中,否则,不应引入。剔除自变量的情形刚刚相反,以上筛选过程可以通过相关统计软件完成。

5. 回归分析应用实例

(1) 一元线性回归分析应用实例

例:有儿童肌酐检测结果见表 7-5,现要拟合年龄与肌酐检测值之间的一元线性回归模型。

表 7-5 儿童肌酐检测结果

年龄 x/岁	5	8	7	11	6	9	12	13	14
肌酐检测值 y/(mmol/24hr)	2.55	2.68	2.79	3.21	2.48	3.5	3.45	3.52	3.89

解:

1) 回归分析的基本步骤。

第一步:从表中数据可初步判断出随着年龄的增加,肌酐检测值也相应地有所增加,可能存在相关性。

第二步:随着年龄的增加,肌酐检测值的增长比较平缓,存在线性关系的可能性较大,可考虑采用一元线性回归方法。

第三步:绘制儿童年龄与肌酐检测值散点图,如图 7-2 所示,从图 7-2 可以看出,年龄与肌酐检测值之间呈现较明显的线性趋势。

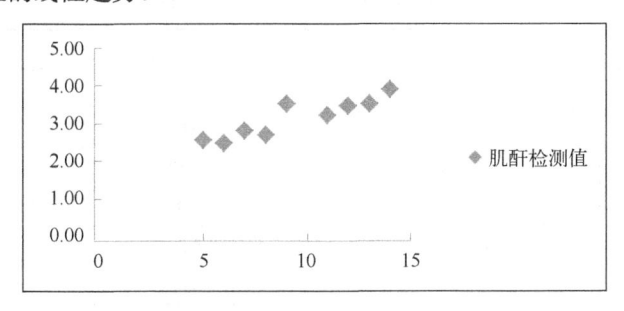

图 7-2 儿童年龄与肌酐检测值散点图

第四步:拟合回归模型。

首先,利用最小二乘法计算模型参数 a、b 的值。原始数据经过相关计算得到参数 a、b 值的计算表,见表 7-6。

表 7-6 参数 a、b 值的计算表[⊖]

序号	$x-\bar{x}$	$y-\bar{y}$	$(x-\bar{x})^2$	$(x-\bar{x})(y-\bar{y})$	$(y-\bar{y})^2$
1	−4.44	−0.57	19.75	2.53	0.3236
2	−1.44	−0.44	2.09	0.63	0.1926
3	−2.44	−0.33	5.98	0.80	0.1082
4	1.56	0.09	2.42	0.14	0.0083
5	−3.44	−0.64	11.86	2.20	0.4082

⊖ 实际计算时利用软件,但呈现在表中时,只保留了有限位数,故表中数据会出现 (-4.44^2) 不等于 19.71 而等于 19.75 的情况,特此说明,余同。

（续）

序号	$x-\bar{x}$	$y-\bar{y}$	$(x-\bar{x})^2$	$(x-\bar{x})(y-\bar{y})$	$(y-\bar{y})^2$
6	-0.44	0.38	0.20	-0.17	0.1452
7	2.56	0.33	6.53	0.85	0.1096
8	3.56	0.40	12.64	1.43	0.1609
9	4.56	0.77	20.75	3.51	0.5946
合计 $\sum$			82.22	11.92	2.0513

将表 7-6 中的相关计算结果代入式（7.2）和式（7.3），计算出参数 a、b 的值。

$$b=\frac{\sum(x-\bar{x})(y-\bar{y})}{\sum(x-\bar{x})^2}=\frac{l_{xy}}{l_{xx}}=\frac{11.92}{82.22}\approx 0.1450$$

$$a=\bar{y}-b\bar{x}\approx 3.12-0.1450\times 9.44=1.7512$$

其次，将计算出的参数 a、b 的值代入回归模型，可得到如下的拟合回归模型：

$$\hat{y}=1.7512+0.1450x$$

2）进行统计检验。现分别用方差分析和 t 检验两种方法对回归模型进行统计检验。

① 方差分析。

表 7-7 列出了方便进行方差分析的计算数据。

表 7-7 $SS_总$、$SS_{回归}$、$SS_{误差}$ 的计算

$(y-\bar{y})^2$	$\hat{y}$	$(\hat{y}-\bar{y})^2$	$(y-\hat{y})^2$
0.3236	2.4762	0.4130	0.0054
0.1926	2.9112	0.0431	0.0535
0.1082	2.7662	0.1244	0.0006
0.0083	3.3462	0.0517	0.0186
0.4082	2.6212	0.2477	0.0199
0.1452	3.0562	0.0039	0.1970
0.1096	3.4912	0.1386	0.0017
0.1609	3.6362	0.2676	0.0135
0.5946	3.7812	0.4387	0.0118
$SS_总=2.0513$		$SS_{回归}=1.7287$	$SS_{误差}=0.3219$

H_0：$\beta=0$，儿童年龄与肌酐检测值没有线性关系。

H_1：$\beta\neq 0$，儿童年龄与肌酐检测值有线性关系。

检验水平 $\alpha=0.05$。

计算检验统计量 F 值，方差分析表见表 7-8。

表 7-8 方差分析表

变异来源	SS	μ	MS	F
总变异	2.0513	8		
回归	1.7287	1	1.7287	37.58
误差	0.3219	7	0.0460	

确定 P 值,做出推断结论。

已知 $\mu_1=1$,$\mu_2=7$,查 F 界值表,得 $P<0.01$,按 $\alpha = 0.05$ 水准拒绝 H_0,可以认为儿童年龄与肌酐检测值之间有线性关系。

② t 检验。

H_0:$\beta = 0$,儿童年龄与肌酐检测值没有线性关系。

H_1:$\beta \neq 0$,儿童年龄与肌酐检测值有线性关系。

检验水平 $\alpha = 0.05$。

计算检验统计量 t 值,本例中,$n=9$,$SS_{误差}=0.3219$,$l_{xx}=82.22$,$b=0.1450$,分别代入式(7.12)~式(7.14),可计算出 t 值。

$$S_{y.x} = \sqrt{\frac{(y-\hat{y})^2}{n-2}} = \sqrt{\frac{SS_{误差}}{n-2}} = \sqrt{\frac{0.3219}{9-2}} \approx 0.2144$$

$$S_b = \frac{S_{y.x}}{\sqrt{l_{xx}}} = \frac{0.2144}{\sqrt{\sum(x-\bar{x})^2}} = \frac{0.2144}{\sqrt{82.22}} \approx 0.0236$$

$$t = \frac{b-0}{S_b} = \frac{0.1450}{0.0236} \approx 6.1440 \approx \sqrt{F}$$

确定 P 值,做出推断结论。

已知 $\mu=7$,查 t 界值表,得 $P<0.01$,按 $\alpha = 0.05$ 水准拒绝 H_0,可以认为儿童年龄与肌酐检测值之间有线性关系。

(2)回归分析的 SPSS 实现应用实例

例:表7-9列出了某时间某省14个城市的部分经济指标。现尝试用 SPSS 软件拟合房价与其他经济指标之间的关系,如人均可支配收入间的一元线性回归模型,以及房价与其他经济指标间的多元线性回归模型,以分析各经济指标对房价的影响,并期望借助模型进行预测。

表7-9 某时间某省14个城市的部分经济指标

城市	房价(元/m²)	人口(万人)	国民生产总值(亿元)	就业人口比例(%)	人均可支配收入(元)	人口密度(人/km²)	房产商投入(十万元)
城市1	7200	595	903	92	38700	3472	5900
城市2	6800	560	831	90	37100	3368	4850
城市3	6400	533	796	87	35200	3214	4500
城市4	6200	501	764	84	32100	2898	4650
城市5	6100	498	720	83	31000	2763	4350
城市6	6000	476	750	81	30200	2772	4500
城市7	5700	470	622	79	29700	2654	4150
城市8	5500	441	667	77	28800	2715	4350
城市9	5250	422	651	77	26400	2630	4000
城市10	5200	435	640	76	26300	2589	3850
城市11	5000	412	607	75	24700	2410	3750
城市12	4950	401	596	74	25600	2430	3550
城市13	4850	386	485	70	24100	2103	3950
城市14	4850	398	590	72	25400	2378	3650

解：

1）拟合房价与人均可支配收入间的回归模型。

第一步：输入数据，在变量视图中分别设定变量为房价和人均可支配收入，并设定其相应的属性，在数据视图输入观察数据。

第二步：绘制散点图，设定变量房价为 y 轴，变量人均可支配收入为 x 轴，可得到房价与人均可支配收入散点图（如图 7-3 所示）。从图 7-3 可以看出两者间呈现比较明显的线性关系，可进一步进行回归模型拟合。

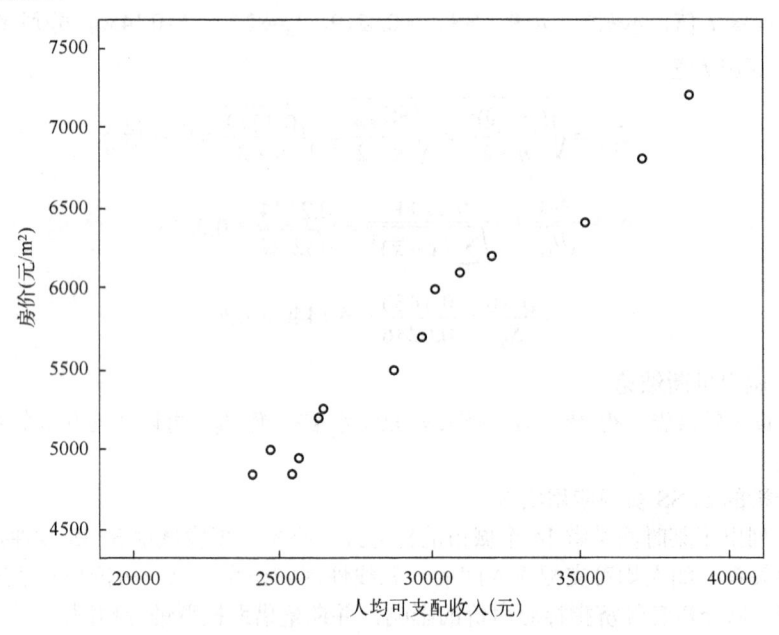

图 7-3　房价与人均可支配收入散点图

第三步：选择"分析"→"回归"→"线性"进入线性回归分析界面，如图 7-4 所示。

图 7-4　进入线性回归分析界面

第四步：设定房价为因变量，人均可支配收入为自变量，城市为个案标签，统计量选择估计回归系数和模型拟合度，方法默认为进入，如图7-5所示。

图 7-5　统计量设置界面

第五步：单击"确定"后，可得到相关的分析结果。

表7-10是拟合过程中变量输入/移去的情况记录，因为只引入了一个自变量，所以只出现了一个模型1，该模型中"人均可支配收入（元）"为输入的变量，没有移去的变量，具体的输入/移去方法为"输入"。

表 7-10　输入/移去的变量

模型	输入的变量	移去的变量	方法
1	人均可支配收入（元）		输入

表 7-11 为所拟合模型的情况汇总，其中相关系数 $R=0.987$，拟合优度 $R^2=0.974$，调整 $R^2=0.972$，标准估计的误差=127.085。R^2 是回归分析的决定系数，说明自变量和因变量形成的散点与回归曲线的接近程度，数值介于 0 和 1 之间，这个数值越大，说明回归效果越好，也就是散点越集中于回归线上。

表 7-11　模型汇总

模型	R	R^2	调整 R^2	标准估计的误差
1	0.987	0.974	0.972	127.085

表 7-12 为所用模型的检验结果，是一个标准的方差分析表。Sig.是 F 值的实际显著性概率，即 P 值。当 Sig.≤0.05 的时候，说明回归关系具有统计学意义。在该表中，回归模型 F 统计量值=448.485，P 值为 0.000，回归模型有统计学意义，可以继续观察系数分别检验的结果。需要注意的是该模型中只有一个自变量，因此模型的检验就等价于系数的检验，但在多元回归中，这两者是不同的。

表 7-12 方差分析表

模型		平方和	df	均方	F	Sig.
1	回归	7243334.694	1	7243334.694	448.485	0.000
	残差	193808.163	12	16150.680		
	总计	7437142.857	13			

表 7-13 给出了包括常数项在内的所有系数的 t 检验结果，同时还给出标准化/未标准化系数。从 Sig.值可见常数项和"人均可支配收入"都有统计学意义。由此可建立房价与人均可支配收入的一元线性回归方程为：$y=1014.848+0.158x$。依据该模型，在知道某市人均可支配收入的情况下，可大致预测其房价。

表 7-13 系数的 t 检验结果

模型		非标准化系数		标准化系数	t	Sig.
		B	标准误差	试用版		
1	（常量）	1014.848	224.492		4.521	0.001
	人均可支配收入（元）	0.158	0.007	0.987	21.177	0.000

2) 拟合房价与经济指标间的多元线性回归模型。

第一步：输入数据，在变量视图中分别设定各变量及其相应的属性，在数据视图中输入观察数据。

第二步：选择"分析"→"回归"→"线性"进入线性回归分析界面。

第三步：设定房价为因变量，人均可支配收入等其他六项经济指标为自变量，城市为个案标签，统计量选择估计回归系数和模型拟合度，方法默认为进入。

第四步：单击"确定"后，可得到相关的分析结果。

从表 7-14 可知，一共拟合了三个模型，模型 1 采用输入法，包括所有六个自变量，模型 2 和模型 3 采用向后法，分别从六个自变量中移除人口和国民生产总值，每个模型只包括五个自变量。

表 7-14 输入/移去的变量

模型	输入的变量	移去的变量	方法
1	房产商投入（十万元），人口密度（人/km²），国民生产总值（亿元），人口（万人），人均可支配收入（元），就业人口比例（%）		输入
2		人口（万人）	向后（准则：F-to-remove≥0.100 的概率）
3		国民生产总值（亿元）	向后（准则：F-to-remove≥0.100 的概率）

表 7-15 分别列出了三个模型的相关系数、决定系数和调整后的决定系数。

表 7-15 模型汇总

模型	R	R^2	调整 R^2	标准估计的误差
1	0.998	0.997	0.994	57.090
2	0.998	0.997	0.995	54.568
3	0.998	0.996	0.995	55.702

表 7-16 是三个模型的方差分析表，从 Sig.值看，都具有统计学意义。

表 7-16 三个模型的方差分析表

模型		平方和	df	均方	F	Sig.
1	回归	7414328.085	6	1235721.348	379.142	0.000
	残差	22814.772	7	3259.253		
	总计	7437142.857	13			
2	回归	7413321.569	5	1482664.314	497.929	0.000
	残差	23821.288	8	2977.661		
	总计	7437142.857	13			
3	回归	7409218.759	4	1852304.690	597.002	0.000
	残差	27924.098	9	3102.678		
	总计	7437142.857	13			

表 7-17 为三个模型各系数的 t 检验表。从 Sig.值可以知道，模型 3 中的各系数均具有统计学意义，结合前面的模型方差分析和同样不低的决定系数值（0.996），可以选择模型 3 为最优模型，拟合出描述自变量人均可支配收入、就业人口比例、人口密度、房产商投入等指标影响房价的多元线性回归模型如下：

$$y = 0.073x_1 + 81.649x_2 - 0.700x_3 + 0.240x_4 - 2087.161$$

式中，x_1、x_2、x_3、x_4 分别代表自变量人均可支配收入、就业人口比例、人口密度、房产商投入。在社会和经济整体环境基本保持不变的情况下，可利用该模型分析预测其中某一个指标或某些指标的变化对房价的影响，从而有针对性地制定相关政策或采取相应的行动。

表 7-17 三个模型各系数的 t 检验表

模型		非标准化系数		标准化系数	t	Sig.
		B	标准误差	试用版		
1	常量	−1276.487	907.210		−1.407	0.202
	人均可支配收入（元）	0.078	0.029	0.483	2.680	0.032
	人口（万人）	1.642	2.955	0.140	0.556	0.596
	国民生产总值（亿元）	0.950	0.785	0.141	1.211	0.265
	就业人口比例（%）	59.783	26.811	0.527	2.230	0.061
	人口密度（人/km²）	−0.845	0.281	−0.435	−3.013	0.020
	房产商投入（十万元）	0.191	0.075	0.153	2.543	0.039
2	常量	−1616.189	640.726		−2.522	0.036
	人均可支配收入（元）	0.087	0.023	0.541	3.827	0.005
	国民生产总值（亿元）	0.862	0.735	0.128	1.174	0.274
	就业人口比例（%）	71.363	16.124	0.629	4.426	0.002
	人口密度（人/km²）	−0.885	0.259	−0.455	−3.417	0.009
	房产商投入（十万元）	0.209	0.065	0.168	3.242	0.012
3	常量	−2087.161	509.925		−4.093	0.003
	人均可支配收入（元）	0.073	0.020	0.457	3.668	0.005
	就业人口比例（%）	81.649	13.817	0.720	5.910	0.000
	人口密度（人/km²）	−0.700	0.210	−0.360	−3.339	0.009
	房产商投入（十万元）	0.240	0.060	0.192	3.978	0.003

线性回归分析可以帮助人们通过观察数据分析各影响因素，探究其间的数学规律，并用于预测和决策。但在利用回归分析方法进行分析预测时应注意以下问题：

1）两种现象间即使有回归关系也不一定是因果关系，必须对其间的内在联系有所认识，即能从专业理论上做出合理的解释或有所依据才有实际意义。

2）当散点图提示样本有异常点，即残差绝对值特别大的观测数据时，需要对数据进行复查和相应的处理。对于因实验测定、记录或数据录入过程中的错误等引起的异常点，应予以修正或删除，否则会对回归方程中的系数估计产生较大的影响，从而影响回归效果和预测效果。

3）线性回归方程的适用范围一般以自变量的取值范围为限，在此范围内求出的估计值 $\hat{y}$，一般称为内插，超过自变量取值范围所计算的 $\hat{y}$ 值称为外延。在有理由证明或假设其按惯性发展的情况下，外延可用于预测。

（3）回归分析的 Excel 实现应用实例

1）一元线性回归的工具实现。

① 打开 Excel，在工具栏中找到"加载项"，选择"分析工具库"，单击"确定"，在菜单栏的"数据"中添加"数据分析"（Excel 2013）；或者打开 Excel，在"Excel 加载项"中找到"加载宏"，单击"转到"，选择"分析工具库"，单击"确定"，如图 7-6 所示，在"数据"工具栏中添加"数据分析"（Excel 2013）。

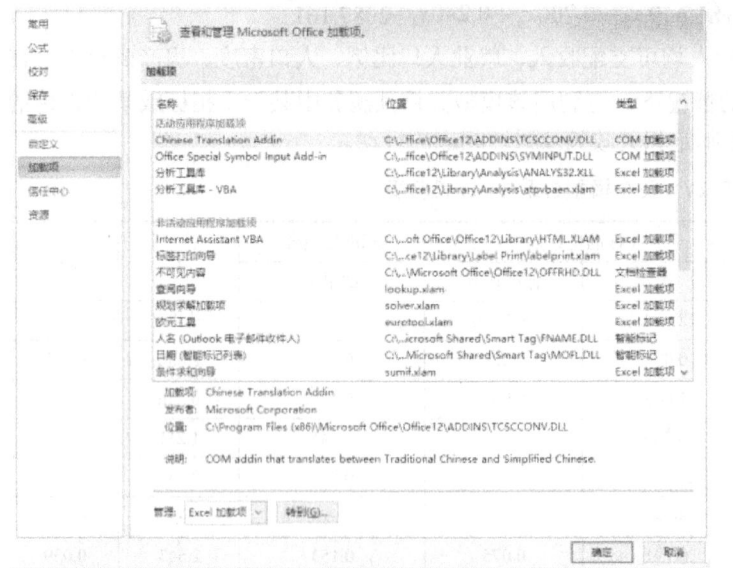

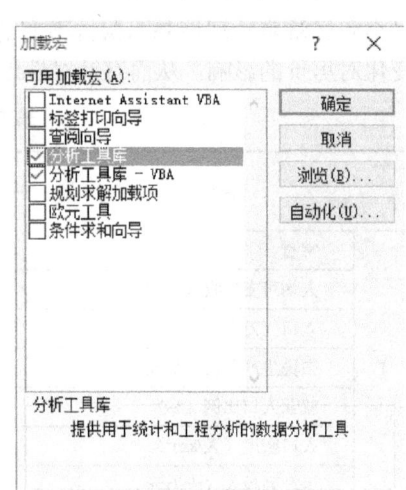

图 7-6 "加载宏"添加"数据分析"工具

② 在 Excel 里建立工作表。

③ 选定数据区域，在工具栏中单击"插入"→"图表"，选择"XY 散点图"，单击"完成"，如图 7-7 和图 7-8 所示。

④ 将鼠标放到散点图上，单击鼠标右键，选择"添加趋势线"。

⑤ 在"类型"中根据散点图的形状，选择一种类型，这里选择"线性"。

⑥ 在"选项"中选择"显示公式"和"显示 R^2 值"，单击"确定"即可，可以看到回归方程及相关系数，由 $R^2=0.98$ 得 $R≈0.9899$，如图 7-9 所示。

图 7-7　建立工作表

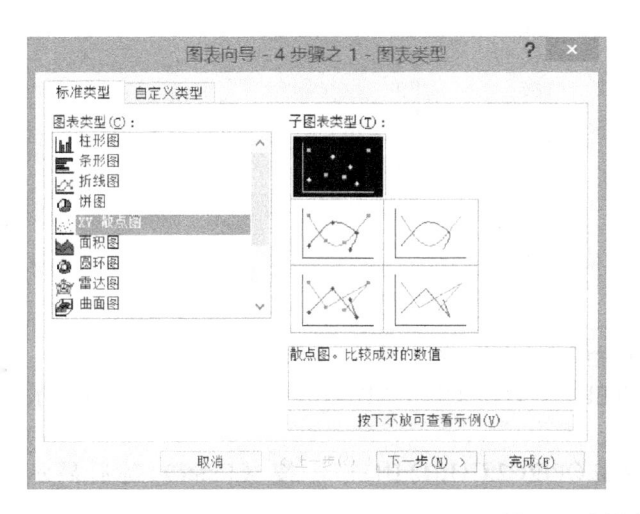

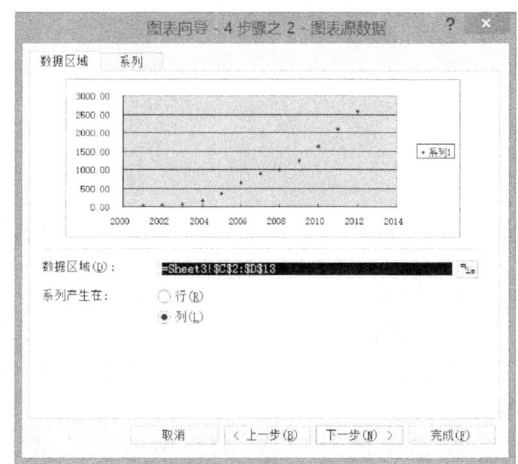

图 7-8　插入图表

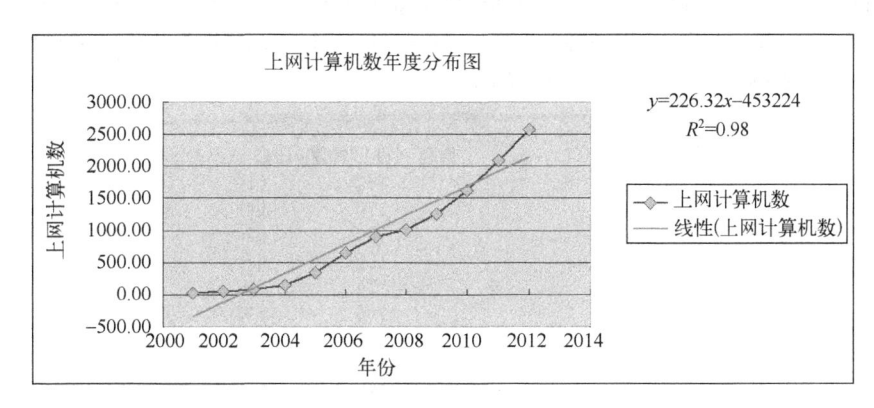

图 7-9　生成回归趋势线和回归模型

⑦ 在菜单栏中选择"数据"→"数据分析"或在工具栏中单击"数据分析",选定回归,进行需要的设置即可得到回归分析的结果。

2) 一元线性回归的函数实现。

① 打开 Excel,在工具栏中找到"加载宏",选择"分析工具库-VBA",单击"确定",在菜单

栏的"数据"中添加"数据分析"（Excel 2013）；或者打开 Excel，在"Excel 选项"中找到"加载宏"，单击"转到"，选择"分析工具库-VBA"，单击"确定"，在"数据"工具栏中添加"数据分析"（Excel 2013），如图 7-6 所示。

② Excel 回归分析实现的主要函数如下。

截距函数：INTERCEPT(y，x)。

斜率函数：SLOPE(y，x)。

测定系数函数（R^2）：RSQ(y，x)。

估计标准误差函数：STEYX(y，x)。

③ 在 Excel 里建立工作表，如图 7-10 所示。

	A	B	C
1		身高x(cm)	体重y(kg)
2		162	51
3		170	54
4		166	52
5		158	47
6		174	63
7		166	59
8		167	55
9		170	60
10		173	57
11		168	54

图 7-10　建立工作表

④ 用 Excel 提供的函数进行计算。

在指定的单元格 A12～A15 中分别输入"截距""斜率""测定系数""估计标准误差"。

在指定的单元格 B12 中输入公式"=INTERCEPT(C2:C11,B2:B11)"，按〈Enter〉键后显示 -79.42015。

在指定的单元格 B13 中输入公式"=SLOPE(C2:C11,B2:B11)"，按〈Enter〉键后显示 0.8041825。

在指定的单元格 B14 中输入公式"=RSQ(C2:C11,B2:B11)"，按〈Enter〉键后显示 0.6817018。

在指定的单元格 B15 中输入公式"=STEYX(C2:C11,B2:B11)"，按〈Enter〉键后显示 2.8180738，即可得到回归模型，如图 7-11 所示。

	A	B	C
1		身高x(cm)	体重y(kg)
2		162	51
3		170	54
4		166	52
5		158	47
6		174	63
7		166	59
8		167	55
9		170	60
10		173	57
11		168	54
12	截距	-79.42015	
13	斜率	0.8041825	
14	测定系数	0.6817018	
15	估计标准误差	2.8180738	

图 7-11　Excel 函数计算

⑤ 在菜单栏中选择"数据"→"数据分析"或在工具栏中选择"数据分析",选定"回归",进行需要的设置即可得到回归分析的结果,如图 7-12 和图 7-13 所示。

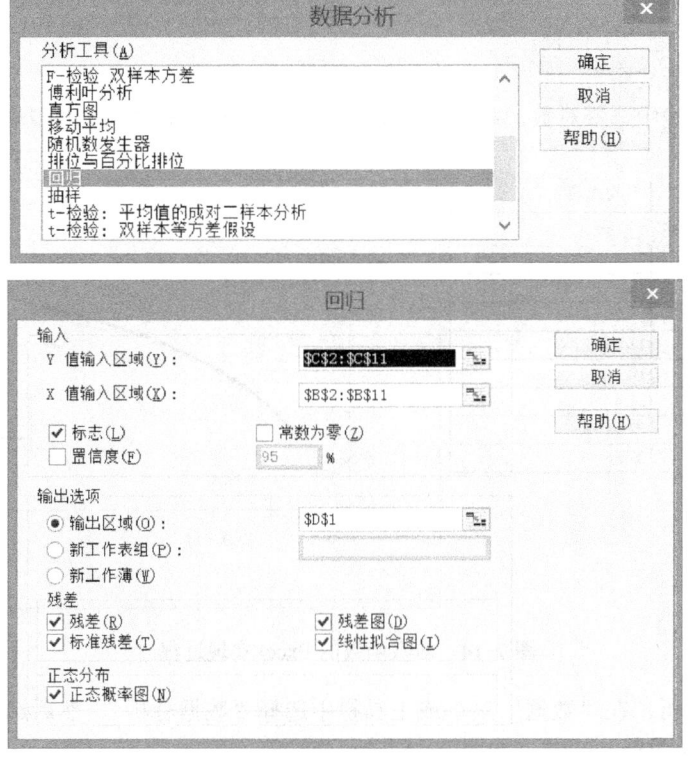

图 7-12 "数据分析"与"回归"设置

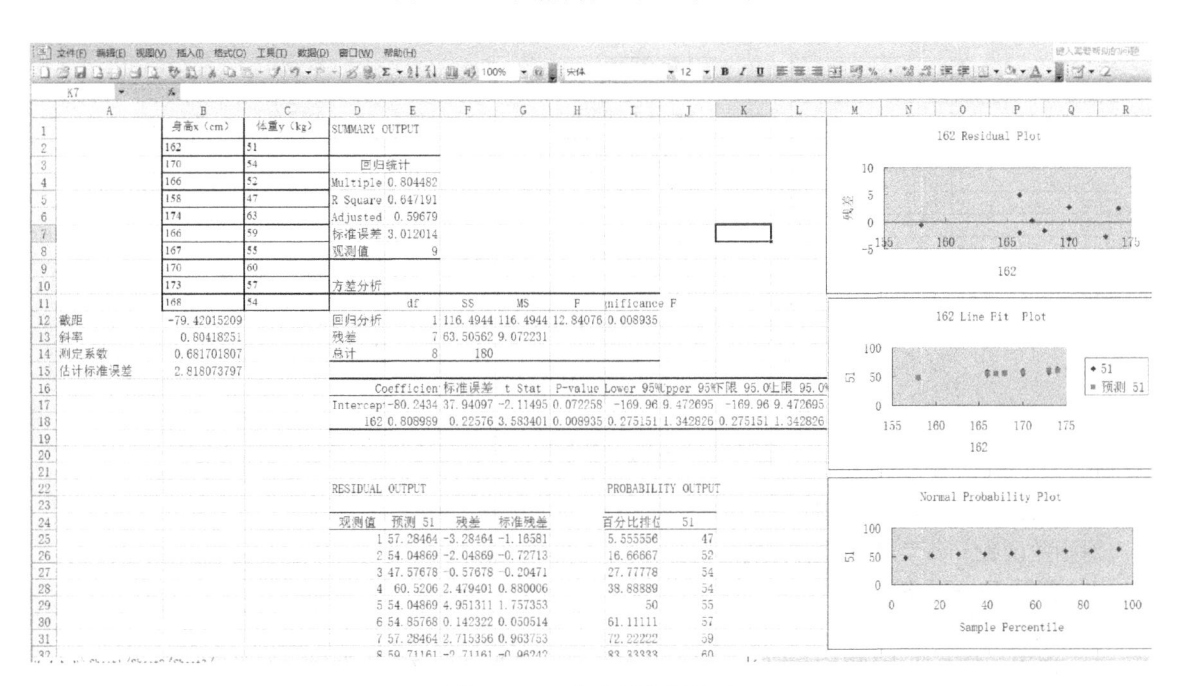

图 7-13 回归分析结果显示

3）非线性回归分析的实现。

① 对数函数的 Excel 实现。

对数函数 $y=a+b\ln x$。

A．打开 Excel，建立工作表。

B．插入图表"折线图"。

C．在添加趋势线中选择对数，并在选项中选择显示公式和 R^2 值，如图 7-14 所示。

	A	B	C	D	E	F	G	H	I
1	超标量X（毫克）	平均患病人数Y（人）							
2	对数曲线拟合								
3	0.2	7.6							
4	0.4	12.3							
5	0.6	15.7							
6	0.8	18.2							
7	1	18.7							
8	1.2	21.4							
9	1.4	22.6							
10	1.6	23.8							
11									
12									
13									
14									
15									

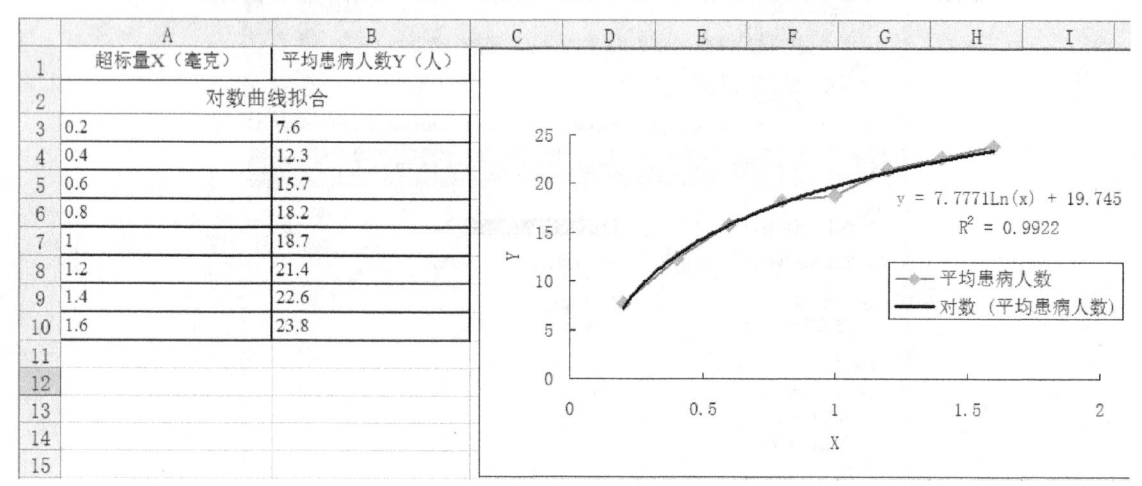

图 7-14　对数函数的 Excel 实现过程

D．进行回归分析，在"数据"菜单或工具栏中选择"数据分析"，然后选择"回归"，得到回归分析结果，y 与 $\ln x$ 呈线性相关，如图 7-15 所示。

	A	B	C	D	E	F	G	H	I	J	K	L
1	超标量X（毫克）	平均患病人数Y（人）		SUMMARY OUTPUT								
2	对数曲线拟合		Ln(X)									
3	0.2	7.6	-1.60944		回归统计							
4	0.4	12.3	-0.91629	Multiple	0.981852							
5	0.6	15.7	-0.51083	R Square	0.964034							
6	0.8	18.2	-0.22314	Adjusted	0.956841							
7	1	18.7	0	标准误差	0.840705							
8	1.2	21.4	0.182322	观测值	7							
9	1.4	22.6	0.336472									
10	1.6	23.8	0.470004	方差分析								
11					df	SS	MS	F	nificance F			
12				回归分析	1	94.72321	94.72321	134.0197	8.44E-05			
13				残差	5	3.533929	0.706786					
14				总计	6	98.25714						
15												
16					Coeffici	标准误差	t Stat	P-value	Lower 95%	Upper 95%	下限 95.0	上限 95.0
17				Intercep	9.760714	0.855586	11.40822	9.06E-05	7.561359	11.96007	7.561359	11.96007
18				0.2	9.196429	0.794392	11.57669	8.44E-05	7.154379	11.23848	7.154379	11.23848

图 7-15　对数函数的回归分析结果

② 指数函数的 Excel 实现。

对指数函数 $y=ae^{bx}$ 进行对数转换后得到：$\ln y = \ln a + bx$。

A．打开 Excel，建立工作表。

B．插入图表"折线图"。

C．在添加趋势线中选择对数，并在选项中选择显示公式和 R^2，如图 7-16 所示。

D．进行回归分析，在"数据"菜单或工具栏中选择"数据分析"，然后选择"回归"，得到回归分析结果，$\ln y$ 与 x 呈线性相关，如图 7-17 所示。

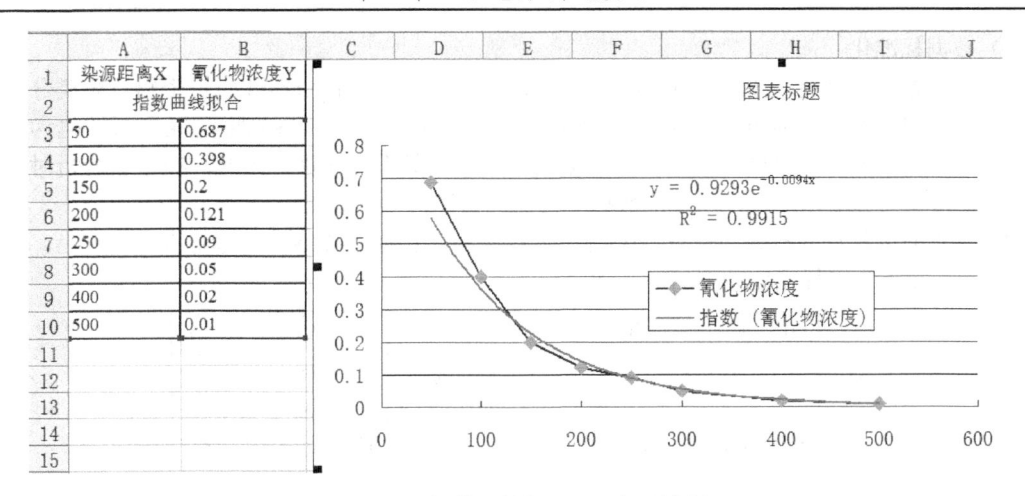

图 7-16　指数函数的 Excel 实现过程

图 7-17　指数函数的回归分析结果

7.1.2　聚类分析法

1. 聚类分析概述

聚类分析（Cluster Analysis）本质上是一种分类技术，是应用多元统计分析原理研究分类问题的一种统计方法，即将具有相似性质的资料集在一起。聚类分析借助数理统计的方法，依据靠数据特征找出研究对象的适当归类方法，并聚成相应的类，所以也称为没有老师的学习，或者叫无监督的学习。随着大数据时代的到来，聚类分析已成为发掘海量信息的首选工具，被广泛应用于各领域。

（1）聚类分析的类型

根据分析对象的不同，聚类分析可以分为 R 型聚类和 Q 型聚类。R 型聚类是指将 n 个观察对象的 p 个指标进行聚类，又称指标聚类或变量聚类。Q 型聚类是指将 n 个样本进行聚类，又称样本聚类或样品聚类。无论是 R 型聚类还是 Q 型聚类，其关键点都是根据指标或样本间的相似性程度进行指标或样本的归类，通常用相似系数度量指标或样本间的相似性程度。在计算相似系数前，需要先解决数据标准化的问题。

(2) 数据标准化

待分析的数据往往会呈现出各种不同的特点,大体可分为定性资料和定量资料。聚类分析主要是对定量资料进行分析。如果需要对定性资料进行聚类分析,需要事先将定性资料转化为定量资料。由于不同变量的计量单位(量纲)和数据级不同,不具有可比性,因此,在聚类分析时,要先对数据进行转换和标准化处理,以解决数据不可比的问题。

假设某项研究收集的数据涉及 n 个样本, p 个变量,构成矩阵 X,经过标准化处理后,原始数据矩阵也相应变换为经标准化处理的矩阵 X'。

$$X = \begin{bmatrix} x_{11} & x_{12} & \cdots & x_{1p} \\ x_{21} & x_{22} & \cdots & x_{2p} \\ \vdots & \vdots & & \vdots \\ x_{n1} & x_{n2} & \cdots & x_{np} \end{bmatrix} \qquad X' = \begin{bmatrix} x'_{11} & x'_{12} & \cdots & x'_{1p} \\ x'_{21} & x'_{22} & \cdots & x'_{2p} \\ \vdots & \vdots & & \vdots \\ x'_{n1} & x'_{n2} & \cdots & x'_{np} \end{bmatrix}$$

常用的标准化方法如下。

1) 中心化变换: p 个变量, $n \times p$ 个数据变换后的各个数据等于各原始数据减去相应变量均值,见式(7.38)。经变换后的数据矩阵中,每列数据之和为 0。其中, x_{ij} 为第 i 个样本的变量 j 的数据, x'_{ij} 为 x_{ij} 变换后的数据, $\bar{x}_j$ 为变量 j 的样本数据均值, $\bar{x}_j$ 可由式(7.39)计算得到。

$$x'_{ij} = x_{ij} - \bar{x}_j \tag{7.38}$$

$$\bar{x}_j = \frac{1}{n}\sum_{i=1}^{n} x_{ij} \quad (j=1, 2, \cdots, p) \tag{7.39}$$

2) 标准化变换: 对原始数据先进行中心化处理,再除以标准差。经变换后的数据矩阵中,每列数据的均值为 0,方差为 1,变换公式见式(7.40)。其中, S_j 为变量 j 的样本标准差,可以用式(7.41)予以计算。

$$x'_{ij} = \frac{x_{ij} - \bar{x}_j}{s_j} \quad (i=1, 2, \cdots, n;\ j=1, 2, \cdots, p) \tag{7.40}$$

$$s_j = \sqrt{\frac{\sum_{i=1}^{n}(x_{ij}-\bar{x}_j)^2}{n-1}} \tag{7.41}$$

3) 极差规格变换: 将原始数据矩阵中某个变量的最大值减去最小值,取得极差做分母,再用该变量的各原始数据 x_{ij} 减去相应变量的最小值做分子,计算结果则为该原始数据 x_{ij} 的标准化值 x'_{ij}。经变换后的数据矩阵中,每列数据的最大值为 1,最小值为 0,其余数据取值在(0,1)之间。相应公式可以表示如下。

$$x'_{ij} = \frac{x_{ij} - \min_{1 \leq i \leq n}\{x_{ij}\}}{\max_{1 \leq i \leq n}\{x_{ij}\} - \min_{1 \leq i \leq n}\{x_{ij}\}} \quad (i=1, 2, \cdots, n;\ j=1, 2, \cdots, p) \tag{7.42}$$

除此之外,对原始数据进行标准化还可以采用对数转换、平方根转换和立方根转换,即分别对原始数据取对数、取平方根、取立方根。采取这些方法的目的主要是将非线性数据转换为线性数据,以适应相应的统计方法的要求。

例: 某单位部分人事资料见表 7-18。其中,年龄、工资、工龄为定量指标,受教育程度本身为等级定性指标,经过一定的规则转化为表中的定量指标。企业希望能依据该四种指标,采用聚类分析的方法将所有员工分成不同的类,以有针对性地制定相应的人事管理制度和办法。

在四种指标中,除年龄和工龄单位为年外,其余两个指标的单位不同,如工资单位为元,四个指标存在量纲和数量级的差别,指标间不具可比性。为了解决数据不可比性问题,在聚类分析前,有必要采用一定的方法对数据进行标准化处理。表 7-19、表 7-20、表 7-21 分别列出了采用上述不同的标准化方法对表 7-18 中的原始数据进行标准化处理后的数据矩阵和具体计算方法示例。

表 7-18　某单位部分人事资料

	年龄（年）	工资（元）	受教育程度	工龄（年）
	23	3400	5	1
	35	4500	4	10
	46	3300	3	33
	56	4300	3	32
	…	…	…	…
均值	38	4200	3.5	18
标准差	4.3	123	0.1	5.6
最大值	59	9100	5	36
最小值	21	2500	1	1

表 7-19　中心化变换后的数据矩阵

年龄	工资	受教育程度	工龄	具体计算方法（以第一行第一列的数据为例）
-15	-800	1.5	-17	
-3	300	0.5	-8	实际值 23 减去平均值 38 等于-15，即变换后的值为-15
8	-900	-0.5	15	
18	100	-0.5	14	
…	…	…	…	

表 7-20　标准化变换后的数据矩阵

年龄	工资	受教育程度	工龄	具体计算方法（以第一行第一列的数据为例）
-3.5	-6.5	15.0	-3.0	
-0.7	2.4	5.0	-1.4	实际值 23 减去均值 38 等于-15，再除以标准差 4.3，变换后的值为 -3.5
1.9	-7.3	-5.0	2.7	
4.2	0.8	-5.0	2.5	
…	…	…	…	

表 7-21　极差规格变换后的数据矩阵

年龄	工资	受教育程度	工龄	具体计算方法（以第一行第一列的数据为例）
0.1	0.1	1.0	0.0	
0.4	0.3	0.8	0.3	实际值 23 减去该列的最小值 21，得到分子为 2；
0.7	0.1	0.5	0.9	该列的最大值 59 减去该列的最小值 21，得到分母为 38；
0.9	0.3	-0.5	0.9	变换后的值为 0.1
…	…	…	…	

2．相似系数

（1）R 型聚类的相似系数

1）R 型聚类通常采用两个变量间的简单相关系数的绝对值来定义变量间的相似系数。具体公式为：

$$r_{ij} = \frac{\left|\sum(x_i - \overline{x_i})\sum(x_j - \overline{x_j})\right|}{\sqrt{\sum(x_i - \overline{x_i})^2 \sum(x_j - \overline{x_j})^2}} \quad (7.43)$$

r_{ij} 的绝对值越大,说明两个变量间的距离越近,相似程度越高。

2)可用其他相关系数定义两个变量间的距离,如当变量呈非正态分布时,也可考虑用 Spearman 秩相关系数 r_s 定义变量间的相似系数。当变量均为定性变量时,最好利用列联系数 C 定义变量间的相似系数。具体计算公式见式(7.44),其中,χ^2 是 R×C 表资料的 χ^2 值。

$$C = \sqrt{\frac{\chi^2}{\chi^2 + n}} \tag{7.44}$$

3)可用夹角余弦定义两个变量间的距离。设有两个变量 i 和 j 的观测值分别为($x_{1i}, x_{2i}, \cdots, x_{ni}$ 和 $x_{1j}, x_{2j}, \cdots, x_{nj}$),则两个变量间的夹角余弦为:

$$C_{ij} = \frac{\sum_{k=1}^{n} x_{ki} x_{kj}}{\sqrt{\sum_{k=1}^{n} x_{ki}^2 \cdot \sum_{k=1}^{n} x_{kj}^2}} \tag{7.45}$$

C_{ij} 值越大,两个变量间的夹角越小,相关性越强。

(2)Q 型聚类相似系数

Q 型聚类将 n 例样本看成 p 维空间的 n 个点,用两点间的距离定义相似系数,距离越小表明两个样品间的相似程度越高,如表 7-22 所示。

表 7-22 Q 型聚类数据结构表

个体	x_1	x_2	…	x_i	…	x_p
1						
2						
3						
⋮						
n						

常用以下方法来定义样本间距离。

1)欧氏距离(Euclidean Distance):

$$d_{ij} = \sqrt{\sum (x_i - x_j)^2} \tag{7.46}$$

2)绝对距离(Manhattan Distance):

$$d_{ij} = \sqrt{\sum |(x_i - x_j)|} \tag{7.47}$$

3)闵氏距离(Minkowski Distance):

$$d_{ij} = \sqrt[q]{\sum |(x_i - x_j)|^q} \tag{7.48}$$

4)马氏距离(Mahalanobis Distance):

$$d_{ij} = \sqrt{(\boldsymbol{x}_i - \boldsymbol{x}_j)^{\mathrm{T}} \boldsymbol{s}^{-1} (\boldsymbol{x}_i - \boldsymbol{x}_j)} \tag{7.49}$$

式中,$\boldsymbol{x}_i$、$\boldsymbol{x}_j$ 分别是第 i 个和第 j 个样本的 p 个指标所组成的向量;$\boldsymbol{s}^{-1}$ 为样本协方差的逆矩阵;$\boldsymbol{s}$ 表示 p 个变量间的样本协方差矩阵:

$$\boldsymbol{s} = \frac{1}{n-1} \sum_{k=1}^{n} (x_{ki} - \bar{x}_i)(x_{kj} - \bar{x}_j) \quad (i, j = 1, 2, \cdots, p) \tag{7.50}$$

从式(7.46)~式(7.48)可以看出,绝对距离是 $q=1$ 时的闵氏距离,欧氏距离是 $q=2$ 时的闵氏距离。三种距离定义直观,计算简单,是聚类分析中使用较多的距离,其中欧氏距离使用最为广泛。但这三种距离没有考虑到变量间的相关性。当变量间有相关关系时可考虑用马氏距离。

3. 系统聚类

（1）系统聚类过程

系统聚类（Hierarchical Clustering）是将相似的样本或变量进行归类的最常用方法，主要步骤如下。

1）开始时，每个样本或变量被视为一类，即每个类只有一个样本或变量。
2）定义个体间或类与类间的距离。
3）将距离最小的两个类合并为一个新的类。
4）重新计算类与类间距离，将距离最小的两个类合并为一个新的类。
5）重复4）直到最后合并成一个类为止。
6）生成树状图（Tree Graph），在聚类时，距离定义不同，会形成不同的树图。

（2）类间相似系数

在聚类过程中，每一步都要计算类间相似系数。当两个类各自仅含一个样本或变量时，两类间的相似系数即是两个样本或两个变量间的相似系数 d_{ij} 或 r_{ij}。当类内含有两个或两个以上样本或变量时，有多种方法计算类间相似系数。

设有两个类 G_p 和 G_q，各自有 n_p 和 n_q 个样本或变量，类 G_p 的每一个变量或个体与类 G_q 的每一个变量或个体两两间都有相似系数 d_{ij} 或 r_{ij}，现分别用 5 种方法计算两个类的类间相似系数。

1）最大相似系数法或最短距离法：将两个类中最大的相似系数 r_{pq} 或最短的 d_{pq} 定义为两个类间的距离。

$$\begin{cases} d_{pq} = \min_{i \in G_p, j \in G_q}(d_{ij}), & \text{样本聚类} \\ r_{pq} = \max_{i \in G_p, j \in G_q}(r_{ij}), & \text{指标聚类} \end{cases} \quad (7.51)$$

2）最小相似系数法或最长距离法：将两个类中最小的相似系数 r_{pq} 或最长的 d_{pq} 定义为两个类间的距离。

$$\begin{cases} d_{pq} = \max_{i \in G_p, j \in G_q}(d_{ij}), & \text{样本聚类} \\ r_{pq} = \min_{i \in G_p, j \in G_q}(r_{ij}), & \text{指标聚类} \end{cases} \quad (7.52)$$

3）重心法：用 $\bar{x}_p$，$\bar{x}_q$ 分别表示 G_p, G_q 的均值向量，或称重心，其分量是各个指标类平均数，将两个类的重心或平均数间距离定义为两个类的类间相似系数。类间相似系数的计算公式为：

$$D_{pq} = d_{\bar{x}_p \bar{x}_q} \quad (7.53)$$

4）类平均法：对 G_p 类中的 n_p 个样本与 G_q 类中的 n_q 个样本两两间的 $n_p n_q$ 个距离的平方求平均，得到两个类的类间相似系数。

$$D_{pq}^2 = \frac{1}{n_p n_q} \sum d_{ij}^2 \quad (7.54)$$

5）离差平方和法：又称 Ward 法，其实质是借用方差分析的基本思想，即合理的分类使得类内离差平方和较小，而类间离差平方和较大。假定 n 个样本已分成 g 个类，G_p 和 G_q 是其中的两个类，则有 n_k 个样本的第 k 个类的离差平方和定义为：

$$L_k = \sum_{i=1}^{n_k} \sum_{j=1}^{p} (x_{ij} - \bar{x}_j)^2 \quad (7.55)$$

式中，$\bar{x}_j$ 为类内指标 x_j 的平均数。所有 g 个类的合并离差平方和为：

$$L^g = \sum L_k \quad (7.56)$$

如果将 G_p 和 G_q 合并，形成 $g-1$ 类，它们的合并离差平方和 $L^{g-1} \geqslant L^g$，由并类形成的离差平方和的增量为式（7.57），可将该增量定义为两类间的平方距离。当 n 个样本各自组成一类时，n 类的合并离差平方和为 0。

$$D_{pq}^2 = L^{g-1} - L^g \tag{7.57}$$

上述五种方法中，重心法、类平均法、离差平方和法都只用于样本聚类，其中，类平均法是系统聚类中较好的方法之一，充分反映了类内样本的个体信息。为了方便理解，下面以表 7-20 中经标准化变换后的四个样本、四个变量数据（见表 7-23）进行不同角度的聚类分析，以帮助大家进一步了解聚类分析的基本思路和具体步骤。

表 7-23　某单位经标准化变换后的部分人事资料数据矩阵

变量	年龄	工资	受教育程度	工龄
样本	$j=1$	$j=2$	$j=3$	$j=4$
G_1（$i=1$）	-3.5	-6.5	15.0	-3.0
G_2（$i=2$）	-0.7	2.4	5.0	-1.4
G_3（$i=3$）	1.9	-7.3	-5.0	2.7
G_4（$i=4$）	4.2	0.8	-5.0	2.5

例：利用系统聚类方法进行变量聚类。聚类时，以简单相关系数为相似系数，类间采用最大相似系数法。

解：

第一步，在聚类前，每个变量自成一类，共四类。

第二步，计算四个变量两两间的简单相关系数 r_{ij}，以衡量变量间的距离。年龄变量和工资变量间的距离为：

$$r_{12} = \frac{\left|\sum_{i=1}^{4}(x_{i1}-\bar{x}_1)(x_{i2}-\bar{x}_2)\right|}{\sqrt{\sum_{i=1}^{4}(x_{i1}-\bar{x}_1)^2 \sum_{i=1}^{4}(x_{i2}-\bar{x}_2)^2}}$$

$$= |(-3.5-0.475)\times(-6.5+2.65)+(-0.7-0.475)\times(2.4+2.65)+(1.9-0.475)\times(-7.3+2.65)$$
$$+(4.2-0.475)\times(0.8+2.65)| / [(-3.5-0.475)^2+(-0.7-0.475)^2+(1.9-0.475)^2$$
$$+(4.2-0.475)^2]^{\frac{1}{2}} \times [(-6.5+2.65)^2+(2.4+2.65)^2+(-7.3+2.65)^2+(0.8+2.65)^2]^{\frac{1}{2}}$$

$$\approx 0.315$$

以此方法可继续求解 r_{13}，r_{14}，r_{23}，r_{24}，r_{34}，分别为 0.968，0.801，0.177，0.584，0.169，最后得到四类变量两两间的相似系数矩阵如下：

	G_1	G_2	G_3
G_2	0.315		
G_3	0.968	0.177	
G_4	0.801	0.584	0.169

第三步，取两变量间相关系数最大者，即 G_1 和 G_3 聚为一个新的类 $G_5(G_1, G_3)$。此时，四类聚为三类：G_2，G_4，$G_5(G_1, G_3)$。

第四步，采用最大相似系数法计算 G_5 与 G_2，G_4 的距离。

$$r_{25} = \max(r_{ij}) = \max(0.315, 0.177) = 0.315$$

$$r_{45} = \max(r_{ij}) = \max(0.801, 0.169) = 0.801$$

据此，$G_5(G_1, G_3)$，G_2，G_4 形成新的相似性矩阵：

	G_2	G_4
$G_5(G_1, G_3)$	0.177	0.801

第五步，$G_5(G_1, G_3)$ 和 G_4 间的相关系数最大，因此 $G_5(G_1, G_3)$ 和 G_4 聚成新的类 $G_6(G_5, G_4)$。四个变量已经聚成两类：G_6 和 G_2。

第六步，G_6 和 G_2 聚成一类。

第七步，四个变量的聚类过程可用树状图直观地表示，如图 7-18 所示。

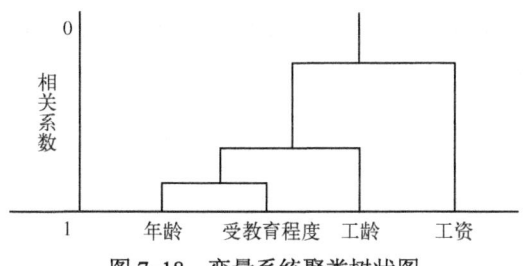

图 7-18 变量系统聚类树状图

在实际应用时，经常会需要进行指标聚类，将相关性较大的变量合并归类，以减少指标间强相关性对数据分析结果的影响，同时也减少了分析变量的个数。本例中，可考虑将年龄、受教育程度、工龄三个相关性较强的变量合为一类，工资单独成一类。在此基础上进行样本聚类时，可以在年龄、受教育程度、工龄三个变量中根据专业知识或经验只选一个变量为代表，和工资变量一起对样本进行聚类；也可将合并归类后的变量重新计算类的重心，通常将涉及的各变量、各样本观察数据标准化后的值取均值向量，作为该合并类的重心，作为后期样本聚类时进行距离计算的依据。

例：利用系统聚类法进行样本聚类，以欧氏距离为样本间的距离，按最短距离法进行样本间的聚类，类间采用最小相似系数法。

解：

第一步，在聚类前，每个员工自成一个类，共四个类。

第二步，计算员工两两间的欧氏距离 d_{ij}。

员工 1 和员工 2 之间的距离：

$$d_{12} = \sqrt{(x_{11} - x_{21})^2 + (x_{12} - x_{22})^2 + (x_{13} - x_{23})^2 + (x_{14} - x_{24})^2}$$
$$= \sqrt{(-3.5+0.7)^2 + (-6.5-2.4)^2 + (15-5)^2 + (-3+1.4)^2} \approx 13.8$$

员工 1 和员工 3 之间的距离：

$$d_{13} = \sqrt{(x_{11} - x_{31})^2 + (x_{12} - x_{32})^2 + (x_{13} - x_{33})^2 + (x_{14} - x_{34})^2}$$
$$= \sqrt{(-3.5-1.9)^2 + (-6.5+7.3)^2 + (15+5)^2 + (-3-2.7)^2} = 21.5$$

按此方法，可继续计算出 d_{14}，d_{23}，d_{24}，d_{34} 分别为 23.3，14.8，11.9，8.5。则员工两两间可构成距离矩阵如下：

	G_1	G_2	G_3
G_2	13.8		
G_3	21.5	14.8	
G_4	23.3	11.9	8.5

第三步，已知员工 3 和员工 4 间的距离最小，可聚为一个类，形成一个新的类 G_5，由 G_3 和 G_4

组成，标记为 $G_5(G_3, G_4)$。此时四个员工聚成三个类：G_1、G_2、$G_5(G_3, G_4)$。

第四步，利用最小相似系数法计算 G_5 与其他两个类（G_1 和 G_2）间的距离。

$$d_{15} = \max_{i \in G_p, j \in G_q}(d_{ij}) = \max(d_{13}, d_{14}) = \max(21.5, 23.3) = 23.3$$

$$d_{25} = \max_{i \in G_p, j \in G_q}(d_{ij}) = \max(d_{23}, d_{24}) = \max(14.8, 11.9) = 14.8$$

则三个类构成新的距离矩阵：

$$\begin{array}{ccc} & G_1 & G_2 \\ G_5(G_3, G_4) & 23.3 & 14.8 \end{array}$$

第五步，$G_5(G_3, G_4)$ 和 G_2 间的距离最小，$G_5(G_3, G_4)$ 和 G_2 聚成新的类 $G_6(G_5, G_2)$。这时，四个员工已经聚成两类：G_6 和 G_1。

第六步，G_6 和 G_1 聚成一类。

第七步，四个员工的聚类过程可用树状图直观地表示，如图 7-19 所示。

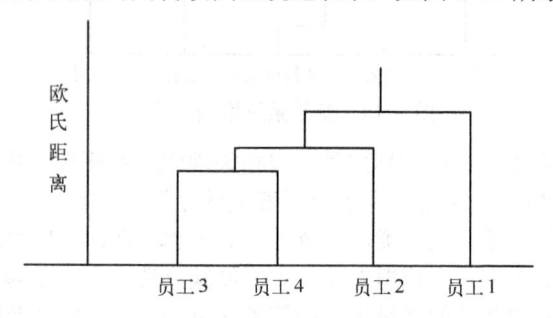

图 7-19　样本系统聚类树状图

4. 类间相似系数逐步计算

由于每步并类都要计算类间相似系数，当样本或变量个数较多时，聚类过程比较烦琐。Wishart 在 1969 年提出了一个统一的递推公式来计算合并出的新类 $G_r=(G_p, G_q)$ 与其他类 G_k 之间的类间相似系数 D_{kr}^2：

$$D_{kr}^2 = \alpha_p D_{kp}^2 + \alpha_q D_{kq}^2 + \beta D_{kp}^2 + \gamma \left| D_{kp}^2 - D_{kq}^2 \right|$$

式中，α_p、α_q、β、γ 随类间相似系数的定义不同而取不同值，见表 7-24。表 7-24 中，n_p、n_q、n_r 分别是 G_p、G_q、G_r 类的样本（变量）数，国内外统计软件如 SAS、SPSS、NoSA 等的系统聚类模块都采用该递推公式进行编程。

表 7-24　类间相似系数递推公式参数

定义	α_p	α_q	β	γ
最大相似系数	0.5	0.5	0	-0.5
最小相似系数	0.5	0.5	0	0.5
重心	n_p/n_r	n_q/n_r	$-n_p n_q/n_r^2$	0
类平均	n_p/n_r	n_q/n_r	0	0
离差平方和	$\dfrac{n_k+n_p}{n_k+n_r}$	$\dfrac{n_k+n_q}{n_k+n_r}$	$-\dfrac{n_k}{n_k+n_r}$	0
中间距离	0.5	-0.5	$-0.25 \leqslant \beta \leqslant 0$	0
可变类平均	$(1-\beta)n_p/n_r$	$(1-\beta)n_q/n_r$	<1	0
可变法	$(1-\beta)/2$	$(1-\beta)/2$	<1	0

5. 快速聚类

当样本数目很大时，系统聚类分析将花费较多的计算资源用于存储相似系数矩阵，使得计算速度大大减慢。另外，系统聚类一旦被归类后，就不再变动。为了解决计算速度慢，同时也有利于对归类情况进行动态调整，人们选择使用快速聚类（Fast Cluster，K-means cluster，也称动态聚类）的方法进行样本聚类。动态样本聚类的原理是：首先确定几个有代表性的样本，也称为凝集点，作为各类的核心；然后将其他样本逐一归类，归类的同时按某种规则修改各类核心直至分类合理为止。动态样本聚类方法中最常用的一种是 K-means 法，也称 K 均值聚类法，其具体步骤如下。

1) 根据专业知识或利用计算机软件选择 K 个"种子"作为各类的中心。
2) 顺序计算 n 个个体中的一个与 K 个中心间的距离，将个体划入距离最近的那一类。
3) 计算新的中心。
4) 重复 2) 和 3)，直到各类成员无变化（或达到规定重复次数）为止。

顾名思义，快速聚类法分类快速，大量样本也能迅速得到分类结果，但是，需要预先确定分类数目。在有些情况下，分类情况根据专业知识可以事先确定，有时则很难事先确定。针对这种情况，一般建议尝试指定几个分类数目，分别进行快速聚类，再结合实际情况考察分为多少类时分析结果才比较合理。

例：同样以表 7-20 中经标准化变换后的四个样本、四个变量的数据为例，利用快速聚类法进行样本聚类。

解：
第一步，设定分几类，此例设 K 为 2，即将所有员工分为两类。
第二步，选择初始凝集中心，此例选定员工 1 和员工 2 为两个凝聚中心，分别记为 K_1 和 K_2。员工 3 和员工 4 待分类。
第三步，分别计算员工 3 与 K_1 和 K_2 的欧氏距离，此处借用以前的计算值，分别是 21.5 和 14.8。
第四步，员工 3 与 K_2 距离最近，员工 3 归类到 K_2，见表 7-25。

表 7-25 样本快速聚类：员工 3 归入 K_2 类

变量	年龄	工资	受教育程度	工龄
K_1	-3.5	-6.5	15.0	-3.0
K_2	-0.7	2.4	5.0	-1.4
员工 3 归入 K_2	1.9	-7.3	-5.0	2.7
员工 4 待分类	4.2	0.8	-5.0	2.5

第五步，重新计算 K_2 的重心，即取均值，见表 7-26。

表 7-26 样本快速聚类：计算新的重心

变量	年龄	工资	受教育程度	工龄
K_1	-3.5	-6.5	15.0	-3
K_2	(1.9-0.7)/2=0.6	(2.4-7.3)/2=-2.45	(5.0-5.0)/2=0	(2.7-1.4)/2=0.65
员工 4 待分类	4.2	0.8	-5.0	2.5

第六步，计算员工 4 与 K_1 和新的凝集中心 K_2 的欧氏距离，前者借用以前的计算值 23.3，后者以新的重心重新计算欧氏距离如下：

$$d_{24} = \sqrt{(4.2-0.6)^2 + (0.8+2.45)^2 + (-5.0-0)^2 + (2.5-0.65)^2} = 7.21$$

第七步，员工 4 与 K_2 的距离更近，将员工 4 归入 K_2 中。
第八步，所有成员分类完成，聚类过程结束，其结果是，员工 1 自成一类，员工 2、3、4 聚为一类。两类的观察值重心见表 7-27。

表 7-27 两类的观察值重心

类别	年龄	工资	受教育程度	工龄
1	23	3400	5	1
2	45	4033	3.3	25

例：表 7-28 列出了某个时间某省 14 个城市的人口、房价、国民生产总值、就业人口比例的数据。现尝试利用 SPSS 根据四种指标对 14 个城市进行聚类，为有针对性地制定相关政策和管理办法提供参考。

表 7-28 14 个城市部分经济指标

城市名称	人口（人）	房价（元/m²）	国民生产总值（亿元）	就业人口比例（%）
城市 1	7044118	7200	4547	59
城市 2	3855609	4500	1275	68
城市 3	2748552	3600	894	63
城市 4	7141462	4000	1420	71
城市 5	7071826	2500	730	69
城市 6	5477911	1081	1539	67
城市 7	5717218	894	1491	60
城市 8	1476521	767	242	65
城市 9	4313084	3500	712	70
城市 10	4581778	3800	1084	77
城市 11	5180235	2200	767	63
城市 12	4741948	3300	675	66
城市 13	3785627	2000	680	71
城市 14	2547833	2400	303	74

解：首先，进行变量聚类，具体步骤如下。

第一步，输入原始数据。

第二步，在工具栏中选择"分析"→"分类"→"系统聚类"。

第三步，选择对变量进行聚类，统计量为"相似性矩阵"，"最小聚类数"为 2，"最大聚类数"为 3，选择"树状图"输出，如图 7-20 所示。

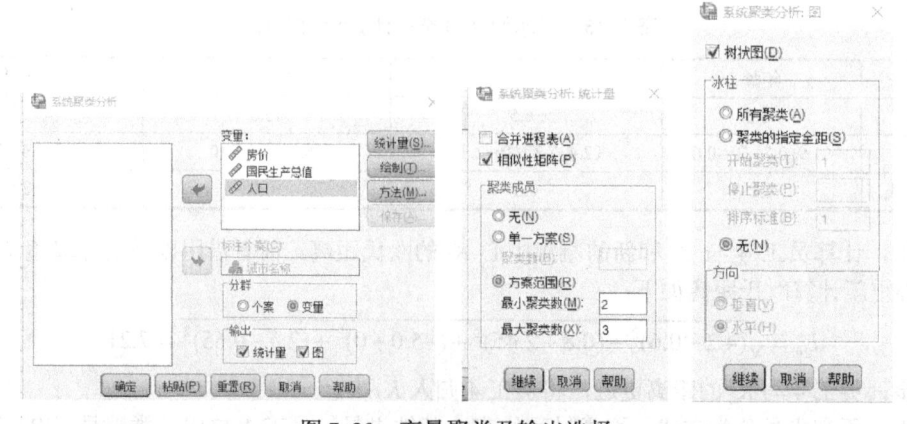

图 7-20 变量聚类及输出选择

第四步，选择聚类方法为"最远邻元素"，相似系数选择"Pearson 相关性"，标准化方法选择"全距从-1 到 1"，如图 7-21 所示。

图 7-21　选择聚类方法、相似系数和标准化方法

第五步，完成聚类并输出结果。输出结果包括变量间的近似矩阵、群集成员和聚类树状图。表 7-29 列出了各变量间的近似矩阵。表 7-30 是在聚类数分别为 2 和 3 时，各变量所归入的群集序号。图 7-22 为变量聚类树状结构图，直观地展示出聚类的过程。

表 7-29　近似矩阵

案例	人口	房价	国民生产总值	就业人口比例
人口	1.000	0.197	−0.283	1.000
房价	0.197	1.000	0.406	0.197
国民生产总值	−0.283	0.406	1.000	−0.283
就业人口比例	1.000	0.197	0.283	1.000

表 7-30　群集序号

案例	3 群集	2 群集
人口	1	1
房价	2	2
国民生产总值	3	2
就业人口比例	1	1

结合群集成员表、聚类树状图以及一般经验判断，四个变量归为三类比较合适，而在合为一类的人口和就业人口比例两个变量，因其间有较强的相关性，在此例的样本聚类时舍弃就业人口比例，最后以人口、国民生产总值和房价三个变量对 14 个城市进行样本聚类。

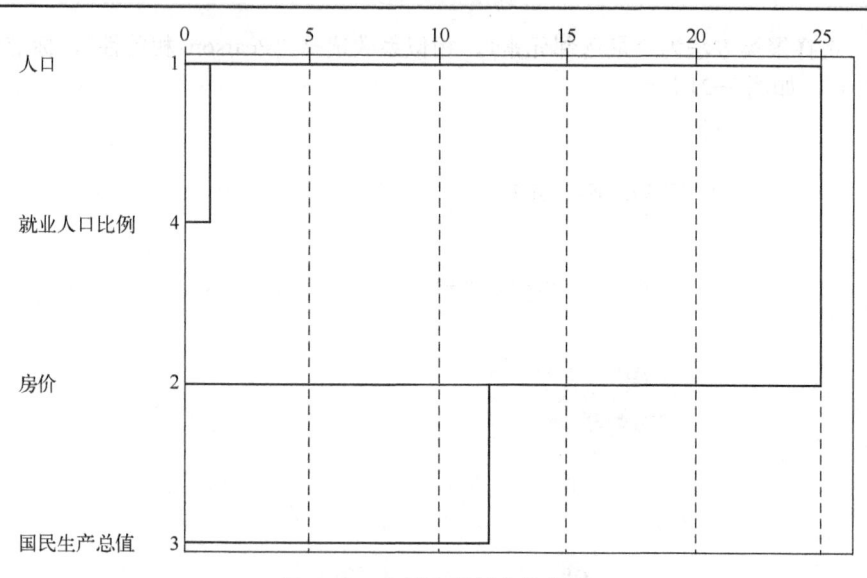

图 7-22 变量聚类树状结构图

其次，进行样本聚类，具体步骤如下。

第一步，输入原始数据。

第二步，在工具栏中选择"分析"→"分类"→"系统聚类"。

第三步，选择对个案进行聚类，统计量为"相似性矩阵"，"最小聚类数"为3，"最大聚类数"为5，选择"树状图"输出。

第四步，选择聚类方法为"最远邻元素"，相似系数选择"欧氏距离"，标准化方法选择"全距从-1到1"。

第五步，完成聚类并输出结果。同样，输出结果列出了变量间的近似矩阵（表 7-31）、群集成员（表 7-32）和样本聚类树状图（图 7-23）。

表 7-31 近似矩阵

案例	Euclidean 距离													
	1：城市1	2：城市2	3：城市3	4：城市4	5：城市5	6：城市6	7：城市7	8：城市8	9：城市9	10：城市10	11：城市11	12：城市12	13：城市13	14：城市14
1：城市1	0.000	1.865	1.957	1.645	1.841	1.684	1.447	1.772	2.063	1.859	1.667	2.060	1.695	2.219
2：城市2	1.865	0.000	0.092	0.219	0.024	3.118	2.105	0.093	0.198	0.005	0.198	0.195	0.169	0.354
3：城市3	1.957	0.092	0.000	0.311	0.116	3.200	2.174	0.185	0.106	0.097	0.290	0.104	0.261	0.263
4：城市4	1.645	0.219	0.311	0.000	0.195	2.924	1.948	0.126	0.417	0.214	0.021	0.415	0.050	0.574
5：城市5	1.841	0.024	0.116	0.195	0.000	3.096	2.087	0.069	0.222	0.019	0.174	0.220	0.145	0.379
6：城市6	1.684	3.118	3.200	2.924	3.096	0.000	1.220	3.036	3.296	3.113	2.943	3.293	2.968	3.438
7：城市7	1.447	2.105	2.174	1.948	2.087	1.220	0.000	2.037	2.255	2.101	1.963	2.253	1.982	2.379
8：城市8	1.772	0.093	0.185	0.126	0.069	3.036	2.037	0.000	0.291	0.087	0.105	0.288	0.077	0.447
9：城市9	2.063	0.198	0.106	0.417	0.222	3.296	2.255	0.291	0.000	0.203	0.396	0.002	0.367	0.156
10：城市10	1.859	0.005	0.097	0.214	0.019	3.113	2.101	0.087	0.203	0.000	0.193	0.201	0.164	0.360
11：城市11	1.667	0.198	0.290	0.021	0.174	2.943	1.963	0.105	0.396	0.193	0.000	0.393	0.028	0.552
12：城市12	2.060	0.195	0.104	0.415	0.220	3.293	2.253	0.288	0.002	0.201	0.393	0.000	0.365	0.159
13：城市13	1.695	0.169	0.261	0.050	0.145	2.968	1.982	0.077	0.367	0.164	0.028	0.365	0.000	0.524
14：城市14	2.219	0.354	0.263	0.574	0.379	3.438	2.379	0.447	0.156	0.360	0.552	0.159	0.524	0.000

第 7 章 信息分析定量方法

表 7-32 群集成员

城市名称	5 群集	4 群集	3 群集
城市 1	1	1	1
城市 2	2	2	2
城市 3	3	2	2
城市 4	2	2	2
城市 5	2	2	2
城市 6	4	3	3
城市 7	5	4	3
城市 8	2	2	2
城市 9	3	2	2
城市 10	2	2	2
城市 11	2	2	2
城市 12	3	2	2
城市 13	2	2	2
城市 14	3	2	2

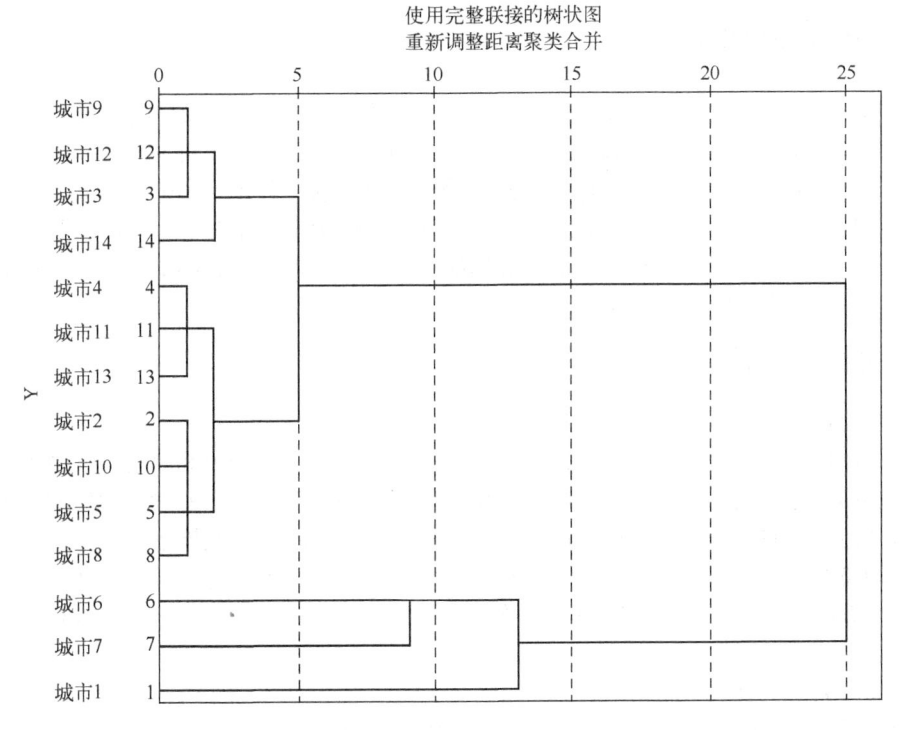

图 7-23 样本聚类树状图

结合群集成员表、聚类树状图以及一般经验判断，14 个城市归为三类比较合适，其中，城市 1 单独成类，城市 6 和城市 7 归为一类，其他城市归为一类。三类城市的观察值重心见表 7-33。

表 7-33 三类城市观察值重心

类别	人口	房价	国民生产总值	就业人口比例（%）
1	7044118	7200	4547	59
2	5597565	988	1515	70
3	4313134	2961	798	68

对 14 个城市进行聚类后，有利于相关部门更有针对性地对城市进行有效管理，制定更合理的相关政策。

6. 应用聚类分析时需要注意的问题

1）聚类前要对变量做预处理，剔除无效变量或缺失值过多的变量。
2）须对变量做标准化变换，以消除量纲和变异系数大幅波动的影响。
3）较理想的样本聚类结果应使类间差异大，类内差异小。
4）分类后，单变量时应用方差分析，多变量时应用多元方差分析，检验类间差异有无统计学意义。
5）使用不同方法、不同定义的相似系数，会导致聚类结果的不同，需要同时尝试多种聚类方法进行分类，才能获得较理想的结论。
6）聚类常用于数据的探索性分析，对结果进行解释时要结合专业知识，根据特定问题的理论和实践做出判断。

7.2 时间序列分析法

任何事物的发展变化都与时间息息相关。在探究事物发展的现状和规律时，不仅要分析其静态现状，更要分析其动态变化。自美国统计学家博克斯和英国的詹金斯于 1968 年在理论上提出了整套的随机时间序列模型识别、参数估计和诊断检验的建模方法，并于 1970 年出版了专著《时间序列分析：预测与控制》之后，时间序列分析方法已被广泛应用于各个领域。和静态数据分析处理手段相比，时间序列分析的理论和技术在动态数据的处理分析、复杂信息的加工提取、预测未来和在线控制方面，有着不可比拟的优越性。

7.2.1 时间序列分析概述

1. 时间序列

按照时间顺序把随机事件变化发展的过程记录下来就构成了一个时间序列。具体来说，时间序列（Time Series）是指按时间的先后顺序，将反映现象发展水平的某一变量或指标的相关数据或一组观察数据排列起来的一个数值序列，由现象所属的时间和反映现象发展水平的指标数值两个要素构成，又称动态数列，常以 y_t 代表。时间序列可以指按时间顺序排列的一组随机变量，即随机序列，也可以指随机序列的 n 个有序观察值，称为序列长度为 n 的观察值序列，即观察值序列是随机序列的一个实现。

（1）时间序列的类型

按照组成时间序列的时间指标不同，时间序列可分为以下几种。

1）绝对数时间序列（Absolute Time Series）：构成时间序列的数据是反映研究对象的绝对水平、总体规模及其变化趋势的总量指标的时间序列。绝对数时间序列又分为时期序列和时点序列。时期序列由反映一段时期内社会经济现象发展的总量或总和的绝对数所组成的时间数列，具有可加性，不同时期的总量指标可以相加，指标值的大小与所属时间的长短有直接关系，指标值采用连续统计的方式获得。时点序列由反映一时点上社会经济现象所处的水平的绝对数所组成的时间数列，不具可加性，不同时点的总量指标不可相加，指标数值的大小与时点间隔（相邻两个指标所属时间的差距）的长短一般没有直接关系，指标值采用间断统计的方式获得。二者的区别在于各指标数值是否具有可加性、各指标数值大小是否与其时间长短直接相关、各指标的数值的取得方式是连续登记还是一次性登记。

2）相对数时间序列（Relative Time Series）：构成时间序列的数据是反映某种现象随时间变化的对比情况，而非总量指标的时间序列，一般是以一个观察值为分析基准，把同类相对指标数值按时间先后顺序排列起来形成的序列。

3）平均数时间序列（Average Time Series）：把同类平均指标数值按时间先后顺序排列起来形成的序列，反映的是研究对象的平均发展水平。

相对数时间序列和平均数时间序列都从绝对数时间序列派生而来，因此，相对指标和平均指标的分母或分子可以是时期指标，也可以是时点指标，两者都不具有可加性。

(2) 时间序列的影响因素

影响时间序列变动的因素有许多，主要有长期趋势（Trend，T）、季节变动（Season，S）、循环变动（Cycle，C）、不规则变动（Irregular，I）。长期趋势是指现象在较长时期内受某种根本性因素作用而形成的总的变动趋势；季节变动是指现象在一年内随着季节的变化而发生的有规律的周期性变动；循环变动是指现象以若干年为周期所呈现出的波浪起伏形态的有规律的变动；不规则变动则是一种无规律可循的变动，包括随机变动和不规则的突发性影响很大的变动两种类型。一般来说，前三种是可以解释的变动，最后一种是不可解释的变动。为了把握现象随时间演变的整体趋势和规律，以对事物的未来发展趋势做出合理预测，有必要测定长期趋势。

(3) 时间序列的编制原则

编制时间序列的基本原则是要考虑各指标之间的可比性。总体要求四个一致：

1）时间长短一致。同一时间序列时间长短一致。对于时期数列，应保证各指标数值所属的时间长短一致。对于时点数列，要求时点间隔期尽可能相同。

2）总体范围一致。当总体范围发生变化时，应对各指标进行适当调整。

3）指标内容一致。对于名称相同而内容不一致的指标须进行调整。

4）分析方法一致。对同一时间序列，计算方法、计算单位要一致。

2. 时间序列分析

(1) 时间序列分析的概念

时间序列分析就是对时间序列进行观察、研究，计算水平指标和速度指标，以探索社会经济现象发展变化的规律，并以此对未来进行预测的方法。时间序列方法是信息分析与预测活动中基本的定量分析方法。

(2) 时间序列分析的方法

时间序列分析方法多种多样，且各具特点及应用条件，大体可分为两大类：一类是逐步修匀法，即用一定的方法对不规则的波动予以修匀，使其体现一定的规律，如移动平均法、指数平滑法；另一类是曲线拟合法，即使用通用的随机模型拟合时间序列的观测数据，如线性曲线拟合、指数曲线拟合、生长曲线拟合、多项式曲线拟合等。本节主要介绍常用的移动平均法、指数平滑法、生长曲线法的基本原理和方法。

7.2.2 移动平均法

移动平均法（Moving-Average Method）又称趋势线拟合法、滑动平均法，其基本思想是消除时间序列中的不规则变动和其他变动，揭示出时间序列的长期趋势。具体来说，就是对时间数列的各项数值，按照一定的时间间隔进行逐期移动，计算出一系列时序平均数，形成一个新的时间数列，以削弱不规则变动的影响，显示出原数列的长期趋势。移动平均法又可分为一次移动平均和二次移动平均。

1. 一次移动平均

一次移动平均是对原始数据进行逐期移动，依次计算包含一定项数的时间序列平均数，形成一个平均时间序列，并据此进行预测。

（1）计算步骤

1）确定移动时距，一般应选择奇数项进行移动平均，若原数列呈周期变动，应选择现象的变动周期作为移动的时距长度。

2）计算各移动平均值，并将其编制成时间数列。例如，有一数列，取时距为3，则有如下情形：

原数列：　　　　$y_1, y_2, y_3, y_4, y_5, y_6, y_7$。

移动平均：$\dfrac{y_1+y_2+y_3}{3}, \dfrac{y_2+y_3+y_4}{3}, \dfrac{y_3+y_4+y_5}{3}, \dfrac{y_4+y_5+y_6}{3}, \dfrac{y_5+y_6+y_7}{3}$。

新数列：　　　$\bar{y}_2, \bar{y}_3, \bar{y}_4, \bar{y}_5, \bar{y}_6$。

（2）基本公式

新数列各周期的移动平均值可用式（7.58）予以计算。

$$M_t^1 = \dfrac{y_t + y_{t-1} + \cdots + y_{t-n+1}}{n} \tag{7.58}$$

式中，M_t^1 是第 t 周期的一次移动平均值；t 是周期数；y_t 是第 t 周期原始时间序列数据；n 是每一个时间段的数据个数，称为移平跨度。

当 $n=t$ 时，$M_t^1 = \bar{y}_t$，即一次移动平均值等于总体数据的平均值。

当 $n=1$ 时，$M_t^1 = y_t$，即一次移动平均值等于原始统计数据。

（3）递推公式

对式（7.58）进行推导，可得出以下递推公式：

$$M_t^1 = M_{t-1}^1 + \dfrac{y_t - y_{t-n}}{n}, \quad t \leqslant n \tag{7.59}$$

即在 M_{t-1}^1 值的基础上再加上移平跨度内的首尾值的平均变化值，即平均增量，就可以预测出时间 t 点的 M_t^1 值。此时，M_{t-1}^1 可以看作对第 t 时期的预测值，M_t^1 可以看作对第 $t+1$ 时期的预测值。

由式（7.59）可知，在时间序列数据很长，n 的取值又比较大时，可以根据前面计算出的移动平均值求出新的移动平均值，从而大大减少移动平均值计算过程中的计算量，也可以比较方便地对一定时间内的观察数据进行趋势分析和简单预测。

2. 二次移动平均

二次移动平均是在一次移动平均的基础上再进行一次移动平均，利用移动平均滞后偏差的规律找出曲线的发展方向和趋势，然后建立直线趋势的预测模型，故称为二次移动平均。

（1）基本公式

$$M_t^2 = \dfrac{M_t^1 + M_{t-1}^1 + \cdots + M_{t-n+1}^1}{n} \tag{7.60}$$

式中，M_t^2 为第 t 周期的二次移动平均值；t 为周期数；M_t^1 为第 t 周期的一次移动平均值；n 为移平跨度。

（2）递推公式

同样，对式（7.60）进行推导，可得出以下递推公式：

$$M_t^2 = M_{t-1}^2 + \dfrac{M_t^1 - M_{t-n}^1}{n}, \quad t \leqslant n \tag{7.61}$$

即在 M_{t-1}^2 值的基础上再加上移平跨度内的首尾一次移动平均值的平均变化值，即平均增量，就

可以预测出时间 t 点的二次移动平均值 M_t^2。

3．移动平均法的特点

移动平均法的特点主要体现在：

① 对原序列有修匀或平滑的作用。

② 时距项数 n 越大，对数列的修匀作用越强，但对变化的灵敏度降低，对趋势的反应滞后；反之亦然。

③ 平均时距项数 n 与季节变动长度一致时能消除季节变动。

④ 时距项数 n 和周期一致时能消除周期波动。

移动平均法也有其局限性：

① 移动平均会使原序列失去部分信息，平均项数越大，失去的信息越多。

② 由移动平均数组成的趋势值数列，较原数列的项数少，n 为奇数时，趋势值数列首尾各少 $\frac{n}{2}$ 项；n 为偶数时，首尾各少 $\frac{n-1}{2}$ 项。

③ 当时间序列出现线性变动趋势时，无论是用一次移动平均还是二次移动平均，都会有不同程度的滞后偏差，只能用于简单预测。

4．移动平均预测模型

当时间序列存在线性趋势时，如果要使预测更为准确，需要利用滞后偏差的演变规律求出平滑系数，建立直线趋势的预测模型。

设时间序列 $y_1, y_2, \cdots, y_t$ 从某时期开始具有线性趋势，且未来按此趋势惯性发展，则可用如下公式进行描述：

$$\hat{y}_{t+T} = a_t + b_t \times T \tag{7.62}$$

式中，T 为由目前周期 t 到需要预测的周期之间的周期数；$\hat{y}_{t+T}$ 为 $t+T$ 周期的预测值；a_t 为截距；b_t 为斜率；a_t 和 b_t 统称为平滑系数，具体计算公式如下：

$$a_t = 2M_t^1 - M_t^2 \tag{7.63}$$

$$b_t = \frac{2}{n-1}(M_t^1 - M_t^2) \tag{7.64}$$

将 a_t 和 b_t 代入式（7.62）可得到预测模型为：

$$\hat{y}_{t+T} = 2M_t^1 - M_t^2 + \frac{2}{n-1}(M_t^1 - M_t^2) \times T \tag{7.65}$$

例：某医院 2023 年门诊量的时间序列数据资料见表 7-34，变化趋势图如图 7-24 所示，试用二次移动平均法预测 2024 年 1 月的门诊量。

表 7-34 某医院 2023 年门诊量

月份	1	2	3	4	5	6	7	8	9	10	11	12
门诊量	31803	30048	38811	37452	34189	36475	40834	40838	36225	36446	39219	37896

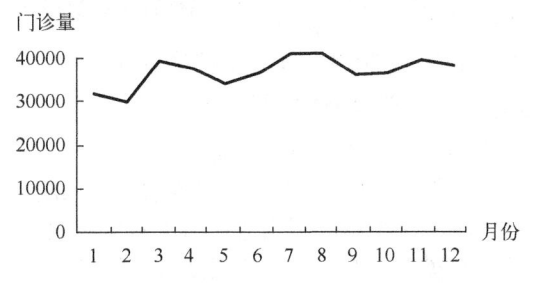

图 7-24 某医院 2023 年门诊量变化趋势图

解：

第一步，选择移平跨度，图 7-24 中的趋势变化呈现较明显的季节变动特点，故选择移平跨度为 4。

第二步，根据原始时间序列计算一次移动平均值，首先由式（7.58）计算出 4 月的一次移动平均值 M_4^1，再用式（7.59）依次求出后面各月的一次移动平均值。计算结果见表 7-35。

$$M_4^1 = \frac{31803 + 30048 + 38811 + 37452}{4} = 34528.5 \approx 34529$$

$$M_5^1 = M_4^1 + \frac{y_5 - y_1}{4} = 34528.5 + \frac{34189 - 31803}{4} = 35125$$

...

$$M_{12}^1 = M_{11}^1 + \frac{y_{12} - y_8}{4} = 38182 + \frac{37896 - 40834}{4} = 37447$$

第三步，计算二次移动平均值。在一次移动平均值的基础上计算二次移动平均值。首先由式（7.60）计算出 7 月的二次移动平均值 M_7^2，再用式（7.61）依次求出后面各月的二次移动平均值。计算出的结果见表 7-35。

$$M_7^2 = \frac{M_4^1 + M_5^1 + M_6^1 + M_7^1}{4} = 35906$$

$$M_8^2 = M_7^2 + \frac{M_8^1 - M_4^1}{4} = 35906 + \frac{38084 - 34529}{4} \approx 36795$$

...

$$M_{12}^2 = M_{11}^2 + \frac{M_{12}^1 - M_8^1}{4} = 38361 + \frac{37447 - 38084}{4} \approx 38202$$

表 7-35 某医院门诊量一次、二次移动平均值计算表（$n=4$）

月份	1	2	3	4	5	6	7	8	9	10	11	12
门诊量	31803	30048	38811	37452	34189	36475	40834	40838	36225	36446	39219	37896
M_t^1				34529	35125	36732	37238	38084	38593	38586	38182	37447
M_t^2							35906	36795	37662	38125	38361	38202

第四步，建立移动平均预测模型。利用最后一项的一次、二次移动平均值，根据公式（7.63）和式（7.64）分别计算平滑系数 a、b 值，并代入式（7.62）建立移动平均预测模型。

$$a = 2M_{12}^1 - M_{12}^2 = 2 \times 37447 - 38202 = 36692$$

$$b = \frac{2}{n-1}(M_{12}^1 - M_{12}^2) = \frac{2}{4-1}(37447 - 38202) = -503$$

移动平均预测模型为：

$$\hat{y}_{t+T} = 2M_t^1 - M_t^2 + \frac{2}{n-1}(M_t^1 - M_t^2) \times T = 36692 - 503T$$

第五步，利用预测模型预测该医院 2024 年 1 月的门诊量为

$$\hat{y}_{2024,1} = 36692 - 503 \times 1 = 36189$$

应用移动平均法进行分析和预测时，需要注意几点：

① 时间序列数据呈现线性趋势时，才用二次移动平均法进行预测。

② 根据观察数据计算的一次、二次移动平均值可用于修匀曲线、进行观察期数据趋势分析、计算预测模型平滑系数以构建预测模型，其本身不能直接用于预测。

③ 计算一次、二次移动平均值时，所选取的移平跨度 n 要一致。

④ 利用预测模型进行预测时，只对最近一个时期 t 及以后才有意义。另外，预测模型需要随着时间的推移、新的时间序列的产生及时进行修正，才能尽可能保证其预测结果的准确性。

7.2.3 指数平滑法

指数平滑法是对原始数据进行加权平均取得平滑值，并在平滑值的基础上构建预测模型的一种方法。该方法是对移动平均法的改进，也是一种特殊的加权方法。加权系数大小与时间有关，时间越近的数据，加权系数越大，权数之和等于 1。该方法考虑了各期数据的权重差异，即考虑了不同时间的数据对预测结果的影响不同，时间越近的数据对预测结果的贡献越大。指数平滑法也可用于对时间序列进行修匀，以消除随机波动，找出序列的变化趋势，并对现象的发展做进一步的预测。根据平滑次数的不同，指数平滑法又分为一次指数平滑法、二次指数平滑法、三次指数平滑法。

1. 一次指数平滑

（1）基本公式

设原始时间序列为 $y_0, y_1, y_2, \cdots, y_t$，其中，$y_t$ 为 t 时期的观察值，α 为时间序列的平滑指数，且 $0<\alpha<1$，则 t 时期的一次指数平滑值 S_t^1 可用以下公式进行计算：

$$S_t^1 = \alpha y_t + (1-\alpha) S_{t-1}^1 \tag{7.66}$$

即 t 时期的一次指数平滑值等于本期的实际值的 α 倍加上一期的一次指数平滑值的（$1-\alpha$）倍。同样，可用第 t 时期的一次指数平滑值作为第 $t+1$ 时期的预测值，其预测模型为：

$$\hat{y}_{t+1} = S_t^1 = \alpha y_t + (1-\alpha) S_{t-1}^1 \tag{7.67}$$

式中，$\hat{y}_{t+1}$ 为 $t+1$ 时期的预测值；S_t^1 为 t 时期的一次指数平滑值；y_t 为 t 时期的实际观察值；α 为平滑指数（$0<\alpha<1$）。

（2）平滑指数

可以发现，在式（7.66）和式（7.67）中只有一个参数，即平滑指数，其大小对于计算结果的影响至关重要。在利用指数平滑法时需要注意解决两个问题。

1）一次指数平滑初始值的确定。在开始计算时，没有第 1 个时期的预测值 S_0^1，就无法预测下一个时期的平滑值。初始预测值可以取第 1 时期的实际值为初始值，也可以取最初几个时期的平均值为初始预测值，通常设 S_0^1 等于第 1 时期的实际观察值，即 $S_0^1 = y_0$，则第 2 时期的预测值为：

$$S_1^1 = \alpha y_1 + (1-\alpha) S_0^1 = \alpha y_1 + (1-\alpha) y_0 \tag{7.68}$$

2）平滑指数 α 的确定。从式（7.66）可以发现：当 $\alpha=0$ 时，$S_t^1 = S_{t-1}^1$，平滑值不变；当 $\alpha=1$ 时，$S_t^1 = y_t$，平滑值等于最新观察值。不同的 α 值，反映出新旧数据的权重分布情况，对预测结果也会产生不同的影响。一般而言，α 越小，历史数据的影响越大，对时间序列的修匀效果越好。α 越大，历史数据的影响越小，也即近期数据的影响越大，对变化的反映越敏感，对时间序列的修匀效果越差。因此，α 值的选择对预测结果至关重要。在实际确定 α 时，可选择几个 α 进行预测，然后找出预测误差最小的 α 作为最后的值，可以表示为式（7.69）；也可以使用标准误差最小的方法来确定合适的 α 值，可以表示为式（7.70）。

另外，可采用经验方法进行 α 值的确定：

① α 值的取值范围一般在 0.01～0.3 之间，特殊情况下可超出此范围。
② 当认为初始值的可靠程度不高时，偏向 α 值取值偏大。
③ 当原始数据的变动明显而迅速时，偏向 α 值取值偏大。
④ 对于波动变化不太明显的时间序列，偏向 α 值取值偏小。
⑤ 对于长期较稳定但短期不规则的波动，偏向 α 值取值偏小。
⑥ 可利用 $\alpha = \dfrac{2}{n+1}$ 的关系（n 为样本量），来确定合适的 α 值。

⑦ 当历史数据少时，偏向 α 值取值偏大；当历史数据大时，偏向 α 值取值偏小。

$$Q = \sum[y_t - S_t^1]^2 = \min \text{MSE} \tag{7.69}$$

$$\delta = \sqrt{\frac{\sum[y_t - S_t^1]^2}{n}} = \min \sigma \tag{7.70}$$

2. 二次指数平滑

和移动平均法相似，当时间序列出现线性变动趋势时，用一次指数平滑和二次指数平滑都会有不同程度的滞后偏差。如果要使预测更为准确，需要在一次指数平滑的基础上再进行一次指数平滑，利用滞后偏差的规律找出曲线的发展方向和趋势，然后建立直线趋势的预测模型，故称为二次指数平滑。

设一次指数平滑为 S_t^1，则二次指数平滑 S_t^2 的计算公式为：

$$S_t^2 = \alpha S_t^1 + (1-\alpha) S_{t-1}^2 \tag{7.71}$$

3. 指数平滑预测模型

线性指数平滑预测模型的一般形式如下：

$$\hat{y}_{t+T} = a_t + b_t \times T \tag{7.72}$$

式中，T 为由目前周期 t 到需要预测的周期之间的周期数；$\hat{y}_{t+T}$ 为 $t+T$ 周期的预测值；a、b 为平滑系数，在线性方程中实际上分别是截距和斜率。

可利用 S_t^1 和 S_t^2 求出平滑系数 a 和 b：

$$a = 2S_t^1 - S_t^2 \tag{7.73}$$

$$b = \frac{\alpha}{1-\alpha}(S_t^1 - S_t^2) \tag{7.74}$$

将 a 和 b 代入，预测模型为：

$$\hat{y}_{t+T} = 2S_t^1 - S_t^2 + \frac{\alpha}{1-\alpha}(S_t^1 - S_t^2) \times T \tag{7.75}$$

4. 三次指数平滑

当时间序列呈现较明显的曲率时，可在二次指数平滑的基础上再进行一次指数平滑，即对原始时间序列进行三次指数平滑处理，该方法几乎适用于各种情形。

设二次指数平滑为 S_t^2，则三次指数平滑 S_t^3 的计算公式为：

$$S_t^3 = \alpha S_t^2 + (1-\alpha) S_{t-1}^3 \tag{7.76}$$

非线性指数平滑预测模型一般采用二项式形式：

$$\hat{y}_{t+T} = a_t + b_t \times T + c \times T^2$$

式中，T 为预测的时间跨度；$\hat{y}_{t+T}$ 为第 $t+T$ 周期的预测值；a_t、b_t、c 为平滑系数。

可利用 S_t^1、S_t^2 和 S_t^3 求出平滑系数 a_t、b_t、c：

$$a_t = 3S_t^1 - 3S_t^2 + S_t^3 \tag{7.77}$$

$$b_t = \frac{\alpha}{2(1-\alpha)^2}[(6-5\alpha_t)S_t^1 - 2(5-4\alpha_t)S_t^2 + (4-3\alpha_t)S_t^3] \tag{7.78}$$

$$c = \frac{\alpha^2}{2(1-\alpha)^2}[S_t^1 - 2S_t^2 + S_t^3] \tag{7.79}$$

例：采用表 7-34 某医院 2023 年门诊量的时间序列数据资料，尝试用指数平滑法预测 2024 年 1 月的门诊量。

解：

第一步，进行一次指数平滑。进行指数平滑法的关键是选择合适的平滑指数 α。在此例中，分别采用 α=0.1，α=0.5，α=0.9，α=0.4 四种情况来进行一次指数平滑。在此基础上，计算平滑值与实际值间的残差平方，计算不同平滑指数情况下的残差平方和，结果见表 7-36。可以看出，当平滑指数为 0.9 时，残差平方和最小，故选择 α=0.9 作为指数平滑法的平滑指数。

表 7-36 确定平滑系数计算表

月份	门诊量	α=0.1	α=0.5	α=0.9	α=0.4	ss0.1	ss0.5	ss0.9	ss0.4
1	31803	31803	31803	31803	31803	0	0	0	0
2	30048	31628	30926	30224	31101	2494820.3	770006.3	30800.25	1108809
3	38811	32346	34868	37952	34185	41798165	15545278	737451.6	21399876
4	37452	32856	36160	37502	35492	21118942	1668941	2502.501	3842384
5	34189	32990	35175	34520	34971	1438276.1	971333.4	109761.3	611023.6
6	36475	33338	35825	36280	35572	9839221.6	422784.4	38208.42	814672.3
7	40834	34088	38329	40379	37677	45510918	6273068	207431.9	9966366
8	40838	34763	39584	40792	38941	36907572	1573280	2110.915	3596990
9	36225	34909	37904	36682	37855	1731709.1	2820209	208579.9	2656431
10	36446	35063	37175	36470	37291	1913379.9	531694.5	555.571	714555.2
11	39219	35478	38197	38944	38062	13992274	1044306	75593.62	1337751
12	37896	35720	38047	38001	37996	4734376.8	22663.33	10984.24	9966.613
合计						181479654	31643564	1423980	46058824

第二步，进行二次指数平滑，并建立预测模型进行预测（α=0.9）。

在一次指数平滑结果的基础上利用公式 $S_t^2 = \alpha S_t^1 + (1-\alpha) S_{t-1}^2$ 进行二次指数平滑，平滑结果见表 7-37。再利用最近一期的一次、二次指数平滑值，借助式（7.73）和式（7.74）计算平滑系数 a、b 以建立基于二次平滑的预测模型。

表 7-37 二次、三次指数平滑计算表（α=0.9）

月份	门诊量	一次指数平滑	二次指数平滑	三次指数平滑
1	31803	31803	31803	31803
2	30048	30224	30382	30524
3	38811	37952	37195	36528
4	37452	37502	37471	37377
5	34189	34520	34815	35071
6	36475	36280	36134	36027
7	40834	40379	39954	39562
8	40838	40792	40708	40594
9	36225	36682	37085	37436
10	36446	36470	36531	36622
11	39219	38944	38703	38495
12	37896	38001	38071	38114

$$a = 2S_t^1 - S_t^2 = 2 \times 38001 - 38071 = 37931$$

$$b = \frac{\alpha}{1-\alpha}(S_t^1 - S_t^2) = \frac{0.9}{1-0.9} \times (38001 - 38071) = -630$$

据此，可预测出 2024 年 1 月的门诊量：
$$\hat{y}_{(2024,1)}=37931-630\times1=37301$$

第三步，进行三次指数平滑法。考虑到三次指数平滑法几乎适用于所有的应用问题，可在二次指数平滑结果的基础上利用公式 $S_t^3=\alpha S_t^2+(1-\alpha)S_{t-1}^3$ 进行三次指数平滑。再利用最近一期的一次、二次、三次指数平滑值，借助式（7.75）～式（7.79）分别计算平滑系数 a、b、c 以建立基于三次平滑的预测模型。

$$a=3S_t^1-3S_t^2+S_t^3=3\times38001-3\times38071+38114=37904$$

$$b=\frac{\alpha}{2(1-\alpha)^2}[(6-5\alpha)S_t^1-2(5-4\alpha)S_t^2+(4-3\alpha)S_t^3]$$

$$=\frac{0.9}{2\times(1-0.9)^2}\times[(6-5\times0.9)\times38001-2\times(5-4\times0.9)\times38071+(4-3\times0.9)\times38114]=-2209.5$$

$$c=\frac{\alpha^2}{2(1-\alpha)^2}[S_t^1-2S_t^2+S_t^3]$$

$$=\frac{0.9^2}{2(1-0.9)^2}\times(38001-2\times38071+38114)=-1093.5$$

据此，可预测出 2024 年 1 月的门诊量：
$$\hat{y}_{(2024,1)}=37904-2209.5T-1093.5T^2=37904-2209.5\times1-1093.5\times1^2=34600$$

参考 2023 年第一季度的门诊量情况，可以发现，三次指数平滑法预测的结果可能更能够反映未来的变化趋势，也就是预测的效果可能更好。

应用指数平滑法进行分析和预测时，需要注意以下几点：

① 计算一次、二次、三次指数平滑值时，所选取的平滑指数 α 要一致。

② 根据观察数据计算出的一次、二次、三次指数平滑值可用于修匀曲线、进行观察期数据趋势分析、计算预测模型平滑系数以构建预测模型，其本身不能直接用于预测。

③ 当时间序列数据呈现线性趋势时，用二次指数平滑法，当时间序列数据呈现非线性趋势时，考虑用三次指数平滑法。

④ 利用预测模型进行预测时，只对最近一个时期 t 及以后才有意义。另外，预测模型需要随着时间的推移、新的时间序列的产生及时进行修正，才能尽可能保证其预测结果的准确性。

7.2.4 生长曲线法

自然界和人类社会的各种现象往往呈现一定的发展规律。生长曲线便是体现各种现象的数量指标随时间增长变化趋势的一类曲线。由于生长曲线大致呈 S 形，也称为 S 曲线。生长曲线存在许多不同的模型，主要有饱和指数曲线、逻辑曲线、龚珀兹曲线等，根据相应的模型进行信息分析的方法则分别称为饱和指数曲线法、逻辑曲线法、龚珀兹曲线法。

1．饱和指数曲线法

（1）基本公式

饱和指数曲线，又称修正指数曲线，可用以下的数学模型进行表达：

$$y_t=k+ab^t \tag{7.80}$$

式中，t 为时间变量；k、a、b 是参数，且 $k>0$，$a<0$，$0<b<1$。

（2）曲线特点

当 $t=0$ 时，$y=k+a$，当 $t\to\infty$ 时，$b^t\to0$，$y=k$，ab^t 则是一个呈下降趋势的指数函数，k 减去这一下降的曲线值，表现出曲线为有渐近线，也就是有极限值 k 的下凹的上升曲线。在时间序列中，则体现为逐期的增长量按等比级数递减，逐期增长量的环比近似一个常数（$0<b<1$）。

2. 逻辑曲线法

（1）基本公式

逻辑曲线，可用以下的数学模型进行表达：

$$y_t = \frac{k}{1+ae^{-bt}} \tag{7.81}$$

式中，t 为时间变量；k、a、b 为参数，且 $k>0$，$a>0$，$b>0$。

（2）曲线特点

1）当 $t \to \infty$ 时，$y \to k$，k 为极限值。

2）曲线存在拐点，对应拐点上下对称，此时，$y = \frac{k}{2}$，$t = \frac{\ln a}{b}$。

3）a 决定了曲线的位置，b 决定了曲线的形状，后者是曲线的主要影响因素。

4）曲线表现为有渐近线的，先上凹上升，后下凹上升的 S 形曲线。

5）在时间序列中，其倒数值的增长量按等比级数递减，增长量的环比速度近似一个常数（$0<b<1$）。

3. 龚珀兹曲线法

（1）基本公式

龚珀兹曲线为英国统计学、数学家龚珀兹提出的用于描述一般产品经济生命周期的全过程，尤其是用于对处在成熟期的产品进行预测，以掌握市场需求和销售的饱和量的生长模型。其数学模型为：

$$y = ka^{b^t} \tag{7.82}$$

式中，t 为时间变量；k、a、b 为参数，且 $k>0$，$a>0$，$b>0$。

（2）曲线特点

k、a、b 取不同的值时，曲线有不同的形状，参数 k 也有不同的意义。龚珀兹曲线的 4 种类型如图 7-25 所示。其中，图 7-25a 表示从最低水平迅速上升；图 7-25b 表示已逐渐接近饱和状态 k；图 7-25c 表示从饱和状态开始下降，步入衰亡期；图 7-25d 表示下降迅速，已接近最低水平。

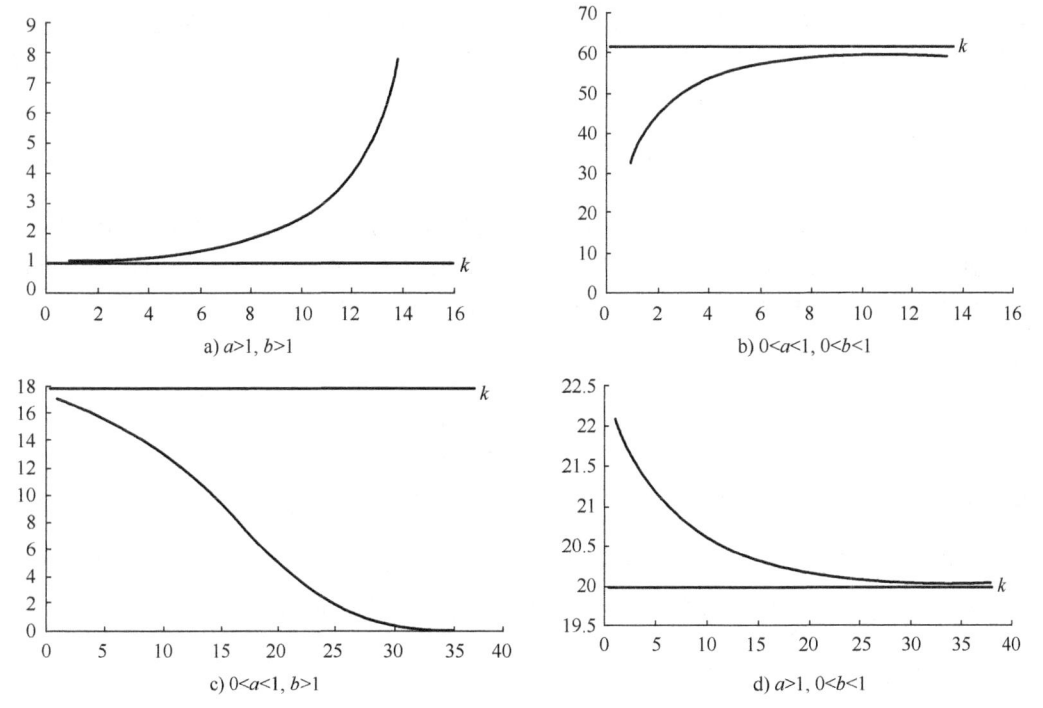

图 7-25 龚珀兹曲线

总体来说，龚珀兹曲线呈现以下特点。

1）当 $t\to+\infty$ 时，$a^{b^t}\to 1$，$y\to k$；$t\to-\infty$ 时，$a^{b^t}\to 0$，$y\to 0$。即 y 值在 $0\sim k$ 之间变化，k 为极限值。

2）$t=0$ 时，$y=ka$，即曲线与 y 轴的交点为 $(0, ka)$。

3）曲线存在拐点，对应拐点上下不对称，此时，$y=\dfrac{k}{\mathrm{e}}$，$t=\dfrac{\ln(-\ln a)}{\ln b}$。

4）$\dfrac{k}{\mathrm{e}}<\dfrac{k}{2}$，故龚珀兹曲线的拐点低于逻辑曲线的拐点。

5）曲线表现为有渐近线的，先上凹上升，后下凹上升的 S 形曲线。

6）在时间序列中，其倒数值的增长量按等比级数递减，增长量的环比速度近似一个常数（$0<b<1$）。

4. 模型参数的确定

（1）三段和值法

三种模型都可以采用三段和值法进行模型参数的确定。此处以饱和指数曲线（$y_t = k + ab^t$）拟合为例介绍三段和值法的具体步骤。

1）将整个时间序列划分为三等份，如果时间序列的项数不能被 3 整除，则删除最早的部分数据。

2）各等份数据计算总和值分别得到：S_1，S_2，S_3。

3）分别利用下列公式计算参数 k、a、b，其中 n 为各部分的数据项个数。

$$b = \sqrt[n]{\dfrac{S_3 - S_2}{S_2 - S_1}} \tag{7.83}$$

$$a = (S_2 - S_1)\dfrac{b-1}{(b^n-1)^2} \tag{7.84}$$

$$k = \dfrac{1}{n}\left[S_1 - a\left(\dfrac{b^n-1}{b-1}\right)\right] \tag{7.85}$$

需要注意的是，当原始数据不全时，如数据以发展初期数据为主，后期趋势不明显时，仅用式（7.85）求取 k 值，会有较大误差，这时可根据专业知识和实践经验设定合适的极限值 k，也可用式（7.86）予以计算，往往会得到比较合理的极限值 k。

$$k = \dfrac{1}{n}\left(\dfrac{S_1 \times S_3 - S_2^2}{S_1 + S_3 - 2 \times S_2}\right) \tag{7.86}$$

4）将计算出的参数值代入公式 $y_t = k + ab^t$ 即可得到基于时间序列的饱和指数预测模型。

需要强调的是，利用三段和值法进行逻辑曲线和龚珀兹曲线的模型参数计算时，需要进行一定的处理，使其转化为饱和指数曲线模型（$y_t = k + ab^t$），再采用三段和值法计算相关系数。

首先，对于逻辑曲线，要先对公式 $y_t = \dfrac{k}{1+a\mathrm{e}^{-bt}}$ 两边取倒数：

$$\dfrac{1}{y_t} = \dfrac{1+a\mathrm{e}^{-bt}}{k} = \dfrac{1}{k} + \dfrac{a}{k}\mathrm{e}^{-bt}$$

令 $\dfrac{1}{y_t} = Y$，$\dfrac{1}{k} = K$，$\dfrac{a}{k} = A$，$\mathrm{e}^{-b} = B$，则 $Y = K + AB^t$，模型转化为饱和指数曲线模型。在实际应用时，需要对时间序列数据取倒数后，利用三段和值法计算出 K、A、B 值，再利用上述关系反推出 k、a、b，代入公式 $y_t = \dfrac{k}{1+a\mathrm{e}^{-bt}}$ 得到基于时间序列的逻辑曲线预测模型。

其次，对于龚珀兹曲线，要先对模型 $y = ka^{b^t}$ 两边取自然对数：

$$\ln y = \ln k + b^t \ln a$$

第7章 信息分析定量方法

令 $\ln y = Y$，$\ln k = K$，$\ln a = -A$，$b = B$，则 $Y = K - AB^t$，模型转化为饱和指数曲线模型。在实际应用时，需要对时间序列数据取自然对数后，利用三段和值法计算出 K、A、B 值，再利用上述关系反推出 k、a、b，代入公式 $y = ka^{b^t}$ 得到基于时间序列的龚珀兹曲线预测模型。

（2）线性变换法

线性变换法的基本思想是将非线性曲线模型转换为线性模型，再利用最小二乘法计算相关参数。在利用线性变换法计算逻辑曲线和龚珀兹曲线的相关参数时，大体有以下主要步骤和方法。

1）分析观察数据，通过定量和定性的方法，根据事物发展规律确定上限 k 值。因为在原始数据不全面、生长曲线的后期发展趋势不明显时，测算的 k 值误差会较大。

2）对曲线进行线性变换。以逻辑曲线 $y_t = \dfrac{k}{1 + ae^{-bt}}$ 为例，经变换：

$$\frac{k}{y_t} - 1 = ae^{-bt}$$

两边取自然对数：

$$\ln\left(\frac{k}{y_t} - 1\right) = \ln a - bt$$

令 $y = \ln\left(\dfrac{k}{y_t} - 1\right)$，$A = \ln a$，$B = -b$，则：$y = A + Bt$。

3）利用最小二乘法计算参数 A、B。

$$B = \frac{n\sum yt - \sum t \times \sum y}{n\sum t^2 - (\sum t)^2} \tag{7.87}$$

$$A = \frac{1}{n}\left(\sum y - B\sum t\right) \tag{7.88}$$

4）根据 $A = \ln a$，$B = -b$ 的关系计算 a、b，并将相关参数代入模型 $y_t = \dfrac{k}{1 + ae^{-bt}}$ 得到基于时间序列的逻辑曲线预测模型。

在实际应用时，需要对时间序列数据进行处理，即利用 $y = \ln\left(\dfrac{k}{y_t} - 1\right)$ 的关系将观察数据转化为 y，再利用最小二乘法计算出 k、a、b，代入公式 $y_t = \dfrac{k}{1 + ae^{-bt}}$ 得到基于时间序列的逻辑曲线预测模型。

同样，可利用最小二乘法计算龚珀兹曲线的参数，大体步骤及其参数的计算方法同上，只是在进行线性变换时会有差异，具体如下。

$y_t = ka^{b^t}$ 可变换为 $\dfrac{y_t}{k} = a^{b^t}$，

两边取自然对数：

$$\ln\left(\frac{y_t}{k}\right) = b^t \ln a$$

两边再取自然对数：

$$\ln\left[\ln\left(\frac{y_t}{k}\right)\right] = t\ln b + \ln(\ln a)$$

令 $y = \ln\left[\ln\left(\dfrac{y_t}{k}\right)\right]$，$A = \ln(\ln a)$，$B = \ln b$，则龚珀兹曲线模型转换为如下的线性模型：

$$y = A + Bt$$

在实际应用时,需要对时间序列数据进行处理,即利用 $y = \ln\left[\ln\left(\dfrac{y_t}{k}\right)\right]$ 的关系将观察数据转化为 y,利用最小二乘法计算出 A、B,再根据 $A=\ln(\ln a)$,$B=\ln b$,计算出 a、b,代入公式 $y_t = ka^{b^t}$ 得到基于时间序列的龚珀兹曲线预测模型。

5. 应用实例

(1) 饱和指数曲线法应用实例

例:有某企业设备销售时间序列数据见表 7-38。现利用三段和值法拟合饱和指数曲线,并进行相应的预测。

表 7-38 某企业设备销售时间序列数据

时间	1	2	3	4	5	6	7	8	9	10
销售情况(万台)y_t	42.0	52.0	54.0	55.0	57.0	61.0	63.0	65.0	67.0	69.0
逐期增长量(万台)		10.0	2.0	1.0	2.0	4.0	2.0	2.0	2.0	2.0
环比发展(%)		123.8	103.8	101.9	103.6	107.0	103.3	103.2	103.1	103.0
时间	11	12	13	14	15	16	17	18	19	20
销售情况(万台)y_t	71.0	74.0	75.0	75.0	75.1	75.3	75.8	76.3	76.9	77.2
逐期增长量(万台)	2.0	3.0	1.0	0.0	0.1	0.2	0.5	0.5	0.6	0.3
环比发展(%)	102.9	104.2	101.4	100.0	100.1	100.3	100.7	100.7	100.8	100.4

解:第一步,将历年的销售数据分成三等分,分别求和,得到 S_1,S_2,S_3,结果见表 7-39。

表 7-39 三段和值计算表

t	y_t	S	理论值	相对误差(%)
1	42.0		54.5122	29.79095
2	52.0		58.55613	12.60794
3	54.0		61.91258	14.65293
4	55.0		64.69845	17.63355
5	57.0		67.01071	17.56265
6	61.0		68.92989	12.99982
7	63.0		70.52281	11.94097
8	65.0	S_1=355.0	71.84493	10.53066
9	67.0		72.94229	8.86909
10	69.0		73.8531	7.033478
11	71.0		74.60908	5.083211
12	74.0		75.23653	1.670986
13	75.0		75.75732	1.00976
14	75.0	S_2=431.0	76.18958	1.586107
15	75.1		76.54835	1.928562
16	75.3		76.84613	2.053293
17	75.8		77.09329	1.706187
18	76.3		77.29843	1.308558
19	76.9		77.4687	0.739532
20	77.2	S_3=456.6	77.61002	0.531114

第二步，分别利用式（7.83）～式（7.85）计算参数 b，a，k 如下：

$$b=\sqrt[n]{\frac{S_3-S_2}{S_2-S_1}}=\sqrt[6]{\frac{456.6-431}{431-355}}\approx 0.83$$

$$a=(S_2-S_1)\frac{b-1}{(b^n-1)^2}=(431-355)\times\frac{0.83-1}{(0.83^6-1)^2}\approx -28.66$$

$$k=\frac{1}{n}\left(\frac{S_1\times S_3-S_2^2}{S_1+S_3-2\times S_2}\right)=\frac{1}{6}\times\left(\frac{355\times 456.6-431^2}{355+456.6-2\times 431}\right)\approx 78.3$$

第三步，将计算出的参数代入饱和指数曲线模型拟合出预测模型：

$$y_t=78.3-28.66\times 0.83^t$$

代入不同的时间 t，可得到相应的理论值，详见表 7-39。可以发现，理论值与实际值的平均相对误差约为 8.06%。其中，前十年的平均相对误差约为 14.36%，近十年的平均相对误差约为 1.76%。越是近期数据，相对误差越小。

第四步，利用模型预测第 13 年的销售情况：

$$y=78.3-28.66\times 0.83^t\approx 75.75732\text{（万台）}$$

（2）逻辑曲线法应用实例

例：有某企业设备销售时间序列数据见表 7-40。现利用三段和值法拟合逻辑曲线，并进行相应的预测。

表 7-40 某企业设备销售时间序列数据

年份	收入（万元，y_t）	$1/y_t$	S	理论值（万元）	相对误差（%）
1	30	0.0333		55	83.33
2	56	0.0179		85	51.78
3	96	0.0104		131	36.45
4	155	0.0065	$S_1=0.0758$	200	29.03
5	259	0.0039		304	17.37
6	423	0.0024		457	8.03
7	656	0.0015		676	3.04
8	1008	0.0010		977	3.07
9	1512	0.0007		1370	9.39
10	2111	0.0005		1848	12.45
11	2678	0.0004	$S_2=0.0033$	2385	10.94
12	3318	0.0003		2933	11.60
13	3799	0.0003		3444	9.34
14	4210	0.0002		3878	7.88
15	4600	0.0002		4221	8.23
16	4752	0.0002		4476	5.80
17	4850	0.0002		4657	3.97
18	4900	0.0002	$S_3=0.0014$	4657	4.95
19	4912	0.0002		4866	0.93
20	4920	0.0002		4921	0.02
21	4955	0.0002		4958	0.06

解：第一步，将时间序列各期数据取倒数，并分三段计算和值，结果见表 7-40。

第二步，分别计算 A、B、K。

$$B = \sqrt[n]{\frac{S_3 - S_2}{S_2 - S_1}} = \sqrt[7]{\frac{0.0014 - 0.0033}{0.0033 - 0.0758}} \approx 0.64$$

$$A = (S_2 - S_1)\frac{B-1}{(B^n - 1)^2} = (0.0033 - 0.0758) \times \frac{0.64 - 1}{(0.64^7 - 1)^2} \approx 0.028$$

$$K = \frac{1}{n}\left(\frac{S_1 \times S_3 - S_2^2}{S_1 + S_3 - 2 \times S_2}\right) = \frac{1}{7} \times \left(\frac{0.0758 \times 0.0014 - 0.0033^2}{0.0758 + 0.0014 - 2 \times 0.0033}\right) \approx 0.000199$$

第三步，根据 $\frac{1}{k} = K$，$\frac{a}{k} = A$，$e^{-b} = B$ 的关系，求出参数 a、b、k。

$$k = 1/K = 1/0.000199 \approx 5025$$

$$a = Ak = 0.028 \times 5025 \approx 140.7$$

$$b = -\ln B = -\ln 0.64 \approx 0.44$$

第四步，将 a、b、k 代入逻辑曲线模型 $y_t = \frac{k}{1 + ae^{-bt}}$，可得预测模型如下：

$$y_t = \frac{5025}{1 + 140.7e^{-0.44t}}$$

代入不同的 t 值，可得到理论值，见表 7-40。除了前面 5 年相对误差比较明显，后面各期的平均相对误差为 6.23%，且越到近期数据吻合度越好。近 5 年的平均相对误差仅为 1.99%。

第五步，利用模型预测第 22 年的销售情况：

$$y_t = \frac{5025}{1 + 140.7e^{-0.44t}} = \frac{5025}{1 + 140.7e^{-0.44 \times 22}} \approx 4981（万元）$$

（3）龚珀兹法实例

例：有某企业产品生产时间序列数据见表 7-41。现利用线性变换法结合三段和值法拟合龚珀兹曲线，并进行相应的预测。

表 7-41 某企业产品生产时间序列数据

年份	数量（万台，y_t）	$\ln y_t$		理论值（万台）	相对误差（%）
1	2703	7.9021		2748	1.66
2	2432	7.7965		2517	3.49
3	2300	7.7407		2361	2.65
4	2211	7.7012	S_1=31.1405	2253	1.90
5	2165	7.6802		2177	0.55
6	2106	7.6525		2124	0.85
7	2054	7.6275		2086	1.56
8	2058	7.6295	S_2=30.5898	2058	0
9	2026	7.6138		2038	0.59
10	2016	7.6089		2024	0.40
11	2013	7.6074		2013	0
12	2011	7.6064	S_3=30.4365	2006	0.25
平均					1.16

解：1）首先，利用三段和值法计算极限值 k。

第一步，将时间序列各期数据取自然对数，并分段求和值，结果见表 7-41。

第二步，计算 K 值。

$$K = \frac{1}{n}\left(\frac{S_1 \times S_3 - S_2^2}{S_1 + S_3 - 2 \times S_2}\right) = \frac{1}{4} \times \left(\frac{31.1405 \times 30.4365 - 30.5898^2}{31.1405 + 30.4365 - 2 \times 30.5898}\right) \approx 7.594$$

第三步，根据 $K=\ln k$ 的关系，求出极限值 k。

$$k = e^K = e^{7.594} \approx 1986$$

2）其次，利用线性变换法计算模型参数 a、b。

第一步，将原始时间序列数据 yt 按公式 $y=\ln[\ln(yt/k)]$ 进行处理，并分别对 t、y、yt 以及 t^2 求和，结果见表 7-42。

表 7-42 参数 a、b 值计算表

t	台数（万, yt）	$y=\ln[\ln(yt/k)]$	yt	t^2
1	2703	-1.17688	-1.1768775	1
2	2432	-1.59656	-3.19318	4
3	2300	-1.91878	-5.7563272	9
4	2211	-2.23192	-8.92767	16
5	2165	-2.44995	-12.249756	25
6	2106	-2.83586	-17.015181	36
7	2054	-3.39125	-23.738754	49
8	2058	-3.33507	-26.680565	64
9	2026	-3.91499	-35.234868	81
10	2016	-4.200186	-42.001862	100
11	2013	-4.3048	-47.352804	121
12	2011	-4.38126	-52.57516	144
$\sum t = 78$		$\sum y = -35.7375$	$\sum yt = -275.9030$	$\sum t^2 = 650$

第二步，利用式（7.87）和式（7.88）分别计算 A、B。

$$B = \frac{n\sum yt - \sum t \times \sum y}{n\sum t^2 - (\sum t)^2} = \frac{12 \times (-275.9030) - 78 \times (-35.7375)}{12 \times 650 - 78^2} = -0.30496$$

$$A = \frac{1}{n}(\sum y - B\sum t) = \frac{1}{12} \times [-35.7375 - (-0.30496) \times 78] \approx -0.995885$$

第三步，根据 $A=\ln(\ln a)$，$B=\ln b$ 的关系计算模型参数 a、b。

$$a = e^{e^A} = e^{e^{-0.995885}} = 1.47$$

$$b = e^B = e^{-0.30496} = 0.74$$

第四步，将计算出的 a、b 代入龚珀兹模型：

$$y = ka^{b^t} = 1986 \times 1.47^{0.74^t}$$

第五步，利用模型预测第 13 年的销售情况：

$$y = 1986 \times 1.47^{0.74^t} = 1986 \times 1.47^{0.74^{13}} \approx 2001 \text{（万台）}$$

7.3 信息计量学方法

7.3.1 信息计量学方法概述

1. 信息计量学的定义

信息计量学是采用数学、统计学等各种定量方法,对社会化的信息交流过程中信息的组织、存储、分布、传递、相互引证和开发利用等进行定量描述和统计,以便揭示社会信息交流过程中的数量特征和内在规律的学科。信息计量学是由文献计量学、科学计量学、信息管理学等学科相互结合与交叉渗透而形成的一门交叉性边缘学科。其根本目的是通过信息的计量研究,为信息的有序化组织和合理分布、为信息资源的优化配置和有效利用、为信息管理的规范化和科学化提供必要的定量依据。我国著名学者邱均平认为,信息计量学可以分为广义的信息计量学和狭义的信息计量学,前者主要探讨以广义信息论为基础的广义信息的计量问题,后者主要研究情报信息的计量问题。

2. 信息计量学的产生与发展

文献是记录知识的主要载体。对文献的定量研究始于 20 世纪初,目前已基本形成了以布拉德福定律、齐普夫定律、洛特卡定律、文献增长规律、文献老化规律、文献引用规律六大规律为主要内容的文献计量学体系。这些规律在长期的研究和应用中不断完善与发展,并逐渐延伸到各种社会信息和网络信息资源的计量研究上。随着社会信息化进程的不断加快、各类信息资源的普遍存在,文献计量学已经不仅仅停留在以篇、册、本等为单位的文献单元的计量上,而开始逐渐深入到文献内部的知识单元及其相关信息,甚至单字一级进行计量分析,如题名、主题词、关键词、词频、知识项、引文信息、著者、出版者、日期、语言、格式等都已成为计量对象,所涉及的研究对象范畴无论是广度还是深度都发生了深刻的变化,各种新的计量分析方法和工具相继产生,并得到广泛应用,逐步形成了信息计量学这一新兴学科。

1980 年 3 月,在德国法兰克福第一次国际信息计量学(科学计量学)研讨会上,德国学者布莱克特和西格尔以及纳克首次提出德文术语 Informetrie。1987 年,该术语得到国际图书情报界的普遍认可,英文术语为 Informetrics。1994 年,第一届国际科学计量学与信息计量学学会(International Society for Scientometrics and Infometrics,ISSI)在荷兰阿姆斯特丹召开,标志着信息计量学的正式诞生。1981 年我国学者刘达将其译为情报计量学,1994 年刘廷元最早使用信息计量学一词,邱均平最早对信息计量学进行系统研究。

3. 信息计量学与其他学科的关系

20 世纪 60 年代以来,在图书馆学与文献学、科学学、情报学与信息管理领域相继出现了三个类似的术语:Bibliometrics、Scientometrics 和 Informetrics,分别代表着三个十分相似的定量性分支学科,即文献计量学、科学计量学和信息计量学(情报计量学)。文献计量学、科学计量学和信息计量学尽管在研究对象和目的上有所不同,但三者的起源相同,并且享有共同的原理、方法和工具,因此学术界习惯于将它们统称为"三计学",而且随着科学技术的发展和三门计量学的不断拓展,它们之间出现了合流趋势,还产生了共同的国际学术组织——国际科学计量学与信息计量学学会。20 世纪 90 年代以来,随着计算机技术、网络技术迅速发展和广泛普及,以及知识经济与知识管理的兴起,数字化、网络化和知识化成为信息社会与知识经济时代的显著特征,"三计学"研究的广度和深度不断扩展,信息管理领域又相继出现了以网络信息和数据为计量对象的"网络信息计量学"或称"网络计量学"(Webometrics)和以知识单元为计量对象的"知识计量学(Knowllegometrics 或 Knowmetrics)",与

【拓展阅读材料 1】
邱均平计量学奖——中国的普赖斯计量学奖

"三计学"一起并称为"五计学"。"五计学"分别以文献、数据、信息(包括网络信息、情报)、知识为研究对象,它们之间既有共同基础、交叉融合,又各有侧重、自成体系,成为信息管理领域计量研究的五个核心领域和研究方向,如图 7-26 所示。

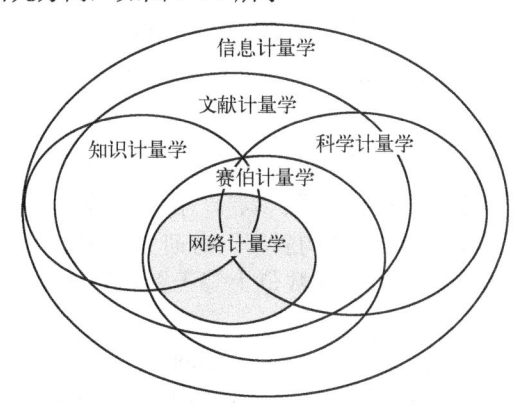

图 7-26 信息计量学与其他计量学科的关系

7.3.2 信息计量学的方法基础

1. 文献计量学的主要定律

【拓展阅读材料2】普赖斯——"科学计量学之父"

信息计量学无论是从研究范畴,还是从发展背景来看,都与文献计量学息息相关。文献计量学在长期发展过程中沉淀出的一些经典理论、定律和方法是信息计量学的基础。

(1)布拉德福定律。

布拉德福定律也称文献集中与分散分布定律,简称布氏定律,是由英国文献学家布拉德福(S.C.Bradford)于 1934 年在对"润滑学"和"地球物理"两个学科的文献进行定量分析的基础上首先提出。

1)布拉德福定律的基本内容。布拉德福在研究中发现:如果将科学期刊按其刊载某个学科领域的论文数量以递减顺序排列起来,就可以在所有这些期刊中区分出载文量最多的"核心区"和包含着与核心区同等数量论文的随后几个区,这时核心区和后继各区中所含的期刊数成 $1:n:n^2\cdots$ 的关系($n>1$)。其基本思想是按照一定的原则进行区域划分,所以也被称为区域划分法。

如果用横坐标代表期刊按载文量递减排列时序号的对数 $\lg n$,纵坐标代表期刊论文累积数 $R(n)$,两者之间会呈现出如图 7-27 所示的曲线。

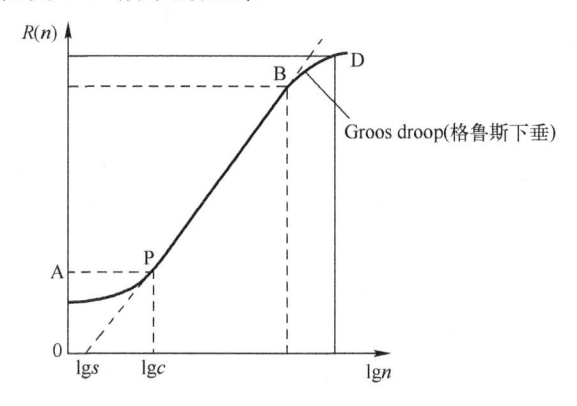

图 7-27 布拉德福分散曲线

从图 7-27 可以看出,曲线由三部分组成:上升的曲线 AP 段、直线 PB 段和下垂的曲线 BD

段。下垂部分也称格鲁斯下垂,是由美国学者格鲁斯(O.V.Groos)于 1967 年发现并对原始的布拉德福曲线的完善和发展。

1969 年,布鲁克斯(B.C.Brookes)首次根据布拉德福曲线给出了相应的数学表达式,为布拉德福定律的实际应用铺平了道路,发展了布拉德福定律的图像描述方法。数学描述如下:

$$\begin{cases} R(n) = an^{\beta} & (1 \leqslant n \leqslant C) \\ R(n) = k\log(n/s) & (C \leqslant n \leqslant N) \end{cases} \quad (7.89)$$

式中,$R(n)$ 相关论文累积量,n 代表期刊等级排列的序号;a 为第一级期刊中的相关论文数;C 是核心区期刊数量;N 为等级排列的期刊总数;k、s、β 均为参数,β 与核心区期刊数量有关,其值的大小等于曲线的曲率,k 是直线部分的斜率。有研究证明,当 N 足够大时,$k \approx N$。s 是与论文所属学科、专业及其发展阶段有关,在数值上等于图形直线部分向横坐标延伸并与其相交时的 n 值。

2)布拉德福定律的修正与发展。维克利(B.C.Vickery)首先发现布拉德福定律的区域划分法和图像描述法之间存在歧义性,即两种描述方法在数学上存在矛盾。因此布拉德福定律的发展在很长一段时间是沿着区域划分和图像描述两个方向进行,并初步形成了两个学派,即以莱姆库勒、高夫曼为代表的区域派和以布鲁克斯和肯德尔为代表的图像派。但也有研究表明两者之间实际上还是存在一致性。目前对于布拉德福定律进行理论研究的重点主要在于根据具体统计对布拉德福定律进行验证,并期望利用严密的数学方法对布拉德福定律进行检验,比较各公式的优劣,以期尽快确立或寻求更为精确的规范化的数学模型。

(2)洛特卡定律

1)洛特卡定律的基本内容。洛特卡定律由美国的统计学家、情报学家洛特卡(A.J.Lotka)于 1926 年提出。他认为,在科研活动中,每个人会呈现出不同的科研能力和科学生产率水平,其成果著述数量也不同。所谓科学生产率主要是指科学家或科研人员在科学上所表现出的能力和工作效率,通常用其在单位时间内生产的科学文献数量予以衡量。洛特卡在其论文《科学生产率的频率分布》一文中,统计分析了化学和物理学两大学科中一段时间内科学家们的著述情况,提出了定量描述科学生产率的平方反比分布规律,又称为"倒数平方定律"。其数学表达式为:

$$f(x) = c/x^2 \quad (7.90)$$

式中,$f(x)$ 为作者频率,即撰写 x 篇论文的作者人数占总作者人数的比例;x 为论文数;c 为常数,约等于 0.6079。

从该式可以推导:设撰写 x 篇论文的作者出现频率为 $f(x)$,则撰写 x 篇论文的作者数量与他们所写的论文数量呈平方反比关系。如,撰写 2 篇论文的作者数量大约是撰写 1 篇论文的作者数量的 1/4,撰写 3 篇论文的作者数量大约是 1 篇论文作者数量的 1/9,撰写 n 篇论文的作者数量大约是写 1 篇论文作者数量的 $1/n^2$。

2)广义的洛特卡定律。围绕洛特卡定律的数学表达式,研究者们进行了大量的检验和修正工作。尤其是在试图回答是否任何学科均存在倒数反比定律以及平方反比是否永远成立这两个问题方面,形成了洛特卡定律的一般表达式,也称广义的洛特卡定律。其数学表达式为:

$$f(x) = c/x^n \quad (1.2 < n < 3.8) \quad (7.91)$$

式中,c 和 n 是随统计对象和数据不同而变化的参数。

3)普赖斯定律。在洛特卡定律的基础上,普赖斯进一步研究了科学家人数与科学文献数量以及不同能力层次的科学家之间的定量关系,试图找出全体科学家总数中杰出科学家的比例关系,提出了著名的普赖斯定律。首先,他认为高产作者是指完成所有专业论文总数一半的作者群。在原始洛特卡定律存在的情况下,其数值等于该专业的作者总数的平方根。其次,杰出科学家中最低产与最高产科学家所撰写的论文数的关系为 $m=0.749(n_{max})^{1/2}$，其中 m 和 n_{max} 分别是最低产与最高产科学家所撰写的论文数。目前，国内外大量研究将其作为确定核心作者的重要依据。

4）科研合作规模。在科学学研究和科研管理过程中，往往需要对科学工作者的合作情况进行分析。科学工作人员的合作情况不仅考察科学工作之间的合作态度，也在一定程度上反映科学活动的学科特点和科学研究的难易程度。常用合作度和合作率指标来评价科学工作的合作程度。合作度为论文篇均作者数。合作率为合作论文占总论文数的比例。不同学科的合作度和合作率会有一定的差异。随着协同创新观念的不断加强，在进行科学合作情况分析时，不仅要考察科学工作者之间的合作，也要考察科研机构之间的合作，不同国家科学工作者或科研机构之间的合作情况等。

（3）齐普夫定律

齐普夫定律是由美国语言学家齐普夫（G.K.Zipf）于 1935 年提出，也称为文献词频分布规律。齐普夫在研究中发现：一个单词的长度与其使用的频次有密切关系，单词的长度越短，使用的频次越高；另外，在一篇给定的文章中，每个词使用的频次分布也是有规律可循的。

1）齐普夫定律的基本内容。齐普夫定律可表述为：如果将一篇达到一定长度的文章（5000 字以上）中的词按其出现频率按递减排序，根据频率高低编上相应的等级序号，最高的为 r_1 级，其次为 r_2 级……这样一直到若干级 r_d，如果用 f 表示词在文章中出现的频率，用 r 表示词的等级序号，则有：

$$fr = c \tag{7.92}$$

式中，c 为随文集不同而不同的参数。因为式（7.92）中只有一个参数，所以该式也称齐普夫单参数词频分布规律。齐普夫定律的词频分布曲线如图 7-28 所示。

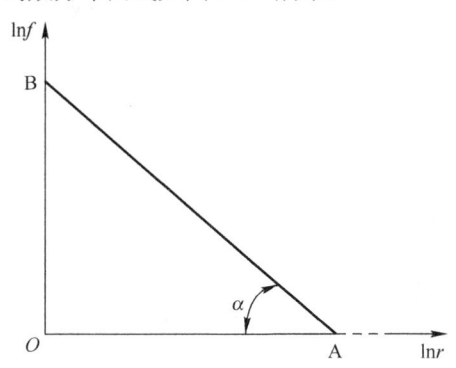

图 7-28 齐普夫定律的词频分布曲线

由图 7-28 可知，词频 f 的对数和等级序号 r 的对数之间呈线性关系。通过对多组数据的实证验证，齐普夫发现直线与横坐标的夹角大致为 45°，斜率为 1。

2）齐普夫定律的修正与发展。齐普夫定律提出后，不少研究者通过增加参数对其进行修正，以期能在更普遍的意义上更精确地描述文献中的词频分布规律。先后提出了朱斯公式、孟代尔布罗公式和布茨定律，这三个修正与齐普夫单参数词频分布规律构成了齐氏分布的核心内容，其后的研究主要围绕其参数的计算、验证及公式的比较展开。

① 朱斯公式：

$$f = cr^\beta \tag{7.93}$$

式中，比单参数词频分布规律多了一个参数 β，即直线的斜率。1936 年朱斯（M.Joos）在对齐普夫定律进行验证的过程中发现，并非所有的数据都支持斜率为 1 的情况，而是呈现出不同的斜率值。式（7.93）包含了斜率为 1 的特例，是更具普遍意义的词频分布规律，故也被称为通用的齐普夫定律，或双参数词频分布规律、朱斯公式。

② 孟代尔布罗公式：

$$(r+m)^B f = c \tag{7.94}$$

20 世纪 50 年代，法国数学家孟代尔布罗（B.Mandelbrot）提出三参数词频分布规律，以弥补单参数和双参数词频分布规律对高频词分布描述不佳的情况。其中，参数 B 与高频词的数量多少有关，参数 c 与出现概率最高的词的概率大小有关，参数 m 则与文集的词汇总数 N 有关。

③ 布茨定律：

$$I_n/I_1 = 2/[n(n+1)] \tag{7.95}$$

布茨定律也称齐普夫第二定律。1967 年，布茨（A.D.Booth）在对低频词的研究中发现，出现 n 次的词的数量与出现 1 次的词的数量之比与文集的大小及 c 值无关，而只与频次 n 值有关。式（7.95）中，I_n 为出现 n 次的词的数量，I_1 为出现 1 次的词的数量，n 为出现次数。

（4）文献增长规律。随着科学的不断发展，科学文献的增长也成为一种客观的社会现象。研究者们在 20 世纪初就已经注意到这一现象，但直到 20 世纪 40 年代后，由于当时图书馆管理的需要，特别是科学史研究以及科技情报工作发展的需要，文献增长规律才受到研究者们的关注。

1）指数增长模型。普赖斯（D.Price）在其著作《巴比伦以来的科学》中考察并统计了科学期刊的增长情况，发现科学期刊的数量大约每 50 年增长 10 倍。他以科技文献量为纵轴，以历史年代为横轴，不同年代的科技文献量的变化过程表现为一条光滑的曲线，这条曲线十分近似地表示了科技文献量的指数增长规律，这就是著名的普赖斯曲线（如图 7-29 所示），其数学表达式为：

$$F(t) = ae^{bt} \tag{7.96}$$

式中，$F(t)$ 表示 t 时刻的文献量；a 是统计初始时刻（$t=0$）的文献量；e=2.718；b 是常数，表示持续增长率。

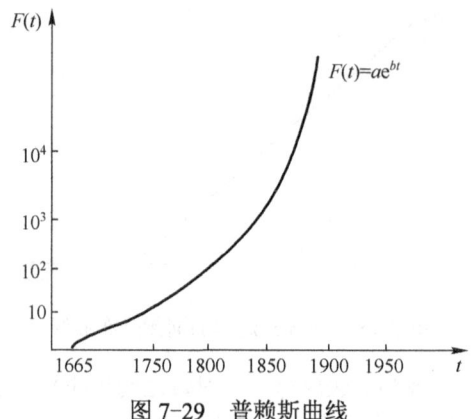

图 7-29 普赖斯曲线

科技文献的指数增长定律在一定程度上反映了文献的实际增长情况，但由于没有考虑许多复杂因素对科学文献增长的限制，因此并非每个学科、每个阶段的文献增长情况均符合指数增长规律，在实际应用时还有一定的局限性。

2）逻辑增长模型。文献逻辑增长模型作为对指数增长模型的一种补充和修正，其数学表达式为：

$$F_t = K/(1 + ae^{-bt}) \tag{7.97}$$

式中，F_t 为 t 时刻的文献累积量；K 为文献增长的最大值；a 是与初始文献量有关的参数；t 为时间。如果用曲线表示 F_t 和 t 之间的关系，则曲线呈现 S 形（如图 7-30 所示）。从图 7-30 可以看出，在科学文献增长的初始阶段，也符合指数增长规律。但这种增长趋势到一定时期将会减弱，当文献量增至最大值的一半时，其增长率开始变小，最后缓慢增长，并以 K 为极限，呈现一种饱和的趋势，故也称饱和增长曲线。

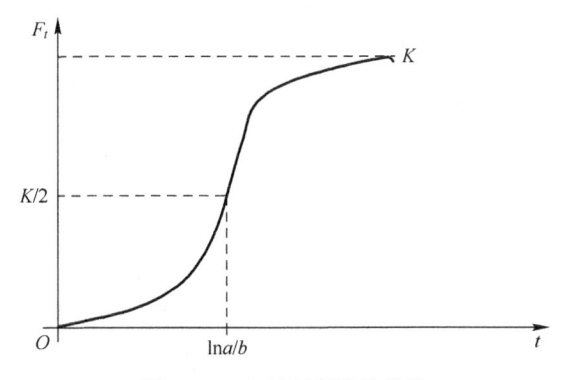

图 7-30　文献逻辑增长曲线

3）线性增长模型。在线性增长模型中，文献量的增长速度 b 为常数，与初始文献量 a 无关。文献累积量 F_t 和时间 t 之间呈线性关系，可以用数学方程表示为：

$$F_t = a + bt \tag{7.98}$$

（5）文献老化规律

科技文献发表之后，随着时间的推移，相对于科学技术的迅速发展，其内容会越来越"落伍"，文献呈现老化状态。所谓文献老化主要是指文献随着其出版年龄的增长，越来越少地被科学家或专家们所利用。主要原因在于：

① 文献中所含情报被包含在更新的其他论著中。
② 文献情报处于一个研究兴趣下降的学科。
③ 文献中所含的情报为后来的著作所超越。
④ 文献情报不再有用。

1）文献老化的度量指标。文献老化主要有两个度量指标：一是文献半衰期，二是普赖斯指数。此外，人们还提出用老化率、老化系数、引文半衰期、论文被引半衰期等指标量度文献老化速度。

① 文献半衰期。1958 年，美国学者贝尔纳（J.D.Bernal）在国际情报学会上首次提出借用放射性物质半衰期的概念来表示文献老化快慢，称为文献半衰期。文献半衰期是指某学科领域现时尚在利用的全部文献中的一半是在多长一段时间内发表的。文献半衰期因学科性质、学科稳定性、文献类型差异而不同。

② 普赖斯指数。1971 年，普赖斯提出用普赖斯指数（Price Index，PI）衡量文献老化程度。普赖斯指数是指某一学科领域发表年龄不超过 5 年的文献引用次数与总引用次数之比。PI 越大，文献半衰期越短，老化越快。相应的数学表达式为：PI=发表年龄不超过 5 年的文献引用次数/引用总次数。

2）文献老化负指数模型。1970 年，布鲁克斯发现科学文献的被引用次数随时间变化或衰减的过程符合负指数规律。其数学表达式为：

$$C_t = ke^{-at} \tag{7.99}$$

式中，C_t 为发表了 t 年的文献被引用的次数；k 为文献初始时刻的被引用次数，理论上为文献被引用的总次数；a 为老化率；t 为出版年龄。用图形表述文献被引用次数和出版年龄之间的关系时，可得到如图 7-31 所示的双曲线。对负指数曲线进行积分处理，可得到文献老化的累积分布函数：

$$F_t = 1 - e^{-at} \tag{7.100}$$

式中，F_t 为出版年龄为 t 以内的文献被引用次数占总引文量的比例，当 $F_t=0.5$ 时，t 即为文献半衰期。用图形表述 F_t 和 t 之间的关系，可得到如图 7-32 所示的文献老化累积分布曲线。利用实际调研得到的文献引用数据绘制该图，可以非常直观、简便地估算出文献半衰期的大小。因此，绘制文献老化累积分布曲线图也是计算文献半衰期和衡量文献专利老化速度的方法之一。

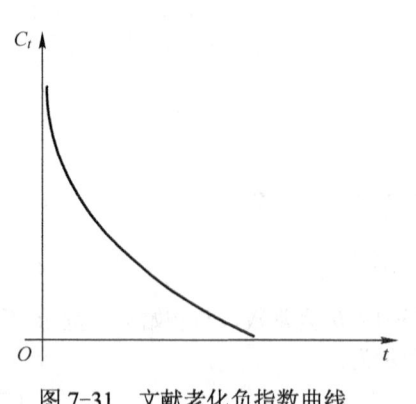

图 7-31　文献老化负指数曲线　　　　图 7-32　文献老化累积分布曲线

3）拜顿-开普勒公式和莫蒂列夫修正式。1960 年，美国学者拜顿（B.E.Burton）和开普勒（R.W.Kebler）在对 9 种学科文献进行引文统计分析的基础上，提出了描述文献使用全过程的数量变化模拟公式，即拜顿-开普勒公式：

$$Y = 1 - (a/e^x + b/e^{2x}) \quad (a+b=1) \tag{7.101}$$

式中，Y 相当于文献老化累积分布函数中的 F_t，即出版年龄为 x 以内的文献被引用次数占总引文量的比例；a 和 b 为与各种老化影响因素有关的参数值，$a+b=1$；x 为时间，单位为 10 年。

为了使其能更准确地描述文献老化的动态规律，苏联学者莫蒂列夫于 1982 年对拜顿-开普勒公式进行了修正，提出了莫蒂列夫修正式：

$$Y = 1 - (a/e^x - 0.1 + b/e^{2x} - 0.2) \tag{7.102}$$

式（7.102）在拜顿-开普勒公式的基础上，引入了修正系数 0.1 和 0.2，考虑了文献在刚出版的一段时间内，文献的被引用次数一般会有一定的上升，当上升了一定时间后，文献被引用次数才会有所下降，真正体现了文献老化的实际情况。

（6）文献引用规律

科学工作者在科学研究的过程中，必然要借鉴前人的研究成果。因此，作为科学研究成果的记录载体和传播媒介，科学文献间也存在着某种必然的联系，突出地表现为文献间的相互引用。引文分析法通过对文献间相互引用关系及其规律进行揭示，可以帮助人们从不同的角度了解相关学科的发展现状、特点及规律，是目前信息计量研究和实践中最活跃、最具体的领域，已经大大突破了传统文献计量学的研究范畴，扩大到自然科学、社会科学等更广阔的领域，延伸到对各种信息资源的分析与研究上。

1）引文分析的相关概念。引文分析涉及一些基本概念，主要包括：

① 引证。也称引用，即引用前人的著作或者事例。

② 引证文献。也称"来源文献""引用文献""施引文献"或"引用文"，即引用了参考文献的文献。

③ 被引证文献。也称"参考文献""被引用文献""受引文献"或"引文"，即被引用的有关文献信息资源，通常以文后参考文献或脚注的形式列出。

④ 引文网络。文献之间通过相互引证所形成的一种网状关系结构，可以反映某个领域作者、文献、期刊或某一主题范围之间的相互联系程度（如图 7-33 所示）。

⑤ 引文链。引文网络的一种特殊形式，即由引证关系形成的文献之间的一种链状关系，往往与时间序列有关。

⑥ 引文分析。又称引文分析法，是指利用各种数学及统计学方法，结合比较、归纳、抽象、概括等逻辑方法，对科学期刊、论文、著作等各种分析对象的引证与被引证现象进行分析，以揭示其数量特征和内在规律的一种信息计量分析方法。

2）文献引用关系。文献间除了直接引用关系之外，还存在着各种间接引证关系，主要包括：

① 引文耦合。也称文献耦合，如果两篇或多篇文献同时引用一篇或多篇相同文献，则引用文献间存在耦合关系，即引文耦合。揭示文献间引文耦合强度的指标为引文耦，在数值上等于两篇或多篇文献同时引用的相同文献的数量。一般来说，引文耦越大，两篇文献间的联系越紧密。

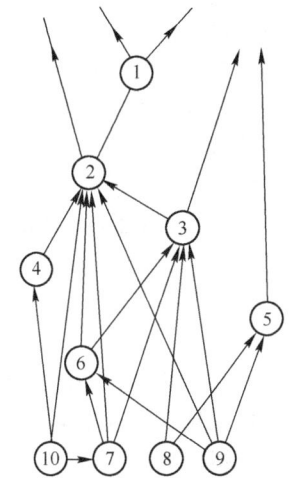

图 7-33 引文网络

② 同被引。也称共引或共被引，如果两篇或多篇文献共同被后来的一篇或多篇文献所引用，则被引文献间存在同被引关系。揭示文献间同被引强度的指标为同被引强度，在数值上等于共同引用该两篇或多篇文献的文献数量。与引文耦同理，同被引强度越大，被引文献间的联系越为紧密。

③ 自引。自引最初主要是指著者引用自己以前的著述。目前，自引已扩展到相同学科、相同主题、相同机构、相同语种等分析对象之间的相互引用，即在引文款目中，被引事项与引用事项相同的一类特殊引证关系均可称为自引。

3）引文分析的基本步骤。引文分析一般包括以下几个步骤：

① 明确研究目的。研究目的对研究对象、计量指标、计量方法等具有决定性影响。引文分析可以出于不同的研究目的，如研究科学文献结构乃至科学结构、揭示科学发展历程、开展人才和成果评价、研究信息用户结构和行为特征等。研究目的决定了引文分析的研究对象、计量指标和计量方法，如可以从引文数量、引文间的网状关系或链状关系、文献主题以及文献外部特征等不同角度进行引文研究。

② 选取统计对象。根据研究目的及所要研究学科的具体情况，选择该学科中最有代表性的权威期刊。

③ 确定时间范围。选择一定时期若干期刊及若干篇相关文献作为统计的对象。

④ 统计引文数据。统计每篇文献后所列举的参考文献及相关信息，具体统计项目可依据研究目的和要求灵活掌握，也可直接从引文分析工具选取相关的引文数据作为引文分析的基础。

⑤ 引文分析。在获取引文数据的基础上，根据研究目的，从引文的各种要素或角度进行分析。

⑥ 引文分析报告。根据引文分析结果，结合相关理论做出相应的分析，并以论文或其他方式提供分析报告。

4）引文分析的主要指标。引文分析可以采用的计量指标很多，常用的引文分析计量指标有：

① 载文量与平均载文量。载文量也称发文量，是指在给定时间内生产或发表的文献数量，是评价信息生产能力或学术水平的重要指标。平均载文量也称平均发文量，是基于载文量或发文量的相对指标，表示在给定时间内生产或发表的平均文献数量，指标消除了期刊性质、作者队伍、机构规模等不同对载文量或发文量的影响，更为客观，也更具可比性。

② 引文量与平均引文量。引文量是文献所拥有的参考文献的数量，可以反映研究对象吸收外部知识的能力。平均引文量是每篇文献平均拥有的引文数量，是基于引文量的相对指标，同样可以

反映研究对象吸收外部知识的能力。

③ 被引频次与平均被引次数。被引频次是在给定时间范围内文献被引用的全部次数，可以反映研究对象在信息交流和科学发展过程中的作用和学术影响。平均被引次数是基于被引频次的相对指标，数值上等于被引频次除以文献总数，实质是每篇文献被引用的平均水平。该指标常被用于评价期刊以及作者的学术水平。一般来说，平均被引次数越高，期刊及其作者的学术水平也就越高。为了使该指标具有更广泛意义上的可比性，也更明确地评价其在某一时间期限内的学术影响，人们更常使用影响因子和即年指标。

④ 影响因子。影响因子指期刊在规定时间（t）内论文被引用次数与可引论文总数之比。当 $t=2$ 时，影响因子的计算公式为：

$$影响因子 = \frac{某刊前两年发表的论文在该年的被引用次数}{该刊前两年发表论文总数} \quad (7.103)$$

一般情况下，影响因子越大，可认为该刊在科学发展和文献交流过程中的作用和影响力越大，质量也就越高。近年来，随着引文分析研究的深入，人们开始探讨利用影响因子评价期刊的中长期影响。相应地，t 值也就有了变化。目前，期刊引证报告（Journal Citation Reports，JCR）在原有两年期影响因子的基础上，增加了期刊的五年期影响因子。

⑤ 即年指标。期刊某年发表的论文在当年被引证的平均次数，也称为快指标，用于测度期刊被利用速度，同样是评价期刊影响力的指标。其计算公式为：

$$即年指标 = \frac{某刊某年发表的论文在当年的被引用次数}{当年发表论文的篇数} \quad (7.104)$$

⑥ 自引率与自被引率。自引率是指研究对象引用的全部参考文献中，引用自己发表的文献所占的比例。自被引率是指研究对象发表文献的总被引频次中，被其自身所引用次数所占的比例。在实际应用时，往往需要将两个指标结合起来综合评价研究对象的作用和影响力。两者的计算公式分别为：

$$自引率 = \frac{引用自己发表的文献的次数}{引用的参考文献总数} \quad (7.105)$$

$$自被引率 = \frac{被自己引用的次数}{被引用的总次数} \quad (7.106)$$

⑦ H 指数。将研究对象发表的文献，按被引频次递减排列，被引次数大于等于论文序号的论文篇数即为研究对象的 H 指数。该指标从发文和被引两个角度综合评价研究对象的学术影响。为了使指标更为客观、公正，人们在 H 指数的基础上进行了更为深入的研究和发展，衍生出了一系列相关指标，如 a 指数、e 指数、g 指数、w 指标等。

⑧ 特征因子。为了弥补影响因子易被人为操纵、不能跨学科比较、选源标准问题以及对非英文期刊不公平等缺陷，汤姆森公司于 2009 年在 JCR 中正式引入特征因子指标。指标的基本假设是：期刊越多被高影响力的期刊所引用，则其影响力也越高。特征因子使用 JCR 为数据源，构建剔除自引的期刊 5 年期引文矩阵，以类似于 PageRank 的算法迭代计算出期刊的权重影响值，即同时测量了引文的数量和"质量"，实现了引文数量与价值的综合评价，可以更好地突出高质量期刊的学术影响。另外，因其无视自引，所以相对难以伪造。特征因子的具体计算方法可参见相关资料。

5) 引文分析的主要内容。引文分析主要是利用引证定律、方法和指标从文献、引文年代、国别、语种、文献类型、作者、学科及其主题、期刊等角度来进行研究，从而揭示有关现状、特点和发展规律。如从文献被引情况考察核心论文、分析学科研究的重点等；从引文的年代考察学科的发展态势、文献的增长老化规律等；从国别的角度考察学科的国家和地区分布特点等；从语种的角度考察相关学科的用户对不同语种的文献的利用、用户的外语水平以及学科的国家或地区分布特点等；从文献类型角度考察用户对不同类型资源的利用情况等；从作者角度研究作者分布情况、分析核心作者等；从学科或主题的角度分析学科研究的关键领域、热点领域等；从期刊角度可进行核心期刊分析等。

引文分析的出发点：

① 以引文款目为独立计量单位。即以引文中任一著录事项或某些著录事项之间的组合作为计量单位，并做简单加和的计量统计，从而反映文献引用的分布特征及信息流动的规律性。

② 以引文款目间的联系为计量单位。利用聚类分析原理和方法对引文间的联系强度进行计量，如引文耦合和同被引，从而探究科学研究的动态结构或评价科学家的成就。

2. 网络信息计量原理和方法

（1）网络信息计量学的产生和发展

网络信息计量学的产生和发展有其特定的时代需求和社会背景：信息资源电子化、网络化以及网上文献信息资源激增为网络信息计量学的产生提供了必要条件；网络管理，尤其是网络定量化管理的现实需求为网络信息计量学的产生提供了发展动力；20 世纪 90 年代中期以来，国内外陆续开展的电子信息计量相关研究为网络信息计量学的形成奠定了基础，积累了经验；随着网上文献信息的日益增长，文献计量学、科学计量学、信息计量学等相关计量学科开始将研究对象和研究范围扩展到网络领域。

早在 1990 年，帕斯理（Paisly）就提出了将信息计量方法应用到电子通信领域。他认为，现在的书、刊、报纸中的大部分信息将来都会包含在电子数据中，并明确指出：大量电子信息会成为文献计量学研究的主流。1996 年，麦克尔南（G.Mckiernan）根据引文含义，提出了"sitation"的概念，用以研究网页之间的引用关系。1997 年，阿尔明德（A.C.Almind）等人在《文献工作杂志》（*Journal of Documentation*）上发表了《万维网上的信息计量学：网络计量方法门径》（*Information Analysis on the WWW: Methodological Approaches to "Webometrics"*），最早提出了网络信息计量学（Webmetrics）一词，认为信息计量学的各种方法完全可以用于万维网上的信息计量分析，只不过是将万维网看作引文网络，传统的引文则为 Web 页面链接所取代。1997 年，网络电子期刊《网络计量学》（*Cybermetrics*）创刊。从 1997 年开始，每两年召开一次的国际文献计量学、信息计量学及科学计量学研讨会加入了网络信息计量学这一议题。

（2）网络信息计量学的定义

网络信息计量学是采用数学、统计学等各种定量方法，对网上信息的组织、存储、分布、传递、相互引证和开发利用进行定量描述和统计分析，以便揭示网络信息的数量特征和内在规律的一门新兴分支学科。它主要是由网络技术、网络管理、信息资源管理与信息计量学相互结合、交叉渗透而形成的一门交叉性边缘学科。网络信息计量学是信息计量学的一个新的发展方向和重要研究领域，具有广阔的发展空间和应用前景。

（3）网络信息计量学的研究对象与研究内容

1）研究对象。网络信息计量学的研究对象主要涉及网络信息本身的直接计量、网上文献信息计量、网络结构单元的计量三个层次。如网站主题分析、网站类型分析、链接分析、域名分析、点击率分析、网络流量分析、网络信息增长和老化以及用户网上行为研究等。

2）研究内容。网络信息计量学的研究内容主要包括理论研究、方法研究、技术研究和应用研究四个方面。

① 理论研究。主要研究其作为一门学科存在而必须解决的一些基本问题和基本规律。其中基本问题包括网络信息的概念、类型和特点，网络信息计量的基本原理、基本方式、意义和作用、发展趋势等，基本规律包括网络信息的集中与离散规律、著者规律、词频规律、增长与老化规律、引证规律的理论解释和数学模型的研究等。

② 方法研究。主要研究文献信息统计分析法、数学模型分析法、引文分析法、系统分析法、书目分析法、数据挖掘法等定量方法以及一些独特方法在网络信息计量分析中的应用原理、适用性和操作程序以及必要的修正、改进和完善等，如链接分析法、网络流量分析法、网上直接调查法等。

③ 技术研究。包括网络信息计量系统的机理与设计、文本信息计量技术、多媒体信息计量技术、多语言信息计量技术、智能代理计量技术、网络信息的计量评价系统、可扩展标记语言（XML）等网络信息计量的技术性问题等。

④ 应用研究。主要研究网络信息计量学在图书情报工作、信息资源管理、网络管理、科学学及科学管理、电子商务以及社会管理等多学科、多行业领域的应用，研究内容涉及网上电子期刊、电子图书、数字图书馆、网络站点、网络科技信息、网络经济信息、网络人文信息的计量分析及其应用。此外，网络信息资源配置、网络信息价值评估、网络信息过滤、网络信息服务质量、网络信息共享效率和网络信息成本效益的定量评价等也成为网络信息计量学的研究内容。

（4）网络信息计量的主要工具

1）网络信息的类型与特点。从不同的角度、按照不同的标准，可以将网络信息划分为不同的类型，如按使用方式可以分为万维网、新闻组、邮件列表、专题讨论组和兴趣组等；按内容的表现形式可以分为数字型、文本型、声音型、图像型、图形型以及多媒体型；按作用性质可以分为描述型、技术型、管理型和应用型；按组织方式可以分为超文本数据、超媒体数据、计算机程序数据和数据库数据；按数据类型可以分为元数据、结构化与半结构化数据、非结构化数据和流媒体数据等。总体来看，网络信息呈现出内容丰富、类型多样、数量巨大、结构复杂、易于变化、质量良莠不齐等特点。

2）网络信息计量工具的主要类型。网络信息计量工具根据功能可大致分为三类（见表7-43）：

① 数据收集工具。对网上存留的访问者、访问对象及其访问内容信息加以确认并确定度量指标，通过专业软件对网络日志、网络信息、网络引文数据等进行收集。

表7-43 网络信息计量的主要工具

主要功能	具体类型	工具示例
数据收集工具	搜索引擎	Yahoo，Google
	网上调查软件	Keynote
	专业爬行器	Connetivity Server
	服务器软件	Microsoft Internet Information Services
网络分析工具	网络内容分析工具 基于词典内容分析软件	CATPAC，HIMIET，CiteSpace
	开发环境软件	IMAP，ebCAT
	注释辅助软件	Atlas.ti
	网络结构分析工具 链接分析软件	Checkweb
	网站结构软件	Maping the web infome，TreeD ec tool
	网络利用分析工具 评估分析软件	WebSAT，Max
	用户分析软件	WebVIP，VisVIP Tool，Web Utilization Miner
	日志分析软件	Webtrends Log Analyzer，Web-IAM，Nihuo Weblog Analyzer
结果展现工具	通用软件	SPSS，Excel
	专门软件	Webtracer，Internet Cartopragher，Pajek

② 网络分析工具。包括网络内容分析工具、网络结构分析工具和网络利用分析工具三种。其中，网络内容分析工具支持网络环境下的内容分析，主要涉及断词功能、词干提取、词频统计、聚

类、自动编码、消除语义歧义、生成词典、自动注释等功能。网络结构分析工具主要用于链接分析和网站地图构建。网络利用分析工具主要是为了检测和管理网站以提升其内容和质量,如评估分析软件用于测度网站的可用性,用户分析软件用于分析网站用户的网络行为特征,日志分析软件用于分析日志文件。

③ 结果展现工具。主要实现网络数据的自动转化、整理或分析。

(5) 链接分析

1996 年,美国学者麦克尔南(G.McKiernan)首次提出了站引(Sitation)的概念,用来描述网站之间的相互链接行为,拉开了链接分析的序幕,并形成了一种专门的网络信息计量方法,即链接分析法。链接分析法就是运用网络数据库、数学分析软件等工具,利用数学和信息科学方法,对网络链接自身属性、链接对象、链接网络等各种对象进行分析,以便揭示其数量特征和内在规律,并用以解决各方面问题的一种研究方法。

链接分析通常涉及以下概念和指标:

1) 施链与被链。如果网站 A 的网页链接了网站 B 的网页,即网站 A 是施链网站,而网站 B 为被链网站。

2) 外部链接与站内链接。外部链接指外部网站或网页指向某网站资源的链接,也称为站外链接、链入或入链。站内链接指某网站内部一种资源指向其内部另一种资源的链接,也称内部链接、自链、内链或自引。

3) 链接耦合与共链。如果网站 A 和网站 B 同时指向某一网站,则称网站 A 和网站 B 之间存在链接耦合,链接相同站点的次数称为链接耦合数。如果网站 A 和网站 B 共同被其他网站链接,则称网站 A 与网站 B 共链。A 与 B 共链的网站数,称为共链强度。

4) 网络影响因子。1998 年,丹麦学者英格沃森(Ingwerson)借鉴期刊影响因子的计算方法,首次提出了网络影响因子(Web Impact Factor,WIF)的概念,指的是在某个特定的时间,某个网站被其他网站和其自身所链接的网页数目的逻辑和除以该网站的所有网页数,即每个网页的平均被链接次数。网络影响因子的提出为网络资源的评价、分类和比较提供了量化工具。在数学上,网络影响因子(WIF)可以表示为如下形式:

$$\text{WIF} = \frac{某一时刻某网站的总链接数}{该网站的总网页数} \tag{7.107}$$

式中,某一时刻某网站的总链接数等于该网站被其他网站和其自身所链接的网页数目的逻辑和。

考虑到链接可分为内部链接和外部链接,网络影响因子还可以分为外部网络影响因子(某个网址被外部网站所链接的网页数目除以该网站的所有网页数)和内部网络影响因子(某个网站被其自身所链接的网页数目除以该网站的所有网页数)。相对来说,外部网络影响因子更能反映网络信息资源的社会影响力。

(6) 网络流量分析

网络流量分析则是对网络运行状态进行监控和管理的一种非常重要的手段。

1) 网络流量数据获取。网络流量分析的基础是获取用户访问网站的具体数据。大致可以从以下途径获取用户访问网站的相关数据:

① Web 服务器日志。每当站点被访问一次,Web 服务器日志就会相应增加一条日志,以记录用户对网站的访问情况。不同的 Web 服务器,日志记录格式不同,但大都包括访问者的 IP 地址、访问时间、访问方式、被请求文件的 URL、HTTP 服务器版本号、返回码、传输字节数、访问的页面、协议、错误代码等。

② 用户注册信息。用户通过 Web 页面在屏幕上提交给服务器的相关信息,通常包含了若干反映用户的自然属性和社会属性的信息内容。

③ Cookie 数据。Cookie 是一种软件构件，能够在用户端和服务器端存储用户访问服务器的信息等。

④ 连续抽样方法。通过抽样方法产生样本组，在样本组用户计算机中安装计量软件，从用户计算机上收集上网信息。有研究表明，连续抽样方法与前面所述的服务器日志方法相比，有较大的误差。所以目前国内外主流的网络流量分析工具基本上都是通过将 Web 服务器日志、用户注册信息、Cookie 数据结合起来进行挖掘分析，以更全面、具体、准确、客观地了解网站的访问量特征和用户特征等。

2）网络流量分析的主要指标。网络流量分析的指标大体可以分为两类。

① 网站访问量指标。包括访问数、页面请求数、唯一访问者数、页面阅览量等。其中，访问数又称用户会话数，美国传播审计局将其定义为：用户访问网站，如果期间中断时间不超过 30min，则用户在该网站的活动被定义为一次访问。CNNIC 则将其定义为：用户访问网站，如果期间中断时间不超过 20min，则用户在该网站的活动被定义为一次访问。页面请求数是指为了进入目标页面，浏览器和它连接的服务器之间进行的每次单一连接的次数总和。从严格意义上来讲，当一个页面包含了图形、图像、音频、视频等多个文件时，对页面的请求实质上包含了对多个文件的请求。在实际度量时，页面请求是所有请求的一个子集，不包含对页面中的图形、动画等文件的请求。唯一访问者数是指在特定的时间内第一次进入网站、具有唯一访问者标识或唯一地址的访问者数目。页面阅览是指一次页面的下载，即访问者在其浏览器上完整地看到该页面。在实际度量时是将浏览器的一次请求算作一次页面阅览。

② 用户特征指标。包括用户属性指标、用户技术特征指标、用户行为特征指标等。其中，用户属性指标是有关用户的自然属性和社会属性相关指标，前者如用户的性别、年龄分布，后者如用户所处的地域、受教育程度、收入情况、工作领域等分布。用户属性指标的数据来源主要是对用户注册信息进行挖掘分析。用户技术特征指标主要是对用户在访问网站时的一些技术特征进行计量，包括用户使用的浏览器、域名和主机名、计算机操作系统、PC 还是移动终端等。用户行为特征指标主要是对用户访问网络资源的行为特点进行计量，包括用户入站路径、入站页面、出站页面、浏览站点的常用路径、每个访问的停留时间等。其中，一个访问的停留时间是用户访问的第一次请求时间至最后一次请求时间加上每个页面请求的平均时间。而各个访问的停留时间之和除以用户访问数为每个访问的平均停留时间。

随着电子商务的快速发展，有的网络流量分析工具增加了交易分析方面的指标。如百度统计提供了收订件数、收订金额、收订件数占比、收订金额占比、商品均价等订单分析方面的指标。

3. 信息计量工具和方法

（1）信息计量工具

数据库和引文分析工具是信息计量的主要工具，是获取信息计量数据的重要来源和基本工具。

1）国外常用的信息计量工具。美国科技信息研究所（ISI）开发的系列数据库及其延伸产品是目前国外常用的信息计量工具。

① Web of Science（WoS）。ISI 于 1997 年推出了基于互联网环境的检索系统，收录了 100 年来各种重要核心期刊的文献与引文，覆盖了自然科学、工程技术、生物科学、社会科学、艺术与人文等诸多领域中最具影响力的 1 万多种科技期刊，由科学引文索引扩展版、社会科学引文索引、艺术与人文科学引文索引等 9 个数据库组成，是提供引文回溯数据最有影响的大型综合性多学科的科学引文索引数据库。

② 期刊引用报告（JCR）。JCR 是 ISI 基于 WoS 引文信息编制而成的多学科综合性期刊分析和评价报告，有科技版（JCR Science Edition）和社科版（JCR Social Science Edition）两个版

本，分别收录自然科学领域和社会科学领域期刊引文分析信息，提供包括被引总次数、两年期和五年期影响因子、即年指标、特征因子等引文分析指标，已成为国际公认的用于期刊评价和学术评价的权威工具。

③ 基本科学指标（Essential Science Indicator，ESI）。ISI"研究服务组"于 2001 年推出了衡量科学研究绩效、跟踪科学发展趋势的基本分析和评价工具。ESI 从引文分析的角度，针对 22 个一级专业学科领域、250 个二级学科门类，分别对 10 年内达到一定层次科研水平的国家、研究机构、期刊、论文以及科学家进行统计分析和排序，包括引文排位、高被引论文以及引文分析三大模块。引文排位包括科学家、机构、国家和期刊排名表（包括发文量、被引频次和篇均被引三个指标的降序排名）。高被引论文包括高被引论文和热门论文列表。引文分析包括基线和研究前沿列表。

2）国内常用的信息计量工具。

① 中国知网（CNKI）。提供 CNKI 源数据库、外文类、工业类、农业类、医药卫生类、经济类和教育类等多种数据库。其中综合性数据库为中国期刊全文数据库、中国博士学位论文数据库、中国优秀硕士学位论文全文数据库、中国重要报纸全文数据库和中国重要会议论文全文数据库。CNKI 还提供知识检索（包括初级检索、高级检索和专业检索）、数据下载、数字出版、文献数据评价等服务。

② 中国科学引文数据库（Chinese Science Citation Database，CSCD）。CSCD 创建于 1989 年，由国家自然科学基金委和中国科学院共同资助、中国科学院文献情报中心研制的我国第一个多功能大型科学引文数据库，分为核心库和扩展库，收录了我国数学、物理、化学等 11 类学科领域出版的 1200 种中英文科技核心期刊和优秀期刊的引文信息，提供基于篇名、作者、机构等 14 个字段的多角度引文分析。2007 年，中国科学院文献情报中心与美国汤森路透（Thomson-Reuters）合作，CSCD 实现了在 ISI Web of Knowledge 平台上检索，具有与 SCIE 数据库基本相同的数据分析功能，具有分析工具、引文报告和引文关系图等特色功能，是该平台上的第一个非英文语种数据库，也是国内唯一能与 SCI 接轨的数据库，被誉为"中国的 SCI"，是深度开展引文分析及了解学科研究现状的优秀引文分析工具，如发现理论、学科、学术观点、技术或方法的起源、发展、变迁、修正等。

③ 中文社会科学引文索引（Chinese Social Sciences Citation Index，CSSCI）。CSSCI 由南京大学中国社会科学评价中心于 1998 年开发研制的引文数据库，收录包括法学、管理学、经济学、历史学、政治学等在内的 25 个学科、500 多种中文人文社会科学领域的优秀学术期刊论文和被引用情况，从来源文献和被引文献角度提供包括篇名、作者、刊名等多个角度的检索入口和检索方法，结果按不同检索途径进行发文信息或被引信息统计分析，并支持文本信息下载，已成为查询我国人文社会科学文献信息以及科研管理部门、科研机构、高等院校进行科研绩效评价的重要工具。

④ 中国引文数据库（Chinese Citation Database，CCD）。中国引文数据库由中国学术期刊（光盘版）电子杂志社出版，收录中国学术期刊（光盘版）电子杂志社出版的所有源数据库产品的参考文献，包括 8200 种期刊、学位论文、会议论文、图书、专利、标准、报纸等多种类型文献中的参考文献，分为十大专辑、168 个专题，引文数据全面，提供引文全文链接，具有较好的数据统计分析和可视化展示功能。对作者、机构、期刊、专题、基金、出版社 6 个字段的发文量、各年被引量、下载量、H 指数、期刊分布、作者被引排名、作者引用排名、作者关键词排名数据进行统计分析，并且以柱状图的形式进行可视化展示。

⑤ 中国科技论文与引文分析数据库（Chinese Science and Technology Paper and Citation Database，CSTPCD）。CSTPCD 由中国科技信息研究所于 1987 年开始研制，收录了我国各学科近

5000种中国科技论文统计源期刊（中国科技核心期刊），基本覆盖我国基础科学研究、医学和生命科学研究、农业科学技术研究和工程技术研究等28个学科领域取得的最重要的学术研究发现与技术创新成果文献。目前，万方数据股份有限公司基于CSTPCD知识服务平台，实现了知识脉络分析、学术统计分析和著者学术成果页展示等功能。知识脉络分析能够以曲线图的方式展现该关键词近7年每年每百万期刊论文中的命中数，从而展现其研究趋势，同时给出每一年与该关键词共现的5个关键词，可反映近年来相关研究的热点变化。著者学术成果页展示能够将著者的基本信息、发文量、被引次数、H指数、被引频次变化、合作学者、关注点进行综合展示，对于分析著者的学术成果以及合作网络具有重要的意义。

（2）可视化分析工具

常用于绘制知识图谱的可视化分析工具有：

1）CiteSpace。由长江学者、大连理工大学特聘教授、美国德雷克塞尔（Drexel）大学信息科学与技术学院的陈超美博士开发，是适合进行多元、分时、动态复杂网络分析的可视化知识分析工具，可直接导入数据库套录数据，生成多种可视化图谱。

2）SATI和Bibexcel。专门的文献计量分析软件，常用作知识图谱制作的前期数据转换与处理工具。

3）SPSS和SAS。通用的社会统计软件，其中的多维尺度分析、因子分析和聚类分析等功能常用于知识图谱绘制。

4）UCINET和Pajek。目前最流行的社会网络分析软件，常用于分析与展示知识单元间的关联，其中UCINET集成了包括NetDraw在内的多个可视化软件。

（3）信息计量方法

1）数理统计方法。利用总体或者样本数据，采用常规的统计描述分析、相关分析、回归分析等方法，以信息资源及其相关活动中产生的各种数据为出发点，进行描述和统计学推断，以掌握信息活动的分布、特点和规律。常用的统计软件有SPSS、Excel、SAS等。

2）可视化方法。可视化方法是利用计算机图形学和图像处理技术，将数据转换成图形或图像显示出来，并进行交互处理的理论、方法和技术。可视化技术涉及计算机图形学、图像处理、计算机视觉、计算机辅助设计等多个领域，成为研究数据表示、数据处理、决策分析等一系列问题的综合技术，以实现科学可视化、信息可视化和数据可视化，可以起到记录信息、分析推理、证实假设、交流思想、展示隐含模式等多方面的作用。知识图谱把应用数学、图形学、信息可视化技术、信息科学等学科的理论与方法与信息计量学的引文分析、共现分析等方法有机结合起来，用可视化的图谱形象地展示学科的核心框架、发展历史、前沿领域以及整体知识架构。

3）数据挖掘方法。数据挖掘方法主要是从数据集合中自动抽取隐藏的有用信息，如规则、概念、规律及模式等，进而预测未来可能发生的行为的过程，也叫知识发现（KDD），是一门涉及面很广的交叉性新兴学科，涉及数据库、人工智能、数理统计、可视化、并行计算等领域。数据挖掘主要涉及三个方面：挖掘对象、挖掘任务、挖掘方法。挖掘对象包括若干种数据库或数据源，例如关系数据库、面向对象的数据库、空间数据库、时态数据库、文本数据库、多媒体数据库、历史数据库以及万维网（Web）等。挖掘任务主要取决于所要解决的目标问题。挖掘方法则是数据挖掘过程中采用的具体技术，其中关联分析、序列模式分析、人工神经网络、决策树、遗传算法、聚类分析等是目前使用较为普遍的数据挖掘方法。

4）数学模型方法。从广义上来讲，一切数学概念、数学理论、数学公式、方程式、函数关系以及由公式系列构成的算法系统等都可以叫作数学模型。从狭义上来说，只有那些反映特定问题或特定事物系统的数学关系，才叫作数学模型。数学模型方法是针对所考察的问题构造出相应的数学模型，通过对数学模型的研究，使问题得以解决的一种数学方法。在信息计量领域，可利用、验证和发展已有的数学模型，也可以建立一个针对具体实际问题的新的数学模型。数学模型建立的过程一般分为表达、求解、解释、验证几个阶段，完成从现实对象到数学模型，再从数学模型到现实对象的循环。其中，数学模型的表达极为关键，需要根据建立数学模型的目的，对实际问题进行分析，包括调查研究，查找资料，在掌握信息的基础上，将实际问题进行简化，提出假设和数学抽象，用有关的数学概念、数学符号和数学表达式来体现客观对象及其关系，将实际问题用数学语言表达出来。

5）数据处理方法。

① 合著数据处理。随着大科学时代的到来，科研工作者之间的合作不断加强，每位合作者对研究成果的贡献不同，反映在文献中就是作者排名，而要科学评价科研人员的学术生产力、学术水平和学术贡献，就必然要处理作者合作数据。一般来说，对于合作论文，在进行作者统计时，可根据研究目的、数据特点、研究工作量情况等选择不同的处理方法。如果作者队伍研究只是研究的一小部分，可采用只统计第一作者的方法。如果要考察科研人员的参与度，可采用正规计数法，即按每人一次的"平均分配"的方法来计数，即无论是第一作者，还是合作者，均以每人一次计数。如果研究的主要目的本身就是对作者情况进行深入分析，则考虑采用调节计数法，即根据论文作者的数量、每位作者在论文中的排序情况，赋予每个作者不同的贡献份额。

② 编秩方法。在信息计量过程中，往往需要将观察对象按照其出现频次进行排序。常用的编秩方法如下。

A．平均编秩法。对出现频次相同的观察对象，采用序号平均数来定义它们的共同秩序。

B．随机编秩法。对出现频次相同的观察对象赋予不同的秩序，具体可采用随机数字法、字母顺序法、汉语拼音法、笔画顺序法等。

C．最大编秩法。对出现频次相同的观察对象，按最大秩序给予其他观察对象相同的秩序。

③ 多指标综合评价方法。在进行信息分析研究时，常常需要同时采用多种指标对研究对象进行综合评价。信息计量方法中有各种不同的计量指标，每个指标都有不同的含义、权重和计算方法。一般来说，可采用指标权重法、多数投票法、平均名次法等对研究对象进行多指标综合定量评价。

A．指标权重法是指对使用的各指标根据其重要性程度给予不同的权重。指标权重的确定可参考同类研究情况，可通过多元回归分析方法、层次分析法等计算得到，也可根据研究者自身丰富的经验主观赋予权重。

B．多数投票法是将观察对象按各计量指标值根据重要性程度从大到小分别进行排序，再对各指标排名靠前的若干观察对象进一步分析。

C．平均名次法是将观察对象按各计量指标值根据重要性程度从大到小分别进行排序，并给予相应的序值，再对每个观察对象计算平均序值，即所有计量指标序值之和除以指标个数。平均序值越小，该观察对象的综合评价结果越好。相反，亦然。

7.3.3 信息计量学方法的主要应用

信息计量学以其独特的研究视角和研究方法被广泛应用于各学科领域和实践领域，产生了越来越大的影响。信息计量学的基本定律、计量方法、计量工具和计量指标对相关领域的研究、实践和管理具有很强的理论意义和实际应用价值。

1．确定核心信息

确定核心信息是信息计量方法的主要应用之一。信息计量学的基本定律及方法可以从不同的角度开展核心信息评价。布拉德福定律不仅可以评价核心期刊，而且可以将其分区原则与其他定律相结合，开展对核心作者、关键领域、主要研究机构、主要研究国家等多方面的核心信息评价。引文分析的相关指标及各要素的被引数据是进行核心信息评价的常用方法。E.加菲尔德通过引文分析发现，每门学科的文献都包含其他学科的核心文献，所有学科的文献加在一起就可构成一个科学整体的、多学科的核心文献，而刊登这些核心文献的期刊不过 1000 种左右，甚至可能只有 500 种。任何一个学科所需的"尾部期刊"在很大程度上是由其他学科的核心期刊组成，尾核重叠为信息资源共享提供了有利条件。另外，链接分析方法被用于核心网站评选方面已有很多实证性研究。

2. 研究科学结构、科学交流和信息传递规律

科学文献的引证和被引证关系往往是因为它们之间有着学科内容上的联系，通过分析某学科或相关领域的参考文献，可以探明其信息来源及分布特征，了解其相关学科以及该学科对其他学科的影响。利用科学文献的"引文链"和"引文网络"，对文献间相互引证的链状或网状关系进行分析，能够研究信息流的方向、过程、特点和规律，分析有关学科之间的交叉、渗透和衍生趋势，勾勒出科学交流和信息传递的轨迹，从而揭示科学的动态结构及其发展规律。在网络世界，利用链接分析则可以研究网络结构、网络信息的传播交流规律等。

3. 研究信息增长和老化规律

利用文献增长和老化规律的原理和方法对各种信息活动、科学活动过程中产生的相关信息随时间变化的情况进行定量分析，可以了解信息增长和老化的现状、发展动态及规律，并对其未来可能的发展情况进行预测。据此可以帮助人们了解事物发展和学科发展的脉络和规律，进行科学的评价，预见可能的发展态势，做出相应的科学决策，有针对性地制定信息管理和科学管理政策，从而提升信息管理和科学管理的效率和效果。科学文献信息的增长和老化规律也是人们开展科学学、科学史研究的重要方法之一。目前，文献老化的研究一般是从信息被利用的角度出发。科学文献之间引文关系的一种基本形式是引文的时间序列。研究表明，一个学科的引文年代分布曲线与其老化曲线极为相似。对引文的年代分布曲线进行分析，可以测定各学科期刊的"半衰期"和"最大引文年限"，从而为制定文献的最佳收藏年限等管理方案、对文献利用进行定量分析提供依据。

4. 开展用户及其需求研究

不同用户的需求不同，在利用信息的过程中会呈现出不同的特点。了解信息用户的需求及其特点，有的放矢地提供信息资源和信息服务是信息管理活动者的根本任务。可以通过实地考察、调查、信息服务业务数据分析、引文分析、网络流量分析等方法，收集并分析用户利用信息资源过程中的各种数据，对用户本身的特点及其信息需求特点进行研究。一方面，分析用户对信息资源利用的特点，如类型、数量、语种、时间、学科领域、机构、地域分布、应用方式等。另一方面，对用户本身的属性特征和行为特征进行分析。最后一方面，多方面结合起来深入挖掘，进行用户群体分析和聚类，以便针对性地提供个性化服务，发现潜在用户。

5. 科学水平和人才评价

通过科学文献发表和被利用相关的计量指标和分析方法，可以对国家、学科、技术领域、机构、团队、研究人员等的科学能力和学术水平进行相对客观的评价，为科学决策、科学管理、科学评价提供定量依据。目前，无论是在国内还是在国外，无论是国家层面还是机构层面，综合利用引文数据，对科研团队和科研人员进行科研绩效评估都是科研管理活动的主要内容和方法。自 2002 年起，汤森路透每年都会根据引文数据库 Web of Science 的数据进行定量分析，以确定诺贝尔奖颁发的学科领域中最具影响力的科研人员，并被授予汤森路透"引文桂冠奖"，同时也被预测为最有可能的诺贝尔奖得主。13 年来已成功预测了 39 位诺贝尔奖得主，被誉为诺贝尔的"风向标"。通过链接分析法和网络流量分析法等的相关计量指标，可以从网络信息资源被利用的角度，对网站、网页等网络信息资源本身及其相关属性进行评价，如评价网站所代表机构、作者、学科等的网络影响力。

7.3.4 信息计量学方法的应用实例

1. 确定选题

基于引文分析和共词分析的国外近十年深度学习研究现状与趋势。

2. 数据来源

数据来源于 WoS（Web of Science）数据库。检索方式：主题。检索词：Deep Learning。时间范围为 2019—2023 年，检索时间为 2024 年 10 月 22 日，共获得 67676 条记录，选择全记录导出。

3. 分析工具

（1）引文分析及其工具

引文分析采用的是 HistCite 软件。HistCite 是美国著名信息学家、被誉为"SCI 之父"的 E.加菲尔德（Eugene Garfield）以及他的同事们共同开发的一套引文编年可视化分析软件。

（2）共词聚类分析及其工具

共词聚类分析采用的工具是 SATI 3.2 和 SPSS 20.0。文献题录信息统计分析工具 SATI 是一款期刊文献数据统计与分析工具。首先用 SATI 抽取关键词字段并进行词频统计，并进一步构建共词矩阵，再利用 SPSS 20.0 对共词矩阵进行多维尺度聚类分析，生成知识图谱。

4. 分析过程

整个分析过程分为数据收集、引文分析与共词聚类分析三个部分，如图 7-34 所示。

1）确定选题和检索主题，在 WoS 中进行数据检索和导出。
2）用 HistCite 和 Excel 进行引文分析。
3）用 SATI 3.2 和 SPSS 20.0 进行共词聚类分析。

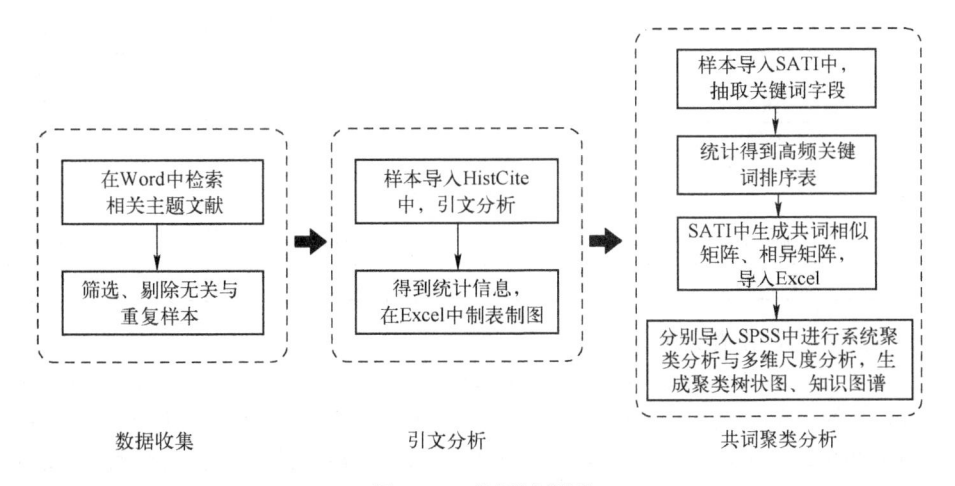

图 7-34 分析过程图

5. 结果与分析

（1）研究文献的年度分布

将检索获得的国外深度学习研究文献导出，形成趋势图，如图 7-35 所示。由图可知，2022 年，国外深度学习相关论文开始出现大幅度增长，并呈现持续快速上升趋势，说明深度学习受到关注，成为国外相关领域的研究热点。

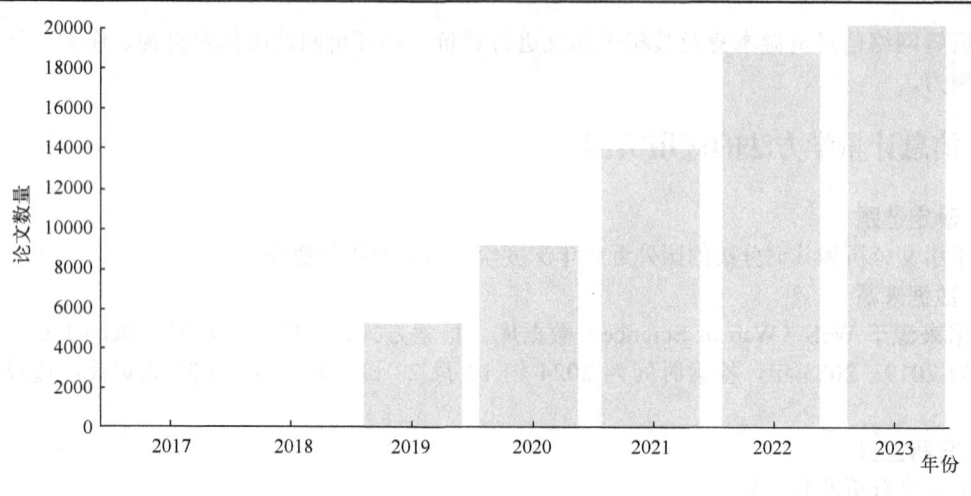

图 7-35　国外深度学习研究文献年度分布趋势

（2）研究文献的国家（地区）分布

统计研究文献作者所属国家（地区）及被引情况，可以了解不同国家（地区）对该研究领域的关注度与贡献度及其影响。HistCite 不仅统计国家（地区）研究文献总量，还对两个引文指标进行统计：国内被引总频次（Total Local Citation Score，TLCS）和全球被引总频次（Total Global Citation Score，TGCS）。统计结果见表 7-44。由表 7-44 可知，中国、美国、印度、韩国和英国研究文献总量（RECS）排名前五，中国遥遥领先。这些国家深度学习研究文献数量多、影响大。

表 7-44　HistCite 研究文献国家/地区和被引统计结果

国家/地区	发文数	占比
中国	27451	53.555%
美国	11026	21.511%
印度	4647	9.066%
韩国	3883	7.576%
英格兰	2745	5.355%
德国	2135	4.165%
沙特阿拉伯	2080	4.058%
日本	1873	3.654%
加拿大	1830	3.570%
澳大利亚	1773	3.459%

（3）研究文献的高产作者分布

通过所发表的论文数量以及发表论文的被引用频次，可以了解论文著者对特定领域研究的贡献程度，贡献程度较高的著者即构成该领域的核心著者群。深度学习领域的核心著者群见表 7-45。发文数量居前三位的是 Wang Y、Zhang Y、Li Y，三位作者是国际深度学习领域最具有影响力的研究者。

表 7-45　深度学习领域的核心著者群

序号	作者	发文数量
1	Wang Y	909
2	Zhang Y	851
3	Li Y	787
4	Wang J	715

(续)

序号	作者	发文数量
5	Liu Y	703
6	Li J	626
7	Zhang J	624
8	Wang X	613
9	Li X	601
10	Zhang X	514

（4）研究文献的核心期刊分布

研究文献的载文数量与被引频次是确定核心期刊的两个重要指标。深度学习领域的国际核心期刊见表7-46。*IEEE ACCESS*、*SENSORS*、*SENSORS BASEL SWITZERLAND* 三种期刊在深度学习领域载文量处于前三位，属于深度学习领域最有影响的国际学术期刊。

表7-46 深度学习领域的国际核心期刊

序号	期刊名称	载文量
1	IEEE ACCESS	1895
2	SENSORS	1194
3	SENSORS BASEL SWITZERLAND	1192
4	APPLIED SCIENCES BASEL	978
5	SCIENTIFIC REPORTS	934
6	APPLIED SCIENCES	804
7	REMOTE SENSING	738
8	MEDICAL PHYSICS	736
9	MULTIMEDIA TOOLS AND APPLICATIONS	600
10	ELECTRONICS	471

（5）高被引（核心）文献分布

文献被引频次反映被关注程度和影响力，文献被引频次越高，被关注度和影响力越大，可视为核心文献。HistCite 可根据文献的 TLCS 统计降序排列，见表7-47。被引频次最高的是2019年 C Shorten 和 T M Khoshgoftaar 共同撰写并发表于 *JOURNAL OF BIG DATA* 上的论文。

表7-47 核心文献统计分布

序号	日期/作者/期刊	被引频次
1	C Shorten，T M Khoshgoftaar A survey on Image Data Augmentation for Deep Learning[J]. *JOURNAL OF BIG DATA*，2019，6（1）	3770
2	M Raissi，P Perdikaris，G E Karniadakis Physics-informed neural networks: A deep learning framework for solving forward and inverse problems involving nonlinear partial differential equations[J]. *JOURNAL OF COMPUTATIONAL PHYSICS*，2019，378（1）	3357
3	Zhao Z Q，Peng Z，XU S T，Wu X D. Object Detection With Deep Learning: A Review[J]. *IEEE TRANSACTIONS ON NEURAL NETWORKS AND LEARNING SYSTEMS*，2019，30（11）	2318
4	M Reichstein，G C Valls，B Stevens，… Deep learning and process understanding for data-driven Earth system science[J]. *NATURE*，2019，566（7743）	1709
5	Zhang S，Yao L N，Sun A X，Tay X Deep Learning Based Recommender System: A Survey and New Perspectives[J]. *ACM COMPUTING SURVEYS*，2019，52（1）	1551

(6) 研究文献的高频关键词分布

用 SATI 抽取关键词字段并进行频次统计排序。根据普赖斯公式确定高频关键词，计算公式为 $M=0.749\sqrt{N_{max}}$，其中 M 为高频阈值，N_{max} 表示区间学术论文被引频次最高值。被引频次最高的论文是由 D. Erhan 和 Y. Bengio 撰写的，被引 20 次。通过公式计算，选取词频大于 4 的 41 个（删除重复与意义不明显的关键词）作为深度学习领域的高频关键词，见表 7-48。排名前十的关键词分别为深度学习（Deep learning）、教育（Education）、学习方法（Learning approaches）、评价（Assessment）、分类（Classification）、卷积神经网络（Convolutional neural networks）、无监督学习（Unsupervised learning）、神经网络（Neural networks）、学习策略（Learning strategies）、合作学习（Collaborative learning）。

表 7-48 高频关键词（频次≥4 次）

序号	高频关键词	词频	序号	高频关键词	词频
1	Deep learning	134	22	Object recognition	5
2	Education	51	23	Academic achievement	5
3	Learning approaches	30	24	Image classification	5
4	Assessment	15	25	Surfice learning	5
5	Classification	12	26	Constructive alignment	5
6	Convolutional neural networks	11	27	Restricted Boltzmann Machine	5
7	Unsupervised learning	9	28	Models	4
8	Neural networks	9	29	Science	4
9	Learning strategies	9	30	Auto-encoders	4
10	Collaborative learning	8	31	Personality	4
11	Higher education	8	32	Achievement goals	4
12	Active learning	8	33	Speech recognition	4
13	Machine learning	8	34	Support vector machine	4
14	Problem-based learning	7	35	Learning styles	4
15	Student learning	7	36	Peer assessment	4
16	Online learning	7	37	Experiential leaming	4
17	Critical thinking	6	38	Reflection	4
18	Deep belief networks	6	39	Biochemistry	4
19	Self-efficacy	6	40	Geography	4
20	Feature extraction	5	41	Teaching	4
21	Feature learning	5			

(7) 高频关键词共现分析

用 SATI 生成高频关键词共现矩阵，见表 7-49。共现矩阵中的数值表明对应的两个关键词间的距离远近：数值越接近 1，距离越远，相似度越小；数值越接近 0，距离越近，相似度越大。由表 7-49 可知，与深度学习的距离由远到近的关键词分别为：学习方法（Learning Approaches）、教育（Education）、评价（Assessment）、无监督学习（Unsupervised Learning）、分类（Classification）。

表 7-49 高频关键词共现矩阵

关键词	Deep learning	Learning approaches	Assessment	Education	Classification	Unsupervised learning
Deep learning	0	0.9225	0.8876	0.9015	0.7496	0.8701
Learning approaches	0.9225	0	0.9956	0.9810	1	1
Assessment	0.8876	0.9956	0	0.9952	1	1
Education	0.9015	0.9810	09952	0	1	1
Classification	0.7496	1	1	1	0	0.9907
Unsupervised learning	0.8701	1	1	1	0.9907	0

（8）高频关键词共词聚类分析

关键词共词聚类分析可以进一步反映关键词之间的亲疏关系，在聚类树状图中，关键词距离越近，表明关键词之间越相似。共词聚类分析可以将距离较近的关键词聚集成同一类，反映深度学习领域的研究热点。将共现矩阵导入 SPSS 20.0 中，采用"系统聚类"，得到深度学习高频关键词共词聚类树状图，如图 7-36 所示。

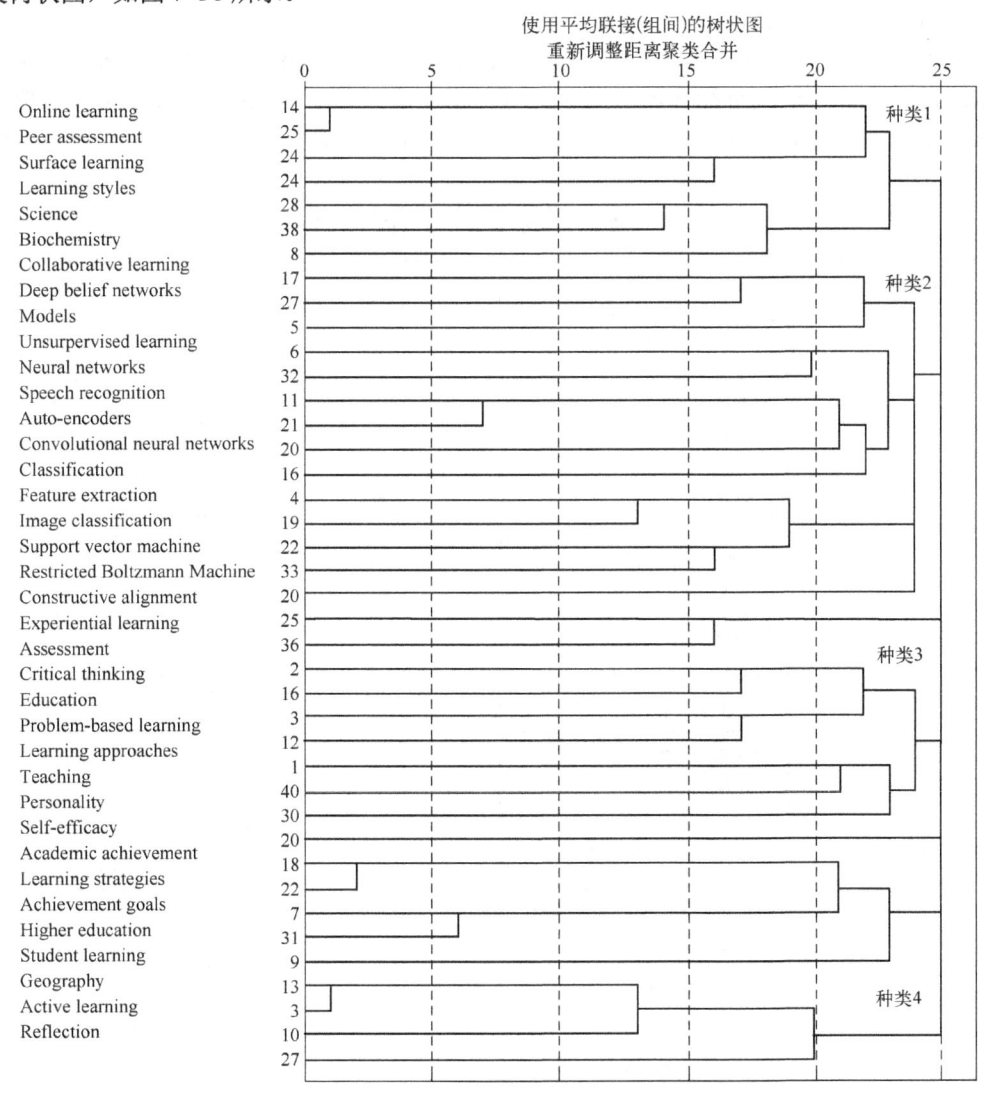

图 7-36 深度学习领域高频关键词共词聚类树状图

深度学习领域高频关键词可以聚为四类研究主题，见表7-50。

1）种类1包括在线学习（Online learning）、同伴评价（Peer assessment）、浅层学习（Surface learning）、学习风格（Learning styles）、科学（Science）、生物化学（Biochemistry）、合作学习（Collaborative learning）7个关键词。

2）种类2包括深信度网络（Deep belief networks）、模型（Models）、无监督学习（Unsupervised learning）、神经网络（Neural networks）、语音识别（Speech recognition）、机器学习（Machine learning）、物体识别（Object recognition）、自动编码器（Auto-encoders）、卷积神经网络（Convolutional neural networks）、分类（Classification）、特征提取（Feature extraction）、图像分类（Image classification）、支持向量机（Support vector machine）、限制玻尔兹曼机（Restricted Boltzmann Machine）14个关键词。

3）种类3包含建设性调准（Constructive alignment）、经验式学习（Experiential learning）、评估（Assessment）、批判性思维（Critical thinking）、教育（Education）、基于问题的学习（Problem-based learning）、学习方法（Learning approaches）、教学（Teaching）、个性（Personality）、特征学习（Feature learning）10个关键词。

4）种类4包括自我效能感（Self-efficacy）、学术成就（Academic achievement）、学习策略（Learning strategies）、成就目标（Achievement goals）、高等教育（Higher education）、学生学习（Student learning）、地理（Geography）、积极学习（Active learning）、反思（Reflection）9个关键词。

表 7-50　深度学习领域高频关键词研究主题聚类

序号	关键词	序号	关键词
种类1	Online learning	种类3	Constructive alignment
	Peer assessment		Experiential learning
	Surface learning		Assessment
	Learning styles		Critical thinking
	Science		Education
	Biochemistry		Problembased learning
	Collaborative learning		Learning approaches
种类2	Deep belief networks		Teaching
	Models		Personality
	Unsupervised learning		Feature learning
	Neural networks	种类4	Self-efficacy
	Speech recognition		Academic achievement
	Machine learning		Learning strategies
	Object recognition		Achievement goals
	Auto-encoders		Higher education
	Convolutional neural networks		Student learning
	Classification		Geography
	Feature extraction		Active learning
	Image classification		Reflection
	Support vector machine		—
	Restricted Boltzmann Machine		—

本章小结

本章主要介绍了多元分析法、时间序列分析法和信息计量学方法三种信息定量分析方法。

多元分析法主要介绍了回归分析法和聚类分析法两种方法。回归分析法主要介绍了一元线性回归分析、多元线性回归分析和 Logistic 回归分析的基本内容。三种方法虽然具体细节各不相同,但都关系到利用观察数据建立数学模型并对模型进行统计检验,模型参数计算是三种回归分析方法的关键及主要区别所在。一元线性回归分析主要用于分析两个因素间的线性关系,多元线性回归分析主要用于分析多因素间的线性关系,Logistic 回归分析则适用于因变量为二项分类的情形。聚类分析法可用于变量聚类,也可用于样本聚类,聚类依据是反映变量间或样本间相似性程度的相似系数。系统聚类是聚类分析中最常用的聚类方法,但在样本数量较大时,常采用快速聚类。

时间序列分析法主要介绍了移动平均、指数平滑和生长曲线的基本公式、递推公式、预测模型及应用。移动平均和指数平滑可用于时间序列修匀、观察数据趋势、计算预测模型平滑系数以构建预测模型,但其本身不能直接用于预测。生长曲线法介绍了饱和指数曲线、逻辑曲线和龚珀兹曲线的基本模型、曲线特点,以及利用三段和值法和线性变换法进行模型拟合的主要方法和步骤。

信息计量学方法是在文献计量学基础上发展起来的一门交叉性学科,主要包括文献信息计量的六大规律(即布拉德福定律、洛特卡定律、齐普夫定律、文献增长规律、文献老化规律和文献引用规律),以及被广泛应用于社会信息、网络信息等领域的计量分析,在确定核心信息、研究信息增长和老化规律、分析用户及其需求、探讨科学结构和科学信息交流规律、开展科学评价和人才选拔、促进网络信息资源有效管理和利用等方面发挥着重要作用。

本章习题

一、名词解释

回归分析　　一元线性回归　　多元线性回归　　聚类分析　　系统聚类
时间序列　　时间序列分析　　移动平均法　　指数平滑法　　信息计量学
布拉德福定律　　洛特卡定律　　普赖斯定律　　齐普夫定律　　普赖斯指数
半衰期　　引文分析　　链接分析　　影响因子　　数据挖掘法　　数学模型法

二、简答题

1. 回归分析的主要步骤有哪些?
2. 聚类分析有哪几种类型?
3. 如何实现系统聚类?
4. 聚类分析中常用的相似系数有哪些?
5. 时间序列分析的方法主要有哪些?
6. 信息计量的工具和方法主要有哪些?
7. 引文分析的主要步骤是什么?
8. 引文分析法有哪些应用?
9. 信息计量学方法在信息分析中有哪些应用?

三、操作应用题

1. 利用 Excel 和 SPSS 实现回归分析。
2. 利用 SPSS 实现聚类分析。
3. 利用 Excel 实现时间序列分析。
4. 利用 HistCite、SATI 进行文献计量分析。

第8章 信息分析应用

【导入案例】

误把"信息"当情报，失算赔钱很寻常

1998 年，多种因素导致我国经济增长减速，内需不振，钢铁建材类价格持续下滑。1998 年底，中央召开专门会议研究对策。1999 年春节之前，《中国冶金报》等报纸刊登文章介绍中央的相关决定：中央财政决定增加投资 1000 亿元国债用于基础设施建设，拉动内需。此外，全国专门召开了冶金工作会议，决定采取限产保价等调控措施。

武汉红钢城附近有两家经营钢材的企业，一家为国有企业，老板是 F；另一家为民营企业，老板是 W，两家企业毗邻，两家老板关系不错，都喜欢看报纸。F 和 W 看到报纸上的相关报道之后喜上眉梢，大批购进钢材，期待钢材价格上涨后好好赚一把，民营企业老板 W 更大胆些，比 F 购进的钢材更多。春节以后，F 和 W 每天都眼巴巴盼着钢材涨价，不料钢材价格反而两次降价：常用螺纹钢每吨先降价 80 元，再降价 60 元。结果是，国有企业老板 F 亏损 25 万元，民营企业老板 W 亏损 100 万元。其实，钢材价格不升反降的原因不难分析出来，主要有四个原因：一是社会需求不振，民间对投资缺乏积极性，光是中央政府的投资决定对经济的拉动是有限的；二是拉动措施具有时滞性，难以立竿见影；三是虽然制定了大的方针，但限产保价措施缺乏有效性；四是金矿在持续增加，降价势必还将持续一段时间。

两家企业的老板不了解"信息"与"情报"的区别，没有对信息加以分析就贸然采取行动，失算赔钱是再正常不过的事情。

【导入问题】

1. 两位钢材企业的老板为什么会失算赔钱？
2. 钢材价格下降的主要原因是什么？
3. 在决策中如何区分"信息"和"情报"？

【关键知识点】

1. 掌握竞争情报分析、专利信息分析、市场信息分析和科技信息分析的概念和内涵。
2. 掌握竞争情报分析、专利信息分析、市场信息分析和科技信息分析的方法和内容。
3. 了解竞争情报分析、专利信息分析、市场信息分析和科技信息分析的应用。

中国成就

信息分析在众多领域得到了广泛的应用，其中竞争情报分析、专利信息分析、市场信息分析和科技信息分析最受关注。

8.1 竞争情报分析

8.1.1 竞争情报的概念与特点

1. 竞争情报的概念

竞争情报源于国外的"Competitive Intelligence"一词，关于竞争情报的概念，目前学术界和业界还没有形成统一的认识，代表性观点如下。

美国战略与竞争情报专业学会的定义：竞争情报是一种过程，在此过程中，人们用合乎职业伦理的方式收集、分析和传播有关经营环境、竞争者和组织本身的准确、相关、具体、及时、前瞻性及可操作的情报。

联合国工业发展组织（United Nations Industrial Development Organization，UNIDO）对竞争情报的解释是："对一个企业来说，外部环境中的任何变化，包括技术、经济以及政治等因素，都可能对企业的利益乃至生存产生重大的影响。如果能通过'阅读'早期的信号，发现并预知这些可能的变化，就可以利用所剩的时间，预先采取相应的措施避开威胁，寻求新的发展机遇。这一系列活动称为竞争情报研究。因此，竞争情报就是从需求、搜集、存储、检索到流通和利用这一完整的系列程序中对信息进行最大限度的使用和最充分的发挥，最好体现为经济效益的显著提高。"

美国竞争情报的先驱德迪约认为："竞争情报是一种复杂的研究。它是一种过程，比较简单的统计财务和市场信息。有这样一种认识，即影响企业发展的因素很多，竞争情报就是关于竞争对手、竞争环境和意图的信息。它同传统定义的'战略情报'是相似的，它是一种导致行为的信息。"

美国学者保安·格登将竞争情报定义为"获取和分析可以公开得到的资料来开发出用于竞争情报战略所必需的信息的过程"。

中国科学技术情报学会竞争情报分会，对外亦称中国竞争情报研究会（Society of Competitive Intelligence of China，SCIC）对竞争情报的定义是：一个组织感知外部环境变化，并做出反应，使之更好地适应环境变化的能力，即获取环境信息并与之适应的能力，也就是情报能力和对策能力。

我国学者对竞争情报的含义也做过深入的探讨。中国科学技术情报学会竞争情报分会理事长包昌火研究员认为："竞争情报是关于竞争环境、竞争对手和竞争策略的信息研究。它既是一种过程，又是一种产品。过程是指对竞争情报的收集和分析；产品是指由此形成的情报或者策略。"

从以上定义可以得出，竞争情报的内涵主要表现在两个方面：第一，竞争情报是一种系统的合法、合规、合理的研究过程，即它是采用符合法律和道德的方法收集、存储、选择、组织、分析信息的活动；第二，竞争情报是一种产品或服务，是关于竞争对手、竞争环境、竞争策略的高度专门化和及时的具有战略意义的经过分析加工过的信息，能直接为企业的竞争战略管理服务。

2. 竞争情报的特点

作为产品的竞争情报，具有情报的基本属性，如知识性、非物质形态性、价值性、社会性、可共享性、可重复使用性等特点；作为研究过程的竞争情报，具有智谋性、实用性、对抗性、系统性、综合性与创造性、信息来源广泛性、增值性、连续性等特点。

（1）强烈的对抗性

对抗性是竞争情报最重要的特性之一。从竞争情报的产生过程来看，竞争情报本身就是军事斗争的产物，而军事斗争自始至终都具有非常强烈的对抗性。竞争情报不是竞争对手主动给予的，而是在竞争对手不知道、不协助甚至反对的情况下获取的。在激烈的竞争中，竞争情报人员不但要竭尽全力、采用各种合法、合规、合理方式有效地搜集情报，而且要采取多种措施保护本企业的秘密信息，防止竞争对手窃密。因此，竞争情报具有强烈的对抗性。

（2）绝对的合法性

竞争情报的获得必须合乎法律规范和职业伦理，不符合法律和职业伦理的情报活动不属于竞争情报的范畴。由于竞争情报的应用可以带来巨大利益，常常有人不惜代价地采用非法手段获取。然而，竞争情报研究一直强调其活动的合法性，强调遵守职业道德，坚决禁止一切非法的、损害国家和他人利益的、扰乱经济秩序的不正当竞争行为。竞争情报活动应该在合法的前提下进行的，不允许使用欺诈、盗窃、利诱、胁迫等一切不正当手段获取情报。

（3）严格的保密性

竞争情报是决定竞争主体能否在激烈的竞争中克敌制胜的关键因素，所以，它的获取需要在竞争对手不知道、不协助甚至反对的情况下进行，否则难以成功。对于竞争主体如何防止竞争情报外泄而言，竞争情报的保密性特点决定了不仅要对不正当竞争情报行为进行抵御，而且要对那些采用合法手段获取本企业情报的行为进行防范。

（4）智能的预测性

竞争情报工作既不是简单的信息数据堆砌，也不是纯粹的信息加工，而是需要注入竞争情报分析人员创造性的智力劳动过程。如果要在激烈的市场竞争中脱颖而出，就需要及时、准确地收集竞争对手的信息，为决策服务。而决策是行动之前的全部准备活动，因此，竞争情报必须具有预测性，落后于决策的情报没有任何实际意义。

（5）明确的目的性

竞争情报活动具有明确的目的性、目标性和针对性。竞争主体开展竞争情报活动的基本目的就是要通过对竞争对手各方面的信息进行收集、分析与研究，为竞争主体提供具有高度指向性的情报服务，协助竞争主体制定战胜竞争对手的应用策略，确保竞争主体在竞争中获得优势，立于不败之地。

8.1.2 竞争情报分析的产生与发展

孙子曰：知彼知己者，百战不殆；不知彼而知己，一胜一负；不知彼，不知己，每战必殆。比尔·盖茨也在其《未来时速》一书中写到："将您的公司和您的竞争对手区别开来的最有意义的方法，使您的公司领先于众多公司的最好方法，就是利用信息来干最好的工作。您怎样搜集、管理和使用信息将决定您的输赢。"这两段经典的论述充分说明，从古至今，"竞争"和带有"竞争性"的各种情报活动一直伴随着人类社会的发展。然而，将竞争情报作为专门的研究对象，从理论、方法、技术、应用等方面进行深入探讨，并由专门的机构在全世界倡导，应当说是在20世纪80年代才开始。纵观竞争情报分析兴起和发展的历程，可以认为它是在企业需求、学科发展、技术进步和专门人员与机构的共同作用下产生和发展起来的。

竞争情报分析大致经历了4个发展阶段：竞争数据搜集、行业及竞争对手分析、竞争情报和竞争情报作为一种核心能力。竞争情报分析的发展阶段和特点见表8-1。

表8-1 竞争情报分析的发展阶段和特点

阶段特征		竞争数据搜集	行业及竞争对手分析	竞争情报	竞争情报作为一种核心能力
时间段		1980年以前	1980—1987年	1988年至今	未来
重要事件		分散的竞争情报活动	竞争情报专业人员协会成立	《竞争情报评论》创刊以及相关研究著作涌现；各种专业软件问世	世界各地开展竞争情报课程教育，专业公司发展壮大
性质	成熟度	非正式	出现正式部门	正式部门	正式的和非正式的结合
	导向	战术	战术	混合	战略
	分析	几乎没有	少量定量分析	定量与定性分析相结合，计算机辅助分析	强调定性分析，计算机辅助决策
阶段特征		竞争数据搜集	行业及竞争对手分析	竞争情报	竞争情报作为一项核心能力
与决策的联系		没有联系或联系很弱	联系很弱	联系很强	直接产出
高层管理者重视程度		很低	有限	中等	很高
竞争情报人员的地位		图书馆/销售部门	计划/销售部门	营销/计划/竞争情报部门	竞争情报部门/营销/计划部门
关键因素		开发信息获取技能	为竞争情报建立商业案例；间谍形象；发展分析技能	展开实际输入；需求与供给驱动；反竞争情报；国际性竞争情报；技术性竞争情报；信息技术的作用	并行管理过程；多国间情报基础设施建设；获取竞争情报作为学习过程；战略性竞争情报；竞争情报网络分析

8.1.3 竞争情报分析的内容

竞争情报分析的内容可以简要概括为"三知",即"知己""知彼""知环境"。企业在市场竞争中所处的内外部环境及情报信息来源,如图 8-1 所示。

图 8-1 企业竞争所处的内外部环境及情报信息来源

1. 知己

"知己"就是全面了解本企业的经营战略、核心竞争力、市场竞争地位、资源、产品和服务、营销策略、竞争优势和劣势、企业文化等。"知己"实际上是企业将自己放在地区、国内乃至国际市场这一平台上对自己进行全面剖析、客观评价的过程,以判断自己的市场竞争地位,发现市场机遇或潜在的威胁。"知己"的目的在于充分认识自己的优势和不足,要求企业能够客观评价自己的优缺点。

中国电信公司面临中国移动、联通和网通等运营商的激烈竞争,新闻、热点、焦点不断。电信资费的调整、中国电信南北大分拆等形势令人瞩目,而任何一次成功都归于对电信内部信息的充分掌握。中国电信通过客观的优劣势分析,认识到自己虽然拥有丰富的客户资源、完善的网络设施以及大量的储备人才,但缺乏现代企业发展所必需的战略观念、创新观念、人力资源开发管理、人文环境建设以及与此相适应的市场制度环境;虽然拥有资源优势,但缺乏资源运作优势。由于中国电信及时客观地对自己的优势和劣势进行了评价,从而有助于它制定相关策略,有效参加激烈的市场竞争。2023 年经营收入为 5078.34 亿元,同比增长 6.92%;实现净利润 304.46 亿元,同比增长 10.34%。

由此可见,全面掌握企业的内部情报,是企业进行决策的关键,只有充分了解自己的优势和弱点,发现自己的机会和面临的威胁,才能在激烈的竞争中获取竞争优势。正确评价自己是企业参与市场竞争的前提,一个不知道自己在同行中的位置、在地区中的位置、在世界中的位置的企业是肯定走不远的。

2. 知彼

"知彼"就是充分了解竞争对手,这是竞争情报的核心内容。成功的战略家会细致地调研竞争对手,明确其战略,监视其行动,评估其驱动力和脆弱性,估算其资源和能力,并试图预测其下一步行动。在竞争对手分析中,要了解竞争对手的基本情况、总体经营战略、目标、政策、主要的优劣势、产品和服务特点、新产品开发动态、定价政策、销售和市场销售策略、生产工艺与设备、成本地位、研究与开发能力、财务状况、组织结构、企业形象等。

在戴尔公司的销售部门，办公室里会摆几张非常漂亮的桌子，桌子上面会分别摆着 IBM、联想、惠普等品牌的计算机，销售人员随时可以将计算机打开，看看这些竞争对手是怎么做的。同时桌子上都有一个牌子，上面写着："它们的特性是什么？我们的特性是什么？我们的优势在哪里？它们的优势在哪里？"这样做的根本目的就是要了解自己的产品特性和竞争对手的产品特性，有针对性地引导客户需求。

只有充分了解竞争对手、确定并跟踪竞争对手、收集整理竞争对手信息、从获取的竞争对手信息中读出"战略信号"，才能判断企业自身所处的竞争地位，并结合本企业的实际条件，制定出切实有力的竞争策略。实践证明：运用竞争情报是企业能够面对众多的竞争对手，特别是新加入的强大竞争对手，处变不惊，并始终保持竞争优势的制胜法宝。

【拓展阅读材料1】
美国施乐公司的竞争情报分析

3. 知环境

环境是指处在企业之外，不受企业控制，但会对企业产生影响的外部因素。分析企业所处的环境可以从宏观和微观两个角度进行，也就是"知天知地"。企业竞争环境的监视和分析是开展企业竞争情报研究的基础。随着现代信息技术的快速发展，情报信息的生产成本和传输成本极低，各种信息在企业内外部大量快速生成。从基层员工的日常社交媒体言论，到企业老总接受媒体的访谈等都蕴含着大量关于企业商业活动的情报信息。而且在外部信息大环境中，互联网上的海量信息资源更是发掘企业竞争情报的金矿。

（1）知天：宏观环境情报

企业宏观环境是竞争战略的长期影响因素和前提条件，它包括政治法律、经济、社会自然环境和技术四个方面。政治法律环境对企业的影响具有直接性、难预测性和不可控制等特点，这些因素常常影响和制约企业的经营行为，尤其影响企业较长期的投资行为。企业的经济环境主要由社会经济结构、经济发展水平、经济体制和宏观经济政策四个要素构成。社会自然环境包括社会环境和自然环境。对经济环境和社会自然环境的跟踪分析，可以有效地帮助企业保持可持续发展。技术环境主要是与本企业的产品有关的科技水平、发展趋势及发展速度。监测企业宏观环境的发展状态和趋势，可以预测重大事件对企业发展的影响，并提供风险防范和决策支持。

（2）知地：产业环境情报

现代企业的竞争来自各个方面，然而，它首先来自企业所处的直接环境，即产业环境。对产业环境的分析包括顾客、产业集中度、市场进入特征、品牌的信赖度、转移成本状况、劳动力与资本状况、技术密集程度情况等。企业在发展过程中，需要不断地分析市场情况，掌握市场动态，扩大市场份额，提高产品质量，正确地把握增长和衰减的可能范围、产品的营销范围、外销的可能性，以确定下一步发展战略、市场导向，最终做出正确的战略决策。

【拓展阅读材料2】
肯德基成功的秘诀：竞争情报分析

8.1.4 竞争情报分析的方法

竞争情报分析方法在 20 世纪 70 年代主要是定性分析，属于单因素静态研究方法。20 世纪 80 年代以后倾向于定量分析，典型的有统计方法、数学模型法和层次分析法。如，在分析企业产品（服务）的市场占有率和竞争对手的发展走向时，采用统计方法中的加权评分法和长期变化趋势分析法；对竞争环境的研究则运用与数学模型有关的环境因素优序图法；层次分析法则用来分析竞争对手目前所处的地位，各企业组织在市场方面的优劣势，以及各国外贸产品的出口竞争力等。20 世纪 90 年代，竞争情报分析方法开始向综合性、决策性、战略性、可行性转变，出现了定性和定量相结合的方法。

由于竞争情报活动涉及的范围非常广泛，研究内容纷繁复杂，加上不同职业背景和学科的分析人员从不同的岗位和视角出发，必然会采用不同的分析方法，而每一种方法又可分为针对某一特定问题的若干各具特点的分析方法。竞争情报分析方法有数百种，各种方法都有其适用性和局限性。国内外常用的竞争情报分析方法见表 8-2。

表 8-2 常用的竞争情报分析方法

竞争者分析	市场分析	财务分析	组织分析	技术评估	环境评估	预测	行业分析
SWOT	输赢分析	现金流和变化分析	组织评估	专利地图分析	法规分析	统计和计量经济学分析	五力模型
投资组合分析	价值链分析	成本分析	文化评估	研发、生产和制造过程分析	政策和经济评估	趋势分析和预测	结构和趋势分析
计划和目标分析	供应链分析	比率分析	个人档案评估	技术预测	国家和地区风险分析	情景研究和分析	关键成功因素
标杆管理、竞争分析和影子战略		资产流转		反求工程	危机管理评估	定性、定量和其他分析方法	关系地图
差距分析		借贷分析		标杆管理			区域战略分析
响应模型		可持续发展分析					BCG 矩阵

1. 定标比超分析法

选择正确的定标比超方法是定标比超分析成功的关键。20 世纪 70 年代末以来，定标比超分析法已为国内外众多企业所采用，并发展为一种重要的、成熟的竞争情报分析方法。很多企业在长期的定标比超应用中积累了丰富的经验，建立了系统的方法体系，如施乐、国际定标比超交流中心、柯达、AT&T、美国快递、IBM 等。尽管不同的公司在实施定标比超时所采用的步骤不完全相同，但关键步骤和基本思路是一致的。

（1）定标比超分析法的类型

1）按照定标比超的重点分，定标比超可以分为产品定标比超、过程定标比超、管理定标比超、战略定标比超四种。

① 产品定标比超（Product Benchmarking）。定标比超的重点是产品，它首先确定以竞争对手或相关企业的某种产品作为基准，然后进行分解、测绘、研究，找出自己所不具备的优点。通过这种对产品的反求工程，不仅可以对原产品进行仿制或在原有的基础上加以改进，还可以估算出竞争对手的成本。与自己的产品进行比较，可以估计出不同设计方案在现在和将来的优点和不足。产品定标比超是一种采用最早、应用最广泛的定标比超。1979 年，美国施乐公司在全球率先成功地进行了产品定标比超。柯达公司的格里·安吉利指出，仅仅把产品定标比超视为初等生物学，即解剖青蛙看看内脏，是不正确的。他认为产品定标比超更像考古学，因为要通过文物的挖掘来确定它的文化价值。也就是说，工程师们在对竞争产品观察、拆装和研究之后，不仅应该指出产品的设计特点和装配工艺，还要了解顾客对产品的新需求，以及竞争对手满足顾客需求的新方法。

② 过程定标比超（Process Benchmarking）。即通过对某一过程的比较，发现领先企业赖以取得优秀绩效的关键因素，诸如在某个领域内独特的运行过程、管理方法和诀窍等，通过学习模仿、改进融合使企业在该领域赶上或超过竞争对手的定标比超。营销定标比超、生产管理定标比超、人力资源定标比超、仓储与运输定标比超等均属此类。过程定标比超比产品定标比超更深入、更复杂。因此，在进行过程定标比超之前，一定要充分考虑到各种制约因素，以保证最后结果的有效实施。

③ 管理定标比超（Management Benchmarking）。即通过对领先企业的管理系统、管理绩效进行对比衡量，发现它们成功的关键因素，进而学习赶超它们的定标比超。这种定标比超超越了过程或职能，扩展到整个的管理工作，比如对全公司的奖酬制度进行定标比超，它涉及如何成功地对不同层次、各个部门的员工进行奖酬的问题。

④ 战略定标比超（Strategy Benchmarking）。即比较本企业与基准企业的战略意图，分析确定成功的关键战略要素以及战略管理的成功经验，为企业高层管理者正确制定和实施战略提供服务。这种定标比超的优点在于开始就注意到要达到的目的，而过程定标比超和管理定标比超是先比较各种手段，再确定哪个能更好地达到某种目的。

2) 按照定标比超的对象分，定标比超可以分为内部定标比超、竞争定标比超、功能定标比超和通用定标比超四种。

① 内部定标比超（Internal Benchmarking）。即基于组织内部的绩效评估活动，其目的是找出组织内部的最佳作业典范。换句话说，定标比超的流程是从组织内部开始的。内部定标比超被广泛应用于大型多部门的企业集团或跨国公司之中。在这类企业中，下属各经营单位的运作具有较强的可比性。内部定标比超的焦点是操作性事务，通常是低层次的可重复的操作，缺少战略高度。与其他几种定标比超类型相比，内部定标比超比较简单。由于同属一个组织，因此在数据采集等方面困难较小。由于定标比超对象的配合，内部定标比超的实施一般比较顺利，需要投入的人力、物力、财力及时间相对较少。内部定标比超是所有定标比超中最快、成本最低的一种，它通常可以在 6 个月之内完成。

② 竞争定标比超（Competitive Benchmarking）。即直接竞争组织之间的绩效评估和比较活动。竞争定标比超包括认定直接竞争对手的产品、服务、工作流程、管理模式、战略计划等。其目的是找出竞争对手的优势和特长，发现自己与竞争对手之间的差距并努力缩短这种差距。竞争定标比超可以使企业从竞争对手那里吸取教训，并且由于这类定标比超直接针对竞争对手，因此比较容易得到本企业高层领导的关注，为定标比超的实施提供了有利条件。但竞争定标比超的对象是竞争对手，由于竞争关系，因此很难得到关于竞争对手有用或准确的情报。直接对立的竞争对手之间的定标更难以开展，因为很多信息在商业上具有敏感性。此外，在定标比超过程中，要取得竞争对手的配合与合作并非易事，除非竞争对手也有意进行同类型的定标比超研究。竞争定标比超在欧美企业中较为流行，并且收到了良好的效果。如日本的佳能和英国的 Lucas Industries 鼓励使用定标比超的公司之间相互进行访问，Motorola 和通用电气则和定标比超的对象共享项目成果。竞争定标比超项目通常由受到信任的中立的第三方来执行，如高等院校、咨询机构等。

③ 功能定标比超（Functional Benchmarking）。又称为跨行业定标比超，指不同行业但具有相同或类似运作环节的企业间的定标比超。功能定标比超通常涉及某个功能领域的特定企业活动。虽然来自不同行业的企业在某些方面会有很大的不同，但是作为企业往往具有一些共性，如原材料采购、库存、发放、订单处理、客户服务等。20 世纪 80 年代初，施乐公司就关于物流管理和客户订单处理方面与 L.L Bean 公司进行了定标比超研究，这是功能定标比超成功运用的典范。功能定标比超是一种典型的非竞争性定标比超，本企业与定标比超对象之间没有直接的利害冲突，容易争取到对方的配合。

④ 通用定标比超（Generic Benchmarking）。是指对来自不同行业、执行不同功能的业务流程进行评估和比较的过程。通用定标比超的最大好处是有望发现创新实践的潜力，并将这种在本行业迄今尚未发挥的创新潜力移植到本企业内，从而使企业绩效实现跳跃性的增长，大大提高企业的竞争力。通用定标比超的重点在于认定最佳工作流程，而不是某个特定组织或特定行业的最佳运作典范。如，美国西南航空公司为了进一步加快飞机的周转，提高飞机的利用率，千方百计地缩短飞机在港停留时间，主要是旅客放行、客舱清扫、燃料补给等。为了实现这一目标，公司派员仔细观察了一级方程式赛车的车队工作人员如何在短短几秒钟内完成加油、换轮胎等一系列工作。公司从中得到启发，采取相应措施，大大缩短了飞机在港停留时间。又如多米诺比萨饼公司通过考察研究某医院的急救室来寻求提高送货人员的流动性和工作效率的途径，提高员工的应急能力。企业设法通

过通用定标比超将来自不同行业的创新实践移入本企业,这对整个企业来说是一个极大的挑战,因为企业可能因此需要重新设计业务流程。因此,通用定标比超是所有定标比超类型中收效最明显,但也是实施困难最大的一种。

(2) 定标比超实施的基本步骤

不同的公司在实施定标比超时所采用的步骤不同,但关键步骤和基本思路相同。如施乐的定标比超分为 10 个步骤,AT&T 分为 12 步骤,而 IBM 则是 16 个步骤。施乐公司的定标比超方法被认为是进行定标比超工作有效而通用的方法,大多数公司的方法都是建立在施乐的方法之上。国际定标比超交流中心的定标比超方法执行过程清晰,目标明确,合乎逻辑而且很完整,其基本实施步骤如图 8-2 所示。

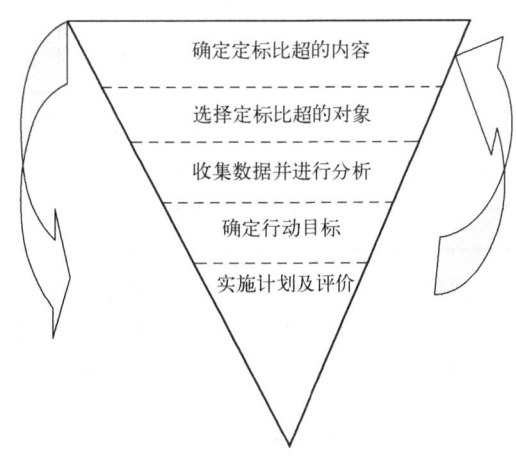

图 8-2 定标比超方法的基本实施步骤

1) 确定定标比超的内容。定标比超是一个将自身的情况和本组织内部的最佳部门、竞争对手或者行业内外的最佳组织进行比较,并向它们学习,吸收它们的成功经验和做法的过程。因此,定标比超的前提是了解企业自身的情况,确定需要改进、能够改进的产品、服务、过程或者战略。显然,如果没有透彻地了解组织自身的情况,就无法明确定标比超的内容。事实上,几乎所有的环节都可以进行定标比超,而有的时候,尤其是中小企业,需要改进的地方太多,企业本身又没有足够的人员、资金和时间对所有的薄弱环节进行定标比超。所以,要想取得理想的定标比超效果,确定定标比超的内容非常重要。

一般来说,要选择那些对利益至关重要的环节进行定标比超。不同的企业由于其性质不同,赢利的关键环节也有所不同,如影响制造行业企业的首要环节是产品质量,而影响服务行业企业的首要环节则是客户满意度。因此,一个组织需要根据自己的实际情况选择定标比超的内容。

确定定标比超的内容时,可以从以下几个方面进行考虑:
① 在成本中占最高份额的部分,不管它是固定的或是可变的。
② 明显地影响质量、成本等重要因素的部分。
③ 对商业有重要战略意义的部分。
④ 在市场中进行差别化竞争起重要作用的方面。
⑤ 代表或支持你的重要成功因素的方面。
⑥ 对改进有最重要作用的方面。
⑦ 在实现商业资源和管理方式的情况下,可以被改进的方面。

从不同的层面来看,定标比超的内容不同。定标比超的主要内容见表 8-3。

表 8-3　定标比超的主要内容

操作层	管理层	战略层
竞争性价格	日常运作	发展方向
原材料	项目管理	市场细分化
劳动力管理	订货发货	市场占有率
生产率	新产品开发	原材料供应
……	信息系统	生产能力
竞争性差异	财务	利润率
产品特性	仓储和配销	工艺技术
产品设计	……	……
质量		
售后服务		
……		
订单处理过程		
……		

2）选择定标比超的对象。任何定标比超项目都有一个定标比超对象，因为定标比超的最终目的是要向其学习，争取赶上并超过定标比超对象，所以定标比超对象的选择不可掉以轻心。选择合适的定标比超对象，有时候不但可以简化定标比超实施的难度，还可以强化定标比超的效果。

定标比超的对象通常可以分为以下几大类：

① 企业内部。很显然，对本企业内部的某个部门进行定标比超比较简单，搜集各种数据的阻力比较小。而且，这种内部定标比超比较省时间和成本。但是，内部定标比超的缺点是，企业不能跳出本企业的视野，定标比超的内容也多局限在操作层和管理层，而很少涉及战略层。因此它在很多时候不能够满足企业发展的需要。

② 竞争对手。竞争对手一般又可以分为以下几类：直接竞争对手（Direct Competitor），如对于福特公司来说，其直接竞争对手就是美国通用汽车公司、德国宝马汽车公司、日本本田汽车公司等等；平行竞争对手（Parallel Competitor），这些公司的业务和本公司的业务基本相同，但它们并不构成和本公司的直接竞争，如对于北京的 A 超市来说，上海的 B 超市就是其平行竞争对手；潜在竞争对手（Latent Competitor），即目前还没有构成竞争威胁但是将来将成为竞争对手的公司。

对竞争对手的定标比超，可以获取大量的竞争对手数据，了解竞争对手的产品、服务、管理模式和战略，从而可以详细地了解竞争对手的情况。企业可以在此基础上，学习竞争对手的长处，吸取竞争对手的经验，从而尽可能地少走弯路。而且，由于竞争对手与自身企业在某种程度上有一定的相似性，定标比超所得的结果在实施上比较容易实现。可以说，竞争对手的定标比超，对于企业战胜竞争对手，赢得领先地位非常有效。

③ 行业内部。如果定标比超的对象是行业内的非竞争对手，那么很多问题都可以解决。如，可以跳出内部定标比超视野狭窄的局限，可以避免竞争对手定标比超的数据不易搜集的困难。而且由于所处同一个行业，因此通过行业协会等可以较方便地获取信息。但是，可能会因为本企业和定标比超对象之间存在差异，在定标比超结果转化和实施上存在一些困难。

④ 行业外部。行业外一流组织的定标比超，完全跳出了行业的限制，而把目标瞄准某个一流企业的管理方法或处理过程，有助于企业开阔思路，实现创新，也许能够给企业带来飞跃性发展机会。但对一流组织的定标比超毕竟是一种跨行业的定标比超，由于行业存在差异，因此要通过定标比超发现对本企业有用的情报比较困难。而且，就算这种定标比超产生了有价值的发现，但由于这种结果的应用有时会改变本企业的整个模式，因此，一流组织的定标比超在结果实施阶段也存在一

系列困难。

无论选择哪一类定标比超对象，都存在一定的局限性，因此，一个组织在进行定标比超时，应该根据组织自身的实际情况选择恰当的对象。美国一些企业在某些领域选择的定标比超对象可供借鉴，见表 8-4。

表 8-4　美国企业在某些领域选择的定标比超对象

领域	定标比超对象
定标比超方法	AT&T，数据设备，福特，IBM，摩托罗拉，得克萨斯器械，施乐
账单处理	美国快递，MCI，Fridelity 投资
客户满意	联邦快递，CE 塑料，施乐
库存和配送	沃尔玛
设备维修	迪士尼
柔性制造	摩托罗拉
营销	宝洁
产品开发	DEC，惠普，3M，摩托罗拉，NCR
质量手段	AT&T，IBM，摩托罗拉，Westinghouse，施乐
供应商管理	福特，Levi Strauss，3M，摩托罗拉，施乐
员工培训	迪士尼，通用电气，福特

3）收集数据并进行分析。收集数据是进行数据分析的基础，也是定标比超的重要环节。根据国际定标比超交流中心的经验，一个定标比超项目在收集数据上就需要花费 50% 左右的时间。

收集数据需要明确以下问题：

① 确定收集范围。如何在海量的数据和信息中识别有价值的情报，必须在收集数据前确定要收集的信息范围。

② 确定信息源。有了明确而有效的信息源，数据收集才可能快速有效。通常可以从以下几个渠道收集信息：A．本企业内部信息源，包括业务档案，统计数据，与外单位的业务交流、公司内部专家、员工的各种社会关系等；B．企业外公开信息源，包括公开出版物（如文献、期刊、报纸等）、各种数据库、工商企业名录、产品样本和手册、行业协会的通讯和报告、政府文件和分析报告、研讨会和培训班资料等；C．企业外非公开信息源，包括竞争对手、行业观察者（如咨询人员和行业专家）、行业参与者（如供应商、顾客、广告机构等）。

③ 确定收集方法。对竞争对手数据的收集，有一些巧妙的方法。可以列出一份关于竞争对手重要人员的清单（如人力资源经理、高级工程师等），然后密切关注这些人员的活动。也可以参观竞争对手的公司，通过观察、提问了解相关信息。

④ 数据处理与分析。收集完数据之后，应该以合理的格式、易于处理的方式进行保存，这是对数据进行分析的前提。而在分析之前还需要做的一项工作则是对数据的有效性、准确性进行鉴别，这样才能够保证分析结果的准确性。数据分析需要根据定标比超目标有的放矢地进行。在整个分析的过程中，需要定标比超结果的应用者的参与，也需要专业人士的指导和协助。经过对数据分析结果的充分交流和不断地改进，最终要找出本企业与定标比超对象之间的差距以及其原因。

4）确定行动目标。找出差距之后，接下来就应该根据本企业现阶段的具体情况，包括企业文化因素、资金因素、技术因素、人员因素等，形成可以操作的方案，有针对性地确定行动。而这也许会引起企业在很大程度上的改变。因此，在这个阶段中，需要将定标比超的结果以及行动计划清楚地告知组织内的各个管理层，并让员工们有充分的时间来对它进行评价，从而得到有关的批评指正,最终得到大家的认可,以减少实施定标比超的阻力。

5)实施计划及评价。定标比超的最终目的是发现不足、努力改进,赶上并超过竞争对手或借鉴其他行业的成功经验,获得最大程度的进步。因此,如果没有将定标比超的结果实施或者实施不利,则以上种种努力都将毫无意义。可以说,以上各个步骤的最终目的是为了实施定标比超。

在实施定标比超的过程中,需要不停地对这种实施进行监控和评价。监控是为了保证实施按计划进行,并随时按照环境的变化,对定标比超的实施过程进行必要的调整。而评价则是为了衡量定标比超实施的效果。如果定标比超没有取得满意的效果,就需要返回以上环节进行检查,找到原因并重新进行新的定标比超项目。如果定标比超的效果是理想的,则应该通过评价这个环节,从中总结经验、吸取教训,使以后的定标比超工作可以顺利进行。

(3)定标比超分析法评价

作为一种常用的竞争情报分析方法,和其他竞争情报分析方法相比,定标比超具有适用面广、针对性强、作用多样等独特优势,应用十分广泛。开展各种类型的定标比超,可以帮助组织了解自身情况,并对此有一个清晰的定位,也可以帮助组织在掌握竞争对手情况的基础上,明确自身与竞争对手的差距,从而确定自己的改进目标并迎头赶上。跨行业的技术性定标比超,有助于技术的跨行业渗透。一流企业的定标比超可以将从任何行业中的最佳企业那里得到的情报用于改进本企业的内部经营,获得突破性改进。

但定标比超也存在片面性、静态性和局部性等局限。因此,企业或组织在采用定标比超分析方法时,应辅以 SWOT 分析、竞争对手跟踪分析、价值链分析等其他竞争情报分析方法,不断地从这些方法中吸收有价值的情报,来指导定标比超分析。

2. SWOT 分析法

SWOT 分析,即基于内外部竞争环境和竞争条件的态势分析,就是将与研究对象密切相关的各种主要内部优势、劣势和外部机会、威胁,通过调查列举出来,并依照矩阵形式排列,然后用系统分析的思想,把各种因素相互匹配起来加以分析,从中得出一系列相应的结论,而结论通常带有一定的决策性。SWOT 分析法从某种意义上来说隶属于企业内部分析方法,即根据企业自身的既定内在条件进行分析。

S(Strengths,优势)、W(Weaknesses,劣势)是内部因素,O(Opportunities,机会)、T(Threats,威胁)是外部因素。按照企业竞争战略的完整概念,战略应该是一个企业"能够做的"(即内部优势和劣势)和"可能做的"(即外部环境机会和威胁)之间的有机组合。

战略学派的代表、美国著名的竞争战略专家迈克尔·波特提出,从产业结构入手可以对一个企业"可能做的"方面进行透彻的分析和说明,而能力学派的管理专家则运用价值链解构企业的价值创造过程,注重对公司的资源和能力进行分析。SWOT 分析,就是在综合两者的基础上,将体现企业资源和能力的内部分析与反映产业竞争环境的外部分析有机结合起来,形成了结构化的系统分析体系。

(1)SWOT 分析法的构成要素

从整体上来看,SWOT分析包括两个部分:第一个部分为 SW,主要用来分析内部条件(优势与劣势);第二个部分为 OT,主要用来分析外部环境(机会与威胁)。

1)内部优势(S)因素包括:有利的竞争态势,充足的财政来源,良好的企业形象,技术力量,规模经济,产品质量,市场份额,成本优势,广告攻势等。

2)内部劣势(W)因素包括:设备老化,管理混乱,缺少关键技术,研究开发落后,资金短缺,经营不善,产品积压,竞争力差等。

3)外部机会(O)因素包括:新产品,新市场,新需求,外国市场壁垒解除,竞争对手失误等。

4)外部威胁(T)因素包括:新的竞争对手,替代产品增多,市场紧缩,行业政策变化,经济衰退,客户偏好改变,突发事件等。

（2）SWOT 分析法的主要内容

SWOT 分析法常被用于制定企业发展战略和分析竞争对手情况，是企业战略分析中最常用的方法之一。SWOT 分析包括如下内容。

1）分析环境因素。运用各种调查研究方法，分析出企业所处的各种环境因素，即外部环境因素和内部环境因素。外部环境因素包括机会因素和威胁因素，是外部环境对公司的发展直接有影响的有利和不利因素，属于客观因素。内部环境因素包括优势因素和劣势因素，是企业在其发展过程中自身存在的积极和消极因素，属于主动因素。

2）构造 SWOT 分析矩阵。SWOT分析的核心是构造SWOT分析矩阵，将调查得出的各种因素根据轻重缓急或影响程度等进行排序，将对企业发展有直接的、重要的、大量的、迫切的、久远的影响因素优先排列出来，而将间接的、次要的、少许的、不急的、短暂的影响因素排列在后面，形成SWOT分析矩阵，见表 8-5。

表 8-5 SWOT 分析矩阵

因素	内部优势（S）	内部劣势（W）
外部机会（O）	SO 战略 发挥优势 利用机会	WO 战略 利用机会 改变劣势
外部威胁（T）	ST 战略 发挥优势 规避威胁	WT 战略 克服劣势 规避威胁

3）制订行动计划。在完成环境因素分析和SWOT分析矩阵构造后，便可以制订出相应的行动计划。制订计划的基本思路是：发挥优势因素，克服劣势因素，利用机会因素，化解威胁因素；考虑过去，立足当前，着眼未来。

利用SWOT分析矩阵可以从中找出对自己有利、值得发扬的因素，以及对自己不利、需要避开的因素，发现存在的问题，找出解决的办法，并明确以后的发展方向。通过分析，可以将问题按轻重缓急分类，明确哪些是急需解决的问题，哪些是可以延后处理的事情，哪些属于战略问题，哪些属于战术问题，并将这些研究对象一一列举出来，依照矩阵形式排列，然后用系统分析和综合分析，把各种因素相互匹配起来加以组合分析，得出企业未来发展的一系列可选对策，有利于领导者和管理者做出科学的决策和规划。

（3）SWOT 分析法评价

与其他分析方法相比，SWOT 分析法具有明显的结构化和系统性特征。结构化特征表现在：在形式上，SWOT 分析法需要构造 SWOT 分析矩阵，并对矩阵的不同区域赋予了不同的分析意义；在内容上，SWOT 分析法强调从结构分析入手对企业的外部环境和内部资源进行分析。系统性特征表现在：早期的 SWOT 分析只是孤立地对涉及的内部优势、弱点和外部机会、威胁进行分析，而发展完成后的 SWOT 分析用系统思想将这些看似独立的因素相互匹配起来进行综合分析，使得企业战略计划的制定更加科学全面。

SWOT 分析法自形成以来，广泛应用于战略研究与竞争分析，成为战略管理和竞争情报的重要分析工具。SWOT分析法的主要优点在于考虑问题全面、分析直观、使用简单、条理清晰、便于检验，是一种系统分析和综合分析思维，可以把对问题的"诊断"和"开处方"紧密地结合在一起。即使没有精确的数据支持和更专业化的分析工具，也可以得出有说服力的结论。但 SWOT 分析是一种定性分析方法，不可避免地带有分析精度不够的局限。如 SWOT 分析法通过罗列 S、W、O、T的各种表现，形成一种模糊的企业竞争地位描述。以此为依据做出判断，不免带有一定程度的主观臆断。因此，在使用 SWOT 分析法时要注意方法的局限性，在罗列作为判断依据的事实时，要尽量真实、客观、精确,并尽可能提供一定的定量数据,弥补 SWOT 定性分析的不足。

3. 价值链分析法

价值链分析法最早是由美国哈佛大学商学院的迈克尔·波特提出来的,是一种寻求和确定企业竞争优势的工具,即运用系统性方法来考察企业各项活动和相互关系(价值链),从而寻找具有竞争优势的资源的方法。

(1) 价值链分析模型

迈克尔·波特认为:"每一个企业都是在设计、生产、销售、发送和辅助其产品的过程中进行种种活动的集合体。所有这些活动可以用一个价值链来表明。"企业的价值创造是通过一系列活动构成的,这些活动可分为基本活动和辅助活动两类。基本活动包括内部后勤、生产作业、外部后勤、市场和销售、服务等;而辅助活动则包括采购、技术开发、人力资源管理和企业基础设施建设等。这些互不相同但又相互关联的生产经营活动,构成了一个创造价值的动态过程,即价值链。价值链可以说是企业一系列输入、转换与输出活动的序列集合,每个活动都有可能对最终产品产生增值行为,从而增强企业的竞争能力。以此为基础,形成了用于价值链分析的波特价值链模型,如图 8-3 所示。

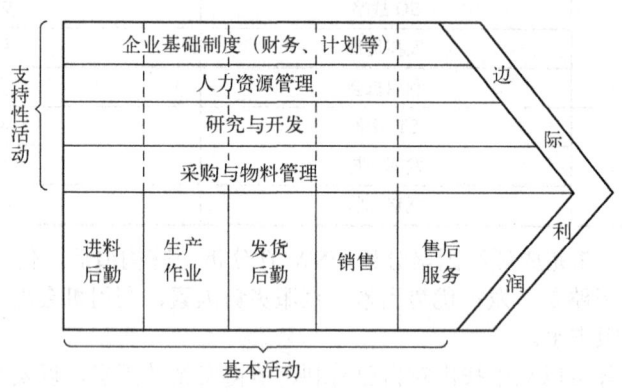

图 8-3 波特价值链模型

(2) 价值链的构成要素

价值链列示了总价值,包括价值活动和利润。价值活动是企业所从事的物质上和技术上的界限分明的各项活动,这些活动是企业创造对买方有价值的产品的基石。利润是总价值与从事各种价值活动的总成本之差。

价值活动分为两大类:基本活动和支持性活动。基本活动是涉及产品的物质创造及销售、转移和售后服务的各种活动。支持性活动是辅助基本活动的,通过提供采购投入、技术、人力资源以及各种公司范围的职能支持基本活动。

1) 五种基本活动。

① 进料后勤。与接收、存储和分配相关联的各种活动,如原材料搬运、仓储、库存控制、车辆调度和向供应商退货。

② 生产作业。与将投入转化为最终产品形式相关的各种活动,如机械加工、包装、组装、设备维护、检测等。

③ 发货后勤。与集中、存储和将产品发送给买方有关的各种活动,如产成品库存管理、原材料搬运、送货车辆调度等。

④ 销售。与提供买方购买产品的方式和引导它们进行购买相关的各种活动,如广告、促销、销售队伍、渠道建设等。

⑤ 售后服务。与提供服务以增加或保持产品价值有关的各种活动,如安装、维修、培训、零

部件供应等。

2）四种支持性活动。

① 采购与物料管理。指购买用于企业价值链中各种投入的活动，采购既包括企业生产原料的采购，也包括支持性活动相关的购买行为，如研发设备的购买等，另外亦包含物料的管理作业。

② 研究与开发。每项价值活动都包含技术成分，无论是技术诀窍、程序，还是在工艺设备中所体现出来的技术。

③ 人力资源管理。包括各种涉及所有类型人员的招聘、雇佣、培训、开发和报酬等各种活动。人力资源管理不仅对基本和支持性活动起到辅助作用，而且支撑着整个价值链。

④ 企业基础制度。企业基础制度支撑了企业的价值链条，如会计制度、行政流程等。

(3) 价值链分析的步骤

1）把整个价值链分解为与战略相关的活动、成本、收入和资产，并把它们分配到"有价值的活动"中。

2）确定引起价值变动的各项活动，并根据这些活动，分析活动成本及其差异原因。

3）分析整个价值链中各节点企业之间的关系，确定核心企业与顾客和供应商之间活动的相关性。

4）利用分析结果，重新组合或改进价值链，以更好地控制成本动因，产生可持续的竞争优势，使价值链中各节点企业在激烈的市场竞争中获得优势。

(4) 企业竞争优势的价值来源

价值链框架是将价值链条从基础材料到最终用户分解为独立工序，以理解成本行为和差异来源。通过分析每道工序系统的成本、收入和价值，业务部门可以获得成本差异、累积优势。因此，基于价值链的企业竞争优势来源于以下几方面。

1）是否可以在降低成本的同时维持价值（收入）不变。

2）是否可以在提高价值的同时保持成本不变。

3）是否可以降低工序投入的同时又保持成本收入不变。

4）更为重要的是，企业能否可以同时实现1、2、3条。

在价值链实现过程中，信息技术应用和业务流程优化是关键。企业如果能够灵活应用信息技术，就可以发挥信息技术的赋能作用、杠杆作用和乘数效应，增强企业的竞争能力。

8.1.5 竞争情报系统

1. 竞争情报系统的概念

目前国际上尚未形成对竞争情报系统公认的概念，以下定义具有代表性。

美国匹兹堡大学商学院教授、美国战略与竞争情报专业学会（SCIP）成员 John E. Prescott 认为，竞争情报系统（Competitive Intelligence System，CIS）是一个持续演化中的正规和非正规化操作流程相结合的企业管理子系统，它的主要功能是为组织成员评估行业关键发展趋势、跟踪正在出现的非连续性变化、把握行业结构的演化以及分析现有和潜在竞争对手的能力和动向，从而协助企业保持和发展可持续性的竞争优势。

美国 Shamel Information Services 公司主管 Cynthia L.Shamel 认为，竞争情报系统就是识别企业关键决策者的情报需求，从一、二级信息源搜集信息，分析信息并将其情报化，将情报传递给决策者。从这个意义上说，CIS 不是面向企业业务流程和办公事务的传统信息系统，而是面向高层管理和战略决策需要开发出来的新型信息系统。

美国 IBM 公司认为，"企业要想在当今获得行业的主导地位，就必须建立分析型系统，即那种能为制定关键战略决策提供信息和思想的系统"，竞争情报系统就是这样一种系统。

中国科学技术情报学会竞争情报分会名誉理事长包昌火研究员认为，竞争情报系统是以人的智能为主导，以信息网络为手段，以增强企业竞争力为目标的人机结合的竞争战略决策支持和咨询系统。竞争情报系统可为企业赢得竞争优势提供强有力的智力支持和情报保障，因而可以把它看作企业领导集团在制定经营战略和竞争决策过程中的"中央情报局"。

竞争情报系统可以从广义和狭义两个方面来理解。广义的竞争情报系统是一个人机结合的战略决策支持和咨询系统，既需要一个组织有序的人际网络，也需要一个功能健全、信息量丰富、操作简便的计算机网络，两者相辅相成。狭义的竞争情报系统是一个计算机管理信息系统，履行信息收集、整序、分析、提供、传递和服务等功能。

由此可知，可以从以下几个方面来理解竞争情报系统。

1）竞争情报系统是一个管理系统，为企业经营战略和竞争决策服务。
2）竞争情报系统是一个信息系统，其发展与信息技术进步密切相关。
3）竞争情报系统是一个人机系统，人的智能永远是系统的核心因素。
4）竞争情报系统是一个开放系统，与外界环境始终保持着密切联系。
5）竞争情报系统是一个战略系统，是一个通过企业内外部信息资源的开发与利用来赢得和发展企业竞争优势的战略应用系统。

2．竞争情报系统的架构

竞争情报系统以内联网（Intranet）为平台，以先进性和实用性为原则，将组织网络、信息网络和人机网络有机结合，建立以竞争环境、竞争对手、竞争态势和竞争策略信息获取和分析为主要内容的、具有快速反应能力的工作体系。典型的竞争情报系统的基本架构由三大网络、一个中心和四个子系统构成。目前流行的谷尼竞争情报系统（Goonie Competitive Intelligence System，GoonieCIS）是基于信息采集、全文检索、文本挖掘等核心技术，对企业自身、竞争对手和企业外部环境的情报信息进行收集、存储、处理、分析的应用管理系统，为企业提供战略决策支持，从而提高企业的核心竞争力，其基本架构如图8-4所示。

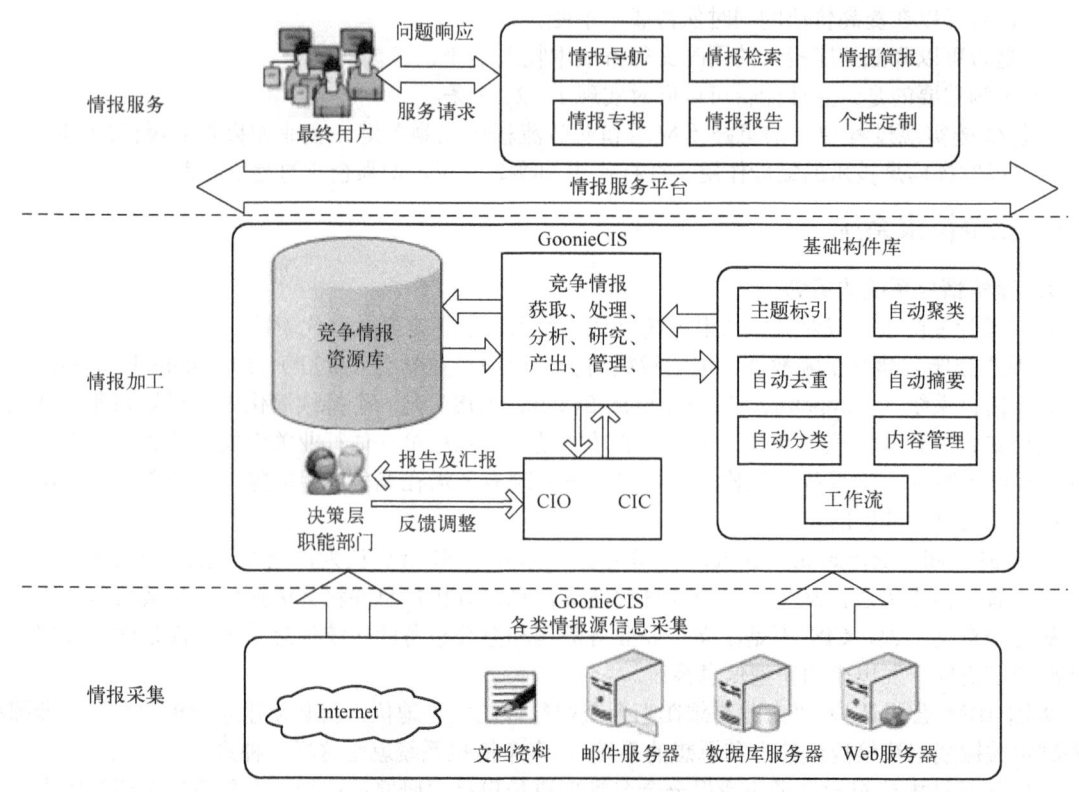

图8-4 GoonieCIS的基本架构

(1) 三大网络

竞争情报系统的三大网络指组织网络、信息网络和人际网络。

1) 组织网络。组织网络是企业 CIS 的组织保障。组织网络通常有一个核心机构，由信息采集、情报分析、网络技术等人员组成，专门从事竞争情报和竞争策略信息的采集和分析工作；同时还有一个遍布企业的组织体系；也可以考虑把营销网、商情网结合起来。企业 CIS 的组织网络一般可以通过分散式、集中式、重点式、独立式等模式建立。

2) 信息网络。信息网络是企业 CIS 运作的核心。信息网络建立在企业信息系统（MIS）的基础上，以 Intranet 为平台，包括竞争情报收集、竞争情报分析、竞争情报服务及反竞争情报四个子系统，与组织网络和人际网络息息相关。

3) 人际网络。完善的人际网络是收集、分析情报的有效机制，同时也是提供情报服务的最好手段与途径之一。人际网络可分为企业内部的人际网络和企业外部的人际网络两大部分。企业专家库资源是企业人际网络的重要组成部分。

(2) 一个中心

组织网络通常设有一个核心机构，即竞争情报中心（Competitive Intelligence Center，CIC），又称为信息中心，是企业 CIS 的控制和运行中心，如图 8-5 所示。

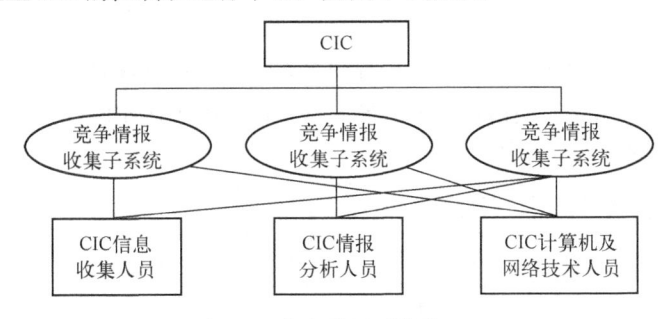

图 8-5 竞争情报系统的 CIC

(3) 四个子系统

按竞争情报的工作流程，竞争情报系统可分为四个子系统。

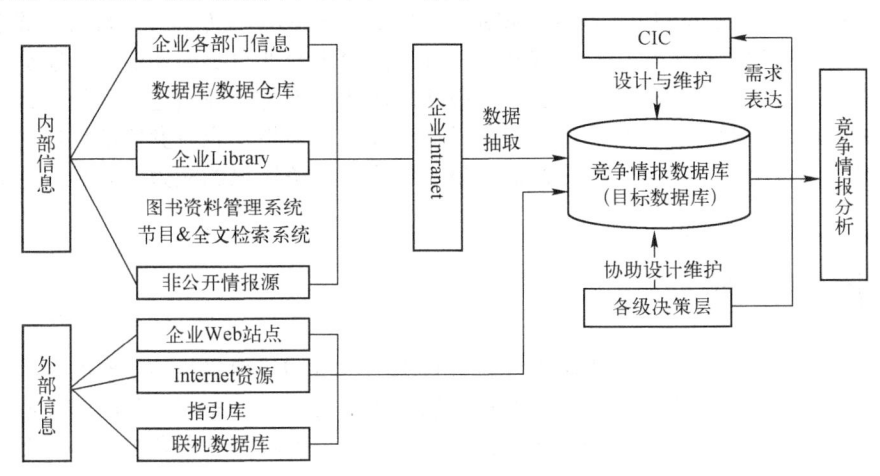

1) 竞争情报收集子系统。竞争情报收集子系统的主要功能是将收集到的有关竞争对手的信息、企业自身的信息、市场信息以及政治、经济、技术、人口、社会等企业内外部环境信息经初步组织加工后存入企业竞争情报数据库，如图 8-6 所示。

图 8-6 竞争情报收集子系统

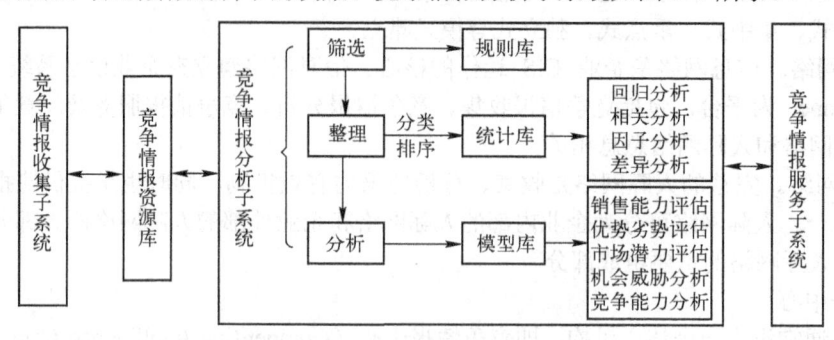

2）竞争情报分析子系统。

竞争情报分析子系统是整个系统的核心，其目标是整理分析信息，将其有序化、系统化、层次化，通过分析使数据、信息变成可操作的、竞争性的情报。完善的竞争情报分析系统应包括一个统计库和一个模型库。统计程序可以帮助分析者了解、分析各组数据间彼此的相关程度和统计的可靠性，数学模型有助于管理层做出科学的决策。竞争情报分析子系统如图 8-7 所示。

图 8-7　竞争情报分析子系统

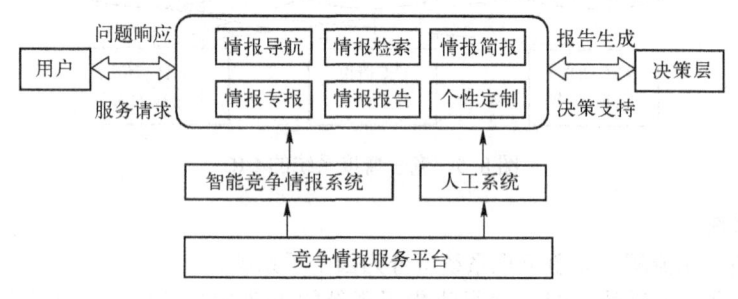

3）竞争情报服务子系统。

竞争情报服务子系统也可以称为竞争情报提问子系统，主要是针对用户的提问和需求，在适当的时机将竞争情报提供给用户，使情报发挥出最大价值。它还包括如何方便、及时地将存储在 CIS 中的情报提供给有关决策人员，如图 8-8 所示。

图 8-8　竞争情报服务子系统

4）反竞争情报子系统。

反竞争情报（Counter Intelligence 或 Defensive Intelligence），是专门针对现实的或潜在的竞争对手对本企业所进行的竞争情报活动而展开的一种通过对本企业自身商业活动的监测与分析来对本企业的核心信息加以保护的活动。反竞争情报活动的实质就是企业通过正当的、合法的手段积极抵御竞争对手对本企业核心信息的情报搜集活动。反竞争情报是企业竞争情报活动的重要组成部分，忽视竞争对手的竞争情报活动、低估竞争对手收集竞争情报的能力势必导致企业失去已有的竞争优势。

8.2　专利信息分析

专利是一种特殊的文献，专利文献中包含着技术、经济和法律等极为重要的专利信息，具有其独特性。通过专利信息分析，可以发现专利信息的数量特征、分布规律和结构关系。专利信息分析在科学、技术、创新、产业、专利竞争、专利战略、专利政策、专利制度等方面具有极为重要的作用。

8.2.1 专利、专利文献与专利信息

专利（Patent）是保护发明和推动技术创新的产物，也是专利制度和专利保护的产物。专利制度是国家为了促进技术创新和刺激经济增长而制定的社会法律与政策制度。我国于 1985 年建立并实施专利制度，《中华人民共和国专利法》（简称《专利法》）历经三次修改并逐步完善。

1. 专利

（1）专利的产生

专利一词来源于拉丁语 Litterae Patentes，意为公开的信件或公共文献，是中世纪的君主用来颁布某种特权的证明。1474 年，威尼斯共和国制定了世界上第一部专利法，距今已有 500 多年历史。但对于哪些智力成果属于专利保护的对象，各国的专利法律规定不一。我国的专利包括发明专利、实用新型专利和外观设计专利三种。美国专利及商标局（USPTO）将专利定义为一种发明，是发明人知识产权的许可，其专利法将实用新型包含在发明之内。但就大多数国家而言，专利保护的对象主要是发明，专利与发明几乎是同义词。《巴黎公约》中所指的专利，实际上也只是发明专利。一些国家，如日本、德国等，通过设立专门法对实用新型和外观设计授予专利并实施保护。

（2）专利的内涵

从字面上讲，"专利"是指专有的利益和权利。目前尚无统一的"专利"定义，其中较为人们接受并被我国专利教科书所普遍采用的一种说法是：专利是专利权的简称。它是由专利机构依据发明申请所颁发的一种文件。这种文件叙述发明的内容，并且产生一种法律状态，即获得专利的发明在一般情况下只有得到专利所有人的许可才能利用（包括制造、使用、销售和进口等），专利的保护有时间和地域限制。

专利是受专利法保护的发明，是在法律保护下，单位或者个人为其发明创造提交的申请文件通过专利局的审查和批准，承认其技术发明的发明权和所有权的发明和创造。专利通常有三层含义：一是指专利权（Patent Right），是指国家授予发明创造申请人在一定时间内对发明创造拥有的专有权利；二是指受到专利法保护的发明创造（Innovation），是指符合专利法的规定，经法定程序确认、受专利法保护的发明创造；三是指专利文献（Patent Document）。

（3）专利的类型

专利类型在不同的国家有不同规定，我国内地地区的《专利法》规定专利有发明专利、实用新型专利和外观设计专利三种类型；我国香港地区的专利法规定专利有标准专利（相当于我国内地地区的发明专利）、短期专利（相当于我国内地地区的实用新型专利）、外观设计专利三种类型；大部分发达国家专利法规定专利有发明专利和外观设计专利两种类型。

1) 发明专利。我国《专利法》第二条第二款对发明的定义为："发明是指对产品、方法或者其改进所提出的新的技术方案。"发明具有三个显著特征，即新颖性、创造性和实用性（简称"三性"）。取得专利的发明又分为产品发明（如机器、仪器设备、用具）和方法发明（制造方法）两大类。授予发明专利需要进行严格的"三性"审查，即实质性审查。

2) 实用新型专利。我国《专利法》第二条第三款对实用新型的定义为："实用新型是指对产品的形状、构造或者其结合所提出的适于实用的新的技术方案。"实用新型专利保护的范围较窄，它只保护有一定形状或结构的新产品，不保护方法以及没有固定形状的物质。实用新型专利的技术方案更注重实用性，其技术水平比发明水平低，多数国家的实用新型保护的都是比较简单的、改进性的技术发明，也称为"小发明"。授予实用新型专利不需要经过实质性审查，手续比较简便，费用较低，因此，关于日用品、机械、电器等方面的有形产品的小发明，比较适用于申请实用新型专利。

3) 外观设计专利。我国《专利法》第二条第四款对外观设计的定义为:"外观设计是指对产品的形状、图案或者其结合以及色彩与形状、图案的结合所作出的富有美感并适于工业应用的新设计。"并在《专利法》第二十三条对其授权条件进行了规定,"授予专利权的外观设计,应当不属于现有设计;也没有任何单位或者个人就同样的外观设计在申请日以前向国务院专利行政部门提出过申请,并记载在申请日以后公告的专利文件中。"外观设计专利保护的是产品的装饰性或艺术性外表设计,这种外表设计既可以是平面图案,也可以是立体造型,或两者的结合,授予外观设计专利的主要条件是新颖性。

外观设计与发明、实用新型有着明显的区别,外观设计注重的是设计人对一项产品的外观所做出的富于艺术性、具有美感的创造,但这种创造不是单纯的工艺品,它必须具有能够为产业所应用的实用性。外观设计专利实质上保护的是美术思想,而发明专利和实用新型专利保护的是技术思想;虽然外观设计和实用新型都与产品的形状有关,但两者的目的不同,前者的目的在于使产品形状产生美感,而后者的目的在于使具有形态的产品能够解决某一技术问题。例如,一把雨伞,如果其形状、图案、色彩相当美观,那么应申请外观设计专利,如果其伞柄、伞骨、伞头结构设计精简合理,既节省材料又耐用,那么应该申请实用新型专利。

2. 专利文献

(1) 专利文献的产生

专利文献的起源,可以直接追溯到现代专利制度的诞生。1852 年英国建立了专利局,并颁布《专利法修正法令》,规定:发明人必须充分陈述其发明内容并予以公布,专利在申请后无论是否授权都要公开出版。这项规定体现了现代专利制度的基本理念——"以技术公开换法律保护"。这是专利文献首次在专利法中有了明确的规定,它标志着专利文献的正式诞生,也代表着具有现代特点的专利制度的最终形成。从 1852 年起,英国专利局开始正式出版专利说明书,并向前追溯出版早期的专利说明书,配给专利号。另外,英国还出版了人名索引及分类文摘等专利文献。现存的第一份英国专利文献号码是 1/1617(即 1617 年的第一件专利)。美国现存的第一件有正式编号的专利说明书是 1836 年 7 月 15 日颁发的专利。我国第一件专利文献出版于 1985 年 9 月 10 日,是一份发明专利申请审定说明书。

(2) 专利文献的内涵

1) 专利文献的概念。世界知识产权组织(WIPO)于 1988 年编写的《知识产权教程》阐述了专利文献的概念:专利文献是包含已经申请或被确认为发现、发明、实用新型和工业品外观设计的研究、设计、开发和试验成果的有关资料,以及保护发明人、专利所有人及工业品外观设计和实用新型注册证书持有人权利的有关资料的已出版或未出版的文件(或其摘要)的总称。并进一步指出:专利文献按一般的理解主要是指各国专利局的正式出版物。

我国知识产权局将专利文献定义为:各工业产权局(包括专利局、知识产权局及相关国际或地区性组织)在受理、审批、注册专利过程中产生的官方文件及其出版物的总称。

专利文献从狭义上讲是指与专利有关的文件,包括专利申请说明书、专利说明书、专利证明书以及申请、批准专利的其他文件等。从广义上讲还包括专利局和有关机构出版的各种专利文献检索工具,如专利公报、专利索引、专利分类表等,专利文献的核心是专利说明书。

2) 专利文献的含义。专利文献一般包括三层含义:一是专利文献所承载的内容是提出专利申请或批准为专利的发明创造;二是专利文献是关于申请或批准为专利的发明创造的资料;三是专利文献所包含的资料有些是公开出版的,有些则仅为存档或仅供复制使用。

(3) 专利文献的类型

专利文献主要包括专利说明书、各种专利检索工具,如专利公报、专利分类表、分类索引、专利年度索引等。作为公开出版物的专利文献主要有专利申请说明书、专利说明书、实用新型说明书、工业品外观设计说明书、专利公报、专利索引等。其中专利说明书和专利公报是专利文献的核心，其中包含着大量最有价值的专利信息。

1) 专利说明书。属于各工业产权局出版的一种专利文件，是用以描述发明创造内容和限定专利保护范围的一种官方文件或出版物。专利说明书一般由说明书扉页、权利要求书、说明书正文和附图组成。有些国家的专利说明书还附有检索报告。

① 说明书扉页相当于专利说明书的信息一览表，标识着整篇专利文献的外形特征信息，有统一的编排体例，结构基本相同，包括著录事项、摘要或权利要求。著录项目是各工业产权局为揭示专利申请或其他工业产权保护种类申请的技术、经济、法律特征信息以及可供进行综合分析的信息线索，是专利文献中技术、经济、法律信息特征的集合，包括专利及补充保护证书著录项目、工业品外观设计著录项目，通常用一套 WIPO 颁布的著录数据识别代码（Internationally agreed Numbers for the Identification of bibliographic Data，INID）表示。各专利说明书扉页中使用的基本著录项目有文献标志：文献号（11）、文献类型代码（13）、国家或组织代码（19）；专利或补充保护证书申请数据：申请号、申请日期等（21～26）；优先权数据：优先申请的国家、日期及申请号（31～33）；文献公布日期：各种说明书的出版日期（43～45）；技术信息：专利分类、发明题目、发明文摘、权利要求、检索领域等（51～58）；与文献有关的人事引证：专利申请人、发明人姓名（或设计人姓名）（71～74）；除《巴黎公约》之外的国际公约有关数据：根据专利合作条约指定的国家（81）、根据地区专利合作条约指定的国家（84）。

② 权利要求书是专利申请人请求专利保护的范围，是确定该发明创造专利权范围的依据，也是判断他人是否侵权的依据，权利要求书具有直接的法律效力。

③ 说明书正文是清楚完整地描述发明创造技术内容的文件，是对技术信息揭示的主要体现。说明书具有法定的文本结构，从发明创造的名称、所涉及的技术领域和背景技术，到发明内容、附图说明和具体实施方式等，每项内容都有具体的撰写要求和固定的顺序，并严格限定已有技术与发明内容之间的界线。专利说明书是专利文献的核心部分，含有对技术或发明的详细描述：名称、文摘、说明书；发明者姓名、地址、国籍；专利权人名称、地址、国家；技术所属的类别、分类号；对相关科学文献和专利的引用情况、专利申请与授权时间等。专利文献中包含的这些专利信息提供了非常有价值的有关发明的时间的、地理的、国家的、行业的、机构的、技术的分布情况。

④ 附图用于补充说明文字部分。附图和说明书一起构成权利要求的基础。附图包括示意图、顺序图、流程图、数据图表、线路图和框架图等。

⑤ 检索报告是专利审查员通过对现有技术进行检索，反映检索结果的文件。相当于一份与专利申请所述发明创造有关的相关文献清单，通常与专利申请说明书一起出版或单独出版。检索报告对于评价发明创造的新颖性和创造性，决定是否授予专利权十分重要。申请人可根据检索结果对权利要求进行修改。竞争对手可依据检索结果预测该专利申请能否授权。

2) 专利公报。是各工业产权局报道最新发明创造专利申请的公开、公告和专利授权情况以及其业务活动和专利著录事项变更等信息的定期连续出版物。专利公报以其连续出版、报道及时、法律信息准确而丰富的特点，成为一种可靠的工业产权信息源。因此，专利公报既可用于了解近期有关工业产权申请和授权的最新情况，也可用于进行专利文献的追溯检索，还可掌握各项法律事务变更信息以及各国工业产权保护方面的发展动态。专利公报的内容主要包含：专利申请的审查和授权情况、专利索引及其他相关专利信息。

（4）专利文献的特点

整体来看，专利文献具有数据巨大、内容广博、报道迅速、高度标准化、领域广泛、内容详尽、技术新颖、格式统一、结构规范等特点。

1）专利文献数据巨大。专利文献是一种数量巨大的战略性信息资源。据统计，世界上平均每10s 就产生一件专利申请，每 20s 就出版一份专利文献。世界上约有 160 多个国家、地区和组织设有专利机构并以多种文字出版专利文献，每年以 300 万件左右的数量递增，约占世界图书期刊年出版总量的 1/4。据不完全统计，从其诞生起截至 2019 年底，全世界累积可查阅的专利文献已超过 7000 万件。

2）专利文献内容广博。专利文献集技术、法律、经济、战略信息于一体，全面反映人类实用技术领域的智力活动。专利文献是技术文件，包含了大量的技术信息，通过阅读专利文献，人们可以在较短时间内对某一技术领域的发展历史及最新进展有概括性的了解。专利文献也是法律文件，包含了大量的法律信息。其中的权利要求书清楚而简要地表述了该专利可请求保护的范围，经审查授权后的权利要求书是判断是否侵权的法律依据。专利文献还对专利的有效性和地域性即时报道，包括专利的申请、复审、授权、驳回、撤回、视为撤回、著录项目变更、无效宣告等，专利权的放弃、撤销、终止、转移、恢复等，都是专利实施法律保护的可靠依据。专利文献还与经济活动紧密相连，大量经济信息蕴含其中。公开的发明创造因其应用性强和价值高且易于实施和市场化而受到法律保护。通过专利文献分析和研究，可以在国际贸易和技术引进中规避侵权、掌握主动，还可以了解竞争对手在国内外市场上所占的市场份额、核心技术竞争力、专利战略和技术发展动态等。

3）专利文献报道迅速。专利文献传播最新技术信息。专利制度的先申请制原则、新颖性要求、专利申请早期公开制度 3 个特点决定了专利文献是一种出版周期短、报道速度快的文献。

4）专利文献高度标准化。专利文献具有格式统一规范（专利文献是依据专利法规和有关标准撰写、审批、出版的文件资料）、文体结构标准（专利说明书具有法定的文体结构）、分类体系统一（各专利机构出版的专利文献都开始标注国际专利分类号，即 IPC 分类号）等特点。专利文献的格式统一规范，高度标准化，并且具有统一的分类体系，便于检索、阅读和实现信息化。

3. 专利信息

（1）专利信息的概念

广义上的专利信息是对专利权发生、发展过程中产生的信息的抽象规定，泛指人类从事一切专利活动所产生的相关信息的总和。狭义上的专利信息是指所有可以从专利局所出版的文件中获得的技术信息、经济信息、法律信息、战略信息及其他有关权利人的任何信息。通常，专利权的范围、专利的申请日期、专利权归属、专利的技术内容、专利的状态和专利的法律状况等信息，大都包含在专利文献中。

（2）专利信息的类型

1）技术信息。在专利说明书、权利要求书、附图和索引报告等专利文献中披露的与该发明创造技术内容有关的信息，以及通过专利文献所附的检索报告或相关文献间接提供的与发明创造相关的技术信息。

2）法律信息。在权利要求书、专利公报及专利登记簿等专利文献中记载的与权利保护范围和权利有效性有关的信息。其中，权利要求书用于说明发明创造的技术特征，清楚、简要地表述请求保护的范围，是专利的核心法律信息，也是对专利实施法律保护的依据。其他法律信息包括：与专利的审查、复审、异议和无效等审批确权程序有关的信息；与专利权的授予、转让、许可、继承、变更、放弃、终止和恢复等法律状态有关的信息等。

3）经济信息。在专利文献中存在着一些与国家、行业或企业经济活动密切相关的信息，这些信息反映出专利申请人或专利权人的经济利益趋向和市场占有欲。例如，有关专利的申请国别范围和国际专利组织专利申请的指定国范围的信息；专利许可、专利权转让或受让等与技术贸易有关的信息等；与专利权质押、评估等经营活动有关的信息，这些信息都可以看作经济信息。竞争对手可以通过对专利经济信息的监视，获悉对手的经济实力及研发能力，掌握对手的经营发展策略，以及可能的潜在市场等。

4）著录信息。与专利文献中的著录项目有关的信息，著录项目用于概要性地表现文献的基本特征。专利文献著录项目既反映专利的技术信息，又传达专利的法律信息和经济信息。例如，专利文献著录项目中的申请人、专利权人和发明人或设计人信息，专利的申请号、文献号和国别信息，专利的申请日、公开日和/或授权日信息，专利的优先权项和专利分类号信息，以及专利的发明名称和摘要等信息。

5）战略信息。对技术、法律、经济和著录信息进行检索、统计、分析、整合而产生的具有战略性特征的综合信息。例如，通过对专利文献的基础信息进行统计、分析和研究所给出的技术评估与预测报告和专利地图等。美国专利商标局1971年成立的技术评估与预测办公室（OTAF）就是专门从事专利战略信息研究的专业机构。该机构在过去的几十年间，陆续对通信、微电子、超导、能源、机器人、生物技术和遗传工程等几十个重点领域的专利活动进行研究，推出了一系列技术统计报告和专题技术报告，指明了正在迅速崛起的技术领域和发展态势，以及在这些领域中处于领先地位的国家和公司。这些报告是最重要的专利战略信息之一，它是制定国家宏观经济、科技发展战略的重要保障，也是企业制订技术研发计划的可靠依据。

(3) 专利信息的特征

专利信息的特征主要包括外在特征和内容特征两个方面。

1）专利信息的外在特征。专利信息既有信息的一般特征，又有其独特特征。一般特征表现为共享性（信息的利用和价值的发挥不具有排他性）和载体性（主要以专利文献为载体）。独特特征表现在专利具有法律性、地域性和时效性。

2）专利信息的内容特征。专利信息集技术、法律、经济和战略信息于一体，是一种复合型的信息源。技术信息一般在专利说明书、权利要求书、说明书附图和摘要等予以披露，专利文献所附的检索报告或相关文献间接提供相关的技术信息。法律信息主要包含了发明创造的权利保护范围、专利权生效日期和保护日期、优先权及其保护地域范围、专利权是否有效、获得许可证情况等，还包含在权利要求书、专利说明书扉页、专利公报及专利登记簿等专利文献中记载的与权利保护和权利生效性有关的信息。经济信息主要是指专利文献中记载着与国家、行业或企业经济活动密切相关的信息，如专利申请人和专利权人的名称、专利国家标识、专利申请提供等，反映出专利主体的经济利益和市场占有趋势。专利信息是重要的商业情报源和竞争情报源，与政府、产业、企业和科研机构进行竞争对手分析、竞争战略制定和发展战略制定密切相关。

从专利文献中可以获得许多真实、准确而详尽的专利信息，例如关于发明的年代（优先权时间）、技术的分类、受让人（申请公司），以及发明人等诸多不同类型的信息。专利信息还可以从多方面进行组合、聚类和分析，专利基本信息包括：

① 专利申请人或专利发明人，公司或公司群。
② 一个或多个技术领域。
③ 国家或地区的专利活动。
④ 随时间变化的专利数量。

8.2.2 专利信息分析的概念与作用

1. 专利信息分析的概念

专利信息分析（Patent Information Analysis）是指利用多种定性和定量方法，对大量专利信息进行整合分析，研究专利信息之间的相互关联性，挖掘隐藏在专利信息中的已经和即将发生的客观事实，从而对特定技术或技术领域及行业做出趋势预测与分析，产生支持宏观或微观决策的重要情报过程。简单地说，专利信息分析就是从大量的专利文献中采集专利信息，经过加工、整理和分析，形成专利分析报告，为发明者、企业乃至国家制定科技和经济发展战略服务。专利信息分析的实质就是对专利信息进行收集、整理、分析并提供利用，将专利信息转化为有价值的专利情报的过程。

专利信息分析在国际上已经有很长的发展历史，伴随专利制度的产生而产生，发展而发展。而正式的、系统的、产业化的专利信息分析始于第二次世界大战之后。早在 20 世纪 60 年代，国际经济合作与发展组织就开始探索生产率要素与专利质量的内在联系。美国专利商标局技术评估与预测办公室从 1971 年建立起就一直对专利信息进行统计、分析与研究，其定期出版的 *Technology Assessment and Forecast*（《技术评估与预测》）深得各专业部门和企业青睐，把它作为企业专利战略制定的重要参考依据。美国摩根研究与分析协会自 1985 年以来就一直为美国《财富》杂志中所列的 500 强企业提供专利信息定量分析与研究，其分析报告对企业技术许可、市场竞争、研发管理、专利投资及经济发展提供很好的帮助。随着专利制度和专利法的完善以及市场竞争的加剧，专利信息分析在科技、经济和法律中的作用日益突显，专利信息分析日益成熟，并逐步走向市场化和产业化。

2. 专利信息分析的作用

专利文献数量庞大、内容博杂，只有利用专利信息分析，才能将隐藏在大量专利文献中有价值的专利信息挖掘出来，将已经发生或即将发生的客观事实以科学的手段展现在人们眼前。具体而言，专利信息分析的主要作用如下。

1）展示发明创造轨迹。通过专利信息分析可以将不同时期的技术发明创造活动整合形成一条清晰的技术发展路线图，从不同层面反映出一项技术发明创造的产生、发展过程，反映出技术在不同国家或企业的发展轨迹，从而了解不同国家或企业在科研实力、专利拥有量、技术发展水平及其在国际竞争中的地位。

2）揭示技术发展趋势。通过专利信息分析可以揭示相关产业和技术领域的整体状况及其发展趋势、行业技术创新热点和专利保护重点，揭示相关技术领域和企业技术活动最新动向和战略布局走向，为国家制定产业政策、企业把握技术投资方向和制定专利战略等提供依据。

3）展现竞争环境态势。借助专利信息分析可以帮助企业了解竞争对手在不同国家或地区的实时经营活动状况，掌握企业间的技术合作和技术许可动向，预测新技术和新产品推出及市场分布情况，对于企业预防和突破竞争对手的专利壁垒或构筑自身的专利保护圈等都有极其重要的参考价值。通过专利信息分析，可以达到确认竞争对手、了解竞争对手的特点与战略意图、评价竞争对手的实力、寻找研究与开发最佳合作伙伴等目的。

8.2.3 专利信息分析的主要方法

专利信息分析方法分为定性分析方法、定量分析方法和拟定量分析方法三类。

1. 专利信息定性分析方法

专利信息定性分析方法是指通过对专利文献的内在特征，即对专利技术内容进行分类比较、归纳、演绎、分析、综合，以及抽象与概括等，以达到把握某一技术发展状况的目的。专利信息定性分析主要是根据专利文献提供的技术主题、专利国别、专利发明人、专利受让人、专利分类号、专利申请日、专利授权日和专利引证文献等技术内容进行分析，分析专利的技术内涵，判断专利的重要性，确定区别基本专利和派生专利，主要是对专利技术进行定性描述和对专利文献进行对比研究。常用的专利信息定性分析方法有技术功效矩阵分析法、技术角度分析法、技术路线图分析法、鱼骨技术分析法、专利法律状态分析法、同族专利分析法、专利性分析法、权利要求构件分析法等。

2. 专利信息定量分析方法

专利信息定量分析方法是建立在数学、统计学、运筹学、计量学和计算机等学科的基础之上，通过数学模型和图表等方式，从不同角度研究专利文献中所记载的技术、法律和经济等信息的方法。专利信息定量分析方法主要是对专利文献的有关外部特征信息进行数量统计。这些外部特征信息有专利申请或公布日期、专利分类、申请人、发明人、申请人所在国家、专利引文等，它们能够从不同角度体现专利信息的本质。专利信息定量分析方法按对象和角度一般分为两个层次：一是以专利文献的件数为单位,从专利分类、专利申请人、专利权人、时间、地域等角度进行分析;二是以专利文献信息(如 IPC 专利分类、专利申请人、专利权人、时间、地域、技术主题等)为单位,从专利主体、时间、地域、技术领域等角度及其组合进行分析。所用的定量分析指标主要有三类。一是数据指标,包括专利数量(专利申请量、授权量、无效专利量和专利实施量等,可以反映国家、地区、行业、领域、组织、机构、个人等不同层面、不同主体在某一时间范围内的专利产出情况)、同族专利数量、关键词频统计(专利名称、摘要、权利要求书甚至全文中的技术关键词)、专利被引次数。二是量变指标,包括时间序列(专利技术按时间的分布,即将统计结果按时间序列进行整理,如专利申请量、授权量、同族专利数量等随时间的变化趋势)、技术生命周期(通过统计一段时间内某项技术相关专利的申请数量和专利申请人数量的变化,可以绘制技术生命周期。一般来说,技术的发展可能经历起步期、发展期、成熟期、下降期和复苏期等几个阶段)、专利增长率(专利数量增长随着时间变化的百分率)、专利空间分布(专利申请量或授权量随国家、地区、行业、领域、企业等空间要素变化的趋势)。三是量比指标,包括专利相对强度、专利垄断指标、专利授权率、专利存活率、专利实施率、专利转移率、引证率、当前影响指数、科学关联度、专利效率等。专利信息定量分析方法主要有专利技术生命周期法、统计频次排序法、布拉德福文献离散选定应用法、时间序列分析法和技术趋势回归分析法等。

3. 专利信息拟定量分析方法

专利信息拟定量分析方法是将专利定性分析和定量分析相结合的专利信息分析方法,也称为专利综合分析方法。专利信息拟定量分析通常由数理统计入手,然后进行全面、系统的技术分类和比较研究,再进行有针对性的量化分析,最后进行高度科学抽象的定性描述,使整个分析过程由宏观到微观,逐步深入进行。常见的专利信息拟定量分析方法有专利引证分析法、专利数据挖掘、专利共现分析法和专利地图方法等。专利信息拟定量分析方法都是以关联分析为基础的。

8.2.4 专利信息分析的主要工具

随着现代信息技术,特别是网络技术的发展和普及,专利信息分析开始由手工分析向电子化、数字化、网络化、自动化、智能化和可视化方向发展,出现了多种专利信息分析辅助工具。专利信息分析工具主要有专利信息检索工具和专利信息分析工具,以及在专利信息分析工具基础上衍生出来的专利地图和可视化工具。

1. 专利信息检索工具

专利信息检索工具主要是指各类获取专利信息的来源,目前世界各国的专利信息检索工具都已十分完善。

(1)专利信息检索工具的类型

专利信息检索工具主要包括纸质专利信息检索工具(通常称为二次专利文献,如专利公报、专利文摘和专利索引等)和电子专利信息检索工具(如综合性专利信息检索与服务平台、专利信息数据库、专利信息检索系统和专利搜索引擎型专利信息检索工具等)两大类。综合性专利信息检索与服务平台又可分为公共性(官方免费)和商业性(商用收费)两大类,一般以专利信息数据库为基础,具有专利检索、专利分析与专利挖掘等多种功能。公共性专利信息检索工具主要是由各国(地区)专利局通过因特网和互联网站提供的公共专利信息检索数据库、检索系统和检索平台。

(2)国内公共性专利信息检索工具

我国的公共性专利信息检索工具从地域上来划分,包括中国大陆、中国香港、中国台海和中国澳门公共性专利信息检索工具。而中国大陆的公共性专利信息检索工具根据提供单位不同,又分为国家知识产权局及其下属事业单位提供的和地方政府知识产权局提供的。如国家知识产权局网站专利资源(网址:http://www.sipo.gov.cn/)、中国专利数据库检索系统(中国专利文献检索系统,即 CPRS,也被称 CNPAT 系统,可从专利信息中心网站进入数据库检索系统,网址:http://www.

cnpat.com.cn/index.aspx）、国家重点产业专利信息服务平台（网址：http://www.chinaip.com.cn）、中外专利数据库服务平台（网址：http://search.cnipr.com）、上海知识产权（专利信息）公共服务平台（网址：http://www.shanghaiip.cn）、中国专利复审委员会网站（网址为：http://sipo-reexam.gov.cn）以及各级地方专利数据库。港澳台地区专利信息检索平台有台湾专利资料公报资料检索服务系统（网址：http://www.patent.org.tw）、TWPAT（网址：http://www.twpat.com）、智慧财产局专利资讯检索系统（网址：http://www.apipa.org.tw）、香港知识产权署网站（网址：http://www.ipd.gov.hk）。

（3）国外公共性专利信息检索工具

国外的公共性专利信息检索工具主要是六国两组织（六国是指美国、日本、英国、德国、法国、瑞士，两组织是指世界知识产权组织、欧洲专利局）的知识产权局网站所提供的专利信息检索系统。如美国专利商标局网站（网址：http://www.uspto.gov）、日本特许厅（网址：http://www.jpo.gov.jp）、英国知识产权局网站（网址：http://www.ipo.gov.uk）、德国专利商标局（DPMA）网站（网址：http://www.dpma.de）、法国工业产权局（INPI）网站（网址：http://www.inpi.fr）、瑞士联邦知识产权局（网址：http://www.ige.ch）、欧洲专利局（网址：http://www.epo.org）、世界知识产权组织（WIPO）网站（网址：http://www.wipo.int）。

（4）商业性专利信息检索工具

商业性专利信息检索工具是由商业机构提供的收费专利数据库。商业性专利信息检索工具一般数据全面，深度加工，功能强大，国内主要有东方灵盾专利数据库、汉之光华专利数据库等，国外主要有德温特创新索引数据库（Derwent Innovations Index，DII）、Innography、Innovation、Delphion 等，此外，还有 Orbit 专利数据库和 Dialog 专利数据库等，不仅具有强大的专利信息检索功能，还可获取专利全文和定题专利信息服务。商业性专利信息检索工具除了提供专利信息检索功能之外，还有强大的专利分析功能以及专利地图制作功能。

（5）搜索引擎型专利信息检索工具

网上用于专利及相关信息检索的搜索引擎很多，主要分为 4 大类：综合搜索引擎，如 Google（谷歌）、Bing、百度等；专利搜索引擎，如 Google Patents、百度专利、SooPAT 等；学术搜索引擎，如 Google Schoolar、Scirus、深度搜、期刊界等；图书搜索引擎，如 Google books、百度图书等。与综合性搜索引擎相比，专利搜索引擎主要局限于专利文献检索，一般根据专利文献的结构提供了不同的检索入口，可对全文、权利要求、说明书进行检索，可利用分类号、公开日期进行检索，一般都有适于阅读的题录概览和全文浏览，且提供文献下载服务。

2. 专利信息分析工具

专利信息分析工具特指用于专利信息分析的软件。专利信息分析工具的主要作用就在于要在专利信息分析过程中提供准确的数据并进行科学的统计分析，同时要为专利信息分析报告的撰写提供可视化的分析结果展示。专利信息分析工具根据其提供计量与分析的实现方法，主要可以分为专利统计分析工具、专利引证分析工具、专利聚类分析工具和专利地图分析工具 4 大类。

（1）专利统计分析工具

统计分析是最基础的专利分析方法，因此基本上所有专利信息分析工具都具备此项功能，但不同的专利分析系统在分析结果的呈现和专利分析的维度这两个方面往往不一样。据调查，专利统计分析结果呈现主要有 4 类工具：报表类（Reports）、图表类（Charts）、矩阵类（Matrices）、网络类（Networks）。专利统计分析的维度可分为 7 大类，分别是一般统计、专利权人、发明人、IPC 专利分类号、存活期分析、区域分析和引证统计，其中引证统计包含在引证分析和聚类分析。

（2）专利引证分析工具

专利引证分析工具目前主要有 7 个：Aureka、Delphion Citation Lin、East Linden Doors、保定大为、知识产权出版社的引证分析工具、PatentGuider 以及 HIT_恒库。其中，Aureka 主要通过 Hyperbolic Trees 工具描述特定专利的引用和被引的情况；East Linden Doors 通过麦哲伦模块进行引证分析，其包含 3 个分析系统：望远镜（Telescope）、沙漏（Hourglass）和人造卫星（Satellite）。这几种分析工具都能将引证分析结果可视化地显示出来，但在分析数据来源、引证结果显示方式、专利信息呈现与统计等方面存在较大的不同。

（3）专利聚类分析工具

目前，国内外的专利信息分析工具中能提供聚类分析功能的工具较少，只有 Aureka、Delphion Text Clusterin 和 Thomson Data Analyzer。其中，Aureka 的聚类分析功能是通过 Vivisimo 和 ThemeScape 这两个工具实现的。

（4）专利地图分析工具

专利地图（Patent Map）是指对各种与专利相关的信息，以统计和分析的方法，加以缜密及精细的剖析和整理而制成的各种可分析解读的图表，使其具有类似地图的指向功能。专利地图是专利信息分析结果的一种可视化表达，也称技术路线图。

目前市场上流通着大量的专利地图制作软件，许多专利检索数据库也附带了专利地图制作功能，如中外专利数据库、东方灵盾专利数据库、汉之光华专利数据库、DII、Innography、Innovation、Delphion 等。Microsoft Excel 具有强大的图表制作功能，可用于一些常见的专利地图制作，如专利统计表和统计图、趋势图、专利分布图等。国外的 Aureka、Delphion Text Clusterin 和 Thomson Data Analyzer，以及国内的中献 PIAS、恒和顿 HIT_恒库和连颖 M-Trends 等都可用于制作各类专利地图，具有自定义分析、总体趋势分析、区域分析、申请人分析、IPC 分析、发明人分析、中国专项分析、美国引证分析等多项数据分析和图表展示功能。

专利地图作为一种搜集、整理和显示专利信息的工具，可视性强，便于理解，一般分为专利管理地图、专利技术地图、专利权利地图，如图 8-9 所示。专利管理地图主要包括：历年专利动向图、各国专利占有比例图、专利排行榜、主要竞争公司分析图、公司专利平均年龄图、公司发明阵容比较图、公司定位综合分析表、公司专利件数分布图、公司专利件数消长图、发明人专利件数分布图等，主要显示了技术的发展趋势，进行竞争企业的实力剖析和动向预测。专利技术地图包括专利文献摘要分析图、专利技术生命周期图、专利技术功效矩阵图、专利技术分类图、专利技术领域累计图、专利多种观点解析图、挖洞技术显微图等。专利技术地图锁定某项技术或公司进行地毯式搜索，主要显示技术演变、扩散状况、研发策略、回避设计、挖洞技术的可行性。专利权利地图主要包括专利构成要件图、专利范围要点图、专利家族图、专利引用族谱图，主要剖析研发空间和市场空间。

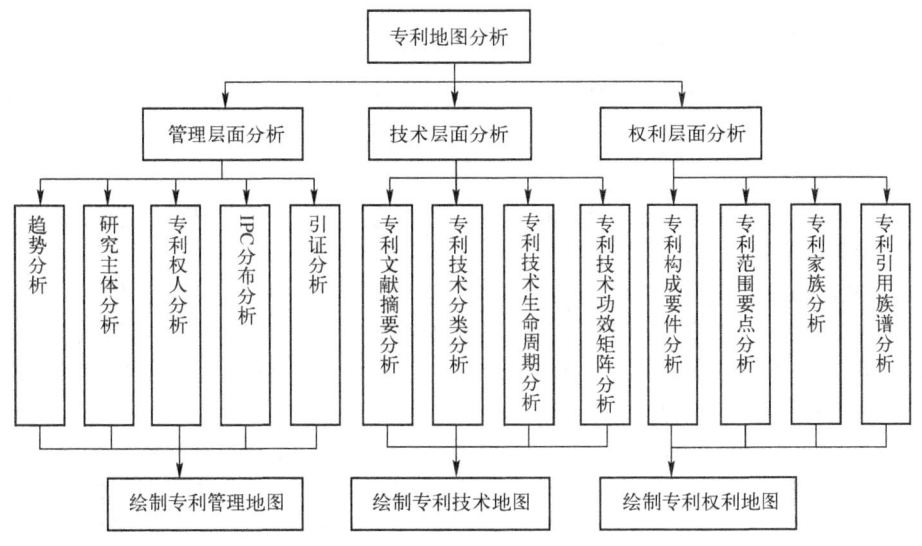

图 8-9 专利地图的类型

8.2.5 专利信息分析的主要应用

专利信息分析在国家、政府部门、企业、研究机构和个人等层面都具有广泛的应用。专利信息分析在国际技术贸易、国家技术引进、政府专利管理和战略制定等方面具有重要作用,在企业技术研发、技术引进、竞争对手识别和合作伙伴选择等方面具有决定性影响,在科研机构的科学研究、技术开发、专利申请等方面具有极为重要的意义,在个人从事科学研究、技术开发、产品设计等方面具有重要的指导作用。此外,专利信息分析还是从事技术创新、专利分析、专利竞争、专利制度、专利地图、专利战略、专利预警、专利人才选拔等研究活动的基础。

专利信息分析不仅对发明人、企业、实验室、大学、科研机构等具有极为重要的意义,而且对政府部门也有极大的价值。例如美国专利计量分析机构——CHI 公司,目前拥有的主要企业客户包括 DuPont、IBM、Intel、Kimberly-Clark、Kodak、Philips Electronics、Seiko Epson 等大企业,主要政府客户包括澳大利亚的 CSIRO 和 ARC、欧盟、MITI/MET、日本通产省、美国航空航天局、美国国立卫生院、美国国家科学基因会、OECD、美国海军部、美国空军部、美国海军研究办公室、美国空军实验室等部门。这些大企业客户、政府客户从 CHI 的专利信息分析项目中获得的报告、规划主要用于指导它们拟定中长期的企业、行业、军队、地区、国家专利发展战略。

专利信息分析的应用不仅在于规避在先技术、防范侵权风险、抢占市场份额、节约研发时间和经费等,也不仅在于海量专利和期刊文献查新检索、专利性检索、技术跟踪检索、侵权防御性检索、专利有效性检索,专利信息分析已经成为一个非常庞大的产业。据美国 Delphion 公司估计,美国专利分析行业有 1000 亿美元的市场份额。目前,这一行业已经造就了一些年产值超过 10 亿美元,甚至超过 70 亿美元的专利信息服务企业。

8.3 市场信息分析

8.3.1 市场信息分析的内涵

市场信息分析是指运用科学的方法和合适的手段,有目的、有计划地收集、整理、分析和报告营销信息,以帮助企业、政府和其他机构及时、准确地了解市场机遇,发现存在的问题,正确地制定、实施和评估市场营销策略和计划的活动。

8.3.2 市场信息分析的内容

市场信息的内容十分丰富,但总体来看,市场信息分析的重点是对市场环境、市场态势和消费者需求等进行分析。

1. 市场环境分析

市场环境分析就是通过对市场环境进行及时、准确的监测和分析,帮助企业认识外部环境的变化,以及时调整经营管理战略,在主动适应环境中谋求新的发展。

对企业来说,市场环境可分为两个层次:一是外部环境(也称为宏观环境),包括政治、经济、法律、科技、社会、文化等因素;二是作业环境(也称为微观环境、内部环境),包括用户、竞争者、供应者、中介机构等因素。前者是各企业生存发展的共有空间,它们直接以后者为媒介对企业施加影响。市场环境分析的比较见表 8-6。

市场环境分析的关键是根据用户需求,对市场环境的一些要素进行重点跟踪和监视,把握其动向和发展趋势。在具体操作中,优选信息源和开拓信息收集渠道是两项重要的工作,当已有信息源和信息收集渠道无法满足要求时,研究人员往往还要实地进行市场调查。一般来说,本土经营的企业主要关注作业层面的环境信息,而跨国公司则主要关注宏观层面的环境信息。

表 8-6 市场环境分析的比较

外部环境		作业环境	
要素层	具体的环境要素	要素层	具体的环境要素
政治环境	进出口控制、税收政策、外汇管制、价格控制、国有化政策、政治体制与局势等	用户	市场需求量 潜在市场容量 消费购买行为特征
经济环境	世界经济发展总趋势、人均收入与消费	中介机构	数量、规模与分布 形态差异性 对特定产品的经营比例
科技环境	科学技术发展方向与速度、产品与工艺技术开发频度、新学科形成等	供应商	数量、规模与分布 对供应产品的依赖程度 对特定企业的供货比例
法律环境	法系、国际争议仲裁权、法定追索权、商法、工业与知识产权保护等	竞争对手	数量、规模与分布 主要竞争对手的市场占有率 有领先优势的产品特征 对主要竞争产品的依赖程度
社会文化环境	物质文化、教育水平、宗教信仰、生活方式、商业习惯、审美观、价值观、道德观等	—	—

2．市场态势分析

对市场供求、价格、竞争、风险等状况及其发展动态与趋势进行分析预测，帮助企业把握市场变化的基本态势，有效地开展经营管理活动。市场态势分析不仅包括宏观的经济监测和经济系统分析、市场变化中的长期动向分析，以及各种经济指标、经济指数的动态分析，也包括微观领域的短期市场态势、产品销售、行情等的分析和预测。其中，行业发展动态分析在市场态势分析中占有重要地位。

行业发展动态分析在内容上包括两大部分：一是对行业背景、行业总体状况、行业市场规模与潜力、行业竞争状况、行业营销状况以及行业相关政策等进行全面、客观的分析；二是在准确把握现状的基础上，对行业发展的主要趋势做出预测，并提出相关建议。行业发展动态分析由于具有广泛的需求，各个市场调查公司和市场研究机构都将其作为重要的研究内容或方向，并定期或不定期出版研究报告，向行业内的用户销售。

3．消费者需求分析

消费需求是指消费者为获得物质的、劳务的、精神的产品或服务而向市场提出的有限度的欲望和需要，它必须具备要求与欲望和货币支付能力（即购买能力）两个基础。消费需求是复杂多样的，从不同的角度可区分为不同的类型，如生产消费需求和生活消费需求、物质消费需求和精神消费需求、现实消费需求和潜在消费需求等。消费需求的类型不同，其特征也不同，满足消费需求是企业生产和经营的根本出发点和归宿。

消费者需求分析就是研究消费者的消费心理和消费行为，分析影响消费行为的各种因素，识别和洞察消费者的消费需求、特征及其变化趋势。其中，消费者信息收集和分析是两项核心工作。

消费者信息收集是消费者需求分析的前提。随着计算机的普及和电子商务的发展，消费者的有关信息很容易从商场、银行、网站上的各种自动柜员机（ATM）和交易系统中获得，从而使建立完整的消费者信息数据库成为可能。在信息收集的基础上，对消费者信息进行重组和挖掘，从而识别、发现具有规律或可以量化的消费需求及其特征，是消费者需求分析的目的所在。

8.3.3 市场信息分析的方法

市场信息分析的前提是市场信息收集，市场信息收集的方法主要有观察法、调查法和实验法等，市场信息分析的方法有用于市场环境分析的 PEST 分析法、用于市场态势分析的五种竞争力模型、用于市场地位分析的波士顿矩阵等。

1. 市场信息收集的方法

（1）观察法

观察法是信息收集人员亲自到经济活动现场或借助一定的设备对信息收集对象的活动进行观察并如实记录的收集方法。这种方法既可用于收集消费者信息，又能了解竞争对手。

1）观察法的优缺点。

① 观察法的优点。

A．客观性。观察法一般是在观察对象未觉察的情况下进行的，他们的言行是其心理活动的真实反映。

B．直观性。观察法所得到的信息往往能够直接利用，不会被扭曲或损耗。

C．广泛性。通过观察法可以得到其他渠道难以获取的一些信息，如消费环境、消费者使用情况、竞争对手的价格和促销手段、服务水平等信息。

② 观察法的缺点。

A．难以揭示深层次的原因。在观察过程中，为了不引起观察对象注意，信息收集人员不能去影响和控制环境及观察对象，所以对影响变量的辨析就很困难。如通过观察可以发现消费者对某种商品感兴趣，但究竟是收入、职业、广告还是其他原因引起的，观察本身无法揭示。

B．信息难以量化。消费者购买过程、消费环境、交谈内容等都是定性信息，在没有控制环境的情况下，观察对象的言行往往不是按调查者的思路来表达的，所得信息比较零乱而且存在大量无关信息，给信息处理和分析增加了难度，也不适合进行定量研究。

C．收集信息的范围有限。由于信息收集人员的视野和注意的范围有限，需要在同一地点进行长时间的观察，观察对象受到限制，能了解的信息内容也有限。由于所借助设备的不可移动性，因此收集的信息有限。

D．费用高。因为需要较多的人员和设备投入，所以观察法的成本通常比较高。

2）观察法的应用范围。观察法在市场信息收集中应用广泛，适用于收集如下信息：对准确性要求比较高的信息，不需要深入分析的信息（如购物习惯、购买量、购买者性别等），收集对象不愿意透露的信息，不需要大量数据就能进行分析的信息等。

① 观察消费环境。在开发新产品前，了解消费环境可以提高产品的适应性。在日本汽车进入美国市场前，汽车商派了很多调查人员去了解美国人的生活，如车库大小、出行距离、携带物品量、座椅高度等，这些数据为日本汽车商设计适合美国人需求的汽车起了关键作用。

② 观察商品使用情况。商品使用情况不仅反映消费者对商品的态度、消费习惯（用量、次数），而且有助于发现产品的新用途，对于企业改进产品、宣传产品都有帮助。如海尔的工作人员发现在农村地区很多农民用洗衣机来洗菜、洗地瓜，于是开发了"地瓜"洗衣机，在农村市场很受欢迎。

③ 了解消费者需求和购买习惯。在西方国家，顾客观察已成为调查机构提供的一种特殊服务。调查人员装扮成顾客或工作人员，跟踪和记录顾客的购买过程，在货架前的停留时间，顾客的性别、年龄、服饰、观察商品的顺序，顾客行进的路线等。观察和分析有助于企业改进服务，比如确定商品最佳的摆放位置，了解某种商品的购买者的特征、商店存在的死角、消费者的关注重点等。

（2）调查法

通过与信息收集对象进行直接交流来获取信息的方法被称为调查法。在市场研究中，调查法是使用较为普遍的一种信息收集方法。该方法主要用于了解观念性或概念性的信息。根据交流方式的不同，调查法可以分为访谈调查和问卷调查两大类。前者属于口头交流，而后者是文字交流。

1）访谈调查。访谈调查是通过信息人员与调查对象进行口头交流来获取信息的调查方法。

① 访谈调查的优点。

A．可以确定调查对象的身份。

B．有利于得到更多信息。在访谈过程中，调查人员可以根据对方的反应随时调整提问的内容和方式，有助于问题的深入。调查对象对问题产生误解时可以及时纠正。通过对方的表情、语气还可以判断回答的真实性，这些都有助于提高回答的有效性。由于交流的互动性，双方可以相互启发，拓展思路。

C．所得信息便于处理。由于问题是事先设计好的，调查对象按设计人员的思路来回答问题，无关信息少，所得结果便于进行分析和处理。对样本的选择和控制可以提高回答的代表性，也有助于进行分类统计和比较研究。

D．被拒绝的可能性小。出于礼貌或碍于情面，调查对象都不太会拒绝访谈调查。尤其是入户访谈，由于进行了事先预约，调查对象能更好地配合调查人员，可以提高调查的质量。

E．反馈及时。即问即答的调查方式，可以缩短调查周期。

② 访谈调查的缺点。

A．调查费用高，范围窄。访谈调查是一对一的沟通，需要大量的人员投入，费用高；由于需要亲临现场，因此调查人员容易受交通、天气等因素的影响，调查范围有限。

B．调查敏感问题比较困难。进行面谈时，调查对象容易紧张和产生较多顾虑，对涉及个人隐私的敏感问题，他们拒绝回答或作不真实回答的可能性比较大。

C．调查人员的主观因素影响大。不同调查人员的提问技巧和理解能力存在差异，在提问时，调查人员的提问方式、语气、表情都可能影响回答的客观性。

③ 访谈调查的应用范围。访谈调查主要用于收集需要深入了解的信息，调查对象应该是能提供较多信息的权威人物、公众人物或具有代表性的人物。

2）问卷调查。问卷调查是通过让调查对象填写问卷的方式来收集信息。

① 问卷调查的优点。

A．成本低。问卷调查是一种文字交流方式，不需要调查人员与调查对象进行一对一的交谈，人员投入少。设计一份问卷可供无数调查对象填写，所以单位调查成本很低。

B．调查范围广。由于单位调查成本较低，因此这种方法可以调查更多的人。尤其是邮寄和网络问卷调查不受时间和空间限制。

C．方便处理。问卷调查一般是标准化的，设计人员对调查对象的回答范围进行了控制，信息收集的针对性强，调查结果容易处理，适合于定量化研究，特别是封闭式问卷还可以借助计算机进行处理。

② 问卷调查的缺点。

A．回答的真实性较差。

B．拒答率较高。

C．由于调查对象的理解能力和表达能力存在差异，因此对某些复杂的问题进行调查难以取得理想的效果。

③ 问卷调查的应用范围。问卷调查适合于调查对象了解对问题的看法、态度，对已知答案的选择，对问题的简单建议或要求，尤其适用于需要大量数据进行比较分析的定量研究。

（3）实验法

实验法是将所选主题的刺激因素引入被控制的环境中，通过系统改变刺激程度来测定实验对象的行为反应，从而确定所选主题与刺激因素的因果关系的研究方法。由于调查法和观察法都是将研究对象放在自然状态下不加干预或较少干预，能够得到比较客观的信息，但通过调查所得信息难以确定事物的真正因果关系，也难以对调查结果进行复查和检验。而实验法通过对环境的控制使影响因素得以重现，从而能对结果进行检验，有助于提高信息的稳定性，减少片面性，能够弥补观察法和调查法的不足。

1）实验法的优点。实验法能够发挥信息人员的主观能动性，能够根据研究的需要，通过特别的安排使环境简化，使现象得以延缓或加速，从而对其进行更仔细的观察，同时排除了无关因素的干扰，因而可以更好地揭示因果关系。

2) 实验法的缺点。实验法设计难度大，需要将所有的可能影响因素考虑进去，并将非研究因素加以排除，否则所得结果很可能是非研究因素影响的结果。

3) 实验法的应用范围。实验法主要用于因果关系的判断，在消费行为研究中应用广泛。由于影响消费行为的因素很多，在不同环境中影响消费行为的主要因素差异很大，这为企业制定营销策略带来了困难，所以需要用实验法来确定主要影响因素和影响程度。试销就是一种使用较多的实验法。在产品大规模进入市场前对消费者的购买意愿、感兴趣的内容、购买方式等信息通过试销进行测试，可以为企业确定市场规模和制定适当的营销方案提供依据。

2. 市场信息分析的方法

市场信息分析的方法和手段很多，并且正在向基于市场分析理论和计算机信息科学的复杂系统动态计量分析方法与模型以及定性分析和定量分析相结合的方向发展。市场信息分析的主要方法如下。

（1）PEST 分析法

PEST 分析是指宏观环境分析，宏观环境又称一般环境，是指影响一切行业和企业的各种宏观力量。行业和企业的宏观环境主要包括政治（Political）环境、经济（Economic）环境、社会文化（Socio cultural）环境和技术（Technological）环境，如图 8-10 所示。

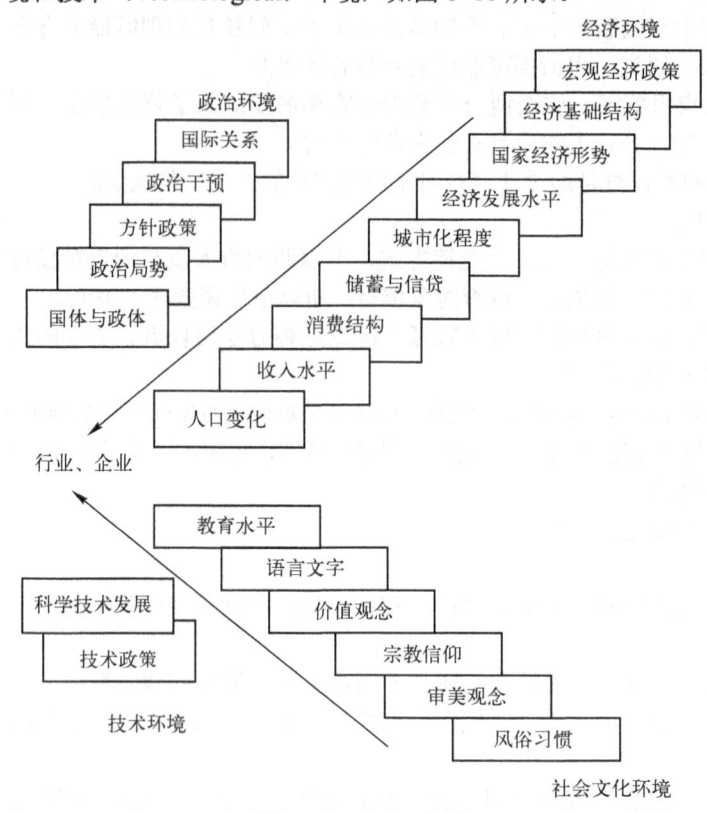

图 8-10 PEST 分析

1) 政治环境。政治环境包括国际关系、政治干预、方针政策、政治局势、国体与政体（如执政党的性质，政府的方针、政策、法令等）等，主要是指一个国家的社会制度及其对外关系。不同的国家有不同的社会制度，不同的社会制度对组织活动有不同的限制和要求。即使社会制度不变的同一国家，在不同时期，由于执政党不同，其政府的方针特点、政策倾向对组织活动的态度和影响也是不断变化的。

重要的政治法律因素有：执政党性质，政治体制，经济体制，政府的管制，税法的改变，各种政治行动委员会，专利数量，专程法的修改，环境保护法，产业政策，投资政策，国防开支水平，政府补贴水平，反垄断法规，与重要大国关系，地区关系，对政府进行抗议活动的数量、严重性及地点，民众参与政治行为等。

2）经济环境。经济环境主要包括宏观经济环境和微观经济环境两个方面。宏观经济环境主要指一个国家的人口数量及其增长趋势，国民收入、国民生产总值及其变化情况以及这些指标能够反映的国民经济发展水平和发展速度。微观经济环境主要指企业所在地区或所服务地区的消费者的收入水平、消费结构、储蓄情况、就业程度等因素。这些因素直接决定着企业目前及未来的市场大小。

重要的经济因素有：GDP 及其增长率、贷款的可得性、可支配收入水平、居民消费（储蓄）倾向、利率、通货膨胀率、规模经济、政府预算赤字、消费模式、失业趋势、劳动生产率水平、汇率、证券市场状况、外国经济状况、进出口因素、不同地区和消费群体间的收入差别、价格波动、货币与财政政策等。

3）社会文化环境。社会文化环境包括一个国家或地区的居民教育水平和语言文字、宗教信仰、风俗习惯、审美观念、价值观念等。文化水平会影响居民的需求层次。宗教信仰和风俗习惯会禁止或抵制某些活动的进行。审美观点会影响人们对组织活动内容、活动方式以及活动成果的态度。价值观念会影响居民对组织目标、组织活动以及组织存在本身的认可与否。

关键的社会文化因素有：妇女生育率，特殊利益集团数量，结婚率、离婚率，人口出生、死亡率，人口移进、移出率，社会保障计划，人口预期寿命，人均收入，生活方式，平均可支配收入，对政府的信任度，对政府的态度，对工作的态度，购买习惯，对道德的关切，储蓄倾向，性别角色，投资倾向，种族平等状况，节育措施状况，平均教育状况，对退休的态度，对质量的态度，对闲暇的态度，对服务的态度，对外国人的态度，污染控制，对能源的节约，社会活动项目，社会责任，对职业的态度，对权威的态度，城市、城镇和农村的人口变化，宗教信仰状况等。

4）技术环境。

技术环境除了要考察与企业所处领域的活动直接相关的技术手段的发展变化外，还应及时了解：国家对科技开发的投资和支持重点，该领域技术发展动态，研究开发费用总额，技术转移和技术商品化速度，专利及其保护情况，技术政策，新产品开发能力等。

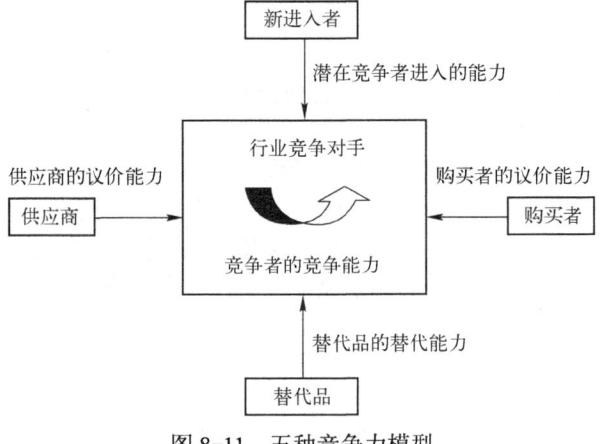

（2）五种竞争力模型

五种竞争力模型，简称五力模型，是迈克尔·波特（Michael Porter）于 20 世纪 80 年代初提出的，对企业竞争战略制定产生影响，被广泛用于竞争战略分析，可以有效地分析客户的竞争环境。

五种竞争力模型确定了市场竞争五种力量的主要来源，即供应商的议价能力、购买者的议价能力、潜在竞争者进入的能力、替代品的替代能力、竞争者的竞争能力。五种力量的不同组合变化最终影响行业利润潜力变化。五种竞争力模型将大量不同的因素汇集在一个简要的模型中，以此分析一个行业的基本竞争态势，如图 8-11 所示。

图 8-11 五种竞争力模型

1) 供应商的议价能力。

供应商主要通过提高投入要素价格与降低单位价值质量的能力来影响行业中现有企业的盈利能力与产品竞争力。供应商力量的强弱主要取决于其提供给购买者的投入要素，当供应商所提供的投入要素及其价值构成了产品总成本的较大比例、对产品生产过程非常重要，或者严重影响产品的质量时，供应商对于购买者的潜在讨价还价力量就大大增强。

一般来说，满足如下条件的供应商会具有比较强大的讨价还价力量：

① 供应商行业为一些具有比较稳固市场地位而不受市场剧烈竞争困扰的企业所控制，其产品的购买者很多，以致每一个购买者都不可能成为供应商的重要客户。

② 供应商各企业的产品各自具有一定的特色，以至于购买者难以转换或转换成本太高，或者很难找到可与供应商企业产品相竞争的替代品。

③ 供应商能够方便地实行前向联合或一体化，而购买者难以进行后向联合或一体化。

2) 购买者的议价能力。购买者主要通过压价和要求提供高质量产品或服务的能力来影响行业中现有企业的盈利能力。一般来说，满足如下条件的购买者具有较强的讨价还价力量：

① 购买者的总数较少，而每个购买者的购买量较大，占了供应商销售量的很大比例。

② 供应商由大量规模相对较小的企业所组成。

③ 购买者所购买的基本上是一种标准化产品，可同时向多个供应商购买产品。

④ 购买者有能力实现后向一体化，而供应商不可能前向一体化。

3) 潜在竞争者进入的能力。潜在竞争者在给行业带来新生产能力、新资源的同时，希望在已被现有企业瓜分完毕的市场中赢得一席之地，这就有可能会与现有企业在原材料与市场份额上进行竞争，最终导致行业中现有企业的盈利水平降低，严重的话还有可能危及这些企业的生存。潜在竞争者进入的能力取决于两方面的因素，即进入新领域的障碍大小和现有企业对潜在竞争者的预期反应。

① 进入障碍主要包括规模经济、产品差异、资本需要、转换成本、销售渠道开拓、政府行为与政策、不受规模支配的成本劣势（如商业秘密、产供销关系、学习与经验曲线效应等）、自然资源（如冶金业对矿产的拥有）、地理环境（如造船厂只能建在海滨城市）等方面，这其中有些障碍是很难借助复制或仿造的方式来突破的。

② 现有企业对潜在竞争者的预期反应主要是采取报复行动的可能性，取决于现有企业的财力情况、报复记录、固定资产规模、行业增长速度等。总之，新企业进入一个行业的可能性大小，取决于其主观估计的进入所能带来的潜在利益、所需花费的代价与所要承担的风险这三者的相对大小情况。

4) 替代品的替代能力。两个处于同行业或不同行业中的企业，可能会由于所生产的产品是互为替代品，从而在它们之间产生相互竞争行为，这种源自替代品的竞争会以各种形式影响行业中现有企业的竞争战略。

① 现有企业产品售价以及获利潜力受制于用户方便接受的替代品。

② 替代品迫使现有企业提高产品质量，或通过降低成本来降低售价，或使其产品具有特色。

③ 替代品生产者的竞争强度影响用户转换成本。

总之，替代品价格越低、质量越好，用户转换成本越低，其所能产生的竞争压力就强。替代品生产者的竞争压力强度，可以用替代品销售增长率、替代品厂家生产能力与盈利扩张情况来描述。

5) 竞争者的竞争能力。竞争者是五力模型中最重要的因素。同行业企业间竞争的目的在于获得相对于竞争者的优势，现有企业之间的竞争通常集中在价格、质量、广告、产品介绍、售后服务等方面，其竞争强度与众多因素有关。

现有企业之间竞争加剧的表现：行业进入障碍较低，竞争者较多、势均力敌、范围广泛；市场趋于成熟，产品需求增长缓慢；竞争者企图采用降价等手段促销；竞争者提供几乎相同的产品或服务，用户转换成本很低；一个战略行动如果取得成功，其收入相当可观；行业外部实力强大的企业在接收了行业中实力薄弱的企业后,发起进攻性行动,结果使得刚被接收的企业成为市场的主要竞争者;退出障碍较高,即退出竞争要比继续参与竞争代价更高。退出障碍主要受经济、战略、感情以及社会政治关系等因素的影响,具体包括资产的专用性、退出的固定费用、战略上的相互牵制、情绪上的难以接受、政府和社会的各种限制等。

竞争者分析的内容主要包括三个方面:

① 确认竞争者。即识别行业内现在的竞争者和潜在的竞争者。确认竞争者一般以市场价值与市场份额分析为起点,以五种竞争力模型为工具,在初始时尽可能扩大竞争者范围,然后在此基础上逐步缩小范围。

② 建立竞争者档案。分别在基本层面和更深层面对竞争者的战略意图、竞争优势、运作表现、产品及业务系统等进行分析,见表 8-7。

表 8-7 竞争者档案

项目	基本层面	更深层面
战略意图	企业战略 价值定位 企业兼并及退出	资源分配 战略伙伴
竞争优势	优势 劣势	核心能力
运作表现	销售及增长 利润率 市场份额 近期主要事件(成功的或失败的)	运作的有效性 资金运作能力
产品	产品组合 客户群 地区覆盖面	产品研发 客户服务的特点
业务系统	企业关键人员 组织结构 业务价值链 高层面的资产图	营销流程 制造及物流流程 其他关键流程 高层面的成本结构

③ 竞争者比较与地位分析。根据所建立的竞争者档案及其他数据,选择相关的比较角度,如市场份额、成本表现、销售增长、盈利率、规模、重要流程的表现、产品线、客户市场等,显示出各竞争者所处的位置。

(3) 波士顿矩阵

波士顿矩阵(BCG Matrix),又称市场增长率-相对市场份额矩阵、波士顿咨询集团法、四象限分析法、产品系列结构管理法等,是美国波士顿咨询公司(BCG)在 1960 年为一家造纸公司做咨询时提出的一种投资组织分析方法,是多元化公司进行战略制定的有效方法和工具。波士顿矩阵将组织的每一个战略业务单元(SBUs)标在一种二维的矩阵图上,从而显示出哪个 SBUs 提供高额的潜在收益,以及哪个 SBUs 是组织资源的漏斗(如图 8-12 所示)。波士顿矩阵的发明者、波士顿公司的创立者布鲁斯认为"公司若要取得成功,就必须拥有市场增长率和相对市场份额各不相同的产品组合。组合的构成取决于现金流量的平衡。"如此看来,波士顿矩阵的实质是通过把客户生产经营的全部产品或业务组合作为一个整体进行分析,解决客户相关经营业务之间现金流量的平衡问题。

波士顿矩阵有 4 种业务类型。

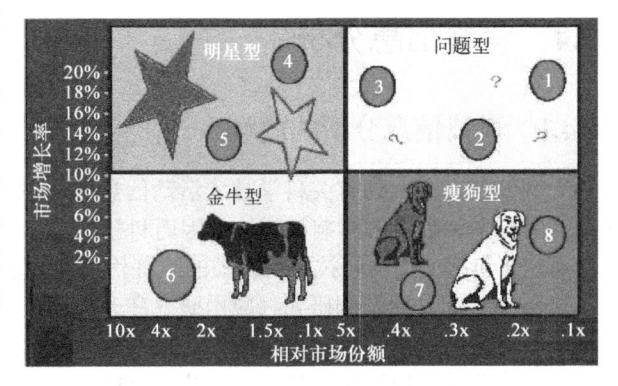

图 8-12 波士顿矩阵模型

1）问题型业务（Question Marks，指高市场增长率、低市场份额）。处在这个领域中的产品是一些投机性产品，有较大的风险。这些产品可能利润率很高，但占有的市场份额很小。这往往是一个公司的新业务，为发展问题型业务，公司必须建立工厂，增加设备和人员，以便跟上迅速发展的市场节奏，并超过竞争对手，这些意味着大量的资金投入。"问题"非常贴切地描述了公司对待这类业务的态度，因为这时公司必须慎重回答"是否继续投资，发展该业务？"这个问题。只有那些符合企业发展长远目标、企业具有资源优势、能够增强企业核心竞争力的业务才得到肯定的回答。得到肯定回答的问题型业务适合于采用增长战略，目的是扩大 SBUs 的市场份额，甚至不惜放弃近期收入来达到这一目标，因为要将问题型业务发展成为明星型业务，其市场份额必须有较大的增长。得到否定回答的问题型业务则适合采用收缩战略。

2）明星型业务（Stars，指高市场增长率、高市场份额）。这个领域中的产品处于快速增长的市场中并且占有支配地位的市场份额，但也许会或也许不会产生正现金流量，这取决于新工厂、设备和产品开发对投资的需要量。明星型业务是由问题型业务继续投资发展起来的，可以视为高速成长市场中的领导者，它将成为公司未来的金牛型业务。但这并不意味着明星型业务一定可以给企业带来源源不断的现金流，因为市场还在高速成长，企业必须继续投资，以保持与市场同步增长，并击退竞争者。企业如果没有明星型业务，就失去了希望，但群星闪烁也可能会闪花企业高层管理者的眼睛，导致其做出错误的决策。这时必须具备识别行星和恒星的能力，将企业有限的资源投入在能够发展成为"金牛"的恒星上。同样的，明星型业务要发展成为金牛型业务适合于采用增长战略。

3）金牛型业务（Cash Cows，指低市场增长率、高市场份额）。处在这个领域中的产品产生大量的现金，但未来的增长前景是有限的。这是成熟市场中的领导者，它是企业现金的来源。由于市场已经成熟，企业不必大量投资来扩大市场规模，同时作为市场中的领导者，该业务享有规模经济和高边际利润的优势，因而给企业带来大量现金流。企业往往用金牛型业务来支付账款并支持其他三种需大量现金的业务。金牛型业务适合采用稳定战略，目的是保持 SBUs 的市场份额。

4）瘦狗型业务（Dogs，指低市场增长率、低市场份额）。这个领域中的产品既不能产生大量的现金，也不需要投入大量现金，这些产品没有希望改进其绩效。一般情况下，这类业务常常是微利甚至是亏损的，瘦狗型业务存在的原因更多的是由于感情上的因素，虽然一直微利经营，但像人养了多年的狗一样恋恋不舍而不忍放弃。其实，瘦狗型业务通常要占用很多资源，如资金、管理部门的时间等，多数时候是得不偿失的。瘦狗型业务适合采用收缩战略，目的在于出售或清算业务，以便把资源转移到更有利的领域。

波士顿矩阵的精髓在于把战略规划和资本预算紧密结合了起来，把一个复杂的企业行为用两个重要的衡量指标来分为四种类型，用四个相对简单的分析来应对复杂的战略问题。该矩阵帮助多种经营的公司确定哪些产品宜于投资，宜于操纵哪些产品以获取利润，宜于从业务组合中剔除哪些产品，从而使业务组合达到最佳经营成效。

8.4 科技信息分析

8.4.1 科技信息分析的内涵

科技信息是一切有关科学技术活动信息的总称。现代科学技术发展受到来自自然的、社会的和经济的等多种因素的影响和制约，因而科技信息涉及的范围也十分广泛，不仅包括科技活动主体的信息，还包括一切与科技活动有关的经济信息和管理信息。

科技活动分为基础研究、应用研究和开发研究三个层次，科技信息在不同的层次具有不同的特点。基础研究重在知识体系的建立，包括数学、物理学、化学、天文学、地质学和生物学六大基础学科中的纯科学理论研究领域，以及材料科学、能源科学、环境科学、农业科学、医学科学、计算机科学等应用学科研究领域；应用研究致力于解决国民经济和社会发展中涌现出来的实际科学技术问题，目的是把基础研究的成果发展到可应用的状态；开发研究是将应用研究的成果直接应用于生产实践，目的是将科学技术转化为社会生产力。如，基础研究人员趋向于在某一专门科学技术领域认识未知的东西，即在看起来杂乱无章甚至毫不相干的因素间找到相互联系的纽带；应用研究人员和开发研究人员趋向于利用科学技术信息解决具体的科技应用和开发难题。

科技信息分析是指根据特定的需求，在广泛收集有关科技信息的基础上，通过信息整理鉴别、综合归纳、推理等，提出有依据、有分析、有评价、有预测性意见的研究结论。它是为获取某一科技领域的发展变化情况而开展的分析活动，其主要任务就是为科学技术向社会生产力的转化活动提供信息服务。实践证明，通过科技信息分析，可以有效地促进基础研究、应用研究和开发研究，加快科技成果转化为社会生产力的速度。

8.4.2 科技信息分析的内容

随着新科技革命的发展和数字时代的到来，许多国家都把强化科技创新作为国家战略，把科技投资作为战略性投资，并超前部署和发展前沿技术及战略产业，实施重大科技计划，着力增强国家创新能力和国际竞争力。

现代科技活动涉及面广泛，影响因素错综复杂，因而反映科技活动发展变化情况的科技信息也相当广泛、复杂。在科技活动领域，大到国家宏观战略规划的制定，小到企业技术引进与开发，都离不开高附加值的科技信息分析支持。科技信息分析的主要内容如下。

1. 科技发展态势监测分析

科技发展态势监测分析是以数据库、网页、图书期刊、专家知识等为数据源，以科技信息动态监测、信息抽取、技术组群聚类和关联分析、监测指标、概念层次、数据可视化等技术为支撑，对科技发展战略与规划、科技发展环境与需求、特定技术领域、技术项目、科技文献、技术专利、研发主体等方面进行监测与分析。监测对象、监测内容、监测目的和数据源是科技发展战略态势监测分析的关键要素，见表8-8。

表8-8 科技发展态势监测分析的内容

监测对象	监测内容	监测目的	数据源
科技发展战略与规划监测	国际、国内科技发展战略与规划的内容、目标、实施举措、未来趋势等	提供科技战略与规划所需的信息支持，实现科技战略的可能关联	科研规划、计划、传统的科技文献资源、网络科技信息资源、专家知识
科技发展环境与需求监测	科技发展一般环境与具体环境，科技的需求分析	提供科技发现环境和需求的信息和知识	结构化的文献、专利数据库、网页非结构化资源
特定技术领域监测	国内外特定技术研发的现状及发展趋势，如研发现状对比、研究机构、人员、装备等	提供国内外特定技术研发的现状及发展趋势，为技术预测、技术评估、竞争情报提供支持	文献数据库、专利数据库、网络信息资源、专家知识
技术项目监测	技术创新项目研发的需求和技术状态信息	为技术研发项目提供充分的市场信息和需求信息，减少项目风险	网络科技逆袭资源、专家知识
科技文献监测	特定科技文献作者、研究机构、研究主体、发表时间、所在国家等信息监测分析	提供特定技术研发现状、研发主题、研发机构和人员、研究时间关联关系分析	文献数据库，如SCI、EI、INSPEC、期刊网等
技术专利监测	特定技术专利的申请者、研究机构、研究主题、申请时间、所在国家等信息	特定专利研发现状，研发主题、研发机构和人员、研究时间等关联关系分析	各国专利数据库
研发主体监测	研发主体从事研究的资源和任务，包括研究机构、人员、研究设备与装备、研究项目、计划等	为科技管理提供研发主体的信息支持	文献数据库、专利数据库、项目计划、网络信息资源、

(1) 科技发展战略与规划监测

科技发展战略与规划监测是对国家的科技战略规划进行历史性监测，明确指导方针、发展方向、重点领域、研发顺序、资源分配、政策投入等，识别不同时期战略重点的转变；对主要国家的科技战略规划的异同进行比较，明确相同或相似之处，识别国家间科技发展战略的不同发展方向和路径选择。

(2) 科技发展环境与需求监测

科技发展环境与需求监测包括科技发展的一般环境和具体环境，一般环境包括经济环境、政治环境、社会环境、法律环境及技术环境等，还包括那些可能影响科技发展但联系尚不清楚的条件；具体环境指与实现科技发展目标直接相关的因素，包括相关科技发展情况、研究机构和人员、技术装备、科研管理等。科技需求监测主要指科学技术的实际需求，包括社会的和经济的需求。

(3) 特定技术领域监测

特定技术领域监测主要对高新技术领域特定技术研发状况及发展趋势的监测、分析和评估，包括某一技术在不同时期的研究主题、分支领域及其变化情况，技术发展的不同阶段，不同国家、科研院所、企业、科学家个人之间在研究方向上的联系、关联度及研究水平的比较，技术的产业化水平及政策支持等。

(4) 技术项目监测

技术项目监测是对重大技术创新项目的实施主体、社会需求、技术状态、研发进展、市场前景及项目管理等方面的状态和进展进行监测分析。由于项目是科技研发的载体，以重大技术创新项目为对象的监测分析，会得出一个国家或组织科技发展和运作管理方面的重要情报。

(5) 科技文献、技术专利和研发主体监测

科技文献监测主要是对不同科技领域的文献数量、数量变化情况以及分布态势的监测分析，文献作者、研究机构、所在国家、研究主体、文献类型、引用状态、文献日期等是监测分析的重要指标。技术专利监测主要是对专利的申请者或权利人、专利数量、专利结构及其变化趋势的监测分析，专利的技术状态和经济状态是监测的两个重要维度。研发主体监测涉及个人、组织和国家三个不同的层次，它们之间存在合作或竞争关系，并有不同的利益诉求和表达，监测的重点是研发能力（包括人员、项目、设备、技术、资金等）和相互之间的合作与竞争关系。

2. 科技发展趋势预测分析

科技发展趋势预测经历了从技术预测到技术评估，再到技术预见的发展过程。

(1) 技术预测

广义的技术预测分为探索性预测和规范性预测两类，狭义的技术预测主要指探索性预测。

探索性预测立足于现有技术，做出关于未来技术发展的预报。探索性预测主要解决的问题包括：未来可能出现什么样的新机器、新技术、新工艺；怎样对它们进行度量，或者说它们可能达到什么样的性能水平；什么时候可能达到这样的性能水平；它们出现的可能性如何、可靠性怎样。由此可以概括出探索性预测所包含的四个因素：定性因素、定量因素、定时因素、概率因素。

规范性预测是在假设探索性预测所预言的未来技术革新确能实现的情况下，指出实现这些技术的方式和方法。规范性预测方法主要建立在系统分析的基础上，将预测系统分解为各个单元，并且对各单元的相互联系进行研究。规范性预测常用的方法有：矩阵分析法、目标树法、统筹法、系统分析法、技术关联分析预测法、产业关联分析预测法等。

(2) 技术评估

按照日本科学技术厅的界定，技术预测就是综合检查、评价技术的直接效果、间接效果和潜在的可能性，将技术控制在整个社会希望的方向。技术评估是解决技术社会发展问题的方法和决策活动，也是一种管理技术和政策工具，具有多重价值观以及跨学科和预测的性质。根据研究对象的不同，技术评估常分为"技术驱动型评估"和"问题驱动型评估"，前者主要研究具体的技术或技术

群,后者则主要研究技术所带来社会影响和经济影响。

(3) 技术预见

技术预见又叫技术前瞻,是在技术预测、技术评估的基础上发展形成的一个新的综合性科技预测领域。技术预测涵盖了趋势和时间两个维度,主要根据技术自主发展的逻辑进行预测。

技术预测、技术评估和技术预见三者联系密切,但又有一定的区别,见表8-9。

表 8-9 技术预测、技术评估和技术预见的比较

方法	任务	应用领域	解决的问题	作用
技术预测	在较大领域内跟踪观察并分析新技术发现的条件和潜力	具体技术框架	技术发展的条件和产生的成果;发现技术突破领域,以及具体技术构架内的早期预警功能	支撑决策,发现技术突破领域,具有早期预警功能;制定综合科技政策预案;获取科技信息,减少决策时间;避免未能充分考虑技术发展的复杂性以及某项科技政策的副作用可能导致的错误
技术评估	全面评估新技术,支持决策过程	具体技术领域或具体问题	分析评估具体技术潜能或技术问题	
技术预见	确定具有战略性的研究领域,选择对经济和社会具有最大贡献的关键技术和通用技术	支持国家及国家以上层面的决策	分析技术发展的影响,确定发展过程中的共同问题;确定具有战略性的研究领域,同时具有早期预警功能	

3. 科技发展战略对策分析

科技发展战略对策分析是在科技发展态势监测分析和科技发展趋势预测分析的基础上开展的,是科技发展战略信息分析的重要内容。科技发展战略对策分析的主要内容如下。

(1) 科技发展目标分析

科技发展目标是一定时期内国家科技发展的总方向。科技发展目标要明确表述未来一定时期内科技发展的方向、任务及所要达到的基本目的,是在综合分析国内外科技发展态势和发展趋势,根据国家科技和社会经济发展的需要,在充分权衡自身科技力量的基础上提出的对一定时期内科技发展的总要求。科技发展目标一般分为总体目标和具体目标,具体目标还可进一步分为中期目标和远期目标。

(2) 科技发展重点领域分析

科技发展重点领域是根据本国科技发展优劣势条件和经济社会发展需要所确定的若干重点支持的科技领域,或在科技领域中可以起带头作用、能实现重点突破而应该得到优先发展的若干学科或技术领域,也被称为"国家关键技术选择"。我国《国家中长期科学和技术发展规划纲要(2006—2020年)》指出:重点领域是指在国民经济、社会发展和国防安全中重点发展、亟待科技提供支撑的产业和行业;优先主题是指在重点领域中急需发展、任务明确、技术基础较好、近期能够突破的技术群。

(3) 科技发展战略思想和发展对策措施分析

为实现科技发展目标和重点发展领域,需要确立科学的战略思想,即总的指导原则,并制定相应的对策措施,这是未来国家科学技术发展的指导方针和重要保证。

科技发展战略思想是指导科学技术发展的总原则、总政策、总构想。如《国家中长期科学和技术发展规划纲要(2006—2020年)》指出我国的科技发展战略思想是:自主创新,重点跨越,支撑发展,引领未来。自主创新,就是从增强国家创新能力出发,加强原始创新、集成创新和引进消化吸收再创新。重点跨越,就是坚持有所为、有所不为,选择具有一定基础和优势、关系国计民生和国家安全的关键领域,集中力量、重点突破,实现跨越式发展。支撑发展,就是从现实的紧迫需求出发,着力突破重大关键、共性技术,支撑经济社会的持续协调发展。引领未来,就是着眼长远,超前部署前沿技术和基础研究,创造新的市场需求,培育新兴产业,引领未来经济社会的发展。

科技发展对策措施是一段时间内为完成科技发展目标所采取的主要对策以及包括人、财、物在内的各项条件保证。不同国家根据国情和资源动员与配置的不同特点,制定各自不同的科技发展对策措施,集中体现在各自的科学技术发展政策中,见表8-10。

表 8-10 主要国家和组织科学技术政策动向

项目	日本	美国	欧盟	英国
科技政策理念	创造新知识、用知识创造附加价值、用知识创造财富的社会	增进国民的健康、发展经济、保障国家安全	增强产业科技基础、强化国际竞争力、推进必要的研究活动（《尼斯条约》）、构筑有活力的知识经济、创造欧洲基本战略	提高创造财富能力和生产效率、改善国民健康、环境、生活质量
基本法、基本计划	《科学技术创新基本法》（2020 年）	《无尽前沿法案》（Endless Frontier Act）（2021 年）	"地平线"计划（2020 年）	《科学技术框架》（2023 年）
研发投资额	（2022 年）1354 亿美元	7132 亿美元	3780 亿美元	521.9 亿美元
政府资助占 GDP 比例	2022 年占 3.2%	2022 年占 2.8%	2022 年占 2.27%	2022 年占 1.7%
重点发展领域	电子技术、生命科学、新材料技术、新能源技术、物联网技术等	量子信息科学、人工智能、先进通信网络5G、先进制造和生物技术	信息技术、人工智能、纳米技术、材料技术、生物技术、制造技术、太空技术	人工智能、工程生物学、未来电信、半导体和量子技术
特殊的政策、动向	指出政府应加强对大学科研活动的风险管理，并且开展新型科技外交	在鼓励科技发展和人才引进方面，美国政府 2022 年 1 月推出新政策以吸引专攻科学、技术、工程和数学专业（STEM）的国际学生。2022 年 8 月底，美国白宫科技政策办公室（OSTP）发布政策指南，要求政府资助的研究项目成果免费对外开放美国国家科学基金会（NSF）。2022 年 10 月底，美国教育部职能部门（EDU），该部门由原有教育及人力资源开发基础上改组成立 STEM 教育专职部门，将专注于 STEM 教育方面的工作	人才交流计划：欧洲研究理事会"玛丽·居里学者"人才计划	英国政府 2022 年 6 月发布新版《数字战略》，旨在帮助全球开展数字战略，巩固英国作为全球科技超级大国的最佳地点，并发布《国防人工智能战略》，支撑新兴技术的使用和创新，从而支持创建新的国防 AI 中心，力争实现英国"到 2030 年成为科技超级大国"的雄心

项目	德国	法国	中国	韩国
科技政策理念	形成经济强竞争力、社会福利充实、积极应对环境的德国	科技是竞争力，是经济增长、增加就业的驱动力；科技要解决社会问题；科技文化兴国	科学技术是第一生产力	科学技术的发展要实现经济成长和福利社会
基本法、基本计划	高科技战略 2025（2018 年）	"法国 2030"计划	《中华人民共和国科学技术进步法》（2021 年修订）	《国防科技创新促进法》（2020 年）
研发投资额	1274.84 亿美元	917.4 亿美元	4590 亿美元	712 亿美元
政府资助占 GDP 比例	3.14%	3.3%	2.5%	1.33%
重点发展领域	人工智能、虚拟现实、数字平台系统、创新环境治理	生物与健康、材料科学与工程、地球系统环境、数字化与数学科学、天文学与天体物理、核物理与高能物理	人工智能、量子信息、集成电路、脑科学、深海深地深空	半导体显示器、动力电池、新一代核能、高科技出行、宇宙太空及海洋、氢气通信、人工智能、新一代生物、高科技安全、网络安全、高科技机器人及制造技术、量子技术
特殊的政策、动向	德国与其他 15 个欧盟国家联合成立 100 亿欧元的欧洲技术冠军（ETCI）基金。重点资助领先规模企业和科技公司，改进科技应用环境的创业局面。为了改善科技领先国地位，德国政府还专门成立了"德国转移与创新部"	法国高等教育、研究与创新部发布新版《研究与创新战略路线图》，明确了 108 个对法国科研布局、发展具有重要战略意义的未来研究基础设施，路线图将法国制定为未来科技创新大国的主要参考，大力支持高科技相关的创新企业。现每年产生 500 家由研究人员创建的研究型创新企业	引导支持青年科技人才服务高质量发展，支持青年科技在任务中"挑大梁""当主角"。积极培育企业科技创新能力，加大对企业计量技术创新的支持力度，深化企业计量服务水平，优化企业计量发展政策环境	韩国政府将半导体、显示器、动力电池等技术定为"12 大国家战略技术"，并为此增加了预算

8.4.3 科技信息分析的方法

1. 技术预见方法

技术预见从早期偏向采用数量化的预测方法——数学模型（Mathematical Model），逐渐演变为非量化的情境或远景（Qualitative Scenarios or Vision）分析预测方法。常用的技术预见方法有专家咨询法（关键技术法）、深入研究法、德尔菲法、情境分析法、头脑风暴法、技术地图法等。欧洲技术未来分析方法研究组（Technology Future Analysis Methods Working Group）2003 年发布的关于技术远景的分析报告中，对技术未来分析（Technology Future Analysis，TFA）方法进行了总结，这些方法都不同程度地在各个国家的技术预见实践中得到应用，见表 8-11。

表 8-11 技术未来分析方法举例

英文名称	中文名称
Action [options] Analysis	行为（选择）分析
Agent Modeling	代理建模
Analogies	类推法
Analytic Hierarchy Process（AHP）	层次分析法
Backcasting	倒推法
Bibliometrics [Research Profiling, Patent Analysis, Text Mining]	文献计量学（案例剖析，专利分析，文本挖掘）
Brainstorming [Brainwriting, Nominal Group Process（NGP）]	头脑风暴法[创意书写，名义群体法（NCP）]
Causal Model	因果模型
Checklist for Impact Identification	影响因素集合
Complex Adaptive System modeling	复杂适应系统（CAS）建模
Correlation Analysis	关联分析
Creativity Workshop [Future Workshop]	创新研讨会（未来研讨会）
Cross-impact Analysis	交叉影响分析
Decision Analysis [Utility Analyses]	决策分析（效用分析）
Delphi（Iterative Survey）	德尔菲方法（重复调查）
Demographic	人口统计
Diffusion Modeling	传播建模
Economic Base Modeling[Input－Output Analysis]	经济基础模型（输入输出分析）
Field Anomaly Relaxation Method	场域异常张弛（FAR）方法
Focus Group [Panel, Workshop]	焦点小组法
Innovation System Modeling	创新系统建模
Interview	面谈法
Institutional Analysis	制度分析
Long Wave Analysis	长波分析

(续)

英文名称	中文名称
Mitigation Analysis	缓和分析
Monitoring [Environmental Scanning, Technology Watch]	监测（环境扫描，技术观测）
Morphological Analysis	形态分析
Multicriteria Decision Analysis [Data Envelopment Analysis (DEA)]	多指标决策分析[数据包络分析（DEA）]
Organizational Analysis	组织分析
Multiple Perspectives Assessment	多方评估
Participatory Technique	技术分享
Precursor Analysis	前提分析
Relevance Tree [Future Wheel]	关联树（未来轮）
Requirement Analysis [Needs Analysis, attribute-Technology Matrix]	需求分析（需求分析，成果-技术矩阵）
Risk Analysis	风险分析
Roadmapping [Product-Technology Roadmapping]	关键路线图（产品-技术关键路线图）
Science Fiction Analysis	科学幻想分析
Scenarios [Scenarios with Consistency Checks, Scenario Management]	情景分析（一致性检验，情景管理）
Scenario-simulation [Gaming, Interactive Scenario]	情景模拟
Social Impact Assessment [Socioeconomic Impact Assessment]	社会影响评估（社会经济影响评估）
Stakeholder Analysis [Policy Capture, Assumptional Analysis]	相关利益者分析（政策捕捉，假想分析）
Technological Substitution	技术代换
System Simulation [System Dynamics, KSIM]	系统仿真（系统动力学，KSIM）
State of The Future Index (SOFI)	未来指数走势（SOFI）
Sustainability Analysis [Life Cycle Analysis]	持续性分析（生命周期分析）
Technology Assessment	技术评估
Trend Extrapolation [Growth Curve Fitting and Projection]	趋势外推（增长趋向拟合与投影）
Triz	计算机辅助创新
Trend Impact Analysis	趋势影响分析
Vision Generation	可视化

2. 科学知识图谱方法

科学知识图谱，也称为知识图谱、知识域可视化、引文分析可视化等，它是通过将应用数学、图形学、信息可视化技术、信息科学等学科理论与方法与科学计量学的引文分析、共现分析等方法相结合，并利用可视化的图谱形象直观地展示学科的核心结构、发展历史、前沿领域以及整体知识结构，以达到多学科融合的现代理论。它把复杂的知识领域通过数据挖掘、信息处理、知识计量和图形绘制而显示出来，揭示知识领域的动态发展规律，为科学研究提供切实的、有价值的参考。

科学知识图谱方法是可视化分析方法的一种，蕴含了一系列方法，是科学计量学方法、内容分析法、社会网络分析法、可视化分析方法与现代信息技术高度结合、综合应用的结果，如图 8-13 所示。科学知识图谱方法常用于揭示科学发展趋势和识别科学前沿领域。

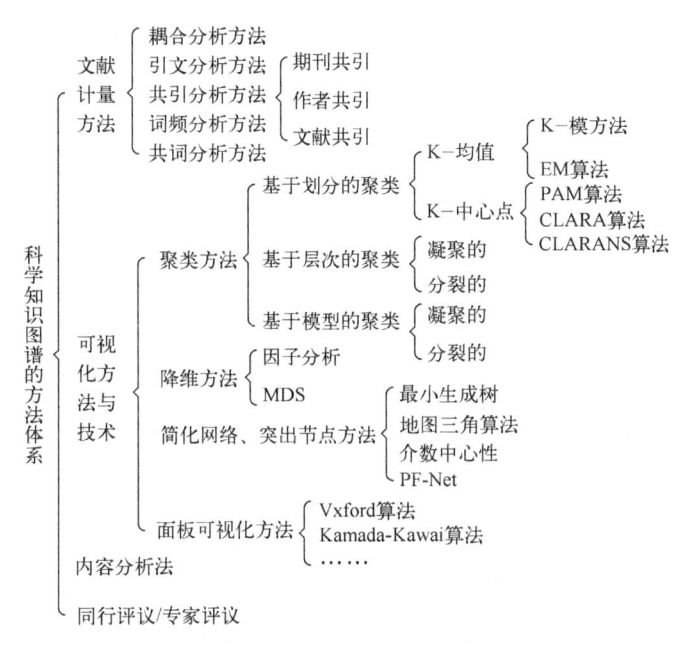

图 8-13 科学知识图谱的方法体系

8.4.4 科技信息分析的应用

科技信息分析被广泛应用于科学前沿领域识别和技术预见领域，取得了大量的研究成果。

1. 日本的技术预见框架

日本是世界上进行技术预见最早的国家之一，从 1955 年起近 20 年时间里，日本经济持续高速增长，年均增长率超过 9%，国民生产总值在此期间增长 7 倍，并于 20 世纪 60 年代末超过德国跃居世界第二位。然而，这一时期日本经济高速发展在很大程度上得益于大量引进的国外先进技术。据统计，在 1950—1975 年，日本共引进 26 000 项先进技术，引进这些技术的政府开支在 20 世纪 50 年代达到 2.54 亿美元，20 世纪 60 年代达到 18.92 亿美元。但是，这种引进技术的模式在日本由追赶者变为领先者后发生了问题，即在失去了追随和模仿的对象之后，日本的经济发展方向在哪里？为此，从 1971 年开始，日本每 5 年都要进行一次技术预见调查。

2008—2009 年，日本进行了第 9 次技术预见调查。该调查由文部科学省委托科学技术学术政策研究所（NISTEP）负责实施，于 2010 年 12 月公布最终报告。日本的技术预见一般以未来 20~30 年为预测节点，本次是预测 2040 年科学技术的发展状况。调查的报告主体分为三大板块，分别是"第 9 次德尔菲调查""科学技术对未来社会的贡献"以及"各地可持续发展的不远未来"。其中，最重要的就是第 9 次德尔菲调查，后两大板块皆以此为基础展开。

第 9 次德尔菲调查以未来可能会实现的技术目标以及解决国内外各类问题为导向，打破当下的学科分类体系，设置了 12 个跨学科分科会，对 832 个主题（即科学技术课题）进行调查讨论。同时还根据不同的目标，设置了 4 个目标分科会（安心、安全、国际协作、国际竞争），讨论 24 项重点目标。此次调查的特点是问题导向性以及跨学科领域性，也是自 1971 年以来首次不出现研究领域名称的调查。第 9 次德尔菲调查共收到了 2900 名各领域专家的回复，其中大部分专家根据德尔菲法接受了两次调查。这些专家有来自企业、大学、国有研究机构等不同性质的部门，年龄跨度从 20 岁到超过 70 岁，对于日本国内的专家领域想法有很强的代表性。

日本技术预见框架除了传统的德尔菲调查之外，还增加了社会经济需求调查、利用文献计量分析方法进行的快速发展的研究领域调查、基于专家对重要研究领域评价的情景分析调查,形成具有特色的日本技术预见框架,如图 8-14 所示。

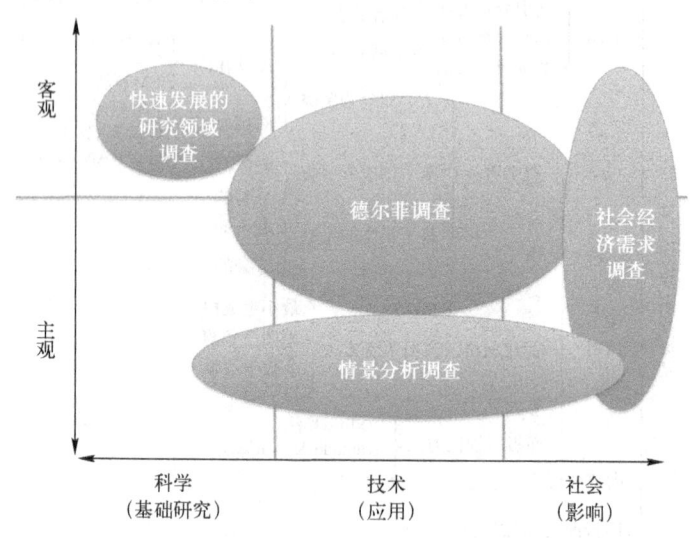

图 8-14　日本技术预见的总体框架

2. 中国的技术预见框架

"中国未来 20 年技术预见研究"是中国科学院高技术研究与发展局批准立项的知识创新工程重要方向项目,旨在构建政产学研互动平台和沟通、协商与协调机制,使各方对未来技术发展趋势及作用达成共识,并据此相应调整各自的战略。该项目的框架内容包括 5 个方面:技术预见方法研究,技术需求分析,德尔菲法调查,政策分析,技术发展趋势跟踪与监测方法研究。

技术预见方法研究重点在于比较国外技术预见方法,特别是比较各国德尔菲调查的问卷结构、组织流程以及调查结果,提出适合中国国情的系统化技术预见总体方案、阶段目标、管理控制阶段和技术保障条件等,通过技术预见过程模拟、修正和完善系统化技术预见方法。

中国未来 20 年情景构建与技术需求分析的重点在于情景分析,围绕中国未来 20 年社会发展图景,如全球化、信息化、城市化、工业化、循环型和消费型社会等,分析国家战略需求、市场需求及技术发展趋势,推演技术需求集群。

德尔菲调查充分考虑国家战略需求和国际可比要求,选择信息技术、生物技术、绿色技术和空间技术 4 大门类 8 组研究对象(信息、通信与电子技术,先进制造技术,生物技术,能源技术,化学与化工,资源与环境,空间技术,材料技术),就其未来 20 年应重点发展的关键技术及系列相关问题开展德尔菲调查。

政策分析在德尔菲调查结果的基础上,综合文献计量与专题研讨等方法,提出中国未来 20 年优先发展的战略技术集群和技术课题;分析技术对社会、经济、环境和人民生活等造成的潜在影响;分析技术发展趋势与远景、相关产业竞争格局,提出相应的发展战略;确定主要技术方向的领先国家,提出国际科技合作和技术引进策略;评估技术课题发展环境,包括分析相关技术、产业、基础设施发展状况和政府科技、产业、人才政策等。

技术发展趋势跟踪和监测是对德尔菲调查的补充,并为下一轮调查做准备。为此,需要建立技术发展动态监控平台,采用文献计量、数据挖掘、技术路径图谱等方法跟踪、监控基于德尔菲调查结果遴选的战略技术课题的发展状况,及时更新技术课题清单。

本章小结

信息分析应用广泛，其中竞争情报分析、专利信息分析、市场信息分析和科技信息分析倍受关注。

竞争情报分析是在企业需求、学科发展、技术进步和专业人员与机构的共同作用下产生和发展起来的。竞争情报分析发展大致经历了 4 个阶段：竞争数据搜集、行业及竞争对手分析、竞争情报和竞争情报作为一种核心能力。竞争情报分析的内容可以概括为"三知"，即"知己""知彼""知环境"。竞争情报分析方法有数百种之多，本书重点介绍了定标比超分析法、SWOT 分析法和价值链分析法三种。竞争情报系统可以理解为管理系统、信息系统、人机系统、开放系统和战略系统。竞争情报系统由组织网络、信息网络和人际网络的三大网络构成，包括一个中心（即竞争情报中心）和四个子系统（即竞争情报收集子系统、竞争情报分析子系统、竞争情报服务子系统和反竞争情报子系统）。

专利文献中蕴含着丰富的技术信息、法律信息、经济信息、著录信息和战略信息。只有利用专利信息分析，才能将隐藏在大量专利文献中有价值的专利信息挖掘出来。专利信息分析是将普通的专利信息转化为有价值的专利竞争情报的过程。专利信息分析可以起到展示发明创造轨迹、揭示技术发展趋势和展现竞争环境态势等重要作用。专利信息分析的方法分为定性分析方法、定量分析方法和拟定量分析方法三种。常用的专利信息定性分析方法有技术功效矩阵分析法、技术角度分析法、技术路线图分析法、鱼骨技术分析法、专利法律状态分析法、同族专利分析法、专利性分析法、权利要求构件分析法等。专利信息定量分析方法可以分为专利文献件数统计分析和专利文献信息组合分析两个层次，所用的分析指标有数据指标、量变指标和量比指标三类。专利信息定量分析方法主要有专利技术生命周期法、统计频次排序法、布拉德福文献离散选定应用法、时间序列分析法和技术趋势回归分析法等。专利信息拟定量分析方法都是以关联分析为基础，常见的专利信息拟定量分析方法有专利引证分析法、专利数据挖掘、专利共现分析法和专利地图方法等。随着现代信息技术，特别是网络技术的发展和普及，专利信息分析开始由手工分析向电子化、数字化、网络化、自动化、智能化和可视化方向发展，出现了多种专利信息分析辅助工具。专利信息分析工具主要有专利信息检索工具和专利信息分析工具，以及在专利信息分析工具基础上衍生出来的专利地图和可视化工具。

市场信息分析是指运用科学的方法和合适的手段，有目的有计划地收集、整理、分析和报告有关营销信息。市场信息分析的内容主要包括市场环境分析、市场态势分析及消费者需求分析。市场信息分析的前提是市场信息收集，市场信息收集的方法主要有观察法、调查法和实验法等，市场信息分析的方法有用于市场环境分析的 PEST 分析法、用于市场态势分析的五种竞争力模型、用于市场地位分析的波士顿矩阵等。

科技信息分析是指根据特定的需求，在广泛收集有关科学技术信息的基础上，通过信息整理鉴别、综合归纳、推理等，提出有依据、有分析、有评价、有预测性意见的研究结论。科技信息分析的主要内容包括科技发展态势监测分析、科技发展趋势预测分析和科技发展战略对策分析。科技信息分析的方法主要有技术预见、科学知识图谱等方法，在科学前沿领域识别和技术领域预见具有广泛的应用。

本章习题

一、名词解释

竞争情报　　定标比超　　SWOT 分析　　价值链分析　　竞争情报系统　　专利　　专利文献

专利信息　　专利信息分析　　市场信息分析　　PEST 分析　　科技信息分析　　技术预见

二、简答题

1. 竞争情报分析的主要内容和方法有哪些？
2. 谷尼竞争情报系统的基本架构是怎样的？
3. 专利信息分析的主要方法和工具有哪些？
4. 市场信息分析的主要内容是什么？分析的方法主要有哪些？
5. 科技信息分析的主要内容是什么？分析的方法主要有哪些？

三、操作应用题

1. 企业在竞争中如何实施定标比超、SWOT 分析和价值链分析？选择一个合适的企业进行定标比超、SWOT 分析和价值链分析。
2. 如何利用公共性专利信息检索与服务平台和专利搜索引擎免费获取专利信息？分别选择一个国内和国外的公共性专利信息检索与服务平台和专利搜索引擎实施特定技术领域或特定专利检索。
3. 企业在市场信息分析中如何实施 PEST 分析、五种竞争力模型和波士顿矩阵方法？选择一个合适的企业进行 PEST 分析、五种竞争力模型和波士顿矩阵分析。

第 9 章　计算机辅助信息分析

【导入案例】

阿尔法围棋战胜人类

阿尔法围棋（AlphaGo）是一款围棋人工智能程序，由谷歌（Google）旗下 DeepMind 公司的戴维·西尔弗、艾佳·黄和戴密斯·哈萨比斯与他们的团队开发，这个程序利用"价值网络"去计算局面，用"策略网络"去下子。2015 年 10 月，阿尔法围棋以 5∶0 完胜欧洲围棋冠军、职业二段选手樊麾；2016 年 3 月对战世界围棋冠军、职业九段选手李世石，并以 4∶1 的总比分获胜。

阿尔法围棋的主要工作原理是"深度学习"。"深度学习"是指多层的人工神经网络和训练它的方法。一层神经网络会把大量矩阵数字作为输入，通过非线性激活方法取权重，再产生另一个数据集合作为输出。这就像生物神经大脑的工作机理一样，通过合适的矩阵数量，多层组织链接一起，形成神经网络"大脑"进行精准复杂的处理，就像人们识别物体标注图片一样。阿尔法围棋是通过两个不同神经网络"大脑"合作来改进下棋。这些"大脑"是多层神经网络，跟那些 Google 图片搜索引擎识别图片在结构上是相似的。它们从多层启发式二维过滤器开始，去处理围棋棋盘的定位，就像图片分类器网络处理图片一样。经过过滤，13 个完全连接的神经网络层产生对它们看到的局面判断。这些层能够做分类和逻辑推理。这些网络通过反复训练来检查结果，再去校对调整参数，去让下次执行更好。这个处理器有大量的随机性元素，所以人们是不可能精确知道网络是如何"思考"的，但更多的训练后能让它进化到更好。

阿尔法围棋战胜人类的事实告诉我们，计算机技术深入发展，已从传统的简单数据统计发展到复杂的计算、决策和具有一定的推理智能，能在信息分析中发挥着重要的作用和功能。

资料来源：
1. 围棋人机大战. http://sports.people.com.cn/GB/31928/403181/.
2. 人机互动推动科技进步 阿尔法围棋激发人类潜力. http://kknews.cc/zh-cn/sports/y9r25a.html.

【导入问题】
1. 阿尔法围棋是如何战胜人类的？
2. 计算机怎样辅助信息分析？如何利用计算机技术辅助信息分析？

【关键知识点】
1. 了解计算机辅助信息分析的概念、发展阶段和主要技术。
2. 掌握计算辅助信息分析的主要工具及其应用。

中国成就

计算机辅助信息分析就是借助计算机信息储存量大、计算准确快速、制作图表方便简捷的优势，利用相关软件和工具，对信息分析对象进行专题性、行业性、综合性、深入性的分析，最终为不同层次的科学决策服务。

20 世纪 70 年代以来，计算机技术飞速发展；20 世纪 90 年代以来，互联网技术迅速普及。计算机和网络技术在人类社会的各个方面都发挥着重大作用，对人们的生活、学习、工作和思维都产生了革命性变化和影响。随着计算机技术和网络技术的不断发展、智能技术的成熟以及数据挖掘、自然语言处理和人工智能技术的结合，利用计算机能够处理越来越复杂的信息分析问题，计算机辅助信息分析（Computer Aided Information Analysis, CAIA）作为一种崭新的方法和手段，开始在信息

分析领域广泛兴起，显著地改变了信息分析的方式，提高了信息分析的职业水平，将人类的信息分析水平推向了前所未有的高度，代表了信息分析发展的重点和未来方向。

9.1 计算机辅助信息分析概述

9.1.1 计算机辅助信息分析的社会背景

20世纪七八十年代以来，计算机辅助信息分析的迅速发展源于两大社会背景。

1. 信息分析课题和方法复杂化的迫切需求

随着社会生活的日益复杂化，社会实践对信息分析提出了更多、更高的要求。同时，越来越多的信息分析课题都是复杂的、综合性的大系统工程，所需的统计、计算、建模、分析等各类信息数据的处理越来越复杂，要求也越来越高。信息分析的各种方法发展也很快，有些方法的参数和方程之多，建模和求解的难度之大，实施过程之复杂，已非人力所能胜任，甚至离开了计算机辅助就无法获得结果。尤其是随着大数据时代的到来，面对数据体量巨大（Volume）、类型繁多（Variety）、价值密度低（Value）、处理速度快（Velocity）的4V特征，信息分析已离不开计算机辅助。

2. 计算机技术为信息分析奠定了技术基础

随着计算机技术的迅速普及、功能的日益强大，数据库技术、软件技术的广泛开发以及人工智能与数据挖掘技术的逐渐成熟，现代信息技术不仅可以有效支持对信息的组织和处理，而且可以对信息进行识别、挖掘和重组，为解决信息分析的各种困难问题提供了非常强大的技术支持，对人的脑力劳动也是一种智能意义上的重要补充，同时为逐步实现信息分析过程的高效、自动和智能开辟了广阔的前景。

在上述背景下，计算机辅助信息分析越来越受到人们的重视，日益成为信息分析的主流方法和手段，从而开辟出信息分析新的工作方式和职业面貌。

9.1.2 计算机辅助信息分析的发展历程

计算机辅助信息分析发展至今，大概可以划分为三个阶段：机助数据处理阶段、系统支持阶段和智能开发阶段。

1. 机助数据处理阶段

由计算机完成信息分析中的数据统计、计算、图形表达、结构输出等多种数据加工处理工作，可以将人从繁重的数据运算中解放出来，使各种数据量大、参数多的信息分析课题有实施的可能。

机助数据处理阶段主要采用通用软件开展信息分析工作。通用软件一般都具有完备的统计分析功能，可支持信息分析中常用定量方法的数据处理、计算和结果表达，如时间序列分析、回归分析、主成分分析、方差分析、因素分析、聚类分析、判别分析、多维比例分析、相关分析、曲线程序分析等。目前，国内外已经开发和推出了不少统计分析方面的通用软件。国外软件比较流行的有SPSS、SAS、BMDP、STATLSTICA、SYSTAT、Excel等，都可以在微机上应用。国内开发的通用软件，如第四军医大学开发的NOSA软件、中国科学院开发的SASA软件、上海市计算技术研究所开发的RDSA软件等都拥有比较庞大的用户，在功能上覆盖绝大多数常用的统计分析方法。

这一阶段计算机辅助信息分析的发展特点是：计算机只承担某一项具体的运算或数据处理。从大的范围来说，这一阶段的计算机辅助信息分析是属于自动数据处理（Automatic Data Processing，ADP）的一个组成部分或应用子领域。

2. 系统支持阶段

该阶段建立了信息分析的专用数据库系统，从工作环境和工作基础上对信息分析提供支持，实现信息分析工作更高程度和更大范围的自动处理。

（1）信息分析专用数据库系统的一般功能

信息分析专用数据库系统能提供基础的共享数据（如统计数据、电子百科全书等），能按照不同的研究目的和要求方便地存储、检索和编辑某一领域或范围的数据资料，能进行数据的统计分析、计算和建模，能提供良好的结果表达和输出功能。

（2）信息分析专用数据库系统的实现途径

1）采用通用性强的基础性数据库。目前一些大型的数据库系统除具备检索功能之外，还具有数据统计和定量分析功能，可支持一般性的信息分析工作。

2）根据信息分析的具体内容和工作目标，研制专用数据库，如美国信息研究所研制的 SCI 数据库、中国社会科学院"世界主要国家综合国力的比较研究"课题组所建立的综合国力分析数据库等。

3）利用套录技术建立支持信息分析的数据库。从大型计算机系统的多种数据库套录课题所需要的数据，按一定的规划和要求对数据进行重组，建立专门的数据库供信息分析使用。美国 ISI 开发的 SCI-MATE、Dialog 公司的 DLALOG-LINK、ESA-IRS 的 MIKRLTEL 等均是专门用于套录的软件。

随着网络信息技术的发展和信息资源的网络化，信息分析必然拓展到网络环境，建立特定课题的 Web 数据库或虚拟数据库也成为构建信息分析专用数据库系统的一种重要途径。

专家系统（Expert System，ES）和决策支持系统（Decision Support System，DSS）是信息分析系统支持阶段的代表性成果。专家系统是充分利用信息分析中专家解决问题的成功经验，将专家的知识、经验、解决问题的方法变成计算机程序，分析和解决相当于信息分析专家才能回答的常规性问题，通过人机对话启发信息分析人员做出科学的分析和推理判断。决策支持系统针对不同性质的管理问题，可帮助信息分析人员分析和认识问题，做出判断和决策。例如"对话式财务计划系统"可利用模型进行预测和风险分析，灵活地辅助分析人员进行财务计划和风险规避；而"地理数据分析展示系统"则能为城市规划等提供很强的信息分析结果。

3. 智能开发阶段

计算机辅助信息分析的系统支持阶段虽然可以从整体上支持信息分析，但上述专家系统和数据库应用系统只能解决规范性问题，即依靠系统中存储的过去的经验程序化地解决问题。计算机辅助信息分析要得到进一步发展，不能仅仅满足于逻辑推理、定量计算或按固定的程序解决问题，而应该具有灵活的分析判断能力、多路推理能力、处理模糊问题的能力和模式识别能力，即需要提高计算机系统的智能化程度。随着人工智能（Artificial Intelligence，AI）技术的发展，计算机辅助信息分析将步入以智能为主要特征的发展阶段——智能开发阶段。

在人工智能学科中，与信息分析具有密切关系的领域是知识工程（Knowledge Engineering），这是 20 世纪 70 年代中期崛起的一个重要领域。知识工程的研究对象是知识的智能处理，大体包括四个方面的内容：知识的获取和学习，知识的表示和组织，知识的检索和推理，知识的传播和利用。知识工程从新的角度、运用新的手段从深层次来探索这些基本问题，显然将对信息分析工作产生重大的影响，从智能的角度上提高信息分析的水平。

目前，数据仓库（Data Warehouse，DW）、数据挖掘（Data Mining，DM）、联机分析处理（OnLine Analytical Processing，OLAP）、知识发现（Knowledge Discovery in Database，KDD）等技术已广泛应用于知识的组织与管理，可帮助信息分析人员识别隐藏于各信息单位之间的知识关联，为复杂的信息分析和高层次的决策提供智能支持，使信息分析工作不再拘泥于固定的程序，智能化的处理成为其新的特点。

9.1.3 计算机辅助信息分析的主要技术

20 世纪 90 年代以来，随着计算机技术的发展和人们对大规模数据进行深层次分析的需求增长，数据仓库、联机分析处理、数据挖掘、信息可视化（Information Visualization）等信息分析处理技术相继问世，为信息分析和决策支持提供了有效的体系化解决方案，显著提升了信息分析的智能化程度。其中，数据仓库主要用于数据的获取、组织和存储；联机分析处理集中于数据的多维分析和查询；数据挖掘致力于从大量模糊的、随机的数据中提取具有潜在价值的知识。而联机分析处理和数据挖掘既可以作为数据仓库工具层的组成部分，又可以独立于数据仓库。对数据仓库系统来说，数据仓库是基础，联机分析处理和数据挖掘是主要工具；联机分析处理和数据挖掘从数据仓库中访问、提取有关信息，满足分析研究的需要，同时，联机分析处理和数据挖掘可相互验证分析的结果，提高信息分析的可靠性。数据仓库、联机分析处理、数据挖掘代表了计算机辅助信息分析技术的主要发展领域和方向。

1. 数据仓库

数据仓库是适应数据分析型处理而兴起的一种新的数据存储和组织技术，它在原有各类数据库的基础上，为了满足高层分析和决策的需要，通过分离操作型处理和分析型处理，为人们建立一个单独的分析处理环境。在技术层面上，根据其工作过程，可将数据仓库的关键技术与内容分为数据抽取与集成、数据存储与管理及数据分析与表现三个基本方面。

1）数据抽取与集成。数据抽取是数据进入仓库的前提。由于数据仓库是一个独立的数据环境，它需要通过抽取过程将数据从联机事务处理系统、外部数据源、脱机数据存储介质中导入到数据仓库。数据抽取在技术上主要涉及互联、复制、增量、转换、调度和监控等方面。数据仓库中的数据并不要求与联机事务处理系统保持实时同步，因此数据抽取可以定时进行，但多个抽取操作执行的时间、相互的顺序、成败对数据仓库中信息的有效性则至关重要。经过数据抽取，将形式多样、结构不一致的大量数据清洗、转化、综合后加载到数据仓库中。

2）数据存储与管理。数据仓库组建和运行的关键是数据的存储与管理。其组织管理方式决定了它有别于传统数据库，同时也决定了其对外部数据的表现形式。要决定采用什么产品和技术来建立数据仓库的核心，需要从数据仓库的技术特点着手分析。一般来说，数据仓库的存储可由大型含有并行组件的关系数据库系统来完成，也可以使用多维数据库，进行大批量数据分析和复杂处理。

3）数据分析与表现。数据分析与表现主要集中在多维分析、数理统计和数据挖掘方面，可利用联机分析处理、数据挖掘及用户查询与报表工具。互联网技术的发展和普遍运用，使得多维分析和数据挖掘领域的工具和产品更加注重提供基于 Web 前端的联机分析界面，拓展了数据挖掘的数据分析与表现形式。

2. 联机分析处理

联机分析处理的概念最早由关系数据库之父 E.F.Codd 于 1993 年提出。当时，Codd 认为联机事务处理系统已不能满足终端用户对数据库进行查询分析的需要，SQL 语句对数据库的简单查询也不能满足用户深入分析的需要，要解决用户决策分析中对关系数据库进行大量的、深层次的计算问题，需要多维数据库和多维分析技术支持。在这一背景下，Codd 提出了联机分析处理的概念。

联机分析处理是针对特定问题的联机数据访问与分析，使分析人员和决策人员能够从多角度对信息进行快速、一致、交互的存取，从而获得对数据更深入的了解。它反映了分析对象真实的"维"。"维"是人们观察客观世界的角度，是一种高层次的类型划分。多维分析是指对以多维形式组织起来的数据采取切片（Slice）、切块（Dice）、旋转（Pivot）、钻取（Roll up and Drill down）等各种分析动作，以求剖析数据，使最终用户能从多角度、多侧面观察数据库中的数据，从而深入地了解包含在数据中的信息内涵。

联机分析处理的实现方式有基于关系数据库的实现、基于多维数据库的实现，以及基于关系数据库与多维数据库的混合方式实现三种方式。针对不同的实现方式，联机分析处理技术分为多维联机分析处理（Multidimensional OnLine Analytical Processing，MOLAP）、关系联机分析处理（Relational OnLine Analytical Processing，ROLAP）、混合联机分析处理（Hybrid OnLine Analytical Processing，HOLAP）三大类。MOLAP 是基于多维数据组织和存储的联机分析处理技术，多维数据库可以用一个多维数组表示；ROLAP 是基于关系数据库实现的联机分析处理技术，每一个 ROLAP

分析模型都基于关系数据库中一些相关的表；HOLAP 是基于关系数据库与多维数据库的混合方式实现，兼具 MOLAP 和 ROLAP 的优点，它将数据存储混合、粒度较大的高层数据存储在多维数据库中，粒度较小的细节层数据存储在关系数据库中，具有更好的灵活性。

3. 数据挖掘

数据挖掘是一种从大量、模糊、随机的数据中提取、发现隐含于其中的潜在数据模式和有用信息的过程。数据挖掘涉及数据统计、模糊理论和人工智能等多种技术，是进行预测性分析的有效工具。用户使用数据挖掘工具不必提出确切的问题，只须通过关联知识的挖掘去智能地定位潜在信息、预测未来的发展趋势和探测未知模式。作为数据挖掘工具层的组成部分，联机分析处理和数据挖掘是相辅相成的：联机分析处理更多地依靠用户输入问题和假设，得出分析结论，数据挖掘则自动发现隐藏的数据模式，做出预测和发现未知的事实。因此，可以结合联合分析处理和数据挖掘验证分析结论，提高信息分析的质量。目前，联合分析处理和数据挖掘出现了相互融合的发展趋势，以至出现了联机数据挖掘（OnLine Data Mining, OLDM）的新概念。

按照 IBM 的划分，数据挖掘的主要分析方法有如下四类。

1) 关联分析（Association Analysis）。即利用关联规则进行数据挖掘。目前人们提出了多种关联规则的挖掘算法，如 APRIORI、STEM、AIS、DHP 等算法。关联分析的目的是挖掘隐藏在数据间的相互关系，它能发现数据库中类似 "90%的顾客在一次购买活动中购买商品 A 的同时购买商品 B" 的知识。

2) 序列模式分析（Sequential Pattern Analysis）。序列模式分析的侧重点在于分析数据间的前后序列关系。它能发现数据库中类似 "在某一段时间内，顾客购买商品 A，接着购买商品 B，而后购买商品 C，即序列 A→B→C 出现的频度较高" 的知识。序列模式分析描述的问题是：在给定的交易序列数据库中，每个序列是按照交易时间排列的一组交易集，挖掘序列函数作用在这个交易序列数据库上，返回该数据库中出现的高频序列。

3) 分类分析（Classification Analysis）。设有一个数据库和一组具有不同特征的类别（标记），该数据库中的每一个记录都被赋予一个类别的标记，这样的数据库称为示例数据库或训练集。分类分析就是通过分析示例数据库中的数据，为每个类别做出准确的描述，或建立分析模型或挖掘出分类规则，然后用这个分类规则对其他数据库中的记录进行分类。目前已有多种分类分析模型得到应用，其中典型的有线性回归模型、决策树模型、基本规则模型和神经网络模型。

4) 聚类分析（Clustering Analysis）。即根据一定的规则（聚类算法）合理地划分记录集合，确定每个记录所在的类别。它所采用的分类规则是由聚类分析工具决定的。聚类分析的方法很多，包括系统聚类法、分解法、加入法、动态聚类法、模糊聚类法、运筹方法等。采用不同的聚类方法，对于相同的记录集合可能有不同的划分结果。聚类分析与分类分析是两种互补的分析方法：一方面，分类分析的分类标准可以通过聚类分析不断得到补充；另一方面，聚类分析可以直接采用分类算法进行。

4. 信息可视化

可视化是将大量的数据、信息和知识转化为一种人类的视觉形式，直观、形象地表现、解释、分析、模拟、发现或揭示隐藏在数据内部的特征和规律，提高人类对事物的观察、记忆和理解能力及整体概念的形成。其中信息可视化是其重要的分支。自 18 世纪后期数据图形学诞生以来，抽象信息的视觉表达手段一直被人们用来揭示数据及其他隐匿模式的奥秘；信息可视化的英文术语 "Information Visualization" 是由斯图尔特·卡德、约克·麦金利和乔治·罗伯逊于 1989 年创造出来的；20 世纪 90 年代，期间新近问世的图形化界面，使得人们能够直接与可视化的信息之间进行交互，从而造就和带动了十多年来的信息可视化研究的快速发展。美籍华人陈超美在国际信息可视化的研究与实践中具有重要影响，1999 年率先发表了该领域的第一部专著（2004 年再版）《信息可视化》，创办了国际期刊《信息可视化》（*Information Visualization*）并任主编。

信息可视化是可视化技术在非空间数据领域的应用，可以增强数据呈现效果，以认知心理学和图形设计为基础，让用户以直观交互的方式实现对数据的观察和浏览，从而发现数据中隐藏的信息特征、关系和模式。信息可视化的数据来源分为以下几类：一维数据、二维数据、三维数据、多维数据、时态数据、层次数据和网络数据。目前，信息可视化具有四个发展趋势，即以结构为中心的可视化研究范式向潜在现象的动态属性可视化研究转移、信息可视化技术与分析科学相结合、以用户为中心、可视化技术产品化与商品化。信息可视化在各个领域得到了十分广泛的应用，包括医药学、生物学、工业、农业、军事等领域。最近几年在金融、网络通信和商业信息等领域，信息可视化也有广泛应用，成为信息可视化中新的研究热点，特别是大数据等相关技术的出现，信息可视化更受到社会各界的关注。

可视化发展的脉络大致沿着科学计算可视化、数据可视化、信息可视化、知识可视化的轨迹前进。信息可视化、知识可视化和知识图谱是目前可视化领域的三个主要概念和分支内容。三者存在密切的包含关系，正如信息和知识之间的关系一样。首先，信息、物质和能源并列为社会发展的三大要素，是一个内涵很宽泛的概念。信息可视化可认为是对信息和数据的可视化展示，信息可视化这条术语囊括了数据可视化、信息图形、知识可视化、科学可视化以及视觉设计方面的内容。其次，信息可视化和知识可视化都是开发人类高效处理视觉信息的能力，但是这两个研究领域使用这种能力的方式不同，研究侧重点和目标有所差别。信息可视化的目标在于从大量的抽象数据中发现一些新的信息或者简单地使存储的数据更容易被访问；而知识可视化则侧重于通过提供更丰富的表达内容的方式，以提高知识传播和创新的效率。最后，知识图谱是知识可视化的一部分，知识可视化是可以用来构建、传达和表示复杂知识的图形图像手段，知识同样是一个比较宽泛的概念，而且一般认为知识是在信息基础上的深入。目前主要是教育科学领域在研究和实践知识可视化，目的在于利用知识可视化促进教学、改善知识概念的学习和理解。而知识图谱则集中在对科学知识的可视化分析。由于文献是一切知识的载体，而知识或信息具有无形性、较难计量和把握，因此目前不论是信息可视化，还是知识可视化或知识图谱，文献及其内容单元都是其可视化对象。

计算机辅助信息分析正日益成为信息分析的主流工作模式，显著地提升了信息分析的职业水平。但需要指出的是，计算机辅助信息分析虽然从总的发展方向上来看越来越智能化，但计算机不可能完全取代人，无论其功能多么强大，最终只能是人的辅助工具。信息分析中人的地位是主导性的，理论框架的形成、对方法和模型的选择，以及根据背景知识和经验理解、解释所得到的数据或结论，这些信息分析中创造性思维的工作部分最终只能由信息分析人员自己完成，这是由信息分析作为一种知识或智力劳动的特点所决定的。

9.2 计算机辅助信息分析的工具介绍

计算机辅助信息分析工具可分为四大类：一是通用的统计分析软件，如 SPSS、SAS、Excel 等，信息分析常常用到其中的描述性统计、均值比较、一般线性模型、相关分析、回归分析、聚类分析、时间序列分析等；二是社会网络分析软件，如 UCINET 和 Pajek 是目前最流行的社会网络分析软件，常用来分析信息网络与展示信息单元间的关系，其中 UCINET 集成了包括 NetDraw 在内的多个可视化软件；三是专门的文献信息分析工具，如专门对文献数据进行分析的 Bibexcel 和 SATI，此外还有词频分析软件 WordSmith Tools 和 GIS 等；四是信息可视化分析工具，如专门用于知识图谱绘制的软件 CiteSpace、VOSviewer、Gephi 等。此外，利用这些工具进行分析还需要通过 WoS、CNKI、CSSCI、搜索引擎等数据库和网络搜索工具获取数据和信息。

9.2.1 统计分析工具

1. Excel

（1）Excel 简介

Excel 是微软公司的办公软件 Microsoft Office 的组件之一，是由微软为装有 Windows 或 macOS

的计算机开发的一款试算表软件。Excel 是微软办公套装软件的一个重要的组成部分，它可以进行各种数据的处理、统计分析和辅助决策操作，广泛地应用于管理、统计财经、金融等众多领域。2013 版 Excel 运行界面如图 9-1 所示。

图 9-1 2013 版 Excel 运行界面

工作簿、工作表和单元格是 Excel 信息分析中的基本组成元素。

1）工作簿。工作簿是指 Excel 环境中用来存储和处理数据的文件。默认情况下，启动 Excel 时，总会自动创建一个名为 Book1 的工作簿，它包含 3 个空白工作表，可以在这些工作表中填写数据。在 Excel 中打开的工作簿个数仅受可用内存和系统资源的限制。

2）工作表。工作表是在 Excel 中用于存储和处理各种数据的主要文档，也称电子表格。工作表始终存储在工作簿中。工作表由排列成行和列的单元格组成。默认情况下，创建的新工作簿总是包含 3 个工作表，它们的标签分别为 Sheet1、Sheet2 和 Sheet3。若要处理某个工作表，可单击该工作表的标签，使之成为活动工作表。若看不到标签，可单击标签滚动按钮以显示所需标签，然后单击该标签。在实际应用中，可以对工作表进行重命名，还可以根据需要添加更多的工作表。一个工作簿中的工作表个数仅受可用内存的限制。

3）单元格。在工作表中，行和列相交构成单元格。单元格用于存储公式和数据。单元格按照它在工作表中所处位置的坐标来引用，列坐标在前，行坐标在后。列坐标用大写英文字母表示，从 A 开始，最大列号为 XFD；行坐标用阿拉伯数字表示，从 1 开始，最大行号为 1048576。单元格中可以包含文本、数字、日期、时间或公式等内容。若要在某个单元格中输入或编辑内容，可以在工作表中单击该单元格，使之成为活动单元格，此时其周围将显示粗线边框，单元格名称将显示在名称框中。

（2）Excel 的基本功能

1）表格制作。Excel 提供了丰富的格式化命令，使用户可以轻松地制作出具有专业水平的各类表格，实现"所见即所得"。

2）完成复杂运算。在 Excel 中，不但可以自己编制公式，而且可以使用系统提供的 40 多个函数进行复杂运算。系统提供的"自动求和"和"排序"按钮，可以在瞬间完成对表格的分类求和和排序操作。

3）多维数据表格处理。在 Excel 中，单元格的相对引用和绝对引用，极大地方便了公式的使用，特别是三维引用，很好地完成了工作表与工作表之间及工作簿与工作簿之间的数据传递。

4）数据库管理。在 Excel 中提供了有关处理数据库的各种命令函数，使得 Excel 具备了组织和管理大量数据的能力，因而使其用途更加广泛。

5）自动建立图表功能。在 Excel 中提供约 10 种不同格式的图表，使用简单的按键操作，就可以制作出精美的图表，更加直观地表现出数据分布规律。

6）与其他软件资源共享。Excel 提供了一个非常实用的与其他软件数据资源共享的操作功能，就是数据的导出、导入。这一功能使 Excel 中的数据可以与其他常用的数据库软件和系统格式的数据相互置换，极大地方便了用户。

2. SPSS

（1）SPSS 简介

SPSS 是"社会科学统计软件包"（Statistical Package for Social Science）的简称。1968 年，美国斯坦福大学 H.Nie 等三位大学生开发了最早的 SPSS 统计软件，并于 1975 年在芝加哥成立了 SPSS 公司。SPSS 分析方法涵盖面广，用户操作使用方便，输出结果图文并茂，并且随着它的功能不断完善，统计分析方法不断充实，大大提高了统计分析的工作效率。2009 年 7 月 28 日，IBM 公司宣布用 12 亿美元现金收购统计分析软件提供商 SPSS 公司，并将其更名为 IBM SPSS。迄今，SPSS 公司已有约 50 年的成长历史，拥有大量的用户，分布在通信、医疗、银行、证券、保险、制造、商业、市场研究、科学教育等众多领域和行业，成为世界上应用广泛的专业统计软件。SPSS 24.0 的运行界面如图 9-2 所示。

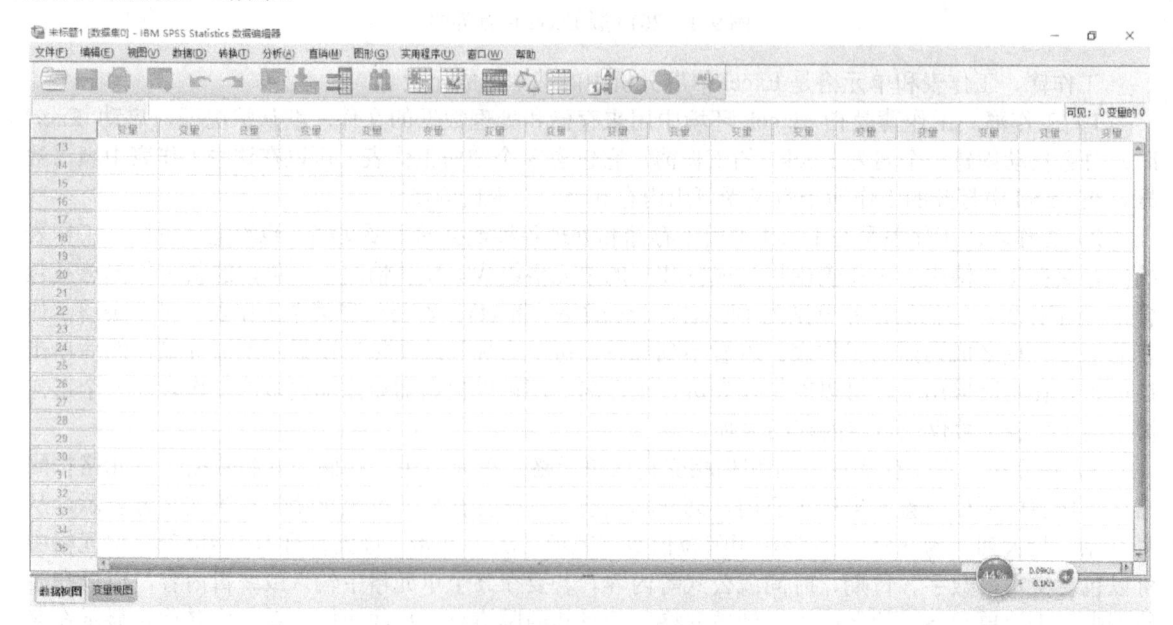

图 9-2 SPSS 24.0 的运行界面

个案、变量、样本和变量值是 SPSS 信息分析中的四个基本元素。

1）个案。个案是指数据编辑窗口中数据表的一行，相当于数据库中的一条记录。

2）变量。变量是指数据编辑窗口中数据表的一列，相当于数据库中的一个"字段"。每个变量都有一个名字，称为变量名。变量名是访问和分析变量的唯一标志。

3）样本。样本是具有共同属性的个案集合。

4）变量值。变量值是数据编辑窗口中的单元格的数值。变量值的操作在数据编辑窗口的"数据视图"中进行。

（2）SPSS 的基本功能

SPSS 的基本功能包括数据管理、统计分析、图表分析、输出管理等，具体内容包括描述统计、均值比较、一般线性模型、相关分析、回归分析、聚类分析、主成分分析、时间序列分析、非参数检验等大类，每个类中还有多个统计方法。SPSS 设有专门的绘图系统，将给出的数据绘制成各种图形，以满足用户的不同需求。

（3）SPSS 的数据分析步骤

运用 SPSS 软件进行信息分析一般分为以下四个步骤。

1）准备阶段。按照 SPSS 的要求，准备数据文件，并在数据编辑窗口中定义 SPSS 数据的结构、录入和修改 SPSS 数据等。

2）预处理阶段。主要为分析数据进行必要的预处理。

3）分析阶段。选择合适的信息分析方法，对数据编辑窗口中的数据进行分析建模是这一阶段的核心任务。信息分析人员需要掌握各种数据分析方法的用途、计算方法、参数定义、优缺点及注意事项。

4）查阅和理解分析结果阶段。查阅并理解 SPSS 输出编辑窗口中的分析结果，明确其统计含义，并结合具体业务知识做出切合实际的解释。SPSS 输出结果与业务知识的关联是正确理解和应用 SPSS 分析结果的关键。

9.2.2 文献信息分析工具

1. SATI

（1）SATI 简介

文献题录信息统计分析工具（Statistical Analysis Toolkit for Informetrics，SATI），旨在通过对期刊全文数据库题录信息的处理，利用一般计量分析、共现分析、聚类分析、多维尺度分析、社会网络分析等数据分析方法，挖掘和呈现出美妙的可视化数据结果，是通过免费、共享软件功能及开源、增进代码为学术研究提供期刊文献数据统计与分析的辅助工具。SATI 3.2 的运行界面如图 9-3 所示。

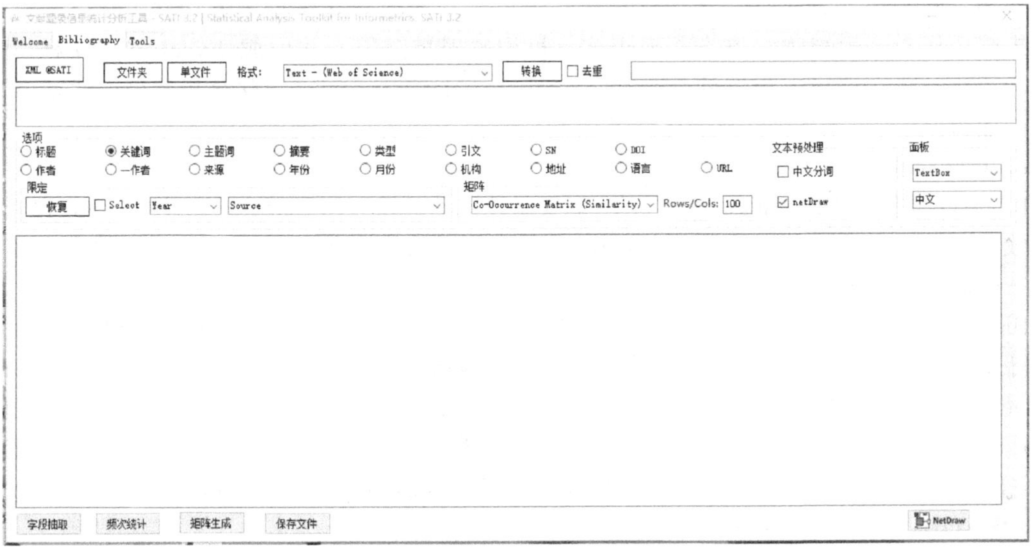

图 9-3 SATI 3.2 的运行界面

（2）SATI 的基本功能

SATI 软件具有四大基本功能，其工作原理如图 9-4 所示。

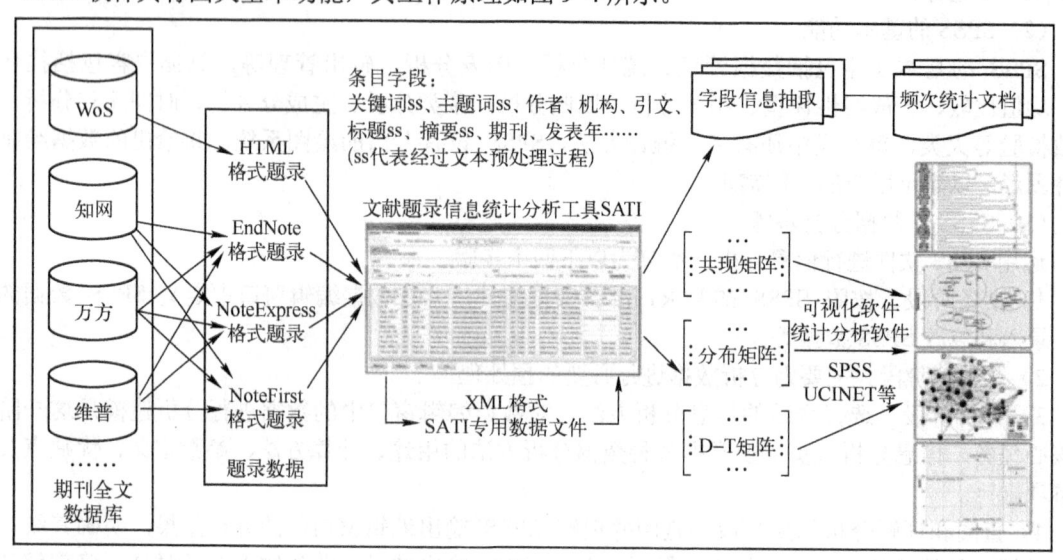

图 9-4　SATI 软件的工作原理

1）数据格式转换：支持从 WoS、CNKI、CSSCI、万方、维普等数据库中导出的 TXT、HTML、EndNote、Refworks 和 NoteExpress 等格式数据，并提供数据格式转换功能。

2）字段信息抽取：抽取题录中指定的字段信息并可选择存储为文本文档（包括自定义字段、关键词、主题词、作者、引文、机构、发表年、标题、期刊名、文献类型、摘要、URL 等）。

3）条目频次统计：根据抽取到的字段信息对条目内元素的频次进行统计和降序排列（包括自定义标识、关键词、主题词、作者、引文、机构、发表年、标题、期刊、文献类型等）。

4）共现矩阵构建：根据设定的共现矩阵行列数，将频次降序排列表中相应数量的条目元素作为矩阵知识单元进行运算，以构建知识单元共现矩阵（包括关键词共现矩阵、主题词共现矩阵、作者共现矩阵、引文共现矩阵、机构共现矩阵等）并生成 Excel 格式文档，进而可以基于此矩阵文档导入相关软件（如 UCINET、NetDraw 等可视化分析软件）生成共现网络知识图谱。

2. Bibexcel

Bibexcel 软件是 Olle Persson 开发的一款文献计量学工具。在 Bibexcel 软件中，用户可以完成大多数文献计量学分析工作，并且 Bibexcel 软件可以很方便地与其他软件进行数据交换，如 Pajek、Excel 和 SPSS 等。

Bibexcel 用于帮助用户分析文献数据或文本类型格式的数据，实现引文分析。Bibexcel 主要处理来自 ISI Web of Knowledge 数据库集成平台中的数据，包括 Web of Science 数据库、Derwent Innovations Index 数据库和 MEDLINE 数据库等。Bibexcel 除了对来源于上述数据库中数据的相关知识单元（作者、关键词、参考文献等）做频次分析和排序外，还实现了知识单元的共现关系矩阵。将产生的共现数据存入 Excel 表格中，借助 UCINET、NetDraw 可视化软件，做进一步的可视化分析。Bibexcel 的运行界面如图 9-5 所示。

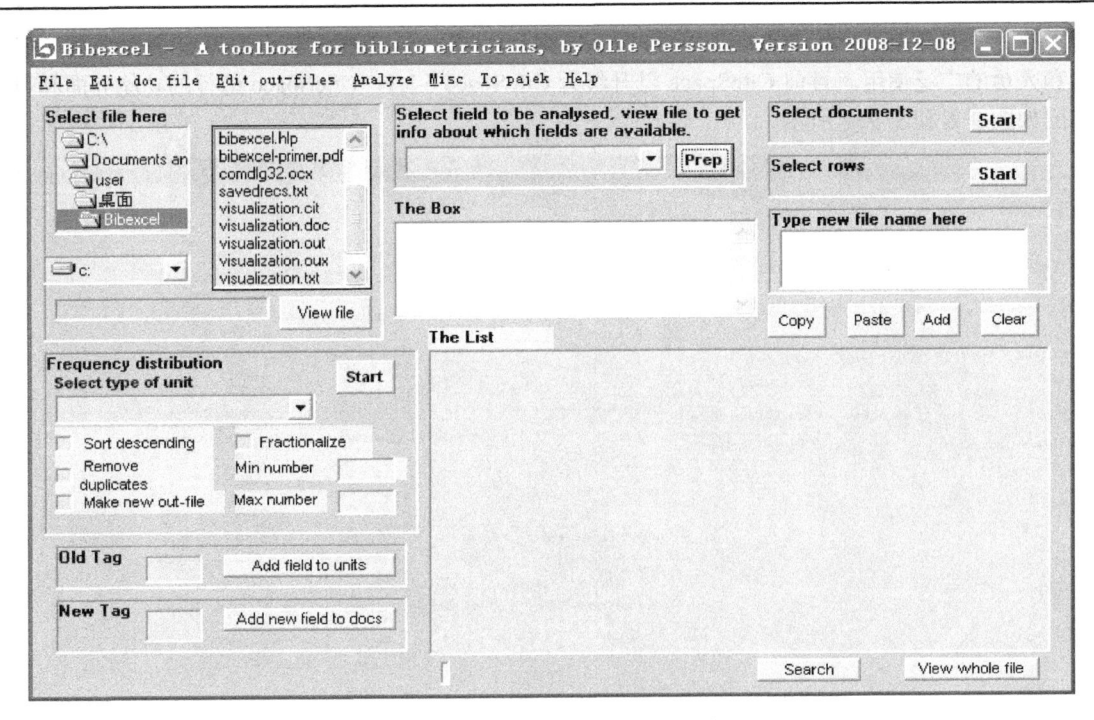

图 9-5　Bibexcel 的运行界面

9.2.3　信息可视化分析工具

常言说"百闻不如一见""一图胜万言"。视觉是人类获取信息和知识的最重要的途径之一，从简单地使用视觉信号到复杂的可视化技术应用有着长期的过程，完成这个重要转变的关键是计算机技术的发展和应用。目前，可视化技术包括科学计算可视化（Visualization in Scientific Computing）、数据可视化（Data Visualization）、信息可视化（Information Visualization）、知识可视化（Knowledge Visualization）、知识域可视化或科学知识图谱（Map of Knowledge Domain）等领域。

科学知识图谱是以科学文献知识为对象，显示学科或领域的发展进程与结构关系的一种图形，具有"图"和"谱"的双重性质与特征。科学计量学、科学学、情报学和管理学等相关领域的实践探索表明，知识图谱作为一种有效的、综合性的可视化分析方法和工具，被广泛应用并取得了较可靠的结论，并且被越来越多的学科所重视。通过知识图谱形象、定量、客观、真实地显示一个学科的结构、热点、演化与趋势，无疑为学科的基础研究提供了一种新的视角。

常用的信息可视化分析工具有 CiteSpace、UCINET、Pajek、VOSviewer、Gephi 等。

1. CiteSpace

（1）CiteSpace 简介

CiteSpace 是美国著名华裔学者陈超美应用 Java 语言开发的一个信息可视化软件，基于共现分析、共引分析理论和寻径网络算法对特定领域文献（集合）进行计量，以探寻出学科领域演化的关键路径及其知识拐点（以关键论文为代表），并通过一系列可视化图谱的绘制来形成对学科演化潜在动力机制的分析和学科发展前沿的探测。CiteSpace 可以用来绘制科学和技术领域发展的知识图谱，直观地展现科学知识领域的信息全景，识别某一科学领域中的关键文献、研究热点和前沿方向，并且利用分时动态的可视化图谱展示科学知识的宏观结构及发展脉络。大连理工大学 WISE 实验室的刘则渊教授曾用"四个一"对 CiteSpace 软件系统进行了概括，"一图展春秋，一览无余；一图胜万言，一目了然"。自 2004 年 9 月推出以来，CiteSpace 已得到国际科学计量学界相关研究机构和人员的广泛使用。目前 CiteSpace 已升级为 CiteSpace 6.3.1。CiteSpace 运行的功能界面和可视化界面如图 9-6 和图 9-7 所示。

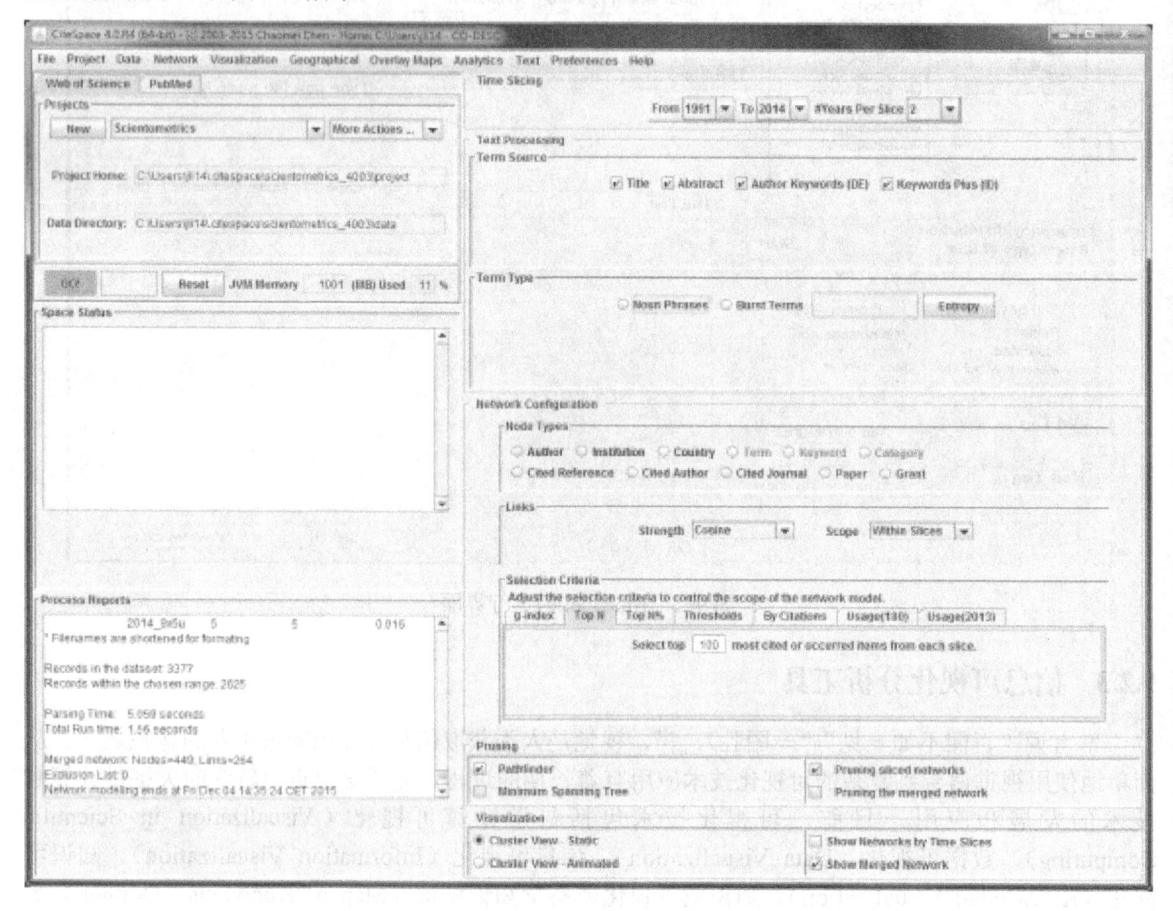

图 9-6 CiteSpace 运行的功能界面

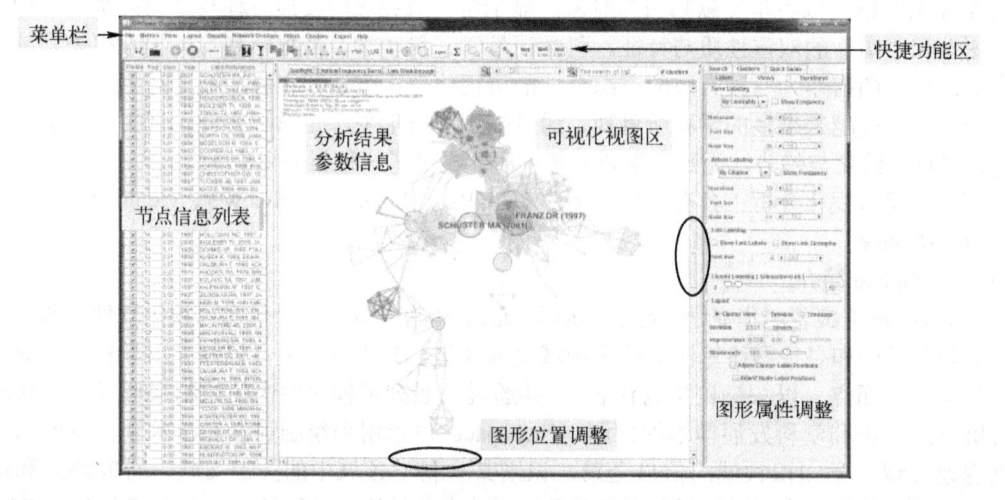

图 9-7 CiteSpace 运行的可视化界面

（2）CiteSpace 的重要术语

运用 CiteSpace 之前，需要首先了解它的几个重要术语。

1）Betweenness centrality：中介中心性，是测度节点在网络中重要性的一个指标（此外还有点度中心性、接近中心性等）。CiteSpace 中使用此指标来发现和衡量文献的重要性，并用紫色圈对该类文献（或作者、期刊以及机构等）的重点进行标注。

2）Burst 检测：突发主题（或文献、作者以及期刊引证信息等），在 CiteSpace 中使用 J. Kleinberg 于 2002 年提出的算法进行检测。

3）Citation tree-ring：引文年轮，代表某篇文章的引文历史。引文年轮的颜色代表相应的引文时间，一个年轮的厚度与相应时间分区内的引文数量成正比。

4）Threshold：阈值。CiteSpace 中的引文数量（C）、共被引频次（CC）和共被引系数（CCV）三个参数按前、中、后三个时区分别设定阈值，其余的由线性内插值来决定。

（3）CiteSpace 的主要功能

CiteSpace 界面中的 Node Types 选项组中有四种可供选择的节点类型，节点类型决定了使用 CiteSpace 进行可视化分析的目的，可分别生成对应的可视化图谱，提供聚类视图、时间线图和时区图三种视图方式，如图 9-8 所示。

图 9-8 CiteSpace 的节点类型

1）合作网络分析：选择 Author、Institution、Country 分别表示作者、机构和国家合作网络分析。

2）共现分析：选择 Term、Keyword、Category 分别表示主题词、关键词和 WoS 数据中学科共现分析。

3）共被引分析：选择 Cited Reference、Cited Author、Cited Journal 分别表示文献共被引分析、作者共被引分析和期刊共被引分析。

4）耦合分析：选择 Paper 表示文献耦合分析。

5）基金资助分析：选择 Grant 表示基金资助分析。

2. UCINET

（1）UCINET 简介

UCINET 软件是由加利福尼亚大学尔湾（Irvine）分校的一群网络分析者编写的，目前由斯蒂芬·博加提（Stephen Borgatti）、马丁·埃弗里特（Martin Everett）和林顿·弗里曼（Linton Freeman）等人对其进行扩展和维护。

UCINET 网络分析集成软件包括一维与二维数据分析的 NetDraw，还有正在发展应用的三维展示分析软件 Mage 等，同时集成了 Pajek 用于大型网络分析的 Free 应用软件程序。利用 UCINET 软件可以读取文本文件、KrackPlot、Pajek、NEGOPY、VNA 等格式的文件。它能处理 32 767 个网络节点。当然，从实际操作来看，当节点数在 5 000～10 000 之间时，一些程序的运行就会很慢。该集成软件有很强的矩阵分析功能，如矩阵代数和多元统计分析。它是目前最流行的，也是最容易上手的社会网络分析软件。该软件能够很好地分析数据以及数据之间的关联性。但是，对数据文件格式有一定限制，一般数据源的数据都需要转换成要求的格式。

（2）UCINET 的主要功能

UCINET 不仅包含大量的网络分析指标，如中心性、二方关系凝聚力测度、位置分析算法、派系分析、随机二方关系模型以及对网络假设进行检验的程序（包括 QAP 矩阵相关和回归、定类数据和连续数据的自相关检验等）等，还包括常见的多元统计分析工具，如多维量表、对应分析、因子分析、聚类分析、针对矩阵数据的多元回归等。此外，UCINET 还提供数据管理和转换工具，可以从图形程序转换为矩阵代数语言。

UCINET 具有多项功能，其主菜单包括 File、Data、Transform、Tools、Network 等 8 个菜单，如图 9-9 所示。

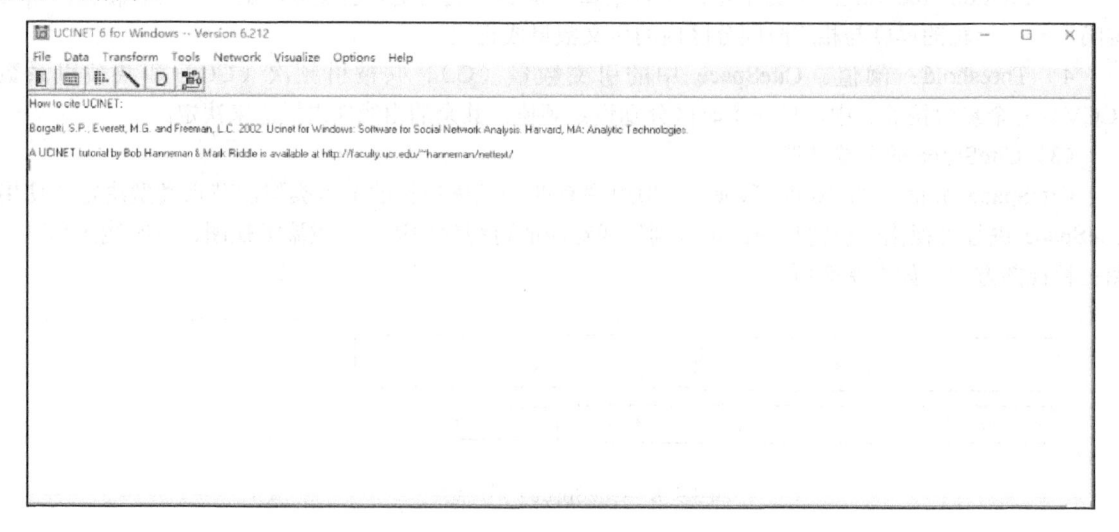

图 9-9　UCINET 主菜单界面

1）File 菜单。该菜单中的命令是有关文件操作功能的，如创建新文件夹（Create New Folder）、改变默认文件夹（Change Default Folder）、重命名和删除已有 UCINET 数据集（Rename UCINET Dataset、Delete UCINET Dataset）、文本编辑器（Text Editor）。

2）Data 菜单。该菜单包含一些处理 UCINET 数据的命令，它对数据文件进行编辑、输入、输出以及显示分析的结果等，具体功能可分为六大类。

第一类，UCINET 数据表编辑器（Spreadsheets），可用它直接输入和编辑数据，可以加入新的数据表，进行对称化处理，也可进行转置、二值化处理或输入随机数据等。

第二类，数据的输入和输出等命令。具体包括创建随机数据（Random）、利用 Spreadsheet 输入文件（Import Via Spreadsheet，该命令把 Excel 类型的文件转换为 UCINET 数据）、输入文本文件（Import Text File）、输出文件（Export）、CSS（输入认知社会结构类型的文件，其功能是把特定类型的数据转换为标准的网络数据）。

第三类，数据的展示及描述。Browse：数据矩阵浏览；Display：在计算机屏幕上展示 UCINET 数据库；Describe：对数据进行描述，并允许输入、输出、编辑标签，即将标签加入到行、列或整个矩阵当中。

第四类，数据的提取、移动、开包与合并。Extract：数据抽取；Remove：移除 UCINET 数据库；Unpack：对一个包含多种关系的矩阵数据进行开包处理，分成多个独立的矩阵数据文件并加以保存，从而便于对单个矩阵进行分析；Join：与 Unpack 的功能相反。

第五类，数据的排序、置换、转置、匹配等。Sort：按照一定标准对一个网络中的各个点进行排序，使之对应于所指定的程序；Permute：按照研究人员自己指定的顺序对行和列同时进行置换；

Transpose：对数据矩阵进行转置处理；Match Net and Attrib datasets：对网络数据和属性数据进行匹配处理；Match Multiple Datasets：对多元网络数据进行匹配处理。

第六类，数据的其他操作。Attribute to Matrix：根据一个属性数据向量创建数据矩阵；Affiliations（2-mode to 1-mode）：将2-模网络（隶属数据）转换为1-模网络数据；Subgraphs from Partitions：根据网络的分区情况抽取子图；Partitions to Sets：根据行动者发生矩阵将一个分区指标向量转换成一个群体，并且根据群体展示分区情况；Creat Node Sets：创建点集，即在比较两个向量或者一个向量与一个数字的基础上，创建一个群体指标向量；Reshape：重新组织数据，使之成为规模不同的数据。

3）Transform菜单。该菜单包含一些把图和网络转换为其他类型的路径，分为三大类。

第一类包含两个命令Block和Collapse。Block：把一个数据中的各个点进行分块，计算块密度（Block Densities）。Collapse：压缩，即将一个矩阵的多行或多列组合在一起。

第二类包含10个命令，主要针对矩阵的全部格值进行分析，具体命令如下：Dichotomize（二值化处理）、Symmetrize（按照一定标准，将数据矩阵对称化处理）、Normalize（按照一定标准，将矩阵的行、列或者整个矩阵进行标准化处理）、Match Marginals（按照边缘值进行标准化处理）、Recode（对矩阵重新编码）、Reverse（取相反数）、Diagonal（对角线命令）、Double（按照一定标准，对一个数据的各列进行双倍处理，处理后得到的矩阵的列数是原矩阵列数的二倍）、Rewire（按照某种标准重新处理矩阵，达到某种优化）、Matrix Operations（矩阵算法，针对矩阵进行各种计算）。

第三类包含9个命令，主要针对矩阵进行其他转换，具体命令如下：Union（图的合并）、Time Stack（将在不同时间段得到的同一群行动者之间的关系矩阵合并在一起）、Intersection（取同一群行动者之间的多个关系矩阵的交集）、Bipartite（把一个二部图的发生矩阵转换为一个邻接矩阵）、Incidence（把一个邻接矩阵转换为一个长方形的点-线指标矩阵）、Line Graph（线图）、Multi Graph（多图，把一个多值图转换为一系列二值邻接矩阵）、Multiplex（可以从一个多元关系图中构建一个多丛图）、Semi Group（根据图、有向图或者多元图来构造半群）。

4）Tools菜单。该菜单中包含被网络分析者经常使用的"技术工具"，分析对象主要是关系数据。这些工具命令分为如下三大类。

第一类，包含Consensus Analysis（分析多个答题者在回答问题方面的一致性）、Cluster Analysis（对矩阵数据进行聚类分析）、Scaling/Decomposition（量表及分解）。

第二类，包含Similarity（相似性分析）、Dissimilarity（相异性分析）、Univariate Stats（对一个矩阵中的值进行单变量统计分析）、Frequencies（对行或者列进行频次分析）、Testing Hypothesis（假设检验）、Matrix Algebra（矩阵代数分析）。

5）Network菜单。该菜单包含一些基本的"网络分析技术"，分为两大类。

第一类，包含Cohesion（凝聚性分析）、Regions（计算并发现"成分"）、Subgroups（子图分析，可用来计算各种类型的凝聚子群）、Paths（路径分析，分析各个点之间存在的路径）。

第二类，包含Ego Networks（个体网分析）、Centrality（中心性分析）、Group Centrality（群体中心性分析）、Core/Periphery（核心/边缘分析）、Roles and Positions（角色和位置分析）。

6）Visualize菜单。该菜单包括三个选项：NetDraw、Mage、Pajek。选择其中一个选项会调成相应的绘画程序，对数据矩阵进行绘图处理，生产可视化图形。其自带的绘图软件NetDraw如图9-10所示。

7）Options菜单。该菜单包含一些可供选择的命令。

8）Help菜单。该菜单包含注册信息、帮助主题等五项内容，其中帮助主题最重要，单击它可以找到很多专业术语的含义以及在UCINET中的分析步骤。

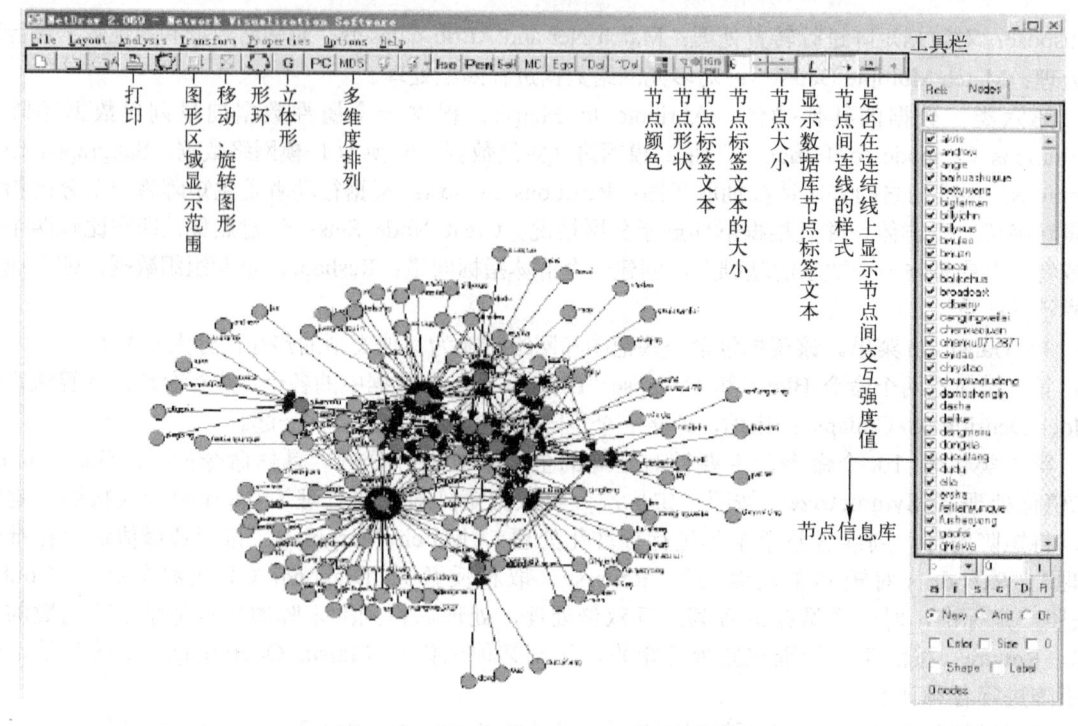

图 9-10　绘图软件 NetDraw 的功能界面

3. Pajek

（1）Pajek 简介

Pajek 软件是由 Vladimir Batagelj 和 Andrej Mrvar 共同编写的，可以免费提供给非商业用途的用户使用。Pajek 在斯洛文尼亚语中是蜘蛛的意思，该软件的图标就是一只蜘蛛，暗示其具有网络绘制的功能，如图 9-11 所示。

Pajek 是一种基于 Windows 的大型社会网络可视化分析软件，是在图论、网络分析以及可视化的基础发展而来的。它的特点是将信息可视化，允许人们对大量抽象的数据进行分析。事实上，人的创造性不仅取决于人的逻辑思维，同时还取决于人的形象思维。海量的数据只有通过可视化处理，才能激发人的形象思维，才能从表面上看起来杂乱无章的海量数据中找出隐藏的规律，为科学发现、工程开发和业务决策等提供依据。

图 9-11　Pajek 的图标

（2）Pajek 的设计目的

Pajek 的设计有三个主要目的。

1）支持将大型网络分解成几个较小的网络，以便使用更有效的方法进一步处理。

2）向使用者提供一些强大的可视化操作工具。

3）执行分析大型网络的有效算法（Subquadratic）。

（3）Pajek 的主要功能

通过 Pajek 可实现以下功能。

1）在一个网络中搜索类（组成、重要节点的邻居、核等）。

2）获取属于同一类的节点，并分别显示出来，或者反映出节点的连接关系（更具体的局域视角）。

3）在类内收缩节点，并显示类之间的关系（全局视角）。

4）除普通网络（有向、无向、混合网络）外，Pajek 还支持多关系网络，2-mode 网络（二分图或二值图，网络由两类异质节点构成），以及暂时性网络（动态图，网络随时间演化）。

（4）Pajek 的数据结构

Pajek 分为主窗口（Main Window）和报告窗口（Report Window）两个部分。其中，主窗口中显示了 Pajek 当前处理的对象和处理结果，这些对象和结果都是以各种文件的形式显示在主窗口中的。在报告窗口中则主要显示对该复杂网络对象处理的相关信息。如计算总耗时，被处理复杂网络的节点数、边的条数等。从主窗口可见，Pajek 主要有六种数据结构（如图 9-12 所示）。

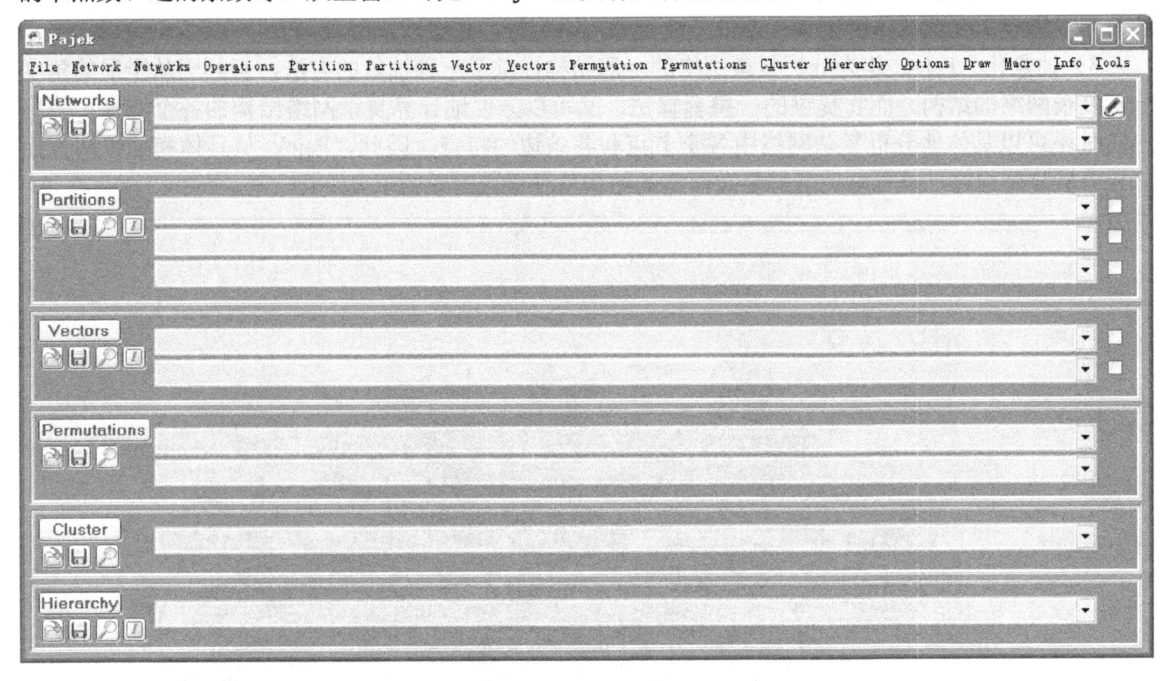

图 9-12 Pajek 的主窗口

1）Networks（网络）。它是 Pajek 最基本、最重要的数据类型，包括了整个复杂网络最基本的信息。如节点数、各节点的名称以及节点间各条边的连接情况及权值等。

2）Partitions（分类）。用户可以根据复杂网络中各个节点的不同特性将其人为地分为若干个类，同样的，以某种特性作为参考标准（如节点度的大小、节点的名称、节点的形状等），Pajek 也可以自动将复杂网络中的各个节点按照用户指定的标准进行分类，这些分类的结果就输出为一个 Partition 的文件（其扩展名为.clu）。该文件以两列的形式表示处理结果，其中第一列为各节点的编号，第二列为对应的节点所属的类的编号。

3）Vectors（向量）。它以向量的形式为某些操作提供各节点所需的相关数据，也可以输出由 Pajek 得到的相关处理结果。

4）Permutations（排序）。它表示复杂网络中各节点的重新排序，可以由用户人为指定或者由 Pajek 自动根据某种算法排序（如按度的大小排序，随机排序等）。在 Permutation 文件中会给出各节点新的排列顺序，其扩展名为.per。与 Partition 文件类似，需要注意的是，Permutation 文件中给出的是重新排序后各节点的序号，而不是各个序号所对应的节点。

5）Cluster（类）。它表示复杂网络中具有某种相同特性的一类节点的集合。

6）Hierarchy（层次）。它表示复杂网络中各个节点的层次关系，常用于家谱图的分析。其扩展名为.hie。这种层次结构类似于数据结构中的树。需要注意的是，在表示复杂网络层次结构的树中，节点的定义不同于复杂网络图中的节点。树中是将复杂网络中同一个类的所有节点视为一个节点，然后考虑这些类之间的层次关系。

（5）Pajek 的主要特点

Pajek 的特点主要表现在三个方面。

1）计算的快速性。Pajek 为用户提供了一整套快速有效的算法，可用于分析大型的（节点是数以万计的）复杂网络。

2）可视化。Pajek 为用户提供了一个非常人性化的可视化平台，只要在 Pajek 里执行 ReDraw→ReDraw 菜单命令，就可以绘制网络图。而且，用户可以根据需要自动地或者手动地调整网络图，从而允许用户从视觉的角度更加直观地分析复杂网络特性，如图 9-13 所示。

3）抽象化。Pajek 还为分析复杂网络的全局结构提供了一种抽象的方法，有利于从全局的角度分析复杂网络的结构。而它提供的一整套算法，又可以方便地计算复杂网络结构的各个特性，使用户同时还可以具体地分析复杂网络中各个节点和各条边的特点。因此，Pajek 从具体和抽象两方面综合分析复杂网络，是更好地理解复杂网络的结构特性极其有效的工具。

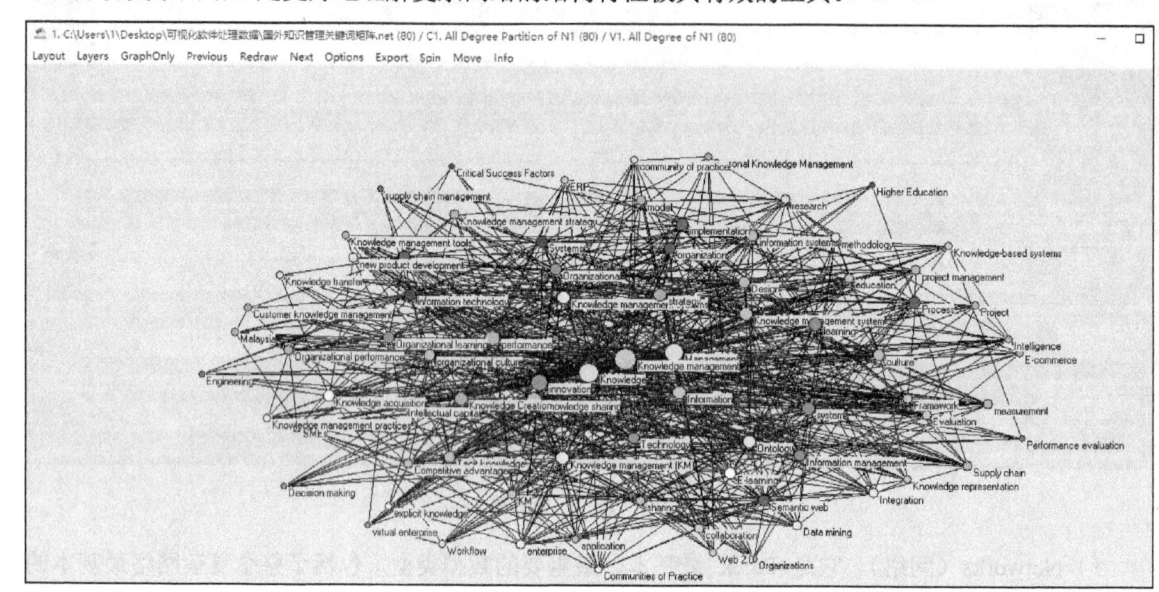

图 9-13 Pajek 的绘图界面

4. VOSviewer

（1）VOSviewer 简介

VOSviewer（VOS）是由 Van Eck 与 Waltman 共同研发的一款免费软件。他们在荷兰鹿特丹大学工作期间就开始研发该软件，从 2009 年中期开始，两人在荷兰莱顿大学工作并在该校的科学与技术研发中心（CWTS）的支持下继续开发 VOSviewer。VOSviewer 是专门用于构造和可视化文献计量图谱的软件工具，其在图谱展现，尤其在聚类方面有独特优势。

VOSviewer 只支持基于距离的图谱，其可视化技术采用的是 VOSviewer 绘图技术。该技术要求输入的是一个相似矩阵，因此原始矩阵先经过相关强度标准化算法转换为相似矩阵，然后 VOSviewer 绘图技术创建一个二维图谱，项目之间的距离反映两者之间的相似性，相似性高的两个项目之间距离很近。VOSviewer 工具中用到了网络分析和概念分析，通过网络中节点的颜色、大小、聚类结果来揭示项目强度及其相互关系。

（2）VOSviewer 的主要功能

VOSviewer 的主窗口包括五个部分，分别实现数据处理、图谱生成、信息显示和图谱修饰等功能，如图 9-14 所示。

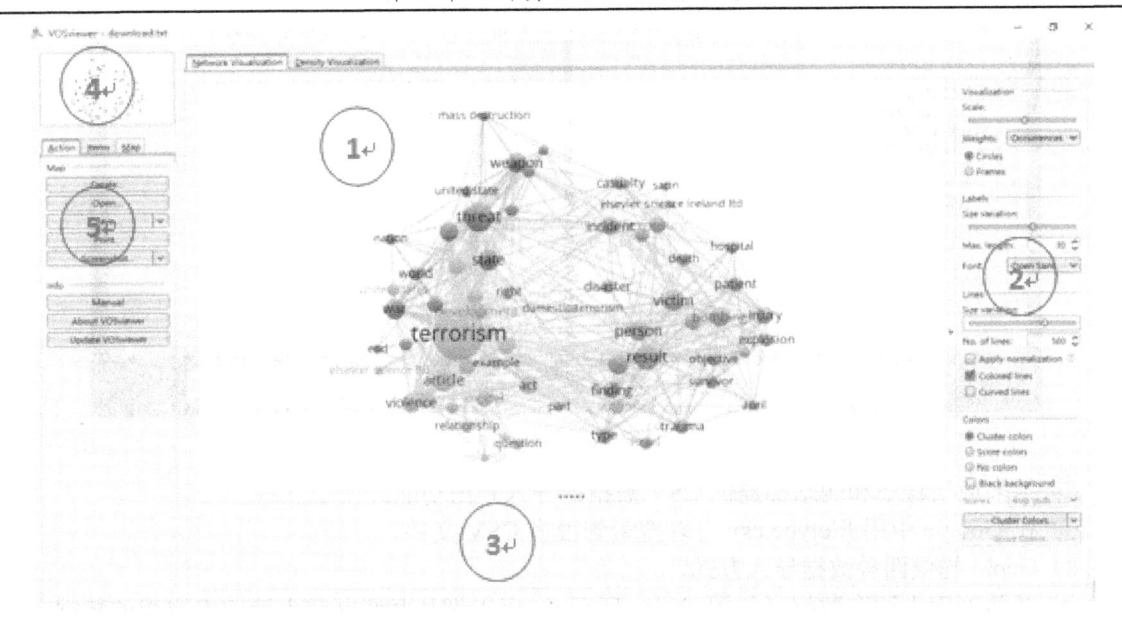

图 9-14 VOSviewer 的主窗口

1）主面板。显示选择区域的当前活动图谱，如网络可视化图、密度可视化图等。VOSviewer 的缩放和滚动功能可以用来放大、缩小或移动当前活动图谱。

2）选项面板。用来改变显示在主面板中图谱的活跃方式。

3）信息面板。显示当前活跃图谱的项目信息。

4）概述面板。概述当前显示的活跃图谱，在一个矩形框中显示主面板中当前活跃的图谱。

5）操作面板。用来进行各种操作，如创建新图谱，打开或保存现有的图谱，截图，找到一个项目，建设或改造图谱。

5．Gephi

（1）Gephi 简介

Gephi 是一款网络分析领域的数据可视化处理软件，其目标是成为"数据可视化领域的 Photoshop"，主要用于各种网络和复杂系统，是动态图和分层图的交互可视化与探测开源工具。Gephi 基于 Java 环境和 NetBeans 平台，使用 OpenGL 作为可视化引擎。作为开源软件，Gephi 允许开发者扩展和重复使用，通过它的 API，开发者可以编写自己感兴趣的插件，创建新的功能。

（2）Gephi 的数据导入

Gephi 识别 CSV（Comma Separated Values，逗号分隔值）格式的数据。CSV 是一种文本格式，如果不想用其他工具，只用记事本就可以创建与编辑。CSV 文本存储的内容类似表格，是有格式的数据。Gephi 格式的 CSV 数据分为两种，一种是记录节点（Node）和节点属性的"节点的数据"；另一种是记录边（Edge）和边属性的"边的数据"。但在导入数据时，作为一种简化的使用方式，也可以只导入边的数据，Gephi 可以自动创建节点的数据。边数据有源节点（Source）和目标节点（Target）的格式要求（如图 9-15 所示），否则 Gephi 将无法识别。

1）CSV 数据的获得。

几乎所有的数据库都支持把数据表导出为 CSV 格式，具体有以下几种方式。

① Excel 支持把工作表导出为 CSV 格式。

② 能用记事本、Word 以及其他任何文本编辑器创建 CSV。

③ 可以让编写的程序支持 CSV 输入和输出。

④ 一些电子邮箱（如 Gmail、163）、手机通讯录都支持把联系人导出为 CSV 格式。

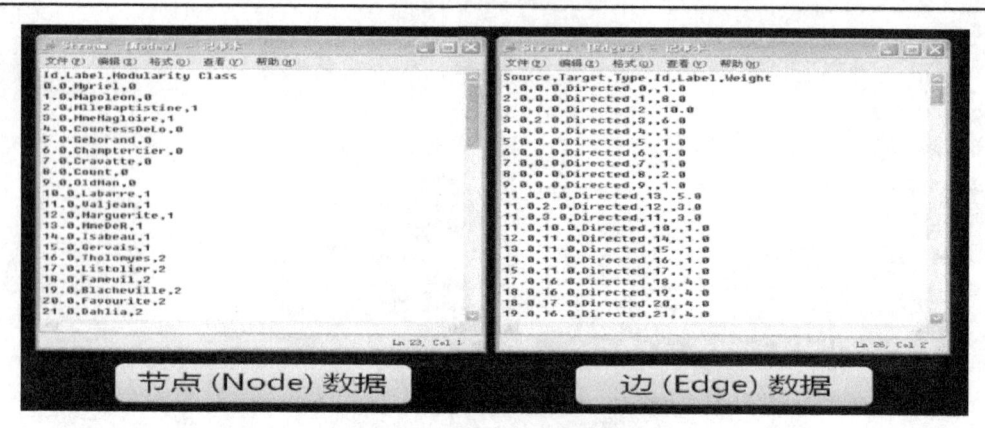

图 9-15 Gephi 的数据格式类型

⑤ 很多应用程序和网站都提供 CSV 数据的导入导出功能。

⑥ 在 Google 中用 filetype:csv 可以搜索到很多 CSV 文件。

2）Gephi 提供四种数据导入方式。

① 从数据库中读取数据（如图 9-16 所示），可以把从互联网或本地应用取得的数据存入数据库，再从 Gephi 中读取。操作方法如下：启动一个新项目，选择"文件"→"输入数据"→"边名单"菜单命令，即出现"数据设置"对话框（如图 9-17 所示）。

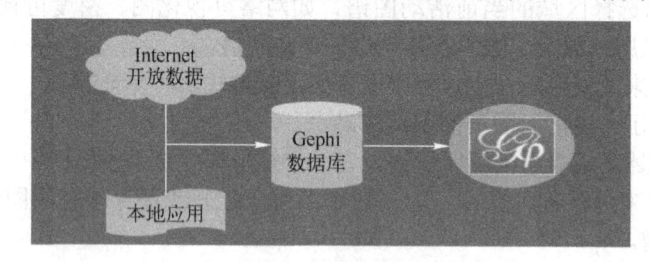

图 9-16 Gephi 从数据库中读取数据

图 9-17 Gephi 通过数据库获取数据的"数据设置"对话框

② 通过浏览网站获取数据（如图 9-18 所示），需要先安装一个 Gephi 的 http 代理插件，然后在浏览网站的过程中，Gephi 会通过代理自动抓取网站间的链接关系。

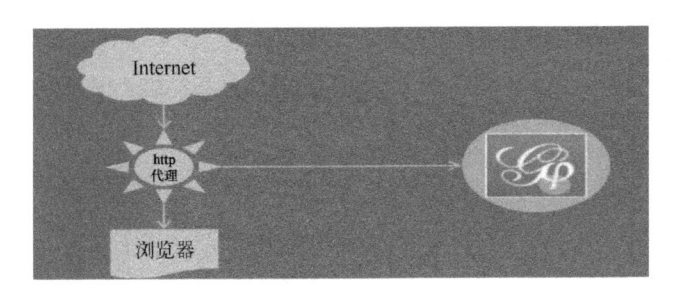

图 9-18　Gephi 通过浏览网站获取数据

③ 通过邮件获取数据（如图 9-19 所示），通过 E-mail 账户来读取该账户中邮件往来所包含的关系。操作方法如下：选择"文件"→"导入插口"菜单命令，输入相应信息。

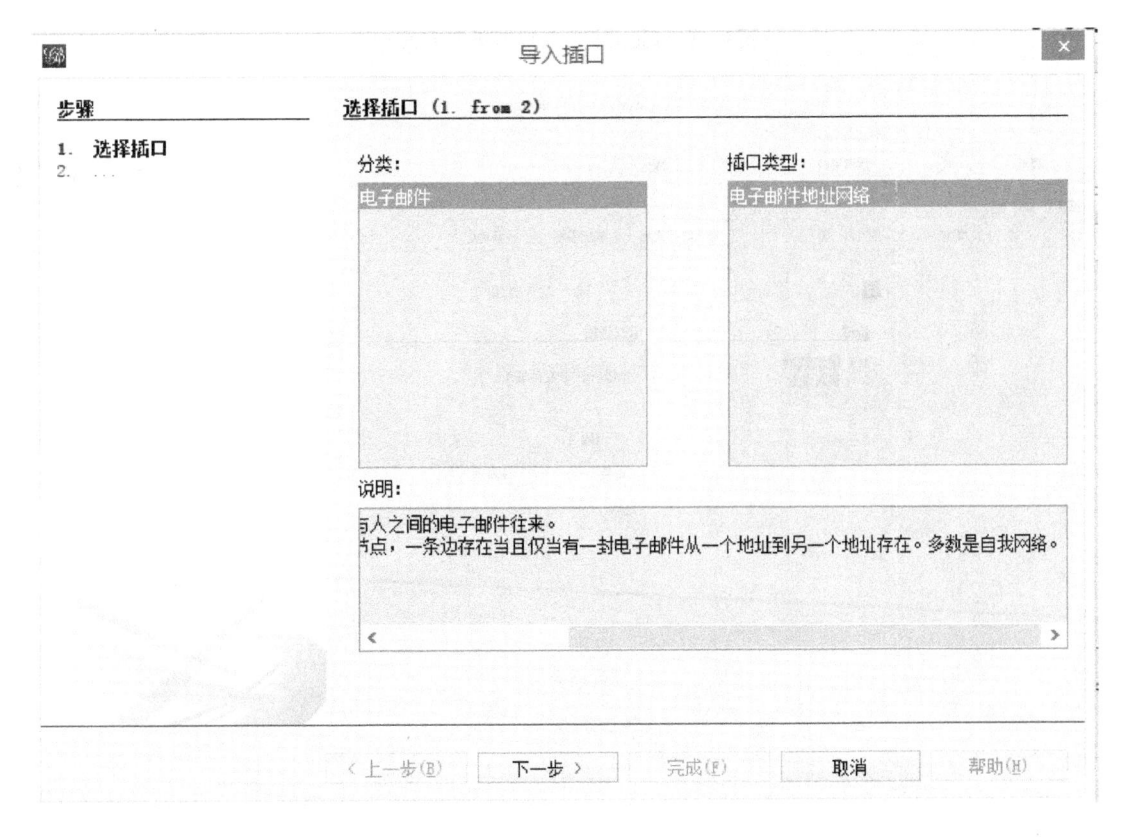

图 9-19　Gephi 通过邮件获取数据的"导入插口"对话框

④ Gephi 导入现成数据有两种方式。第一种方式为（如图 9-20 所示）：选择"文件"→"打开"菜单命令，在"文件名"下拉列表框中选择 CSV 格式的数据，在"文件类型"下拉列表框中选择"CSV 文件（*.csv）"，单击"打开"按钮。第二种方式为（如图 9-21 所示）：依次单击"数据资料"→"数据表格"→"输入电子表格"，选择数据来源。

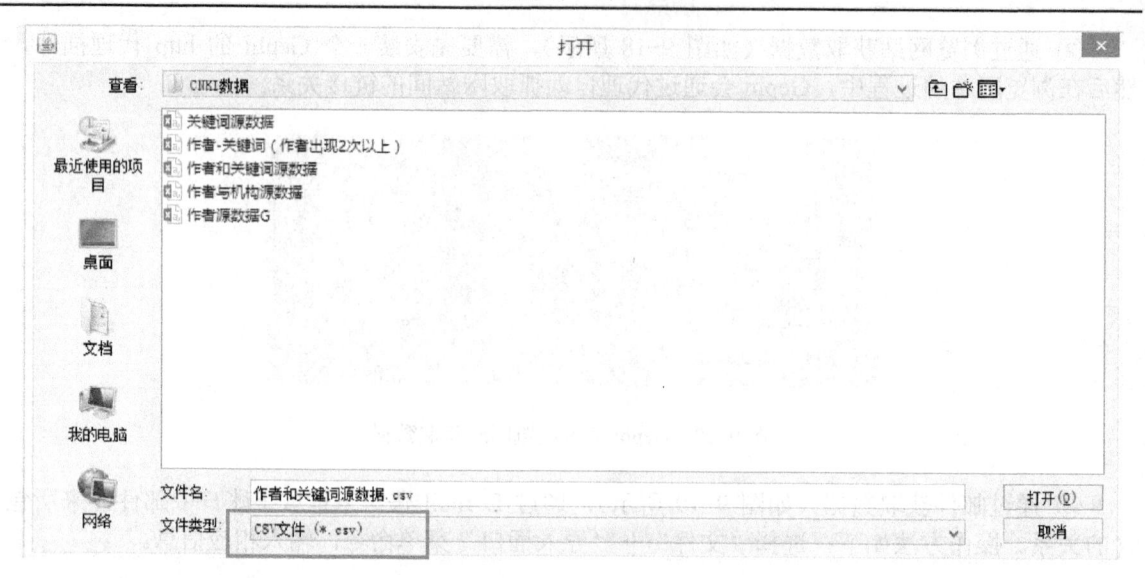

图 9-20　Gephi 导入数据操作方式一

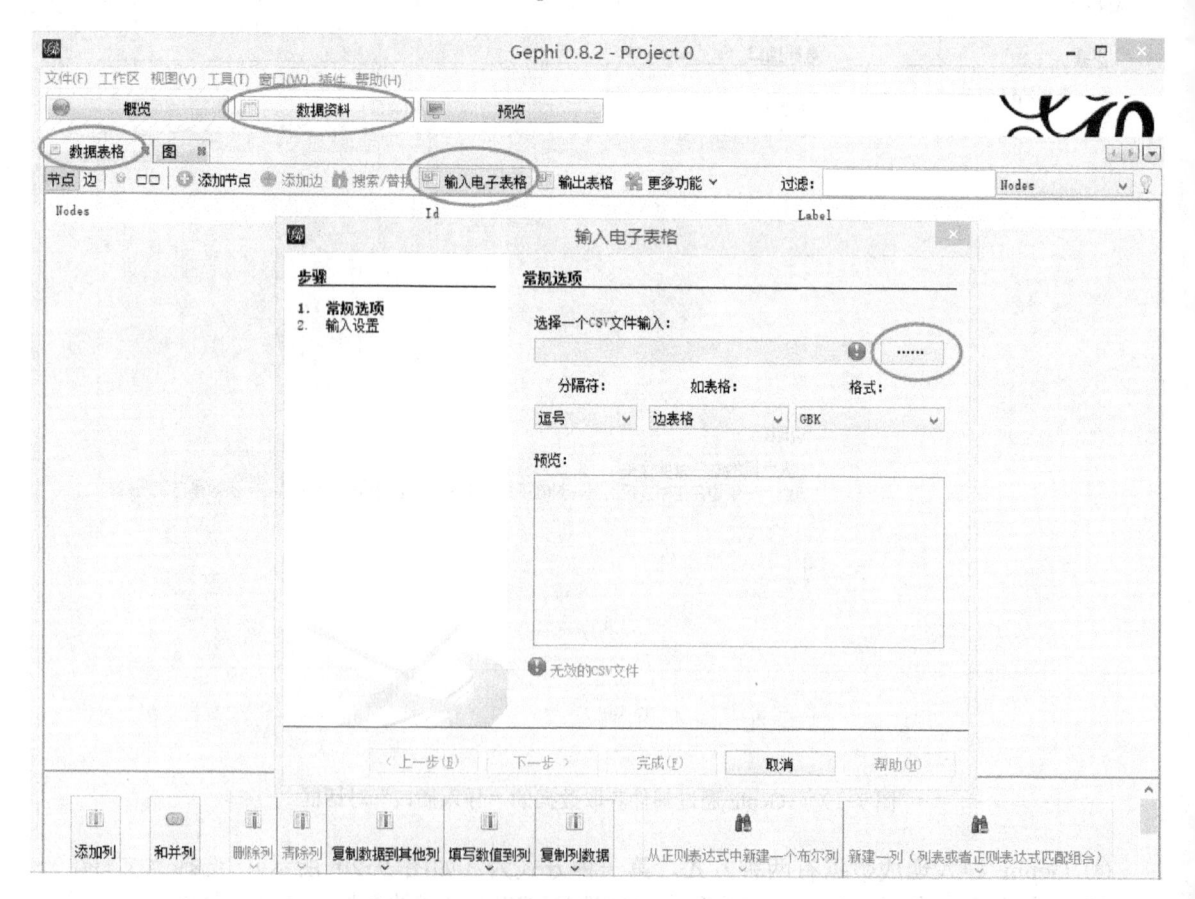

图 9-21　Gephi 导入数据的操作方式二

(3) Gephi 的主要功能

Gephi 提供概览、数据资料和预览三个选项卡，如图 9-22 所示。

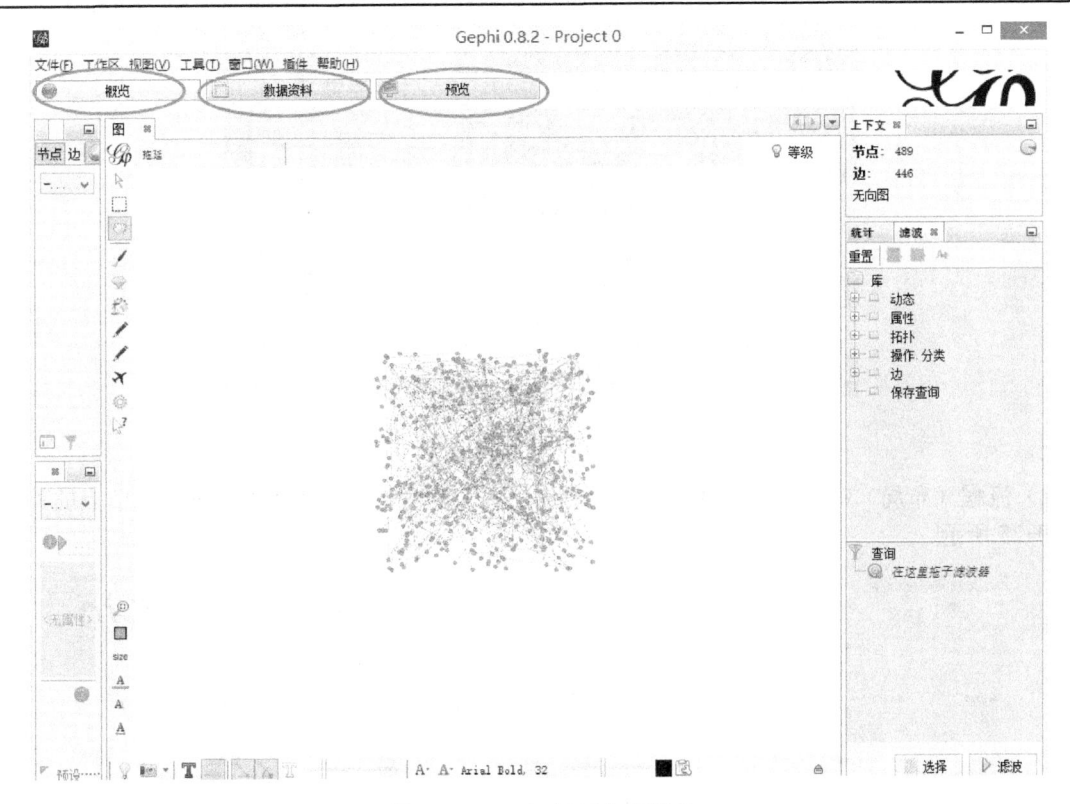

图 9-22　Gephi 的三个选项卡

"概览"选项卡中有五个高级编辑工具,如图 9-23 所示。

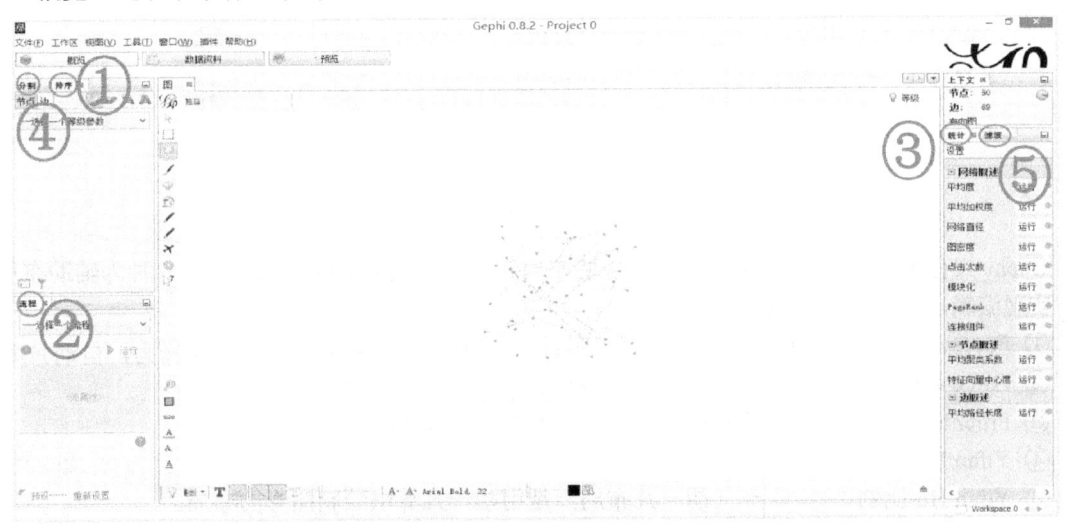

图 9-23　"概览"选项卡的五个高级编辑工具

　　1）排序（Ranking）：根据一些值对节点和标签进行归类和排序,并把大小、颜色应用到节点和标签上。可以使用自己的数据改变图形,也可以使用统计提供的数据改变图形。排序可以对节点和边做操作,如图 9-24 所示。节点中参与排序的项目包括：节点颜色、节点大小、节点标签颜色、节点标签大小。边可以参与排序的项目包括：边颜色、边标签颜色、边标签大小。

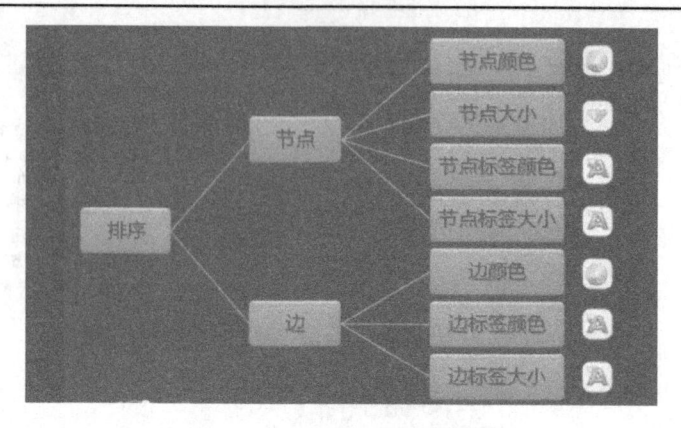

图 9-24 Gephi 的排序功能图

2）流程（布局）（Layout）：根据规则自动美化图形的功能，单独使用，可改变节点的外观，如图 9-25 所示。

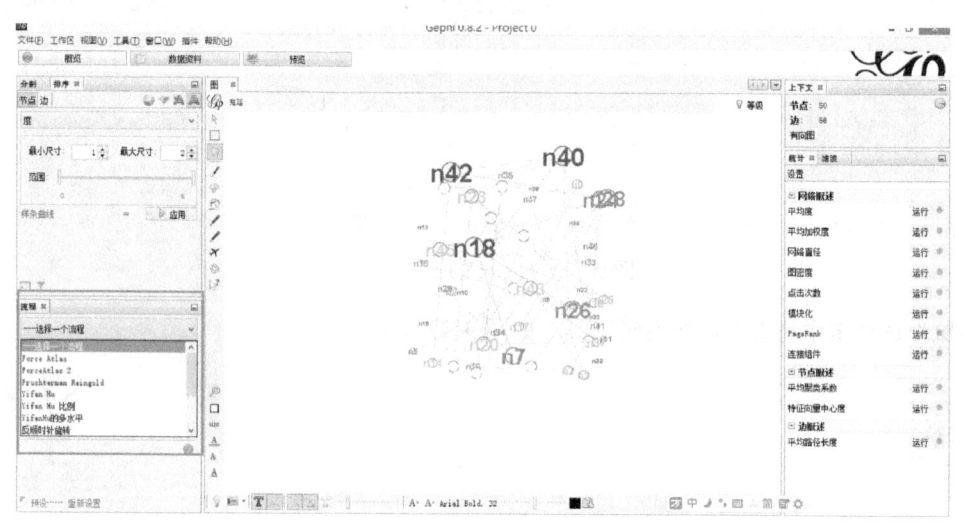

图 9-25 Gephi 的流程（布局）

Gephi 共有 12 种布局，其中前 6 种为主要布局工具，实现类聚排列功能；后 6 种为辅助布局工具，实现编辑功能，如图 9-26 所示。

① Force Atlas（力导向布局）
② Force Atlas 2（力导向布局） ⎬ 主要思想是模仿物理世界里的引力和斥力，自动布局直到力平衡。
③ Fruchterman Reingold（图形布局）：自动把节点排列成圆形。
④ Yifan Hu
⑤ Yifan Hu 比例 ⎬（胡一凡布局）是用胡一凡算法绘制图形的布局。
⑥ Yifan Hu 的多水平
⑦ 反顺时针旋转：可将图形做整体上逆时针的旋转。
⑧ 扩展：可从整体上将图形放大。
⑨ 收缩：可从整体上将图形缩小。
⑩ 标签调整：可调整节点的位置，从而把重叠的标签展开，代价是可能会扭曲图形的外观。
⑪ 随机布局：可以将节点随机和均匀地装入一个正方形内。
⑫ 顺时针旋转：可将图形做整体上顺时针的旋转。

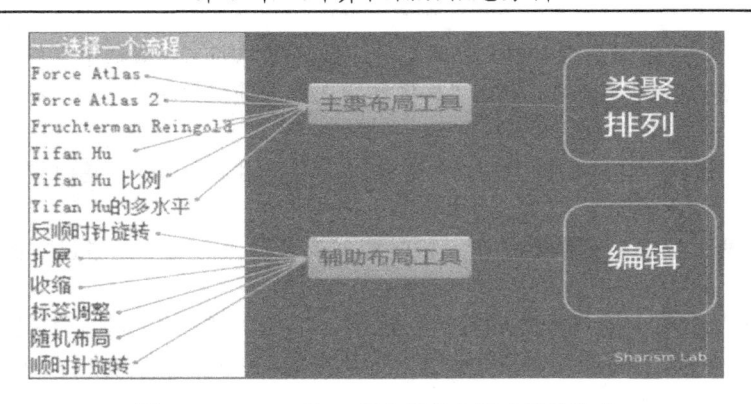

图 9-26　Gephi 的 12 种布局的主要功能及特点

3）统计（Statistic）：根据内置的算法对节点和边的属性值做运算，并把运算结果存入节点和边的属性中，供分割和排名使用。它是服务型角色，可为排序和分割提供数据，但不会使图形直接发生变化。统计、排序与分割紧密相关，并且与数据资料中的数据有关。对统计进行操作可以为排序的节点增加模块化的选项。

4）分割（Partition）：把节点中值相同的节点归为一类并以不同的颜色区分。可以使用自己的数据改变图形，也可以使用统计提供的数据改变图形。

5）过滤（Filters）：按照设定的方式筛选符合条件的节点或边，单独使用，以减少节点的数量。

9.3　计算机辅助信息分析工具的应用

9.3.1　统计分析工具应用

1. Excel

Excel 具有强大的统计分析能力，能够满足一般的数据处理、统计与分析需求。使用 Excel 数据排序、筛选、分类汇总等操作可以完成信息的统计分析处理。

（1）排序

数据排序是指按照一定的规则对数据进行重新排列，有助于快速直观地显示数据并更好地理解数据，有助于组织并查找所需数据，有助于最终做出更有效的决策，是数据分析不可缺少的组成部分。Excel 可以对一列或多列数据按文本（升序或降序）、数字（升序或降序）及日期和时间（升序或降序）进行排序，还可以按自定义序列（如大、中和小）或格式（包括单元格颜色、字体颜色或图标集）进行排序，如图 9-27 所示。排序操作可以按行进行，也可以按列进行，默认按列进行排序。英文字母按字母次序（默认不区分大小写）排序，汉字可按笔画或拼音排序。

图 9-27　Excel 的排序功能

1）单列排序。单列排序是指对单一字段按升序或降序排列，一般选中工作表中需排序的任意单元格，直接在"数据"选项卡中，利用"排序和筛选"选项组中的"排序"按钮就可以快速地实现排序操作。

2）多列排序。当单列排序后仍有相同的数据时，可使用多列排序，这时要利用"排序"对话框进行排序，具体操作步骤如下。

① 选择具有两列或更多列数据的单元格区域，或者确保活动单元格包含在两列或更多列的表中。

② 在"数据"选项卡的"排序和筛选"组中，单击"排序"按钮，或选择"开始"选项卡，单击"编辑"选项组中的"排序和筛选"下拉按钮，从弹出的下拉列表中选择"自定义排序"命令。

③ 在打开的"排序"对话框中设置主要关键字的相关排序列、排序依据和次序方式。

④ 单击"添加条件"按钮，设置次要关键字的相关排序列、排序依据和次序方式。若要复制作为排序依据的列，则选择该条目，然后单击"复制条件"按钮。若要删除作为排序依据的列，则选择该条目，然后单击"删除条件"按钮。若要更改列的排序顺序，则选择一个条目，然后单击"向上"或"向下"按钮更改顺序。

⑤ 单击"确定"按钮，完成排序操作，如图9-28所示。

图9-28　Excel的多列排序

（2）筛选

筛选是指按一定的条件从数据清单中提取满足条件的数据，暂时隐藏不满足条件的数据。在Excel中，可以采用自动筛选和高级筛选两种方式筛选数据。

1）自动筛选。使用自动筛选来筛选数据，可以快速又方便地查找和使用单元格区域或表中数据的子集，可以筛选查看指定的值、顶部或底部的值，或者快速查看重复值。

自动筛选可以创建三种筛选类型：按值列表、按格式或按条件。对于每个单元格区域或列表来说，这三种筛选类型是互斥的，因此自动筛选一般适用于简单条件筛选。具体操作步骤如下。

① 选中工作表数据区域内的任意单元格，选择"数据"选项卡，单击"排序和筛选"选项组中的"筛选"按钮，或选择"开始"选项卡，单击"编辑"选项组中的"排序和筛选"下拉按钮，从弹出的下拉列表中选择"筛选"命令，进入筛选状态。此时在所需筛选的字段名右下角出现筛选下拉按钮。

② 单击筛选下拉按钮，在弹出的下拉列表中选择确切的筛选条件，即可完成筛选。在自动筛选下拉列表中，提供了升序、降序、按颜色排序，并可针对不同数据列的数据格式显示不同的菜单项，如图9-29所示。

图 9-29 Excel 的筛选条件

颜色筛选：数据清单按单元格颜色特征进行筛选。

文本筛选：一般用于单元格区域为"文本型数据"的筛选。常用文本筛选包含：等于、不等于、开头是、结尾是、包含、不包含、自定义筛选等。

数字筛选：一般用于单元格区域为"数值型数据"的筛选。常用数字筛选包含：等于、不等于、大于、大于或等于、小于、小于或等于、介于、前 10 项、高于平均值、低于平均值、自定义筛选等。

2）高级筛选。单击数据清单的任意单元格，在"数据"选项卡上的"排序和筛选"组中，单击"高级"按钮，弹出如图 9-30 所示的"高级筛选"对话框。

高级筛选的具体操作步骤如下。

① 单击"列表区域"右侧的选取按钮，选取参与筛选的数据区域。

② 单击"条件区域"右侧的选取按钮，选取设置好的条件区域。

③ 选择筛选结果的方式，可以"在原有区域显示筛选结果"，也可以"将筛选结果复制到其他位置"（此时需要通过"复制到"右侧的选取按钮选取目标位置）。

④ 如不想显示重复记录，则选中"选择不重复的记录"复选框。

⑤ 设置完成，单击"确定"按钮。

（3）分类汇总

分类汇总是对相同类别的数据进行统计汇总，即将相同类别的数据放在一起，然后再进行求和、计数、求平均值等汇总运算，是数据分析的重要手段。分类汇总只能针对数据清单进行，数据清单的首行必须有列标题，分类汇总之前必须先对数据清单中的数据按照分类字段排序，然后再开始分类汇总。

分类汇总的具体操作步骤如下。

1）对需要分类汇总的字段进行排序，排序后相同的记录排在一起。

2）选定数据清单中的任意一个单元格。

3）选择"数据"菜单中的"分类汇总"命令，出现如图 9-31 所示的对话框。

4）在"分类字段"下拉列表框中，选择进行排序的字段。

5）在"汇总方式"下拉列表框中，选择汇总计算方式。

6）在"选定汇总项"列表框中，选择想要计算的列。

7）单击"确定"按钮。

图 9-30 "高级筛选"对话框

图 9-31 "分类汇总"对话框

(4) 数据分析

在"Excel 选项"对话框中单击"加载项",如图 9-32 所示。然后单击"转到"按钮,即可看到 Excel 的加载宏,如图 9-33 所示。选择前面相应的复选框后,在"数据"选项卡中就出现了"数据分析"工具,可以利用统计模型和函数等对数据进行分析处理,如图 9-34 和图 9-35 所示。

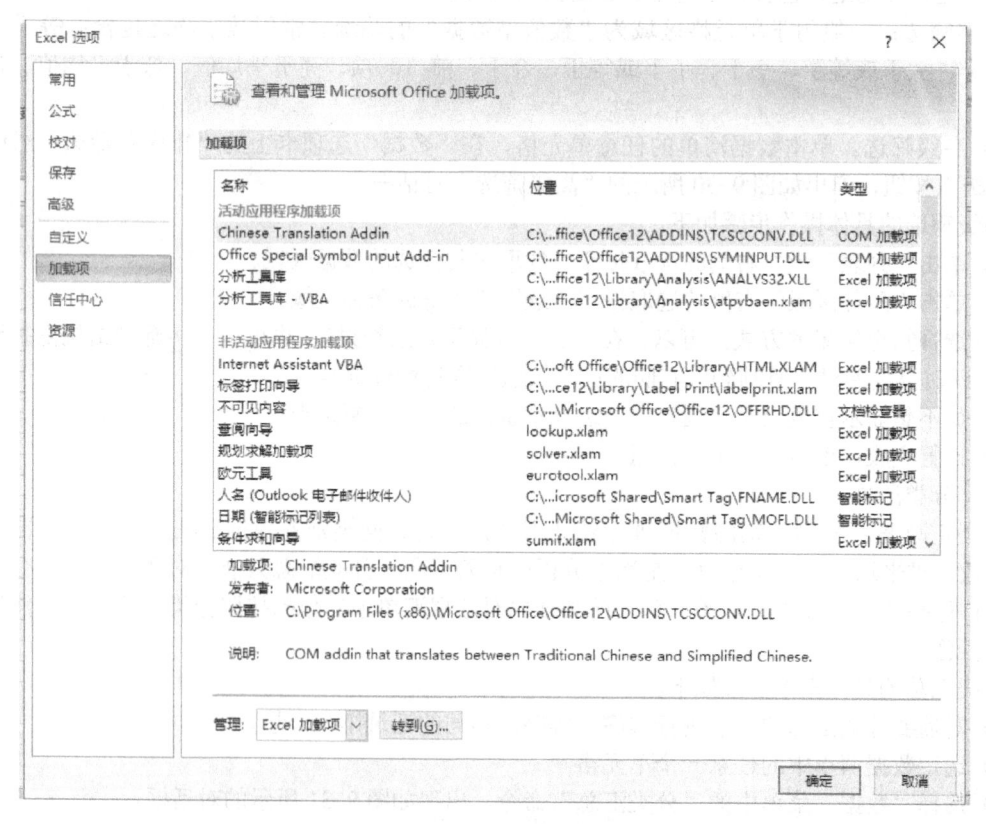

图 9-32 Excel 的工具加载项

图 9-33　Excel 的加载宏（1）

图 9-34　Excel 的加载宏（2）

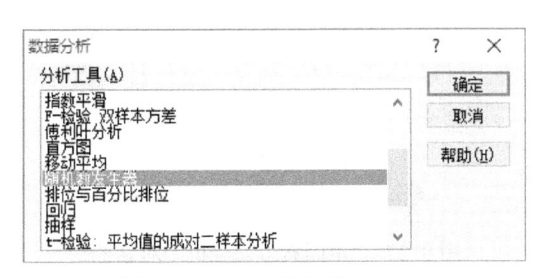

图 9-35　Excel 的加载宏（3）

（5）图表输出

Excel 支持多种图表类型的输出，如图 9-36 所示。Excel 可生成柱形图、折线图、饼图、条形图、面积图、XY 散点图、股价图、曲面图、圆环图、气泡图、雷达图等多种直观的数据统计图表。

图 9-36　Excel 的图表类型

2. SPSS

SPSS 有很多数据统计分析功能，比较典型的有方差分析、相关分析、回归分析、聚类分析、主成分分析等。

（1）方差分析

方差分析是一种通过分析样本数据各项差异的来源，以检验三个或三个以上样本空间的平均数是否相等或是否具有显著差异的方法。方差分析的基本原理是不同处理组的均值间差别的基本来源有两个：一是随机误差，如测量误差造成的差异或个体间的差异，称为组内差异；二是实验条件，即不同的处理造成的差异，称为组间差异。SPSS 中常用的方差分析方法有如下三种。

1）单因素方差分析。

① 选择"分析"→"均值检验"→"单因素方差分析"菜单命令，出现如图 9-37 所示的"单因素方差分析"对话框。

② 选择观测变量到"因变量列表"框中。

③ 选择控制变量到"因子"框中。

至此，SPSS 将自动分解观测变量的变差，计算组间方差、组内方差、F 统计量以及对应的概率 P 值，完成单因素方差分析的相关计算，并将计算结果显示到 SPSS 输出窗口中。

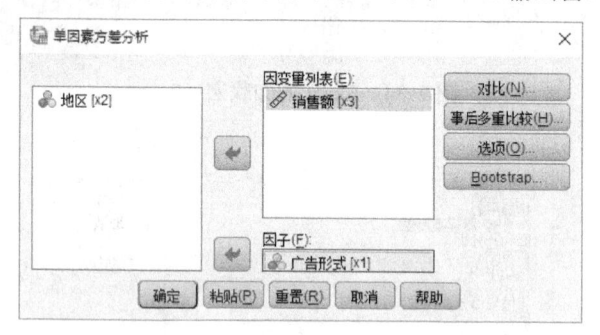

图 9-37 "单因素方差分析"对话框

2）多因素方差分析。

① 选择"分析"→"一般线性模型"→"多变量"菜单命令，出现如图 9-38 所示的"多变量"对话框。

图 9-38 "多变量"对话框（多因素方差分析）

② 指定观测变量到"因变量"框中。
③ 指定固定效应的控制变量到"固定因子"框中，指定随机效应的控制变量到"随机因子"框中。

至此，SPSS 将自动建立多因素方差分析的饱和模型，计算各检验统计量的观测值和对应的概率 P 值，并将结果显示在 SPSS 输出窗口中。

3）协方差分析。
① 选择"分析"→"一般线性模型"→"多变量"菜单变量，出现如图 9-39 所示的"多变量"对话框。

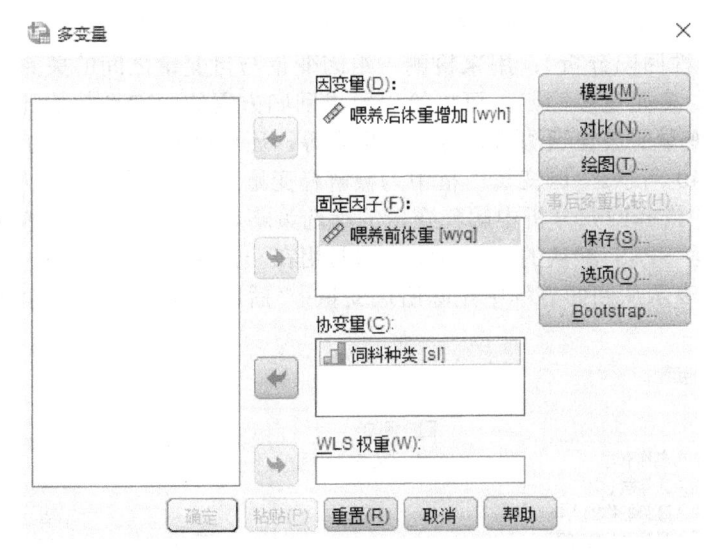

图 9-39 "多变量"对话框（协方差分析）

② 指定观测变量到"因变量"框中。
③ 指定固定效应的控制变量到"固定因子"框中，指定随机效应的控制变量到"随机因子"框中。
④ 指定作为协变量的变量到"协变量"框中。

可见，SPSS 多因素方差分析和协方差分析的对话框是同一个，对话框中的其他功能按钮都可用于协方差分析。由于协方差分析是介于方差分析和回归分析的一种分析方法，因此，在异方差情况下会产生与回归分析相同的问题。这里，如果残差随协变量值的变化呈规律性变化，则认为存在异方差情况，可采用加权最小二乘法进行模型的参数估计。权数变量应选到"WLS 权重"框中。

至此，SPSS 将自动完成对各变量的分析，计算各 F 检验统计量的观测值和对应的概率 P 值及其他计算结果，并将结果输出到输出窗口中。

(2) 相关分析

变量之间的关系可以分为两种：一种是函数关系，另一种是相关关系。函数关系是一一对应的确定性关系，比较容易分析和测度。但是，在现实世界中，变量间的关系往往并不是简单的确定性关系，也就是说，变量之间有着密切的关系，但又不能由一个或几个变量的值确定另一个变量的值，即当自变量 x 取某一值时，因变量 y 的值可能会有多个。这种变量之间的非一一对应的、不确定性的关系，称为相关关系。

SPSS 中"分析"菜单下的"相关"有三个相关分析的子选项。
1）双变量（即二元相关分析）：用于进行两个或多个变量间的相关分析。可选择计算积矩相关系数、Spearman 相关系数和 Kendall 相关系数。

2）偏相关（即偏相关分析）：当进行相关分析的两个变量的取值都受到其他变量的影响时，就可以利用偏相关分析对其他变量进行控制，输出控制其他变量影响后的相关系数。

3）距离（即距离分析）：对变量和观测值进行相似性和不相似性的分析。

（3）回归分析

回归分析是指通过提供变量之间的数学表达式来定量描述变量间相关关系的数学过程。回归分析的一般步骤是：确定回归方程中的因变量和自变量、确定回归模型、建立回归方程、对回归方程进行各种检验以及利用回归方程进行预测。

SPSS 中"分析"菜单下的"回归"有三个常用的回归分析的子选项。

1）线性（即线性回归分析）：用来检测一组因变量与自变量之间的关系，包括一元线性回归、多元线性回归、多元逐步回归。可以给出所求回归方程的回归系数估计值、协方差矩阵、复相关系数 R、因变量的最佳预测值、方差分析表等，还可以输出变量值的散点图等。"线性回归"对话框如图 9-40 所示。"因变量"框中为被解释变量，"自变量"框中为一个或多个解释变量，在"方法"框中选择回归分析中解释变量的筛选策略。其中，"输入"表示所选解释变量强行进入回归方程，是 SPSS 默认的策略方法，通常用在一元线性回归分析中；"逐步"表示逐步筛选策略；"删除"表示从回归方程中剔除所选变量；"后退"表示向后筛选策略；"前进"表示向前筛选策略。

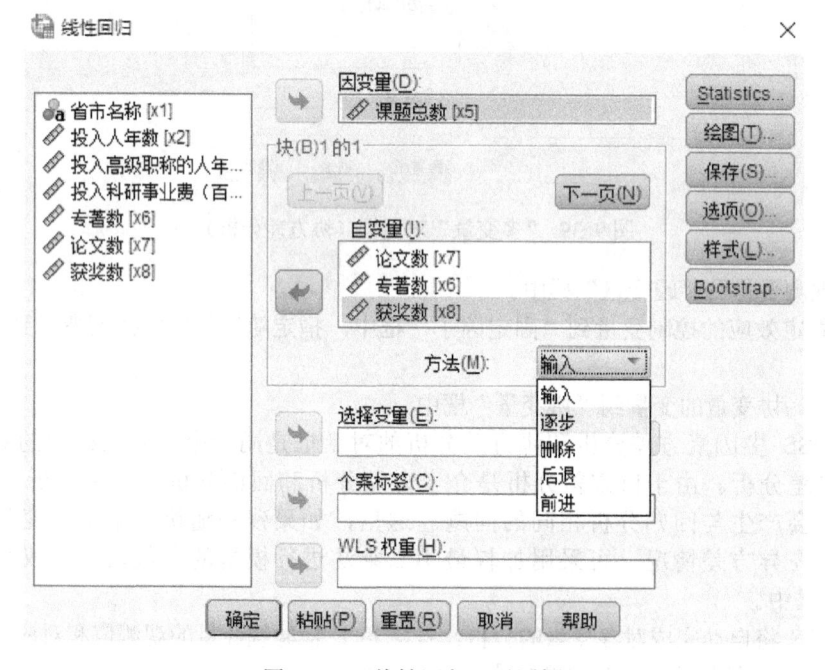

图 9-40 "线性回归"对话框

2）曲线估算：变量之间的关系呈现为某种曲线或非线性关系时进行曲线拟合。SPSS 提供了 11 种不同的曲线估计回归模型，可同时选择多种模型进行曲线拟合，然后根据回归统计的结果以及观察数据散点图，确定一个最佳的曲线模型。"曲线估计"对话框如图 9-41 所示。曲线估计中的解释变量可以是相关因素变量，也可以是时间变量。如果解释变量为相关因素变量，则选择"变量"，并指定一个解释变量到"因变量"框中；如果选择"时间"，表示解释变量为时间变量。

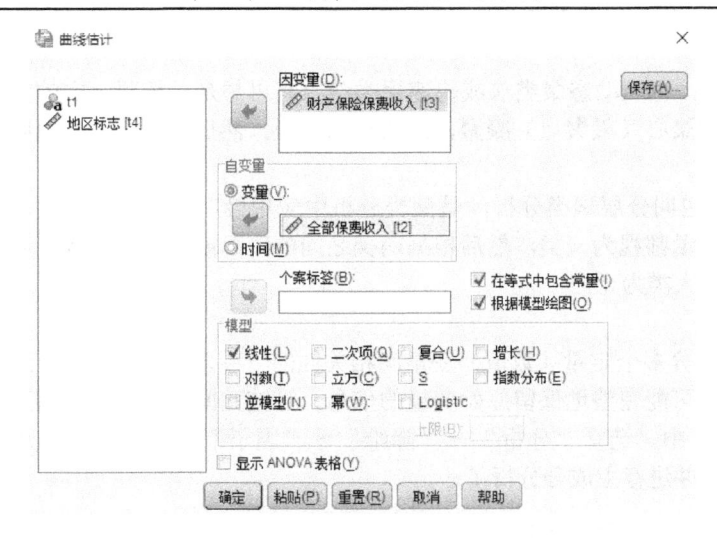

图 9-41 "曲线估计"对话框

3）二元 Logistic。当回归分析中的被解释变量是二分类变量时，通常采用二元 Logistic 回归分析。"Logistic 回归"对话框如图 9-42 所示，在"方法"框中选择解释变量的筛选策略，其中，"输入"表示所选解释变量全部强行进入方程；"向前：有条件的"表示有条件的向前筛选策略，且变量进入方程的依据是比分检验；"向前：LR"表示向前筛选策略，且变量进入方程的依据是比分检验统计量，剔除出方程的依据是极大似然估计原则下的似然比卡方；"向前：Wald"表示向前筛选策略，且变量进入或剔除出方程的依据是 Wald 统计量；"向后：有条件的"表示向后筛选策略，且变量剔除出方程的依据是条件参数估计原则下的似然比卡方；"向后：LR"表示向后筛选策略，且变量剔除出方程的依据是极大似然估计原则下的似然比卡方；"向后：Wald"表示向后筛选策略，且变量剔除出方程的依据是 Wald 统计量。

图 9-42 "Logistic 回归"对话框

（4）聚类分析

聚类分析是定量研究分类问题的一种多元统计方法，其基本思想是找出一些能够度量样本或指标之间相似程度的统计量，以这些统计量为划分类型的依据，把一些相似程度较大的样本（或指标）聚合为一类，把另外一些彼此之间相似程度较大的样本又聚合为一类。根据分类对象的不同，聚类分析可分为对样本的聚类和对变量的聚类两种。SPSS"分析"菜单下的"分类"提供了 2 个聚类分析的子选项。

1) K-均值聚类：也叫动态聚类法或快速聚类法。其思想是：按照一定的方法选取一批聚类中心，让样品向最近的聚心（凝聚点）凝聚，形成初始分类，然后按最近距离原则不断修改不合理的分类，直至合理为止。

2) 系统聚类：也叫分层聚类分析，是聚类分析中应用最广泛的一种方法。其思想是：把参与聚类的每个样品或变量都视为一类，然后根据两类之间的距离或相似程度逐步合并，直到所有的样品或变量合并为一个大类为止。

（5）主成分分析

主成分分析是研究多个定量（数值）变量间相关性的一种多元统计方法，通过生成几个主分量（主成分），使它们尽可能完整地保留原始变量的信息，且彼此间不相关，从而更深刻地揭示事物的内在规律。在 SPSS 中，选择"分析"→"降维"→"因子"菜单命令，打开"因子分析"对话框，就可以选择变量并进行主成分分析了。

9.3.2 文献计量分析工具应用

1. SATI

运用 SATI 对文献信息进行统计分析的主要步骤如下。

1) 数据格式转换。SATI 支持输入 WoS 数据库平台导出的 HTML 和 TXT 格式，以及国内期刊全文数据库 CNKI、CSSCI、万方、维普等导出的 EndNote 格式、NoteExpress 格式和 NoteFirst 格式题录数据，并提供数据格式转换和去重。SATI 数据格式转换界面如图 9-43 所示。

图 9-43 SATI 数据格式转换界面

2) 抽取字段信息。在"Options"选项组中可以选择抽取标题、作者、第一作者、文献来源、出版年、关键词、主题词、摘要、机构、地址、文献类型、引文、语种、DOI 和 URL 等字段信息，并可保存为.txt 文本文件。可以选择"Text Preprocessing"选项组中的选项，选取经文本预处理后的标题、关键词、主题词、和摘要等信息。还可利用"Refine"选项组按照出版年和文献来源进行数据集合的限定，并在此基础之上进行下一步的统计分析。SATI 字段信息抽取界面如图 9-44 所示。

第 9 章 计算机辅助信息分析

图 9-44　SATI 字段信息抽取界面

3）词条频次统计。根据抽取到的字段信息对条目元素（包括：关键词、主题词、作者、引文、机构、出版年、文献类型等）的频次进行统计和降序排列，同样可以按照时间和期刊对数据进行限定，生成相应的频次统计文档，并可保存为.txt 文本文件。SATI 词条频次统计界面如图 9-45 所示。

图 9-45　SATI 词条频次统计界面

4）知识矩阵构建（如图 9-46 所示）。软件可生成三类共八种知识矩阵。

① 词条共现矩阵：可自行设定共现矩阵输出行列数，将频次降序排列表中相应数量的条目元素作为知识单元进行运算，以构建知识单元共现矩阵（分为相似矩阵、相异矩阵、多值矩阵和二值矩阵四种，包括关键词共现矩阵（如图 9-47 所示）、主题词共现矩阵、引文共现矩阵、作者共现矩阵和机构共现矩阵等）。

② 频率分布矩阵：可自行设定条目元素（词条）数，生成词条的逐年分布矩阵（分为频次矩阵和频率矩阵两种）。

③ 文档词条矩阵：依据文本预处理结果，生成文档-词条矩阵（分多值矩阵和二值矩阵两种，包括文档-标题词矩阵、文档-关键词矩阵、文档-主题词矩阵和文档-摘要词矩阵）。

图 9-46　SATI 知识矩阵构建界面

图 9-47　SATI 生成的关键词共现矩阵

待生成 Excel 格式或 .txt 格式的知识矩阵数据后，可将相应矩阵文档导入数据分析软件（如 SPSS、UCINET、NetDraw、Pajek 等）以生成各种基本图表、聚类图、多维尺度分析图、共现网络知识图谱和策略坐标图等。

2. Bibexcel

Bibexcel 软件可以对知识单元进行频次分析、排序处理等，其中最主要的运用是知识单元的共现分析，通过共现分析可创建共现关系矩阵，并可借助可视化软件实现可视化分析。下面主要介绍使用 Bibexcel 构建知识单元共现关系矩阵的处理流程。

1）打开 Bibexcel，在"Select file here"列表框中选择数据源所在的文件夹，右边的窗口会显示出这个文件夹中的所有文件。选中合并后的文本文档，单击"Misc"→"Convert to diologe format"→"Convert from web of science"，会弹出一个对话框，单击"确定"按钮，就会生成一个扩展名为.doc 的文件。

2）选择.doc 文件，单击"View file"按钮，"The List"窗口就会显示这个文件的内容。根据要分析的知识单元，在"Old Tag"文本框中填写相应的标签代号。作者、关键词、机构、参考文献、被引期刊的标签依次为 AU、DE、C1、CD、CD。输入相应的标签后，在"Select field to be analysed…"下拉列表框中选择"Any; separated field"；如果要分析被引期刊，在输入"CD"标签后，在"Select field to be analysed"下拉列表框中选择"JN-Journal"，然后单击"Prep"按钮，在弹出的对话框中单击"确定"，生成扩展名为.out 的文件。

3）选择.out 文件，在"Select type of unit"下拉列表框中选择相应的分析对象。如果分析作者共现，选择"Author"；如果分析关键词共现，选择"Whole string"；如果分析机构共现，选择"Whole string"；如果分析参考文献共现，选择"Cited reference"；如果分析被引期刊共现，选择"Whole string"；选择相应的分析单元后，在下面的复选框中选择"Sorted descending"，单击"Start"按钮，在弹出的对话框中，单击"确定"按钮，生成扩展名为.cit 的文件。

4）选择.out 文件，在"Frequency distribution"下面的复选框中选择"Remove duplicates"和"Make new out-file"，单击"Start"按钮，在弹出的对话框中，单击"确定"按钮，生成扩展名为.out 的文件。

5）选择.cit 文件，单击"View whole file"，在"The List"窗口中选择频次较高的几个分析对象，然后单击"Analyze"→"Co-occurrence"→"Select units via listbox"，然后选择.out 文件，单击"Analyze"→"Co-occurrence"→"Make pairs via listbox"，在弹出的对话框中，单击"否"按钮，此时生成扩展名为.coc 的文件。

6）选择.cit 文件，同样单击 View whole file，在"The List"窗口中选择频次较高的几个分析对象，然后单击"Analyze"→"Co-occurrence"→"Select units via listbox"，然后选择.coc 文件，单击"Analyze"→"Make a matrix for MDS etc"，在弹出的对话框中，按照提示，单击"是"或"否"按钮，选择生成方阵或下三角矩阵，生成的共现矩阵文件扩展名为.ma2，将其打开，另存为扩展名为.xls 的文件。

至此，文献数据知识单元共现关系矩阵构建完毕。Bibexcel 可以构建作者共现矩阵、关键词共现矩阵、机构共现矩阵、参考文献共现矩阵。为了直观理解各知识单元之间的共现关系，需要进一步借助可视化分析软件来实现。先使用 UCINET 软件将.xls 文件转化为扩展名为.##的文件后，再借助 NetDraw 可视化软件将知识单元之间的共现情况清晰地描绘出来，并分析图谱中节点的中介中心性和边的关联强度等。

9.3.3 可视化分析工具应用

1. CiteSpace

CiteSpace 软件可以直观地反映学科领域科学前沿热点以及知识基础，研究前沿在 CiteSpace 软件中以突变词检测方法来确定，是指临时形成的学科领域研究的概念组合，代表着一个领域内的研究现状；而知识基础是由共引聚类来确定的，通过共引网络来反映研究前沿的知识基础，包括经典文献、过渡文献等。

运用 CiteSpace 软件进行各种可视化分析的具体步骤如下。

1）前期准备阶段。根据研究的需要确定主题词和专业术语，进行检索，下载合适的数据。CiteSpace 需要读入 WoS 格式数据（文件名以 download 开始，以.txt 结束），也可先下载 CNKI、

CSSCI 等数据，再利用 CiteSpace 软件将数据转换成软件可识别的数据格式。

2）导入数据，进行可视化处理。先导入数据，并在"Time Slicing"选项组中设置时间，在"Node Types"选项组中选择合适的节点分析类型（合作网络分析、共现分析、共被引分析、耦合分析），如图 9-48 所示。最后，可视化生成图谱。

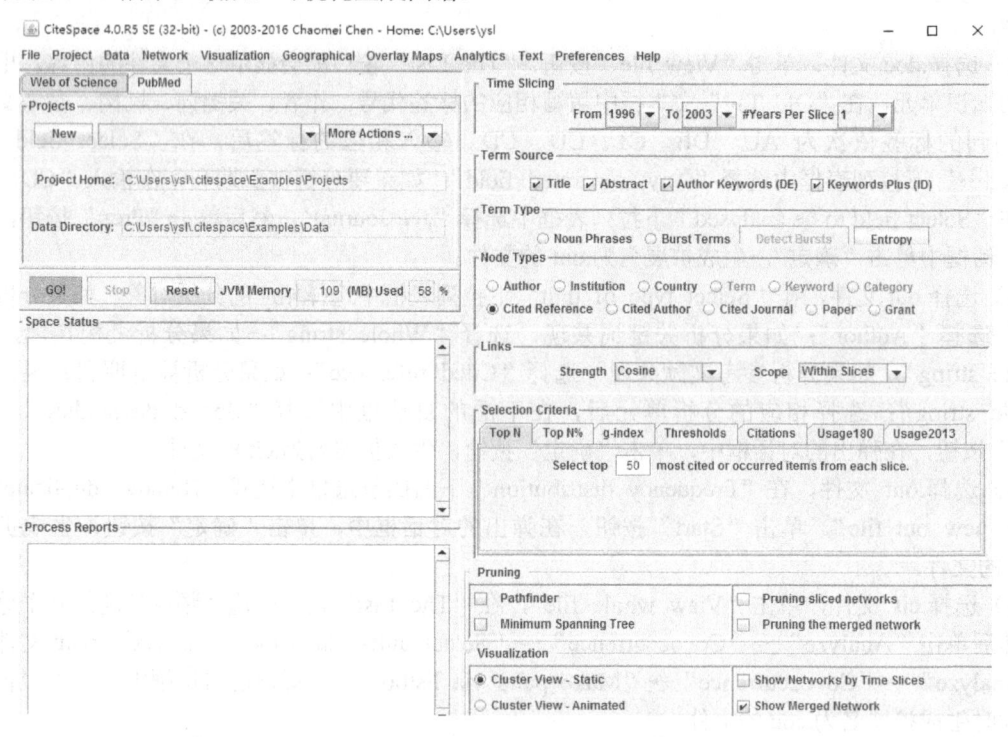

图 9-48 CiteSpace 数据导入及设置界面

3）根据需要对可视化图谱进行微调。CiteSpace 可视化图谱界面如图 9-49 所示，微调的前提是了解图中各个部分所代表的含义。CiteSpace 可视化图谱界面中各按钮的功能如图 9-50 所示。

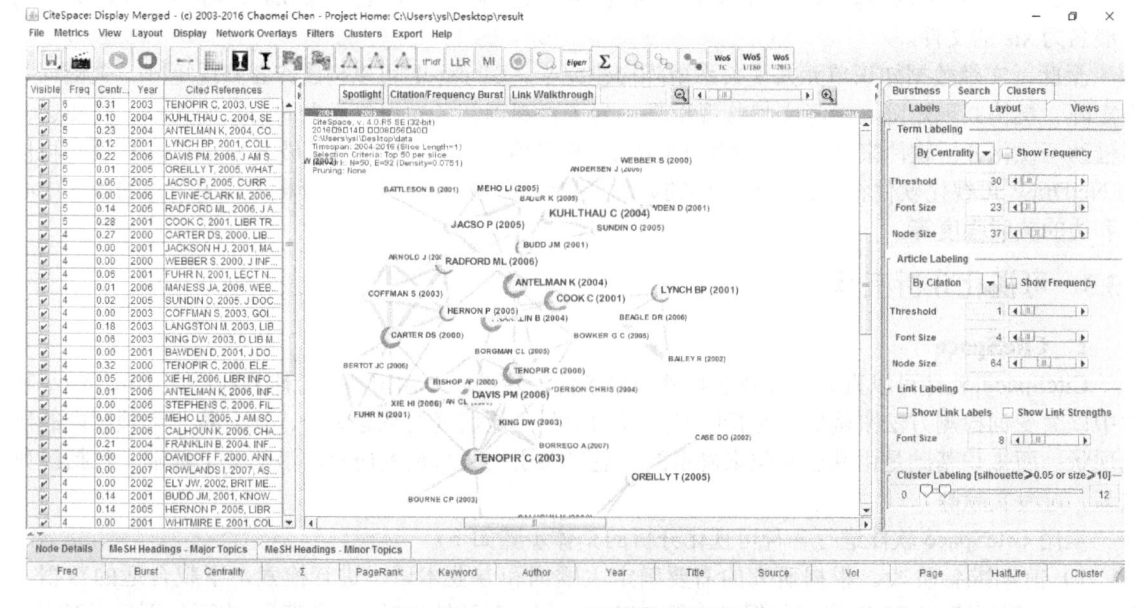

图 9-49 CiteSpace 可视化图谱界面

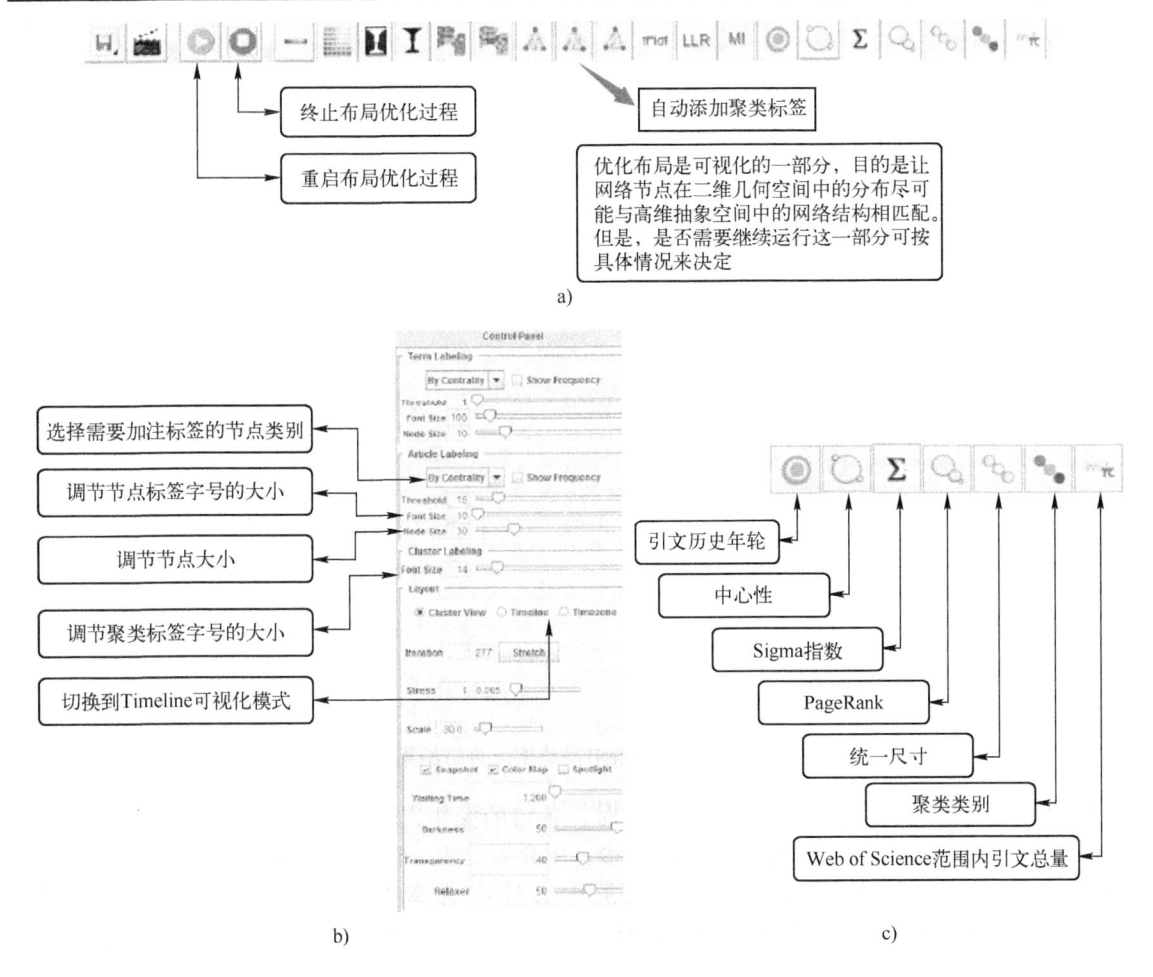

图 9-50　CiteSpace 可视化图谱界面中各按钮的功能

2. UCINET

UCINET 软件主要用于对网络进行各方面分析，其功能诸多，下面将主要介绍 UCINET 的网络密度分析、网络中心性分析和凝聚子群分析功能。

（1）网络密度分析

网络密度指的是网络中各个成员之间联系的紧密度，可以通过网络中实际存在的关系数与理论上可能存在的关系数相比得到，成员之间的联系越多，该网络的密度越大。整体网络的密度越大，该网络对其中行动者的态度、行为等产生的影响可能越大。计算网络密度的时候最好将多值关系数据转换成二值关系数据，将多值关系数据转换成二值关系数据的操作方法为选择"Transform"→"Dichotomize"菜单命令。网络密度分析的操作方法为选择"Network"→"Cohesion"→"Density"菜单命令，结果如图 9-51 所示。

（2）网络中心性分析

中心性（Centrality）是度量整个网络中心化程度的重要指标，在城市群网络中，处于中心位置的城市更易获得资源和信息。网络中心性又可以分为点度中心性、中介中心性和接近中心性三个指标。

图 9-51 UCINET 网络密度分析结果

使用 UCINET 软件进行网络中心性分析时,各自的操作方法分别如下。点度中心性:选择"Network"→"Centrality"→"Degree"菜单命令;中介中心性:选择"Network"→"Centrality"→"Betweenness"→"Nodes"菜单命令;接近中心性:选择"Network"→"Centrality"→"closeness"菜单命令,UCINET 网络中心性分析结果如图 9-52~图 9-54 所示。

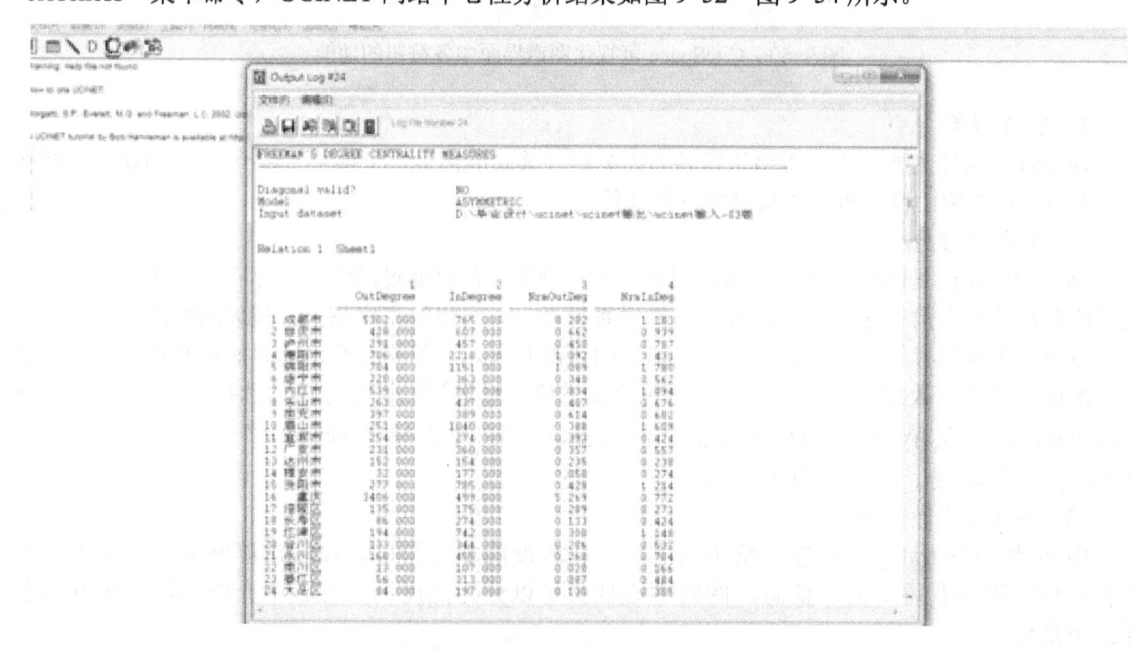

图 9-52 UCINET 点度中心性分析结果

图 9-53　UCINET 中介中心性分析结果

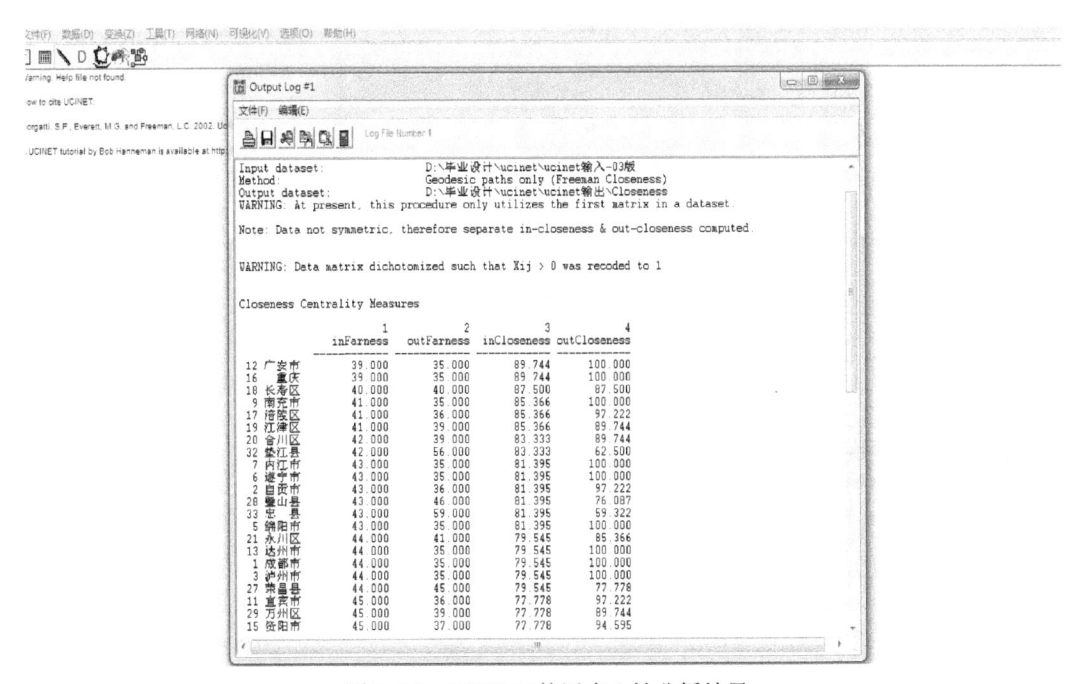

图 9-54　UCINET 接近中心性分析结果

（3）凝聚子群分析

凝聚子群是满足如下条件的一个行动者子集合，即在此集合中的行动者之间具有相对较强、直接、紧密、经常或者积极的关系。城市网络凝聚子群用于揭示和刻画城市群体内部子结构的状态。找到城市网络中凝聚子群的个数以及每个凝聚子群包含哪些城市成员，分析凝聚子群间的关系及联系方式，可以从新的维度考察城市网络的发展状况。

利用 UCINET 软件中的 CONCOR 可以进行凝聚子群分析。CONCOR 是一种迭代相关收敛法

（Convergent Correlation 或者 Convergence of Iterated Correlation）。它基于如下事实：如果对一个矩阵中的各个行（或者列）之间的相关系数进行重复计算（当该矩阵包含此前计算的相关系数的时候），最终产生的将是一个仅由 1 和 -1 组成的相关系数矩阵。

具体地说，CONCOR 算法开始于一个矩阵，首先计算矩阵的各个行（或者各个列）之间的相关系数，得到一个相关系数矩阵（$C1$）。CONCOR 算法的特点是，它把系数矩阵 $C1$ 作为输入矩阵，继续计算此矩阵的各个行或者各个列之间的相关系数。即计算第一个系数矩阵 $C1$ 的各个行（或者各个列）之间的相关系数。得到的各个"相关系数的相关系数"将构成又一个新的系数矩阵 $C2$。然后继续依次计算，最后得到"相关系数的相关系数的相关系数的……矩阵"。

经过多次迭代计算之后，CONCOR 算法利用树形图（Tree-diagram 或者 Dendrogram）表示各个位置之间的结构对等性程度，并且标记出各个位置拥有的网络成员。CONCOR 算法的分析对象是相关系数矩阵，它包含的是皮尔逊相关系数，这种系数用来测量各对行动者之间的相似性。利用 CONCOR 算法进行分析时，在最后的结果中每个区的行动者最好大于 3 个。CONCOR 算法也可以直接用于分析多元关系数据以及多值关系矩阵。

利用 UCINET 软件进行凝聚子群分析的操作方法为选择"Network"→"Roles & Positions"→"Structural"→"CONCOR"菜单命令，分析结果如图 9-55 所示。

图 9-55　UCINET 凝聚子群分析结果

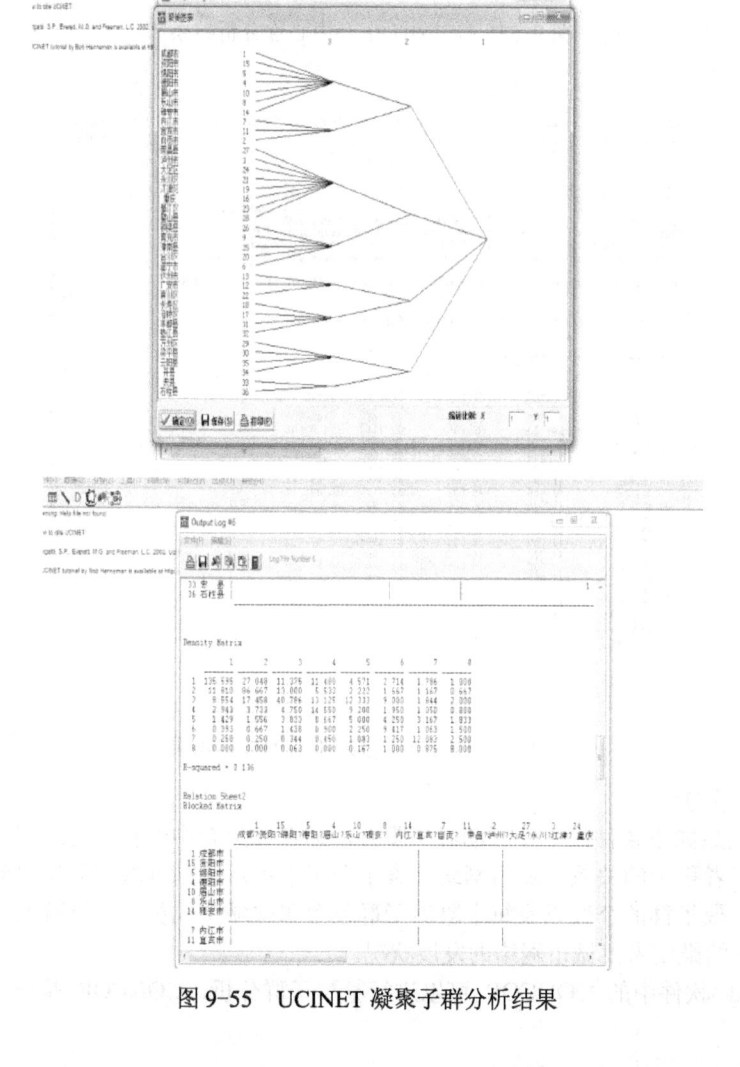

3. Pajek

（1）利用 Pajek 分析复杂网络基本性质

Pajek 算法有效，运算速度快，可用于分析大型的复杂网络。

1）度的计算。

度是复杂网络节点的属性中最简单但也是最重要的性质。在 Pajek 中执行"Net"→"Partitions"→"Degree"→"All"菜单命令，处理结果为一个 Partitions 的文件，它按照每个节点的度值为网络中所有的节点分类，而类的标号就是节点的度，根据各节点度的大小就可以很容易判断其重要性。

2）两点间的距离。

① 两点间的最短路径。在 Pajek 中执行"Net"→"Paths between 2 vertices"→"One shortest"菜单命令，在弹出的对话框中输入两个节点，则可以得到这两个节点之间的最短路径。输出的结果为一个 Partition 的文件。其中，若一个节点对应的类序号为 0，则表示最短路径不经过该节点，若为 1，则表示最短路径经过该节点。另外，Pajek 还可以画出一个子网络图，其中仅仅包括这两个节点之间的最短路径，用户通过这个网络图，可以更加直观地看到这两个节点之间的最短路径。

实际上，一个复杂网络中两个节点之间的最短路径可能并不只一条，用户利用 Pajek 提供的"Net"→"Paths between 2 vertices"→"All shortest"菜单命令还可以得到所有的两点之间最短路径。

② 复杂网络的直径。复杂网络中任意两个节点之间的距离的最大值叫作复杂网络的直径。利用 Pajek 中的"Net"→"Paths between 2 vertices"→"Diameter"菜单命令，可以求得网络中距离最大的两个节点的网络直径。

③ k 步内路径。从节点 i 出发，如果经过一条路径，可以在规定的 k 步内到达节点 j，则这条路径就称节点 i 到节点 j 的 k 步内路径。利用 Pajek 中的"Net"→"Paths between 2 vertices"→"Walks with Limited Length"菜单命令，可以求得从节点 i 到节点 j 的所有 k 步内的所有路径。

④ 复杂网络的测地矩阵。利用 Pajek 中的"Net"→"Paths between 2 vertices"→"Geometric Matrices"菜单命令可求得整个复杂网络的测地矩阵，输出结果为两个矩阵：一个是最短路径长度矩阵，其中的元素为每个节点对之间最短路径的长度；另一个是最短路径条数矩阵，其中的元素为所有节点对之间的最短路径的条数。

3）k 近邻。

如果从节点 i 出发，沿着有向边的箭头所示方向，通过 k 条边可到达节点 j，则节点 j 为节点 i 的 k 出近邻，而节点 i 则为节点 j 的 k 入近邻。对于有向图，如果忽略边的方向，就可以当作无向图来求其节点的 k 近邻。利用 Pajek 中的"Net"→"k"-"Neighbors"→"Output"菜单命令，在弹出的对话框中输入最长的 k 步距离，处理的结果是一个 Partition 的文件。

（2）利用 Pajek 分析复杂网络结构

在分析复杂网络的时候，除了考虑与复杂网络节点相关的基本特性外，更应该从全局的角度来分析整个复杂网络的结构特性，从而更好地分析和研究复杂网络的几何性质和结构稳定性。Pajek 为用户提供了一套分析复杂网络全局结构特性的算法。

1）复杂网络图的遍历。

从复杂网络图的一个节点出发系统地访问网络图中的所有节点，并且使每个节点仅被访问一次，这种运算称为复杂网络图的遍历。通常有两种遍历复杂网络图的方法，深度优先搜索遍历和广度优先搜索遍历，它们对于无向复杂网络图和有向复杂网络图都适用。利用 Pajek 中的"Net"→"Numbering"→"Depth first"→"Strong"菜单命令可以求出网络图从节点 1 出发的深度优先搜索遍历，处理结果为一个 Permutation 的文件。利用 Pajek 中的"Net"→"Numbering"→"Breadth first"→"Strong"菜单命令可以求出网络图从节点 1 出发的广度优先搜索遍历，处理结果为一个 Permutation 的文件。

2）复杂网络图的核心。

利用 Pajek 中的"Net"→"Partitions"→"Core"→"All"菜单命令求 k-总核心，处理的结果为一个 Partition 的文件。其中，每个节点对应的类的编号即为该节点所属的所有 k-核心网络中最大的 k 值。如果该节点不属于任何核心网络，则其对应类的编号为 0。

3）复杂网络图的连通分量。

利用 Pajek 中的"Net"→"Components"下的"Strong"和"Weak"两个命令可以求出复杂网络的强连通分量和弱连通分量（对于无向图来说，这两个命令得到的结果是一样的）。输出的结果为一个 Partition 的文件，其中，各节点所属的类的编号即它所属的连通分量的编号。也就是说，编号一致的节点是连通的，而编号不同的节点则是不连通的。

4）复杂网络的关键路径。

利用 Pajek 中的"Net"→"Critical Path Method（CPM）"菜单命令可以求得网络的关键路径，其输出的结果有四个文件，其中两个为 Network 文件，两个为 Vector 文件。其中，一个 Vector 文件表示各个事件可能的最早发生时刻，即从起始节点到该节点的最长路径长度；另一个 Vector 文件则表示，在保证完成节点按时发生的前提下，各事件允许的最晚发生时刻，它等于关键路径长度减去从完成节点到该节点的最长路径长度。

（3）利用 Pajek 可视化成图

利用 Pajek 可视化成图，主要的步骤如下。

1）下载所需数据，并转化为 Pajek 软件所能够读取的格式。

2）在 Pajek 中读取文件：在菜单中选择"File"→"Network"→"Read"命令，或者直接在窗口左侧单击"Networks"栏中最左侧的"打开"按钮。

3）在 Pajek 菜单中选取所需的成图算法：Pajek 默认的成图方式是环形算法（Circular），如图 9-56 所示。除此之外，常用的成图算法还有 Kamada-Kawai 算法、Fruchterman-Reingold 算法。Fruchterman-Reingold 算法由 Fruchterman 和 Reingold 提出，将一个无向连通图看作一个力学系统，其最终目的是要使力学系统达到平衡。

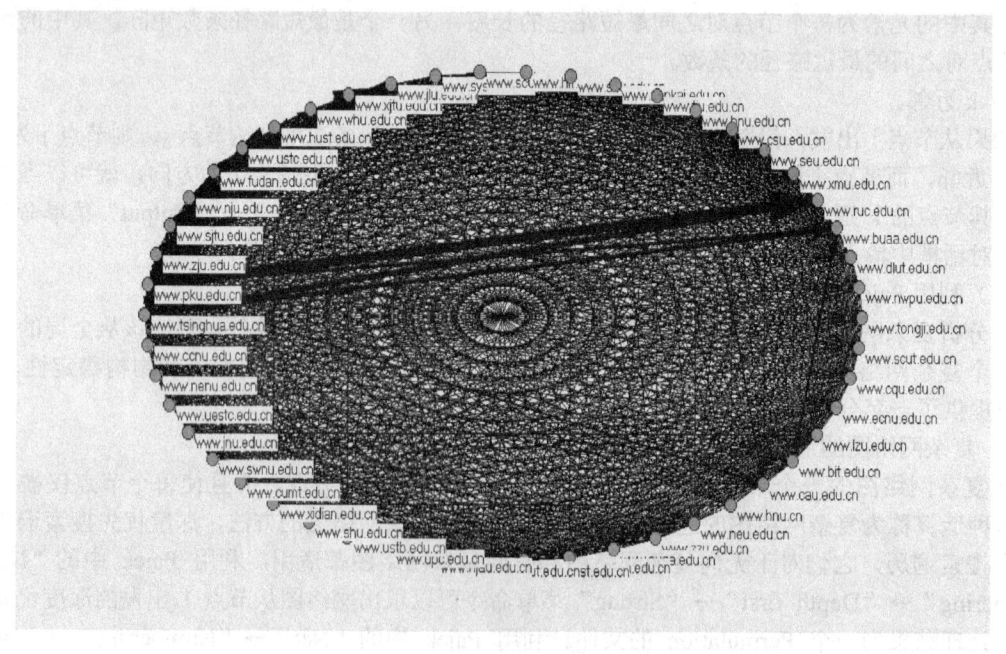

图 9-56　环形算法网络图

在"Layout"菜单中调整算法,选择"Layout"→"Energy"→"Free"→"Kamada"-"Kawai",得到 Kamada-Kawai 算法网络图(如图 9-57 所示),选择"Layout"→"Energy"→"Free"→"Fruchterman-Reingold",得到 Fruchterman-Reingold 算法网络图(如图 9-58 所示)。

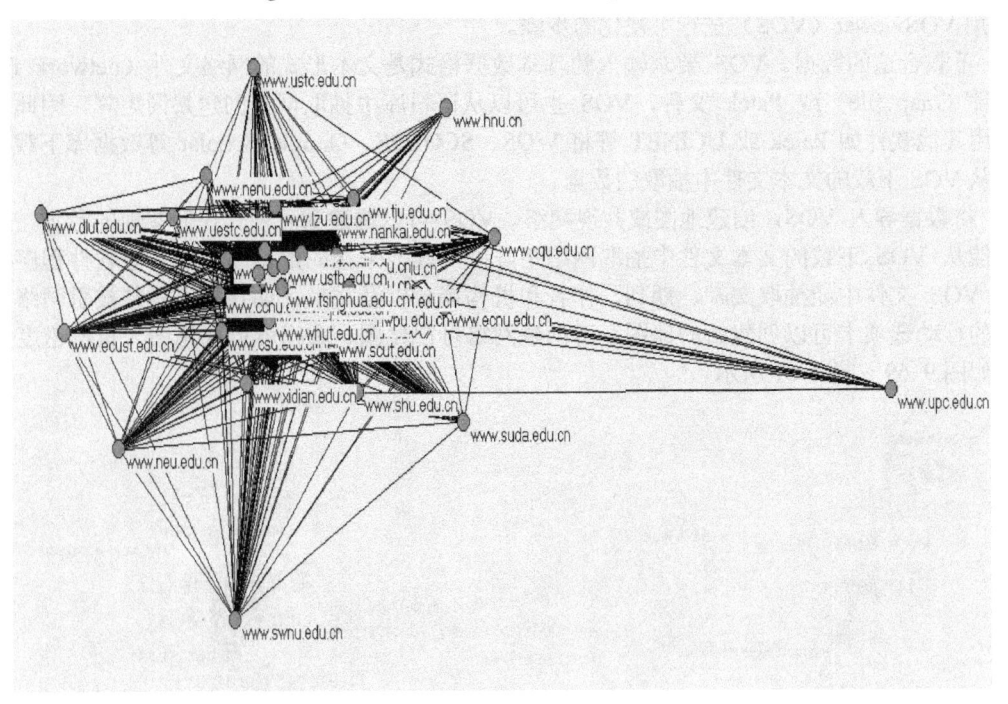

图 9-57 Kamada-Kawai 算法网络图

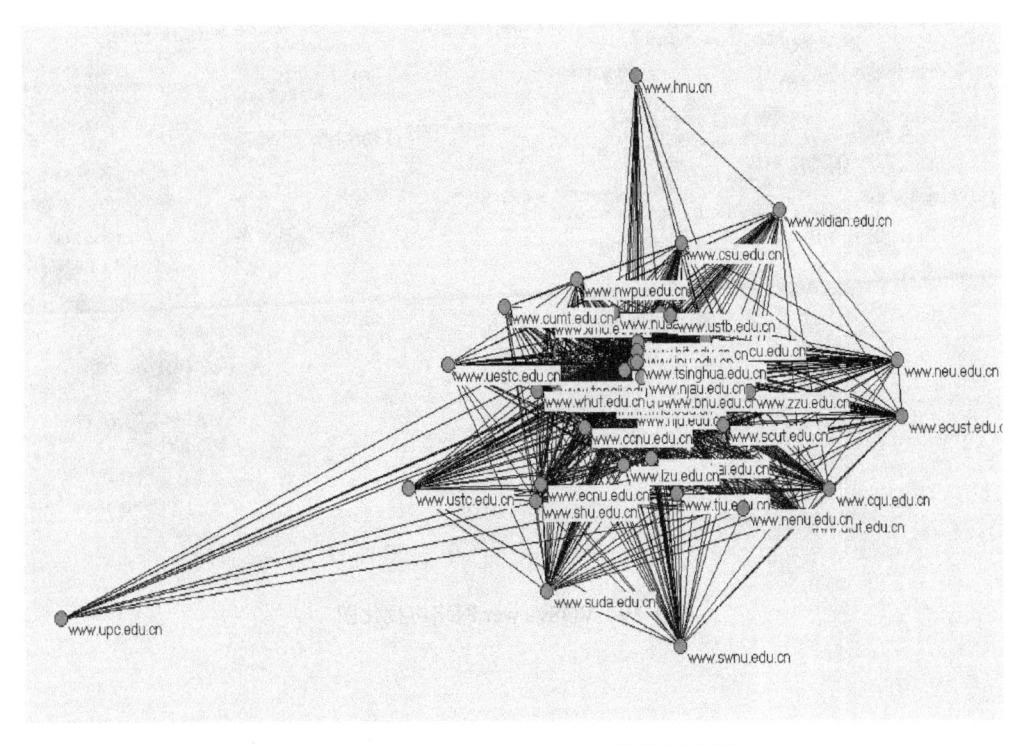

图 9-58 Fruchterman-Reingold 算法网络图

此外，Pajek 还能将网络图输出成为可放缩的矢量图形，包括 SVG（Scalable Vector Graphics）格式、EPS 格式以及 3D 格式，如 X3D，VRML，MDL MOLfile 等。

4．VOSviewer

运用 VOSviewer（VOS）进行可视化的步骤。

1）下载合适的数据。VOS 要求输入的基本数据格式是文本形式的网络文件（network file）和地图文件（map file）或 Pajek 文件，VOS 也可以从语料库中抽取词条创建共词矩阵。因此，VOS 需要利用其他软件如 Pajek 或 UCINET 等将 WOS、SCOUPS、Google Scholar 等数据库下载的数据转换成从 VOS 下载的文本文件中抽取的数据。

2）将数据导入 VOS，创建地图或共现网络。VOS 可以构建和可视化任何共现的数据，但是其本身除能从 VOS 下载的文本文件中抽取网络矩阵外，其他来源的数据须借助其他软件程序抽取网络，从 VOS 文件中能抽取文献、期刊、作者和机构耦合以及文献、期刊和作者共被引网络。操作面板中的行动选项卡可以创建新的地图，可创建网络可视化图、项密度可视化图、集群密度可视化图等。如图 9-59～图 9-61 所示。

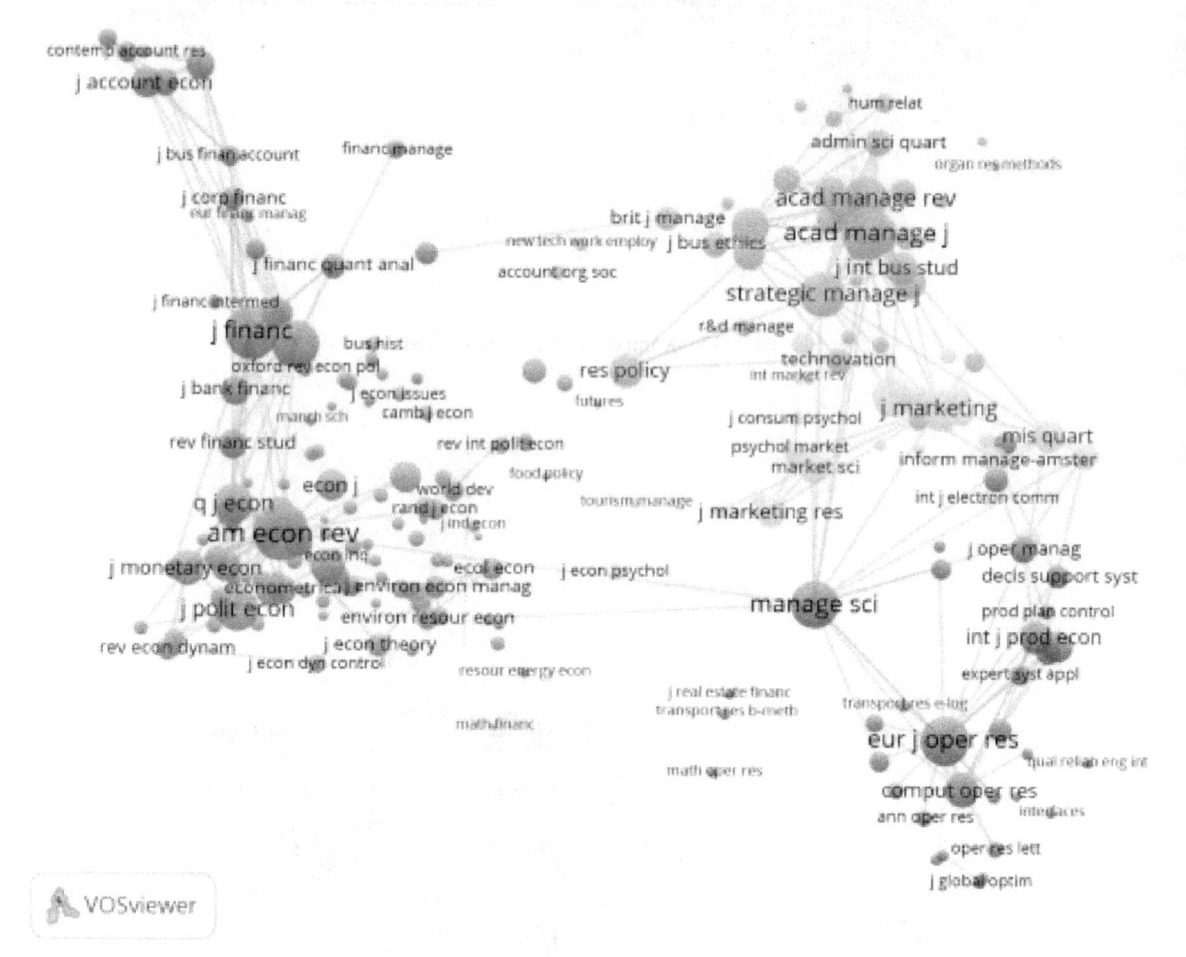

图 9-59　VOSviewer 网络可视化图

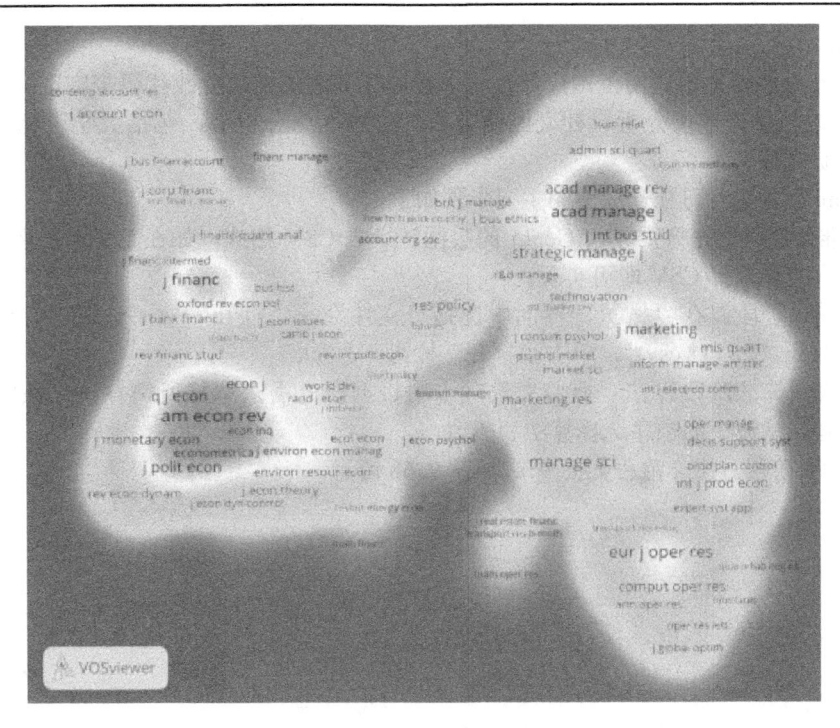

图 9-60　VOSviewer 项密度可视化图

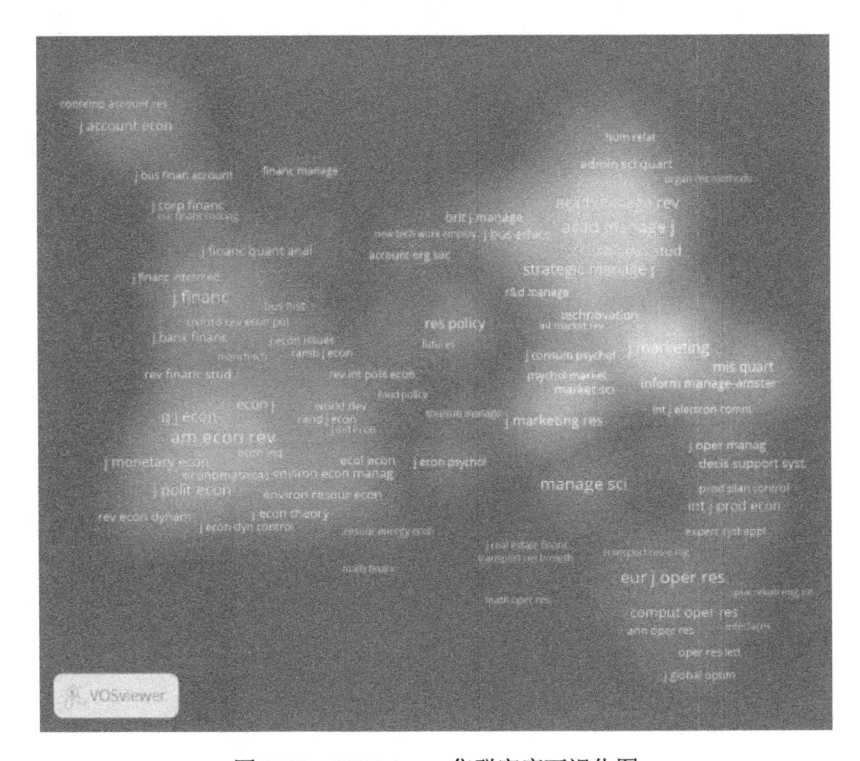

图 9-61　VOSviewer 集群密度可视化图

3）调节地图或网络中节点的颜色、大小、聚类等，分析地图或网络的具体细节。操作面板中的地图选项卡可以用来构造或改变一个地图，地图构建使用 VOS 映射技术和 VOS 集群技术，也可以用来改变各种技术参数和调节地图中的标签。

5. Gephi

Gephi 是开源性软件，适用范围广泛，可以按照研究者的需求更改代码来实现。Gephi 一般可用于探索性数据分析、链接分析、社交网络分析、生物网络分析等，包括大学研究项目、统计研究、微博信息研究等。

利用 Gephi 软件进行可视化成图的主要步骤如下。

1）前期准备阶段。先将要导入 Gephi 的数据转换成 CSV 格式，如在 Excel 表格中进行另存为操作，文件保存类型选择 CSV 即可实现。

2）数据导入阶段。在"概览"界面中选择"文件"→"打开"→"选择已有数据"菜单命令，文件类型选择"CSV(*.csv)"，单击"打开"按钮。

3）选择成图算法阶段。在"概览"选项卡中根据研究需求选择所需算法，按照"统计，分割，排序，流程，滤波"的顺序选择算法和阈值。

4）添加中文阶段。操作流程如图 9-62～图 9-68 所示。

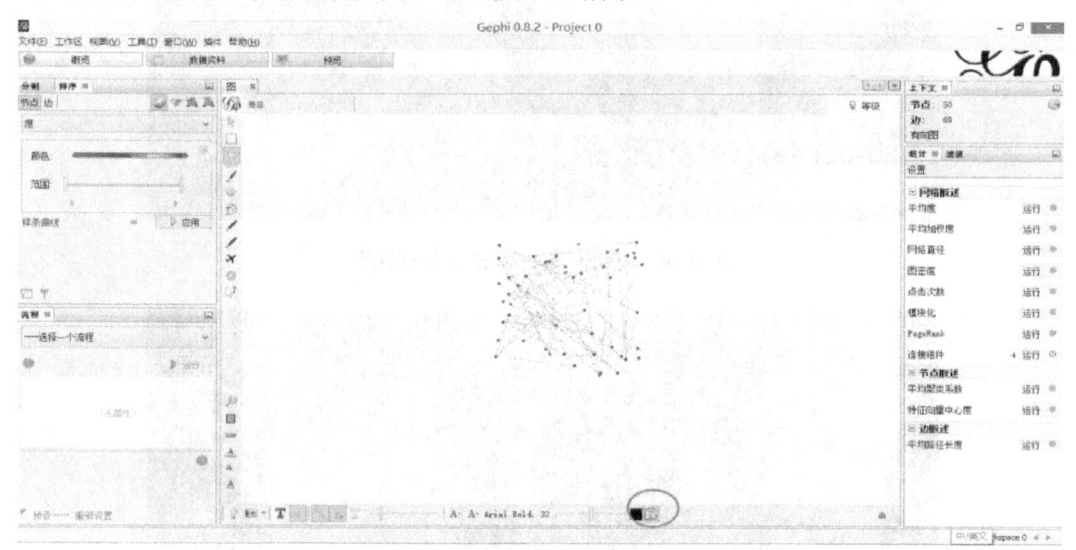

图 9-62　Gephi 操作流程——单击"属性"按钮

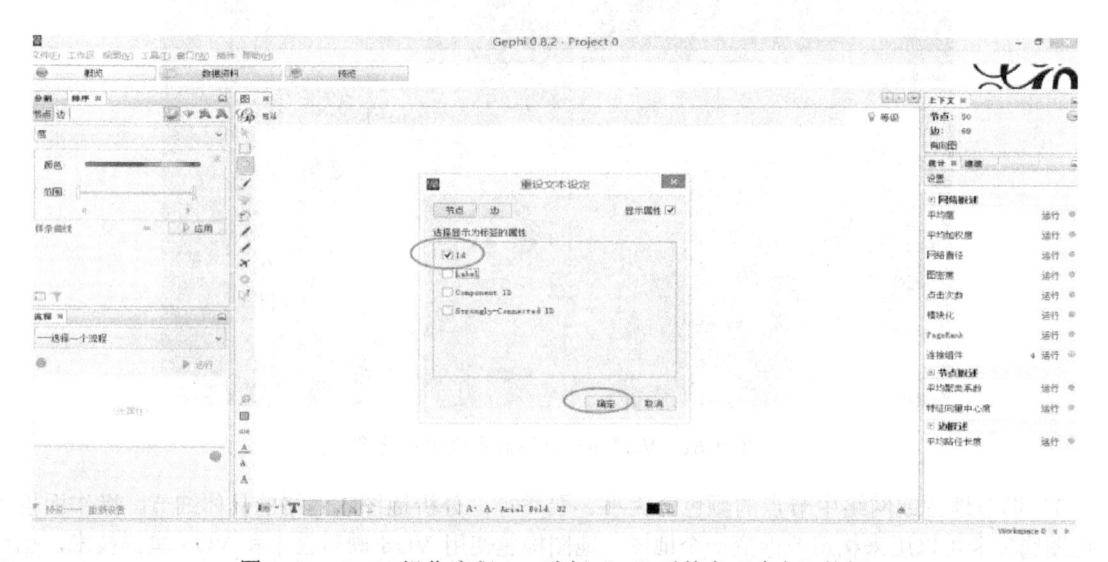

图 9-63　Gephi 操作流程——选择"Id"后单击"确定"按钮

第 9 章 计算机辅助信息分析

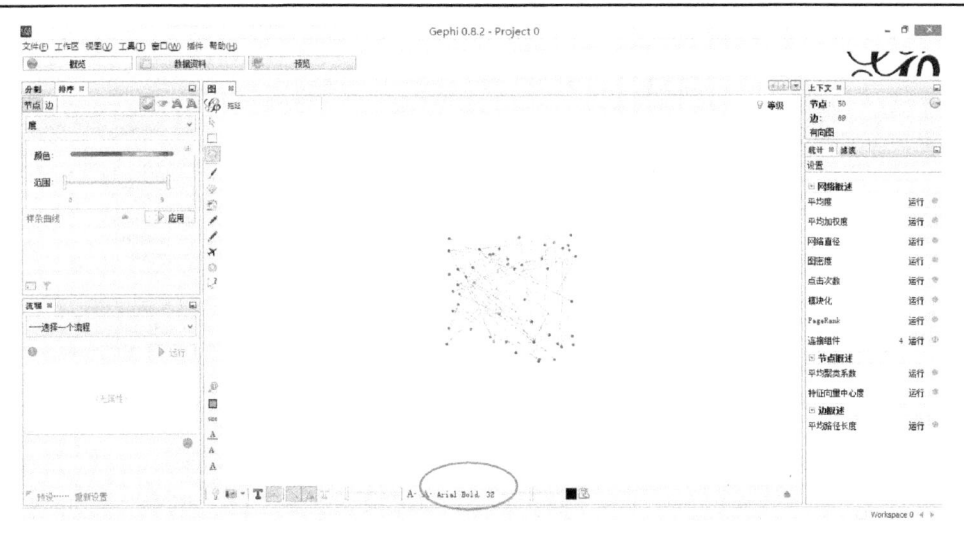

图 9-64 Gephi 操作流程——单击"字体"选项并选择中文字体

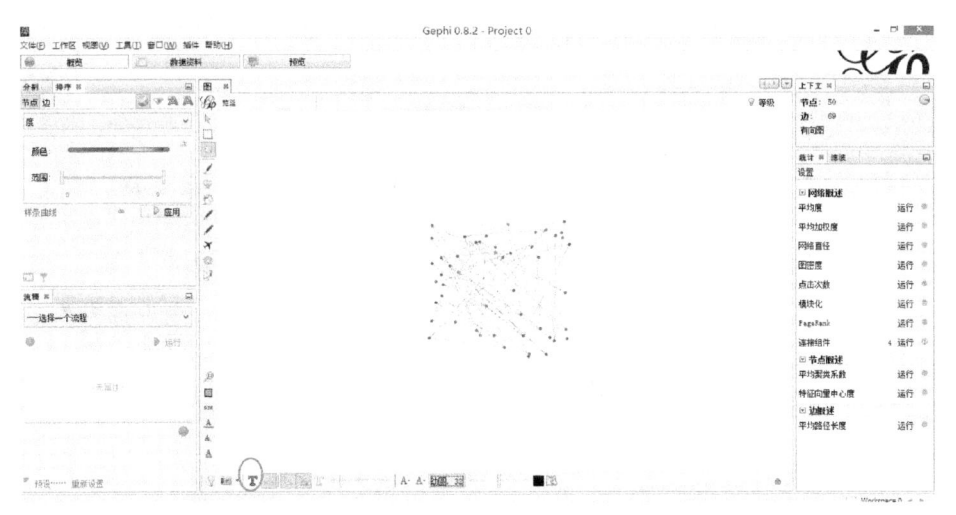

图 9-65 Gephi 操作流程——单击"T"(显示节点标签)按钮

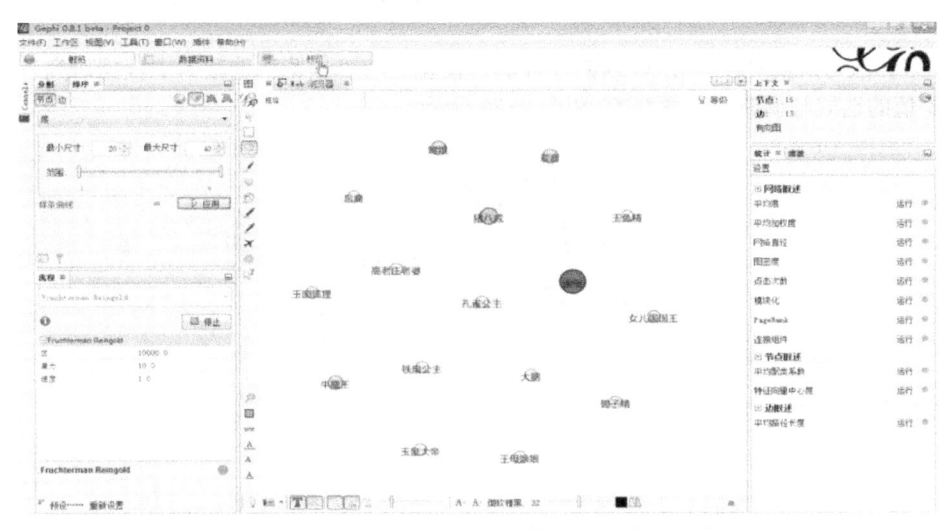

图 9-66 Gephi 操作流程——单击"预览"选项卡

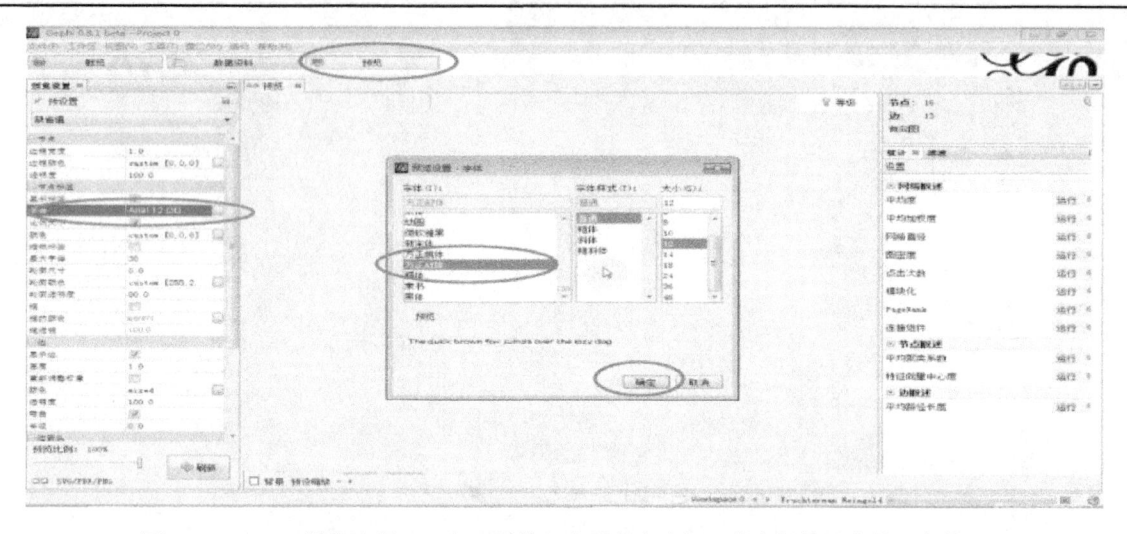

图 9-67 Gephi 操作流程——在"预览"选项卡中选择"节点标签"中的"字体"

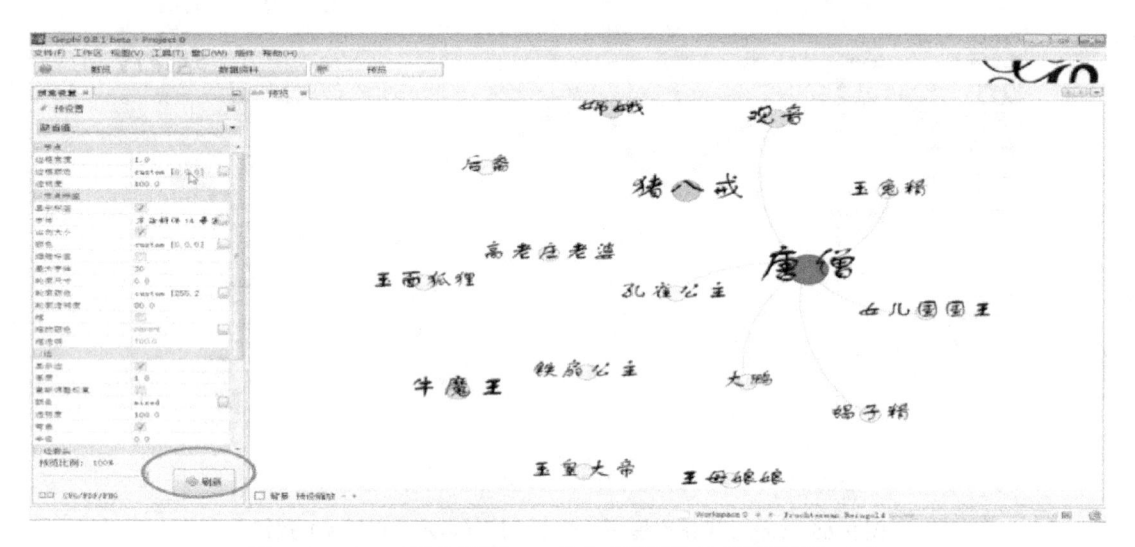

图 9-68 Gephi 操作流程——单击"刷新"按钮即可添加中文

5）调整算法与阈值阶段。在 Gephi 软件的"概览"与"预览"选项卡中根据研究者的需求进行算法与阈值的选取与调整，如图 9-69 和图 9-70 所示。

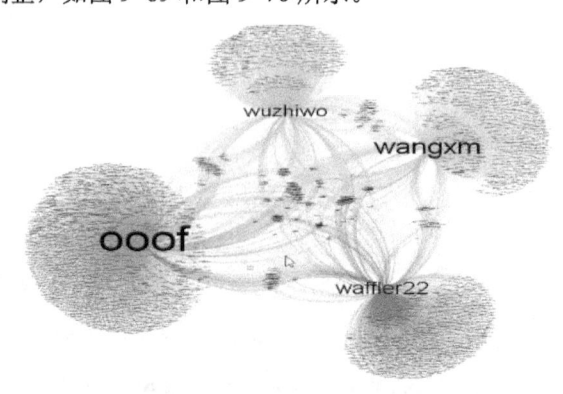

图 9-69 Twitter 上四个用户好友及粉丝社交网络分析图（外圈为粉丝、内圈为好友）

图 9-70　Twitter 上四个用户好友及粉丝社交网络分析图（黑色背景图显示效果）

9.4　计算机辅助信息分析综合应用

知识图谱是把应用数学、图形学、信息可视化技术、信息科学等学科的理论与方法与计量学引文分析、共现分析等方法结合，用可视化的图谱形象地展示学科的核心框架、发展历史、前沿领域以及整体知识架构的多学科融合的一种研究方法。知识图谱以可视化的形式对科学知识进行直观展示，且深入知识内部对其发展进程与结构关系进行系统分析。近年来，知识图谱在国内外悄然兴起，相关研究成果不断涌现。为了便于读者学习和掌握计算机辅助信息分析工具，本书选择了一个综合性应用案例，利用各种计算机辅助信息分析工具从不同层面、不同角度对我国知识图谱研究的现状和趋势进行分析。

9.4.1　数据获取

本案例选用 CNKI 的中国学术期刊网络出版总库作为分析的数据来源，具体检索方法为：用"知识图谱"在篇名中"精确"检索，检索时间段设定为 2012—2022 年，具体检索日期为 2023-11-5。检索获得学术期刊论文 7530 篇。

9.4.2　工具选择

本节使用 SATI 处理数据、转换格式、生成矩阵，分别利用 Excel、UCINET、Pajek、VOSviewer 和 CiteSpace 软件生成可视化知识图谱，并进行简要分析。为了便于快速掌握各种可视化分析工具，本书仅以"作者"和"关键词"为分析对象生成各种可视化工具对应的知识图谱。

9.4.3　工具应用

1. Excel 应用

（1）检索结果统计

将检索结果导入 Excel 可得到全部分期刊论文年度分布统计结果，见表 9-1。

表 9-1　全部期刊论文年度分布统计结果

年份	2012	2013	2014	2015	2016	2017	2018	2019	2020	2021	2022	2023
全部期刊论文	115	132	170	200	343	424	687	946	1187	1496	1690	1940

（2）可视化图表输出

利用 Excel 的图表输出功能，可得到图 9-71。

由图 9-71 可知，我国知识图谱研究论文数量自 2012 年以来呈逐年上升趋势，预计到 2024 年底将增至 11884 篇。

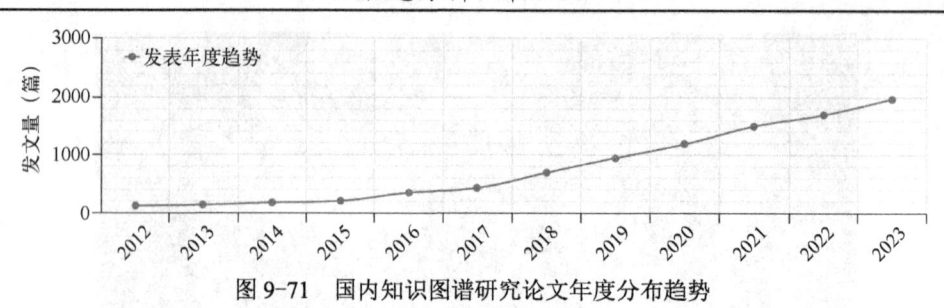

图 9-71　国内知识图谱研究论文年度分布趋势

2. SATI 应用

（1）数据导入和格式转换

将从 CNKI 中检索得到的结果导出为 EndNote 格式的题录数据并保存，将题录数据导入 SATI 软件，进行数据格式转换，如图 9-72 所示。

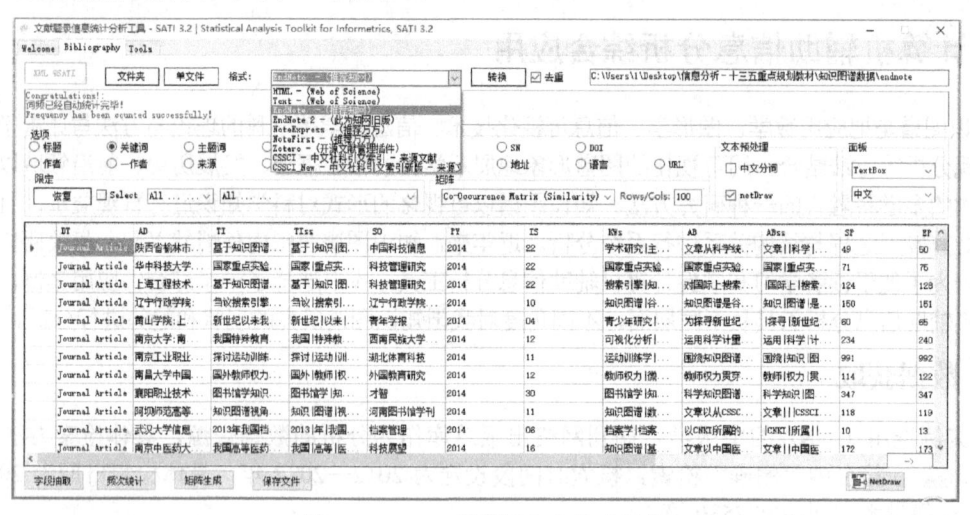

图 9-72　SATI 数据导入和格式转换

（2）字段抽取和统计

1）作者字段抽取和统计。在"选项"中选择"作者"，单击"字段抽取"和"频次统计"按钮，如图 9-73 所示。

图 9-73　作者字段抽取和统计

图 9-73　作者字段抽取和统计（续）

2）关键词字段抽取和统计。在"选项"中选择"关键词"，单击"字段抽取"和"频次统计"按钮，如图 9-74 所示。

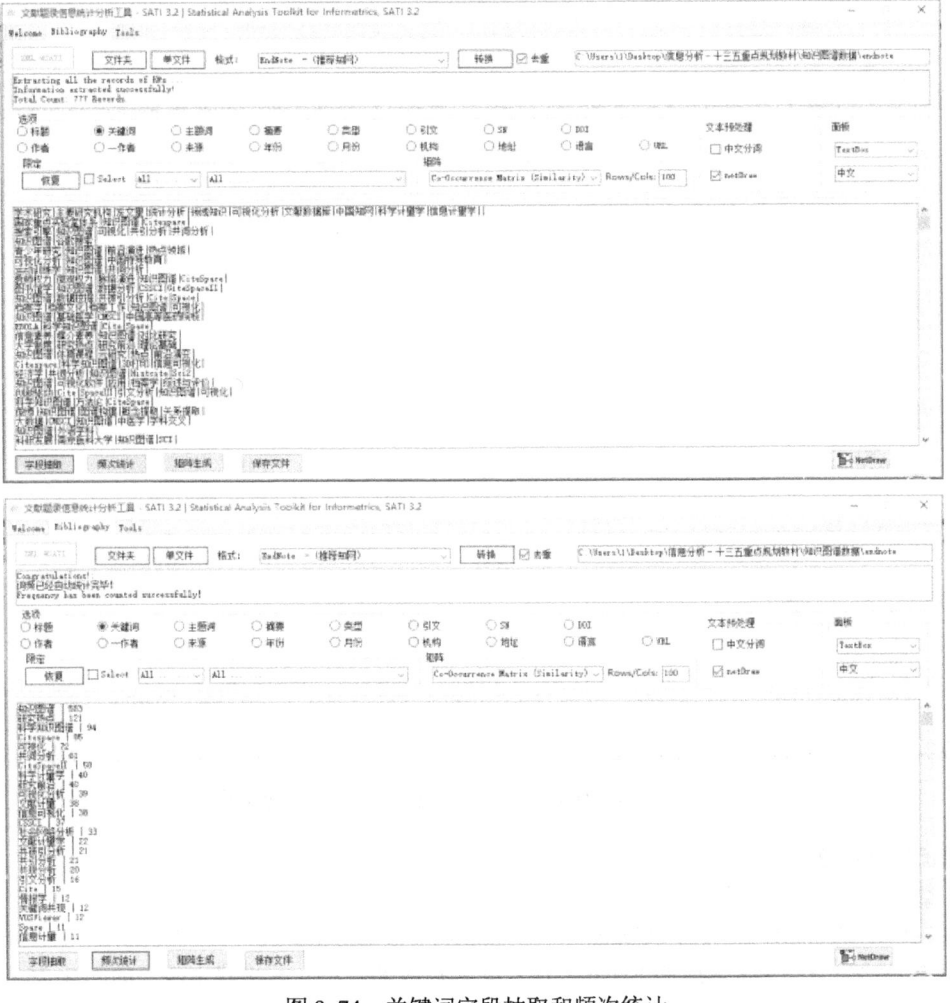

图 9-74　关键词字段抽取和频次统计

（3）矩阵生成

分别在作者和关键词字段抽取与统计完成后，单击"矩阵生成"按钮，即可得到 100×100 的高产作者合作矩阵和高频关键词共现矩阵，如图 9-75 所示。

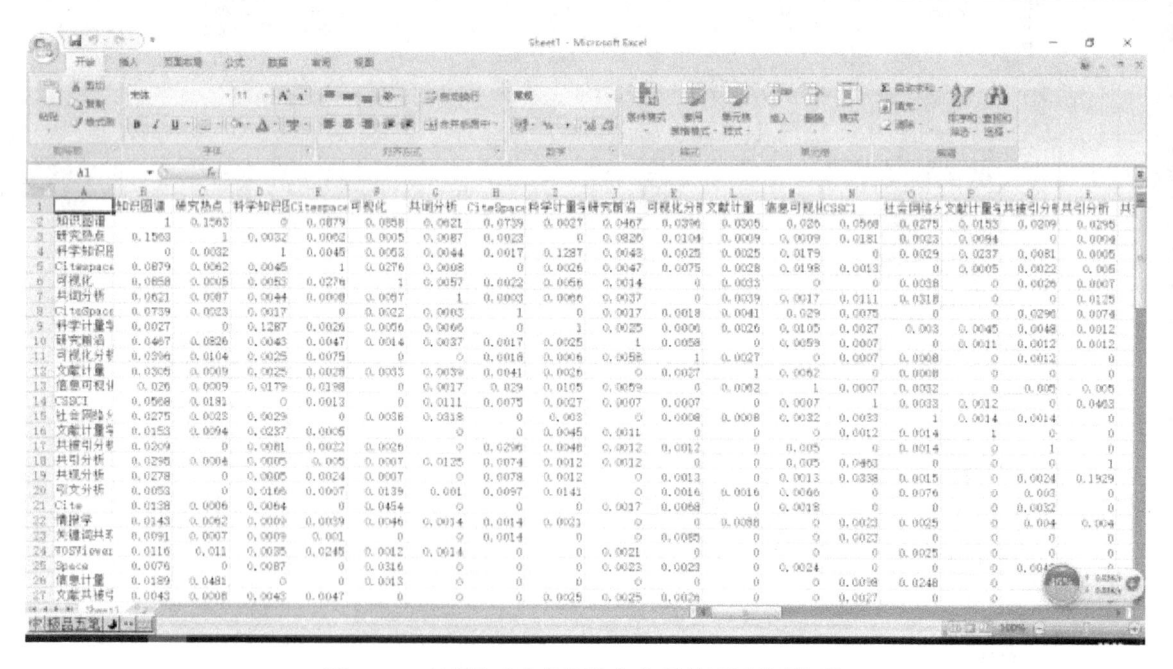

图 9-75　高产作者合作矩阵和高频关键词共现矩阵

3. UCINET 应用

（1）数据格式转换

打开 UCINET 软件，选择"Data"→"Import via spreadsheet"→"Full matrix w/multiple sheets"菜单命令，将 SATI 生成的 Excel 共现矩阵转换成.##d 和.##h 格式文件，如图 9-76 所示。

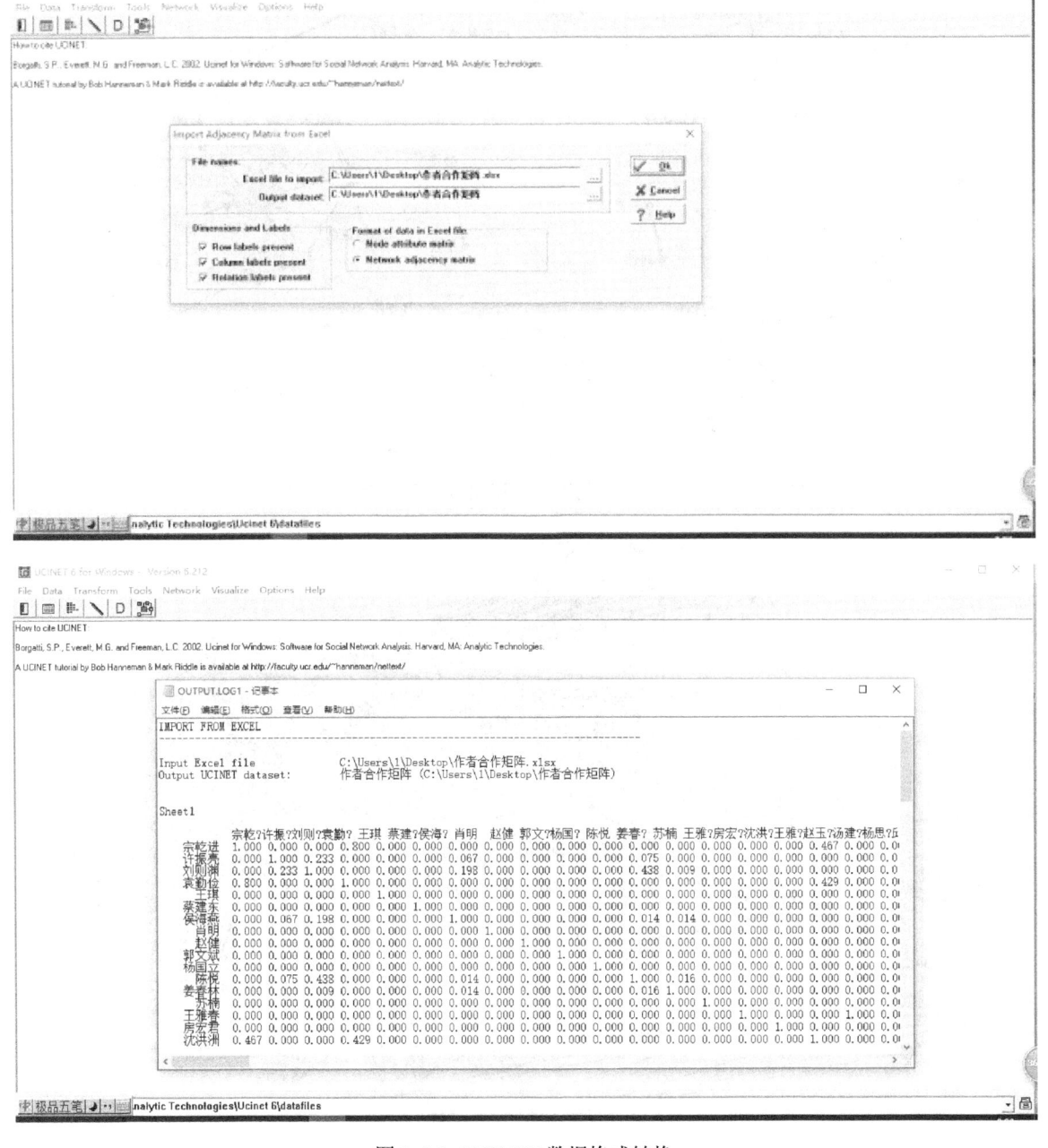

图 9-76 UCINET 数据格式转换

(2) 可视化图谱生成

打开 UCINET 自带的 NetDraw 绘图软件，选择"File"→"Open"→"Ucinet dataset"→"Network"菜单命令，打开转换成的.##h 文件即可生成需要的原始可视化图谱，去掉独立节点，修饰节点、连线、标签并聚类后就得到的作者合作网络图谱和关键词共现 K 核聚类网络图谱，如图 9-77 和图 9-78 所示。

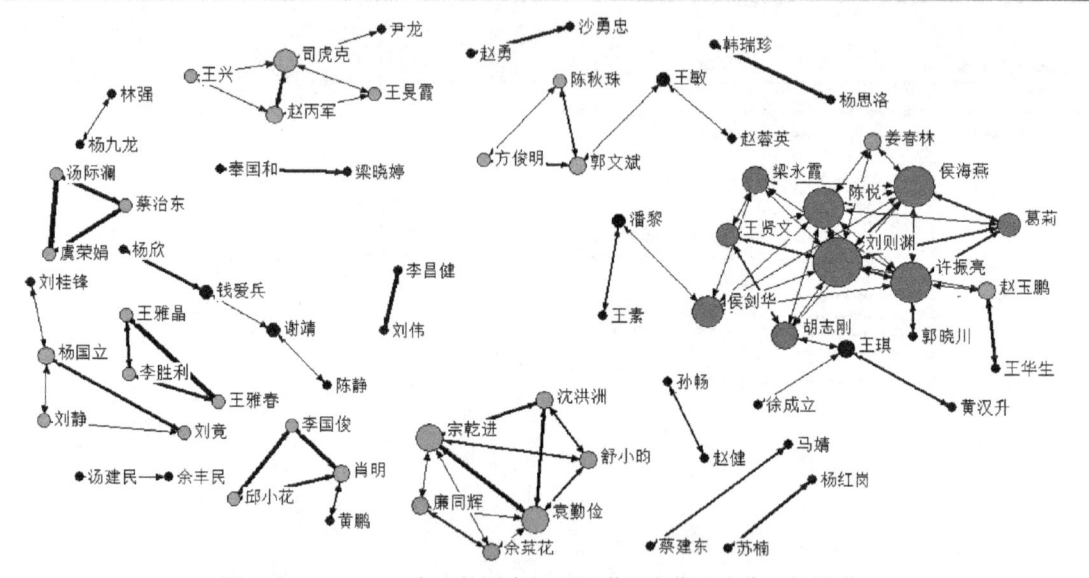

图 9-77　NetDraw 生成的国内知识图谱研究作者合作网络图谱

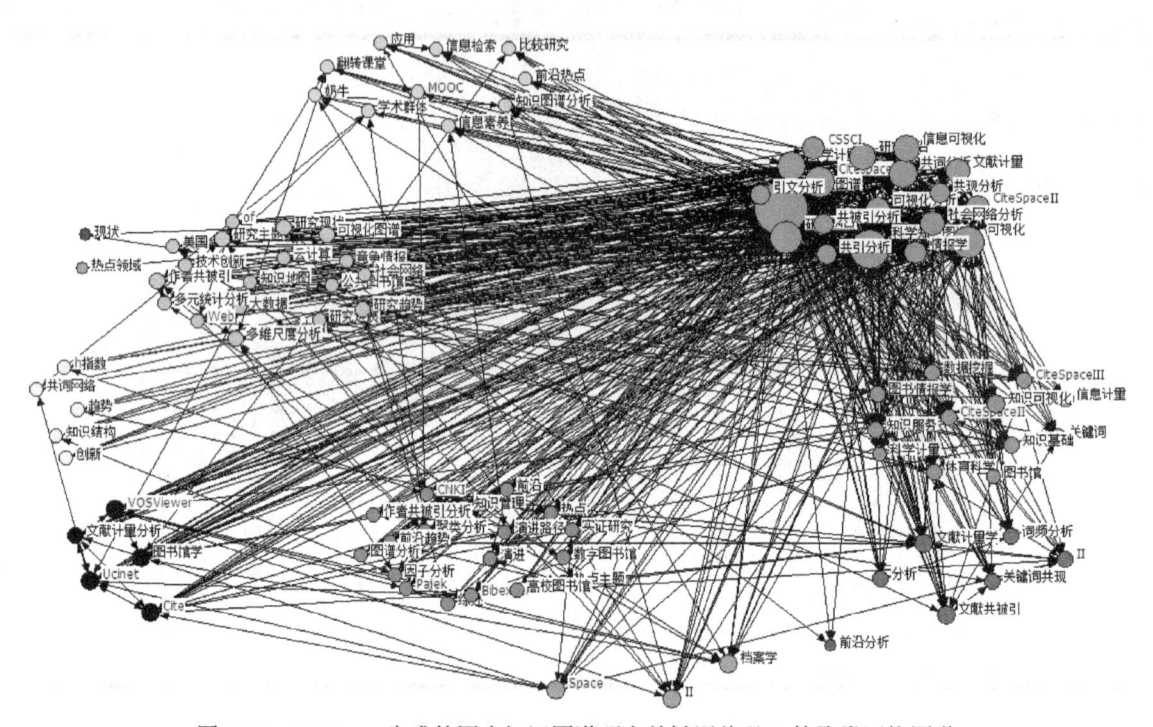

图 9-78　NetDraw 生成的国内知识图谱研究关键词共现 K 核聚类网络图谱

由图 9-77 可知，我国知识图谱研究领域的高产作者形成了 18 个小型合作网络。其中最大的合作网络以刘则渊、陈悦、许振亮为核心，有 18 位合作者。第二大的合作网络有 6 位合作者，另外还有 2 个 5 人合作网络、3 个 4 人合作网络、1 个 3 人合作网络，其余都是 2 人合作网络。从图 9-78 可以发现，我国知识图谱研究领域的关键词分为 9 个重要研究方向，分别用不同的颜色聚集了一些相关关键词。

4．Pajek 应用

（1）数据格式转换

应用 Pajek 软件生成可视化图谱需要特殊的数据格式，即将共现矩阵转换成 .net 文件格式。可通过两种方式生成所需要.net 文件：

1）通过 UCINET 将.##h 文件转换成.net 文件。生成方法为选择"Data"→"Export"→"Pajek"→"Network"菜单命令，弹出如图 9-79 所示的对话框。

图 9-79 通过 UCINET 生成.net 文件

2）通过 CiteSpace 直接输出为.net 文件。生成方法为选择"Export"→"Network"→"Pajek（.net）"菜单命令。

（2）可视化图谱生成

打开 Pajek，在"Networks"中找到.net 文件并打开，选择"Network"→"Create partition"→"Degree"→"All"菜单命令创建 Partitions，选择"Network"→"Create vector"→"Centrality"→"Degree"→"All"菜单命令创建 Vectors，如图 9-80 所示。然后通过"Draw"→"Network+First Partition+First Vector"菜单命令即可生成需要的作者合作网络图谱和关键词共现网络图谱，如图 9-81 和图 9-82 所示。

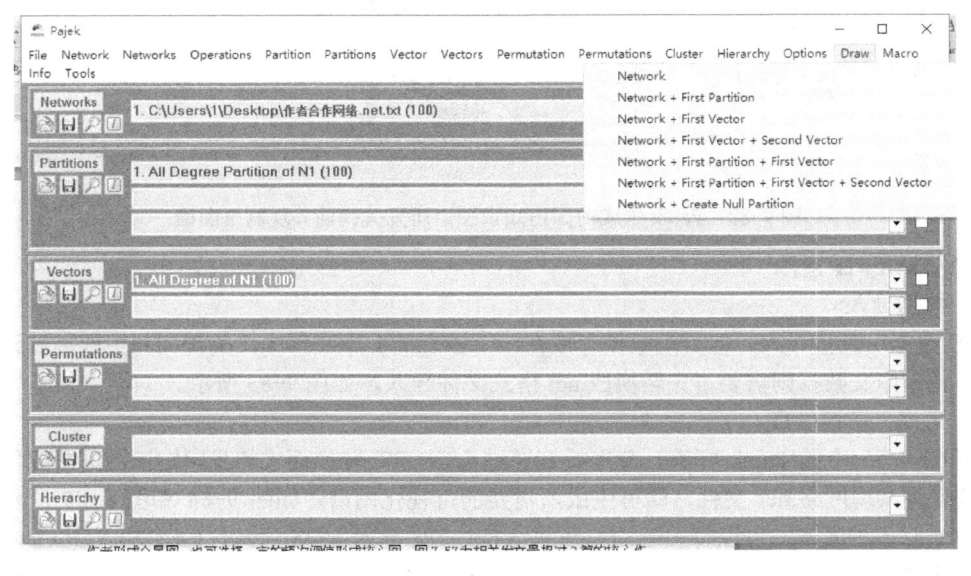

图 9-80 .net 文件数据导入和可视化网络配置

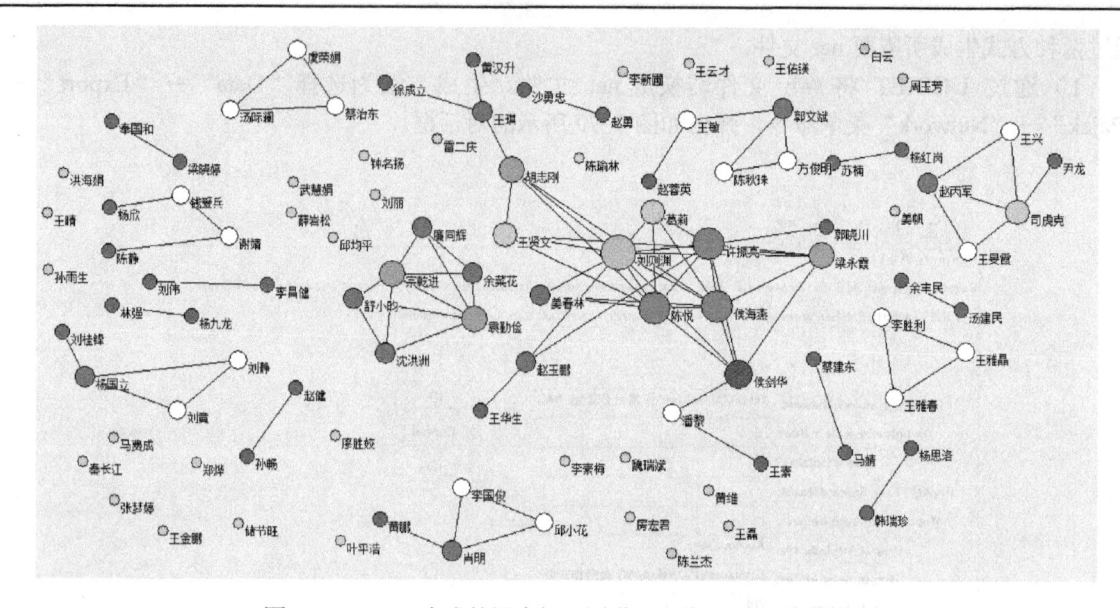

图 9-81　Pajek 生成的国内知识图谱研究作者合作网络图谱

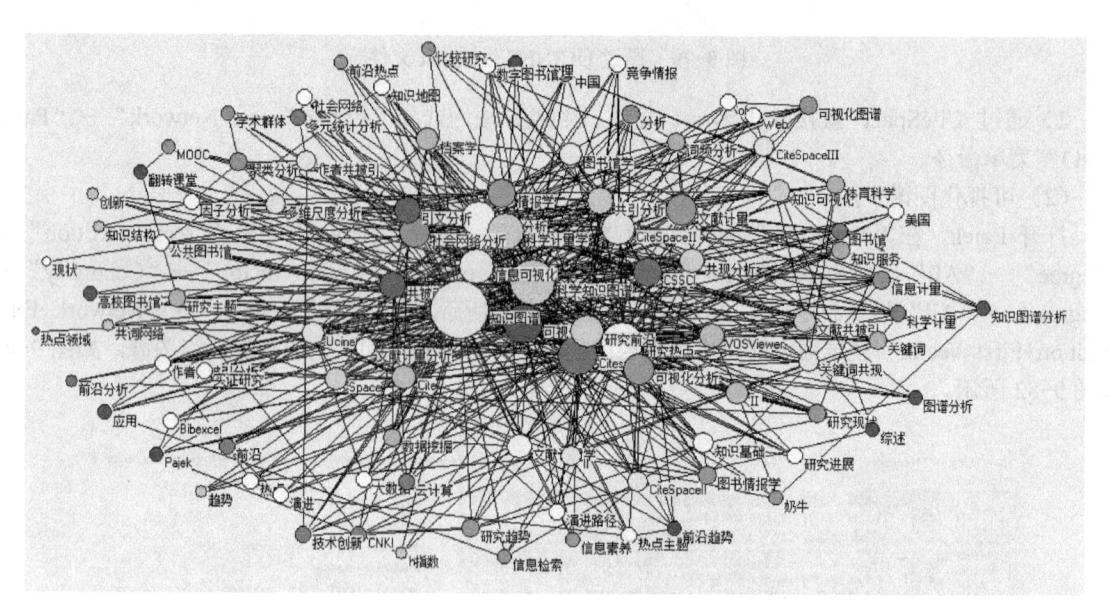

图 9-82　Pajek 生成的国内知识图谱研究关键词共现网络图谱

5．VOSviewer 应用

（1）数据导入

WoS 数据可直接导入，但要求数据存放在一个独立的文本文件中，关键词和主题单独设置了数据导入路径。中文数据则需要事先转换成 .net 格式文件导入，如图 9-83 所示。

（2）可视化图谱生成

打开图 9-83 中的 Pajek 标签，分别找到通过 UCINET 转换而成的我国知识图谱研究作者合作网络和关键词共现网络.net 文件，即可生成所需要的可视化图谱，如图 9-84 和图 9-85 所示。目前 VOSviewer 有多种版本，可以将关键词共现网络.net 文件导入 VOSviewer 1.5.3 和 VOSviewer 1.6.2 生成的国内外关键词共现图谱，也可以将从 CNKI 中下载并导出的 Refworks 格式数据直接导入 VOSviewer 1.6.3 以上的版本中生成国内外关键词共现图谱。

第 9 章　计算机辅助信息分析

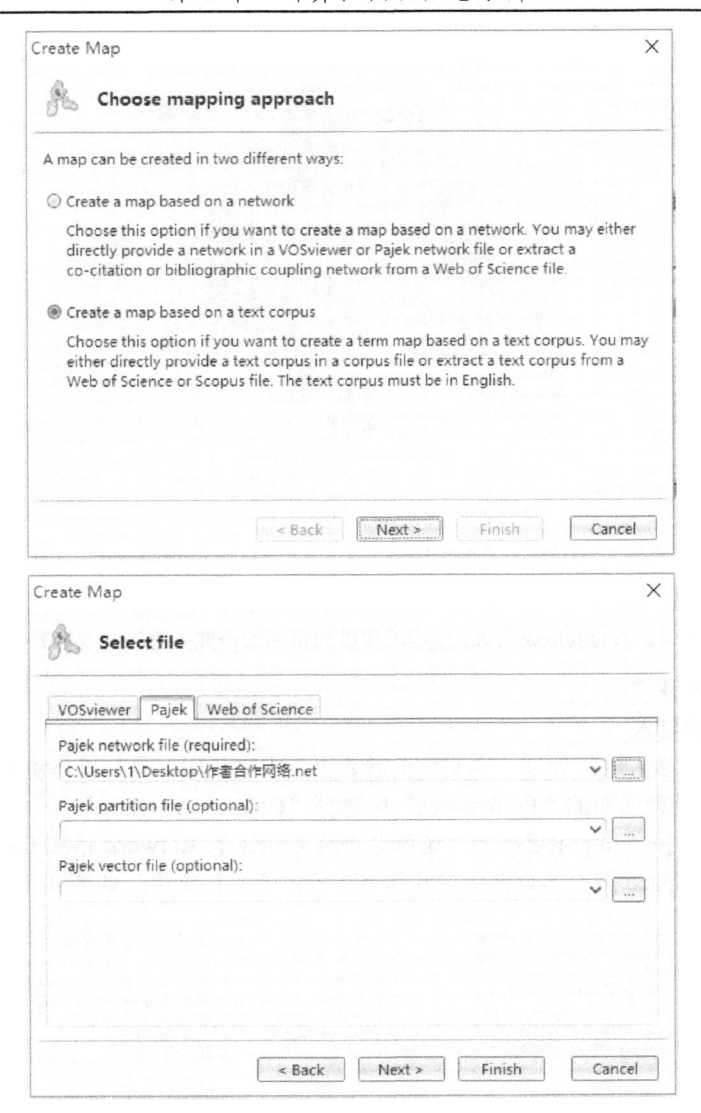

图 9-83　VOSviewer 数据导入方式

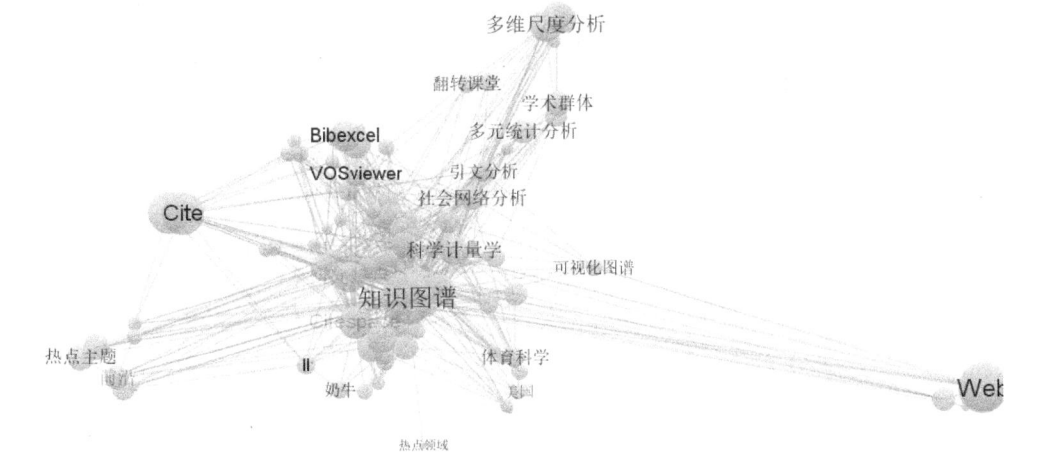

图 9-84　VOSviewer 1.5.3 生成的我国知识图谱研究关键词共现标签视图

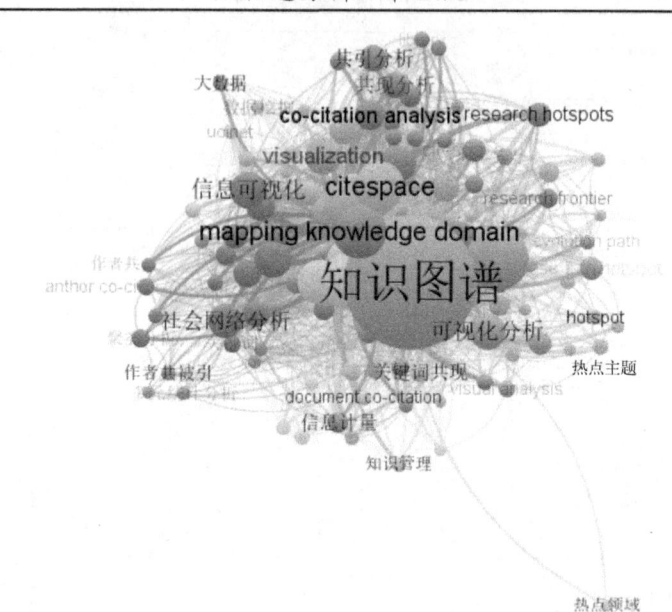

图 9-85　VOSviewer 1.6.2 生成的我国知识图谱研究关键词共现标签视图

6. CiteSpace 应用

（1）数据转换和导入

WoS 数据可直接导入进行处理，中文数据需要更改中文代码，具体操作步骤如下。

1）首先在数据处理界面的"Preferences"中选择"Chinese encoding"。

2）通过"Data"→"Import/Export"菜单命令将 CNKI 的 Refwork 格式 CSSCI 的 UTF-8 文本格式数据转换成 CiteSpace 需要的数据格式并存储在特定的文件夹中，如图 9-86 所示。

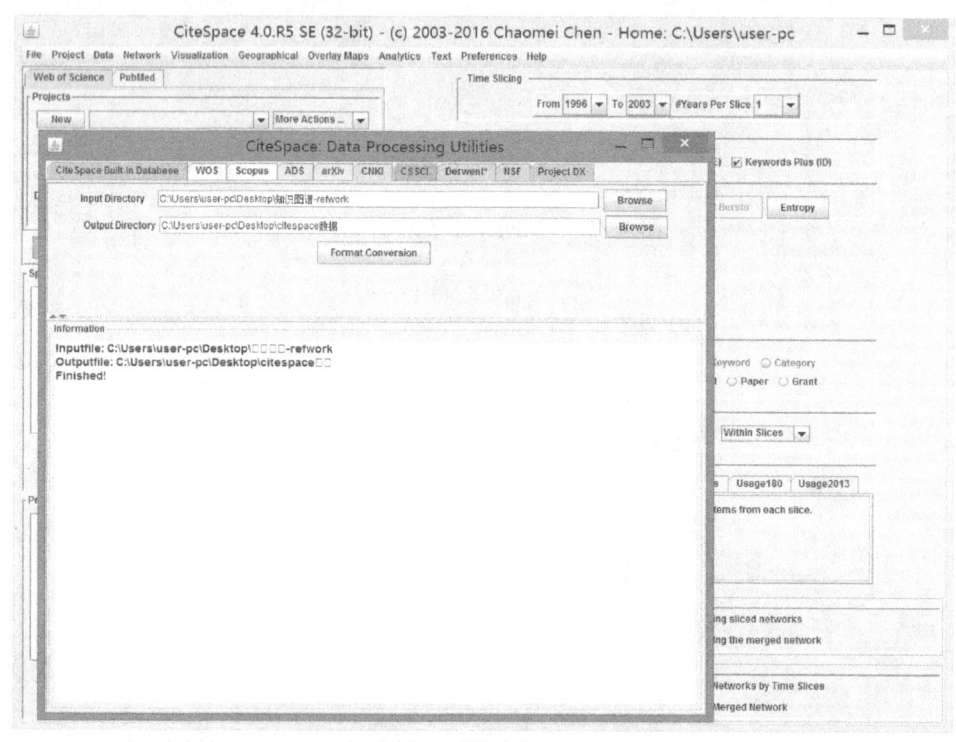

图 9-86　CiteSpace 的数据格式转换

(2) 可视化图谱生成

确定数据来源，设定时间切片，选择分析对象（本书以关键词为分析对象），单击"Go!"按钮，选择"Visualize"即可生成所需的关键词共现可视化图谱，如图 9-87 和图 9-88 所示。

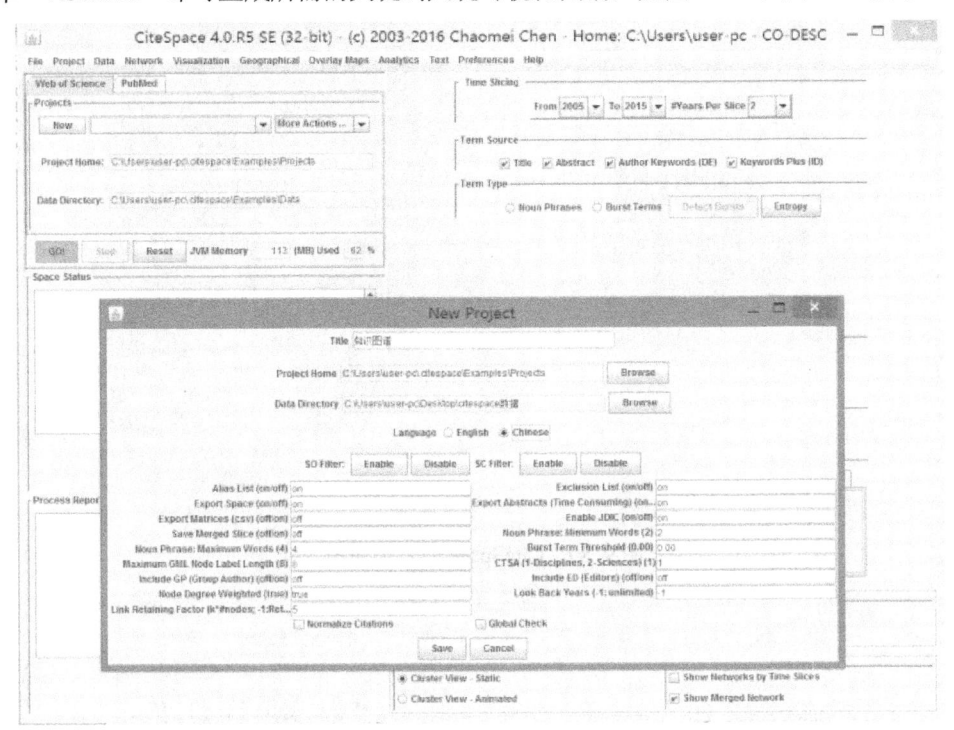

图 9-87　CiteSpace 的中文数据导入

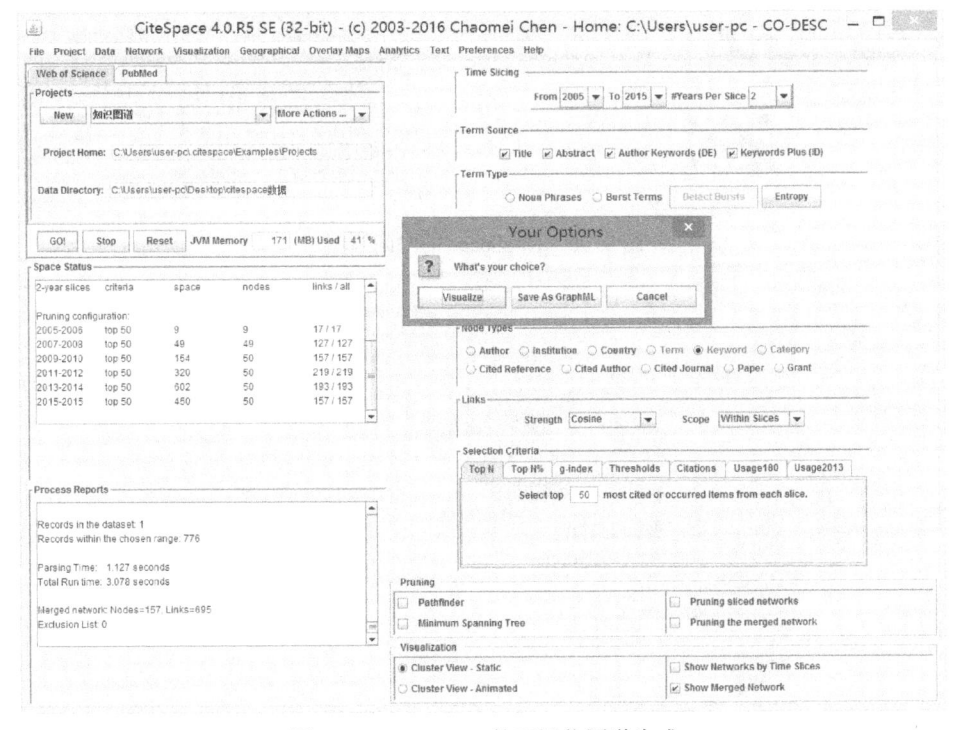

图 9-88　CiteSpace 的可视化图谱生成

(3) 可视化图谱类型

CiteSpace 可生成聚类视图、时间线图和时间区图三种可视图谱，如图 9-89～图 9-91 所示。

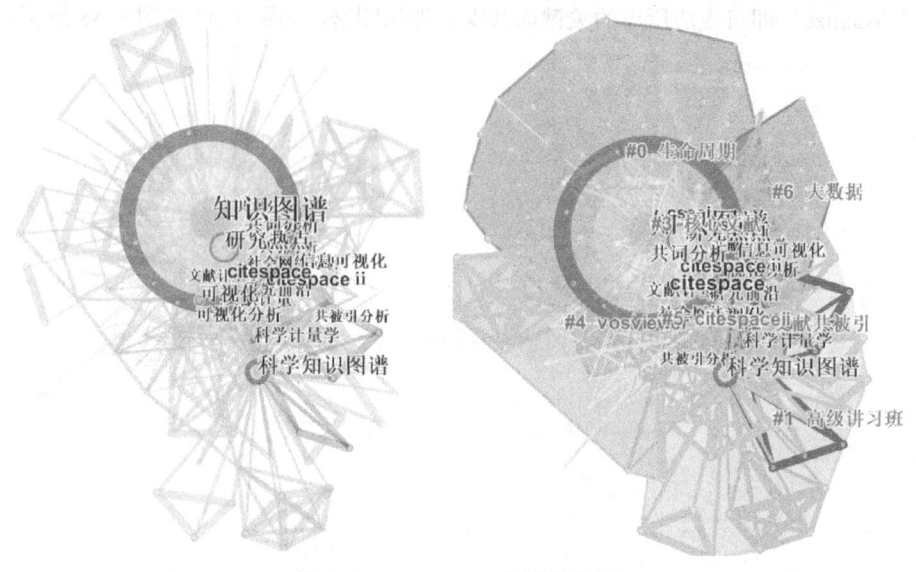

图 9-89　CiteSpace 的聚类视图

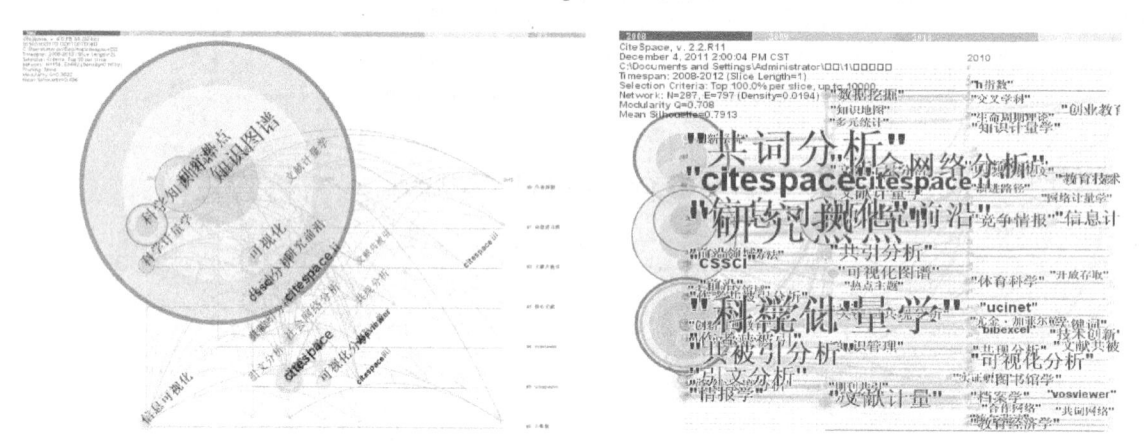

图 9-90　CiteSpace 的时间线图

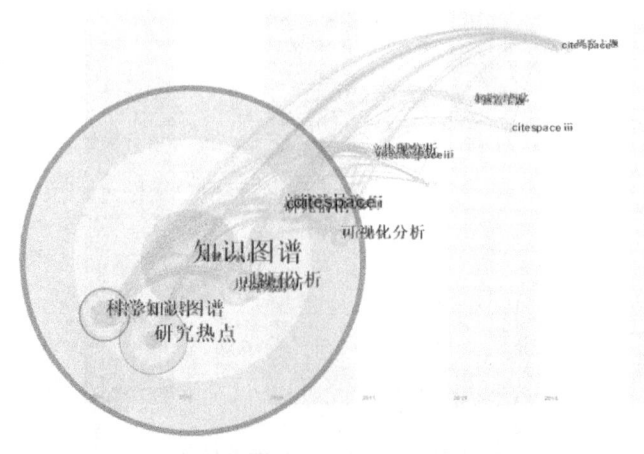

图 9-91　CiteSpace 的时间区图

本章小结

计算机辅助信息分析的兴起和发展源于信息分析课题与方法复杂化的迫切需求和计算机技术快速发展。

计算机辅助信息分析发展经历了三个阶段：机助数据处理阶段、系统支持阶段和智能开发阶段。数据仓库、联机分析处理、数据挖掘、信息可视化等现代信息技术在计算机辅助信息分析中发挥了重要作用。

计算机辅助信息分析工具可分为四大类：通用的统计分析软件，如 SPSS、SAS、Excel 等；社会网络分析工具，如 UCINET、Pajek；文献信息分析工具，如 SATI、Bibexcel、WordSmith Tools、GIS；信息可视化分析工具，如 CiteSpace、VOSviewer、Gephi。并以知识图谱研究领域为例，展示了各种计算机辅助信息分析工具的主要应用和操作过程。

本章习题

一、名词解释

计算机辅助信息分析   数据仓库   数据挖掘   信息可视化

二、简答题

1. 计算机辅助信息分析发展经历了哪几个阶段？
2. 计算机辅助信息分析的主要技术有哪些？
3. 计算机辅助信息分析的工具分为哪几种类型？常见的分析工具软件有哪些？

三、操作题

1. 尝试操作一种计算机辅助信息分析工具，并总结出工具的功能、特色及问题。
2. 选择一个合适的学科或主题，从 WoS、CNKI 和 CSSCI 数据库中导出数据，利用 Excel、SATI、UCINET、Pajek、VOSviewer 和 CiteSpace 软件处理数据并生成需要的可视化图谱。

参 考 文 献

[1] 沙勇忠，牛春华. 信息分析[M]. 北京：科学出版社，2009.
[2] 卢小宾，朝乐门. 信息分析概论[M]. 北京：电子工业出版社，2023.
[3] 王伟军. 信息分析方法与应用[M]. 2版. 北京：清华大学出版社，2014.
[4] 查先进. 信息分析[M]. 2版. 武汉：武汉大学出版社，2024.
[5] 朱庆华. 信息分析基础、方法及应用[M]. 北京：科学出版社，2004.
[6] 李道苹. 卫生信息分析[M]. 2版. 北京：人民卫生出版社，2014.
[7] 余波. 现代信息分析与预测[M]. 北京：北京理工大学出版社，2011.
[8] 江三宝，毛振鹏. 信息分析与预测[M]. 北京：清华大学出版社，2008.
[9] 孙振誉，张蕙杰，白碧君，等. 信息分析导论[M]. 北京：清华大学出版社，2007.
[10] 包昌火，江洁，王秀玲，等. 信息分析与竞争情报案例[M]. 北京：清华大学出版社，2012.
[11] 程琳. 信息分析概论[M]. 武汉：武汉出版社，2014.
[12] 包昌火. 情报研究方法论[M]. 北京：科学技术文献出版社，1990.
[13] 钱学森. 关于思维科学[M]. 上海：上海人民出版社，1986.
[14] 王伟. 信息计量学及其医学应用[M]. 2版. 北京：人民卫生出版社，2014.
[15] 邱均平，黄晓斌，段宇锋，等. 网络数据分析[M]. 北京：北京大学出版社，2004.
[16] 孙振球，徐勇勇. 医学统计学[M]. 4版. 北京：人民卫生出版社，2014.
[17] 倪宗瓒. 卫生统计学[M]. 4版. 北京：人民卫生出版社，2002.
[18] 张文彤. SPSS 11 统计分析教程：基础篇[M]. 北京：北京希望电子出版社，2002.
[19] 周怡，赵小龙. 医学信息分析与决策[M]. 北京：电子工业出版社，2021.
[20] 屈泽中. 大数据时代小数据分析[M]. 北京：电子工业出版社，2015.
[21] 王延飞. 信息分析与决策[M]. 北京：北京大学出版社，2010.
[22] 卢小宾，郭亚军. 信息分析理论与实践[M]. 北京：清华大学出版社，2013.
[23] 缪其浩. 市场竞争和竞争情报[M]. 北京：军事医学科学出版社，1996.
[24] 包昌火. 竞争情报导论[M]. 北京：清华大学出版社，2011.
[25] 包昌火. 企业竞争情报系统[M]. 北京：华夏出版社，2002.
[26] MCGONAGLE J J，VELLA C M. Bottom line competitive intelligence[M]. London：Bloomsbury Publishing，2002.
[27] 文庭孝，张蕊，罗贤春. 信息咨询与决策[M]. 北京：科学出版社，2008.
[28] 刘则渊，陈悦，侯海燕. 科学知识图谱方法与应用[M]. 北京：人民出版社，2008.
[29] 卢小宾. 信息分析[M]. 北京：科学技术文献出版社，2008.
[30] 孙力. 计算机应用基础[M]. 北京：北京交通大学出版社，2014.
[31] 匡松，何志国，刘洋洋，等. 大学 MS Office 高级应用教程[M]. 成都：西南财经大学出版社，2014.
[32] 薛薇. 基于 SPSS 的数据分析[M]. 北京：中国人民大学出版社，2011.
[33] 薛薇. 统计分析与 SPSS 的应用[M]. 北京：中国人民大学出版社，2014.
[34] 文庭孝，姜珂炘，赵阳，等. 大数据时代的信息分析变革研究[J]. 图书情报知识，2015（5）：66-73.
[35] 韩卫民，杨莹. 信息收集的方法及注意事项[J]. 河南科技，2011（6）：25-26.
[36] 陈传夫，代钰珠，曾建勋. 科技报告开发利用与知识产权问题研究[J]. 情报学报，2014，33（8）：793-799.

[37] 唐果媛. 中美三份智库评价报告的比较分析[J]. 智库理论与实践, 2016, 1（2）: 88-96.
[38] 熊志正, 官思发, 朝乐门. 计算机辅助信息分析的技术框架及其发展趋势[J]. 图书情报工作, 2015, 59（3）: 19-25.
[39] 吴凤慧, 孙建军, 郑彦宁, 等. 链接分析研究进展[J]. 情报科学, 2013（4）: 156-160.
[40] 岳增慧, 方曙. 三种网络分析方法对比实证研究[J]. 图书情报工作, 2012, 56（20）: 58-61; 102.
[41] 赵蓉英, 赵月华. 信息计量工具发展研究[J]. 情报科学, 2013, 31（12）: 19-26.
[42] 沙勇忠, 肖仙桃, 赵波. 计算机辅助信息分析论略[J]. 情报杂志, 2005（7）: 74-77.
[43] 张聪, 张慧. 信息可视化研究[J]. 武汉工业学院学报, 2006, 25（3）: 45-48.
[44] 信息可视化[EB/OL]. [2011-06-20]. http:// baike.baidu.com/view/2574894.htm.
[45] 杨彦波, 刘滨, 祁明月. 信息可视化研究综述[J]. 河北科技大学学报, 2014, 35（1）: 91-102.
[46] 周宁, 程红莉, 吴佳鑫. 信息可视化的发展趋势研究[J]. 图书情报工作, 2008, 52（8）: 35-38.
[47] 刘芳. 信息可视化技术及应用研究[D]. 杭州: 浙江大学, 2013.
[48] 周宁, 陈勇跃, 金大卫, 等. 知识可视化与信息可视化比较研究[J]. 情报理论与实践, 2007, 30（2）: 178-181; 255.
[49] 赵国庆, 黄荣怀, 陆志坚. 知识可视化的理论与方法[J]. 开放教育研究, 2005, 11（1）: 23-27.
[50] 杨思洛, 韩瑞珍. 国外知识图谱绘制的方法与工具分析[J]. 图书情报知识, 2012（6）: 101-109.
[51] SATI 国产文献题录信息统计分析工具[EB/OL]. （2012-06-03）[2023-11-06]. http://blog.sina.com.cn/s/blog_4ee13c2c0100zf6d.html.
[52] Bibliometrie an der Universitat Wien[EB/OL]. [2023-11-06]. http://bibliothek.univie.ac.at/bibliometrie/.
[53] 姜春林, 陈玉光. CSSCI 数据导入 Bibexcel 实现共现矩阵的方法及实证研究[J]. 图书馆杂志, 2010, 29（4）: 58-63.
[54] 杨峰. 从科学计算可视化到信息可视化[J]. 情报杂志, 2007, 26（1）: 18-20; 24.
[55] CiteSpace[EB/OL]. [2023-11-06]. http://cluster.cis.drexel.edu/~cchen/citespace/.
[56] Introduction to UCINET and NetDraw[EB/OL]. [2023-10-26]. https://kateto.net/wp-content/uploads/2012/12/coMM645%20-%20UCINET%20Handout.pdf.
[57] Pajek[EB/OL]. [2023-11-06]. http://vlado.fmf.uni-lj.si/pub/networks/pajek/.
[58] VOSviewer[EB/OL]. [2023-11-06]. http://www.vosviewer.com/.
[59] 秦长江, 侯汉清. 知识图谱: 信息管理与知识管理的新领域[J]. 大学图书馆学报, 2009（1）: 30-37; 96.
[60] 杨思洛, 韩瑞珍. 知识图谱研究现状及趋势的可视化分析[J]. 情报资料工作, 2012, 33（4）: 22-28.
[61] 马费成, 张勤. 国内外知识管理研究热点——基于词频的统计分析[J]. 情报学报, 2006, 25（2）: 163-171.
[62] 陈悦, 刘则渊, 陈劲, 等. 科学知识图谱的发展历程[J]. 科学学研究, 2008, 26（3）: 449-460.
[63] 唐钦能, 高峰, 王金平. 知识地图相关概念辨析及其研究进展[J]. 情报理论与实践, 2011, 34（1）: 121-125.
[64] 杨国立, 李品, 刘竟. 科学知识图谱: 科学计量学的新领域[J]. 科普研究, 2010, 5（4）: 28-34.
[65] 陈悦, 刘则渊. 悄然兴起的科学知识图谱[J]. 科学学研究, 2005, 23（2）: 149-154.
[66] 廖胜姣, 肖仙桃. 科学知识图谱应用研究概述[J]. 情报理论与实践, 2009, 32（1）: 122-125.
[67] 廖胜姣. 科学知识图谱绘制工具: SPSS 和 TDA 的比较研究[J]. 图书馆学研究, 2011（5）: 46-49.
[68] 周春雷, 王伟军, 成江东. CNKI 输出文件在文献计量中的应用[J]. 图书情报工作, 2007, 51（7）: 124-126.
[69] 宗乾进, 沈洪洲. 2009 年我国图书馆学研究热点和知识来源谱系[J]. 图书馆杂志, 2011, 30（6）: 13-19.
[70] 陈超美, 陈悦, 侯剑华, 等. CiteSpace II: 科学文献中新趋势与新动态的识别与可视化[J]. 情报学报, 2009, 28（3）: 401-421.
[71] 秦长江. 两种方法构建的作者共引知识图谱的比较研究[J]. 情报科学, 2010, 28（10）: 1558-1564.

[72] 周春雷. 引荐分析法: 一种新的引文分析法[J]. 情报学报, 2010, 29 (4): 671-678.
[73] 邱均平, 邹菲. 关于内容分析法的研究[J]. 中国图书馆学报, 2004, 30 (2): 14-19.
[74] 杨思洛. 引文分析存在的问题及其原因探究[J]. 中国图书馆学报, 2011, 37 (3): 108-117.
[75] 娄岩, 胡仕坤, 袁磊. 医学大数据概论[M]. 北京: 清华大学出版社, 2021.
[76] 谭磊. 大数据挖掘[M]. 北京: 电子工业出版社, 2013.
[77] 陈先来, 杨荣. 医学大数据教程[M]. 北京: 人民卫生出版社, 2020.
[78] 崔雷, 刘智勇, 安新颖, 等. 信息分析方法及医学应用[M]. 3版. 北京: 人民卫生出版社, 2022.